UNIVERSITÀ DEGLI STUDI ROMA TRE

DIPARTIMENTO DI STUDI UMANISTICI - AREA DI STUDI STORICI GEOGRAFICI ANTROPOLOGICI

STUDI E RICERCHE

36

Circulación de creencias

Itinerari e pratiche religiose
in Europa e nel Nuovo Mondo

a cura di
Rafael Gaune, María Eugenia Góngora, Maria Lupi

viella

Prima edizione: giugno 2020
ISBN 978-88-3313-464-2

Il volume è stato realizzato con il contributo del Dipartimento di Studi Umanistici dell'Università Roma Tre.

viella
libreria editrice
via delle Alpi, 32
I-00198 ROMA
tel. 06 84 17 758
fax 06 85 35 39 60
www.viella.it

Indice

Rafael Gaune, María Eugenia Góngora, Maria Lupi

I tempi lunghi della circolazione delle credenze religiose: convergenze e divergenze

Circulación de creencias è un volume collettivo che contiene alcune delle relazioni lette durante tre convegni, tenuti a Roma e a Santiago de Chile nell'ambito di un accordo internazionale tra l'Università di Roma Tre, la Pontificia Universidad Católica de Chile e l'Universidad de Chile, sul tema generale della circolazione delle credenze religiose in Europa e nel Nuovo Mondo.[1] Esso si presenta quindi come un'opera miscellanea con uno spettro amplissimo dal punto di vista spazio-temporale. Cronologicamente infatti i saggi partono dall'antichità cristiana e giungono all'età contemporanea, mentre geograficamente prendono in considerazione differenti spazi, soggetti e oggetti di studio. Il volume pertanto da un lato è sicuramente polifonico nelle sue tematiche, consente di allargare lo sguardo su realtà molto differenti e di metterle a confronto, dall'altro contiene un filo conduttore che permette di armonizzare le diverse voci intorno ad un *focus* comune: come capire i tempi lunghi della circolazione delle credenze religiose in situazioni e territori molto diversi tra loro sia geograficamente che temporalmente? Nel volume inoltre gli autori non solo si confrontano con forme di scritture storiche diverse, ma indagano anche sull'uso di concetti, approcci e prospettive analitiche e metodologiche. Il tema storiografico che sottende a questo libro è la "circolazione". I testi, le idee, gli oggetti e gli attori protagonisti di questo volume, percorrendo gli spazi e le cronologie, rappresentano diversi casi di studio, tutti riconducibili a questo

1. *Circulación de creencias en el Viejo y Nuevo Mundo: formas, convergencias y conflictos* (Santiago de Chile, 13-14 gennaio 2015); *Strategie e pratiche di trasmissione religiosa: propaganda, predicazione, istruzione (Europa e Nuovo Mondo)* (Roma, 12-13 gennaio 2016); *Trayectorias, vías y obstáculos en la circulación de creencias en Europa y América entre la Antigüedad y la Modernidad* (Santiago de Chile, 10-11 gennaio 2017).

concetto storiografico. La circolazione non è soltanto un fattore di movimento, bensì riguarda i processi attraverso i quali si negoziano le credenze religiose tra il Vecchio e il Nuovo Mondo[2] e, soprattutto, si traducono nelle realtà locali.[3] Da questa negoziazione tra gli attori e le idee emergono divergenze e convergenze che configurano i tempi lunghi di questa realtà.

La circolazione delle credenze religiose infatti è un tema che attraversa tutta la storia del Cristianesimo e tutti i territori raggiunti dall'evangelizzazione cristiana. Personaggi, libri, attività religiose, culti, controversie e oggetti sacri si muovono nelle pagine di questo libro dimostrando la varietà di approcci e di situazioni che sottendono alla circolazione delle dottrine e delle pratiche religiose, con risultati spesso sorprendenti. Ne risulta un percorso storico complesso e ricco di spunti per interpretare diacronicamente e sincronicamente la formazione dell'orbe cattolico. Significativi sono i diversi saggi dedicati all'antichità cristiana, periodo d'oro dell'evangelizzazione e della trasmissione dei messaggi religiosi soprattutto in quel grande spazio territoriale rappresentato dall'Impero Romano artefice di una "globalizzazione" *ante litteram* delle culture e delle religioni, con il fulcro nella capitale Roma. Alla città eterna sono dedicati diversi saggi ambientati in epoche diverse, antica, medievale e moderna, nell'ottica di un ruolo, che si voleva trainante e esemplare, assegnato alla città che sarebbe diventata il centro della cattolicità. La visuale si allarga poi all'Europa centrale in età medievale, per soffermarsi in modo particolare ovviamente sul Nuovo Mondo, sul vicereame peruviano e sul mondo andino, dove il lungo periodo di dominio dei colonizzatori spagnoli creò un'altra "mondalizzazione"[4] *ante litteram* e "connected histories"[5] che si riverberarono in modo tangibi-

2. Sul concetto di "negoziare" si veda *Negotiating Knowledge in Early Modern Empires. A Decentered View*, a cura di László Kontler, Antonella Romano, Silvia Sebastiani, Borbála Zsuzsanna Török, New York, Palgrave Macmillan, 2014.

3. James Secord, *Knowledge in Transit*, in «Isis», 95 (2004), pp. 654-672.

4. Su questo argomento si vedano i testi di Serge Gruzisnki, *Les mondes mêlés de la Monarchie catholique et autres connected histories*, in «Annales. HSS», 56/1 (2001), pp. 85-117; Id., *Les quatre parties du monde. Histoire d'une mondialisation,* Paris, Editions de la Martinière, 2004; Id., *L'Aigle et le Dragon. Démesure européenne et mondialisation au XVIe siècle,* Paris, Fayard, 2012.

5. Si veda Michael Werner e Bénédicte Zimmermann, *Beyond Comparison: Histoire Croisée and the Challenge of Reflexivity*, in «History and Theory», 45 (2006), pp. 30-50. Importanti sono i saggi scritti da Sanjay Subrahmayam, *Connected Histories: Notes towards a Reconfiguration of Early Modern Eurasia*, in *Beyond Binary Histories. Re-imagining Eurasia to c. 1830*, a cura di Victor B. Lieberman, Ann Arbor, The University of Michigan Press,

le nell'assunzione e rivisitazione di devozioni e culti portati dagli europei. La stessa constatazione si può fare se si guarda all'Oriente, studiato da Antonella Romano, dove gli europei, connettendo l'America spagnola con gli orientali hanno creato tra i secoli XVI e XVII l'*englobement du monde*.[6] Vi appare una circolazione veramente mondiale di dottrine e messaggi religiosi che rende il volume unitario e innovativo nella ricerca di somiglianze, dissonanze, peculiarità e rivisitazioni di pratiche di origine diversissima e lontanissima, nel quadro delle suggestioni introdotte dalla nuova storiografia della *World History* e della *Global History*,[7] che ha scardinato l'eurocentrismo dei secoli scorsi per aprire agli storici di tutti i continenti nuovi orizzonti interpretativi in chiave comparativa.

I testi sono stati suddivisi in tre parti diacroniche e sincroniche che vogliono approfondire diversi aspetti delle modalità di diffusione delle dottrine, delle pratiche di propaganda e di insegnamento religioso e infine della circolazione di pratiche e dottrine religiose, spesso oggetto di dibattiti e soggette a diverse interpretazioni.

1997, e Id., *Holding the World in Balance: The Connected Histories of the Iberian Overseas Empires, 1500-1640*, in «The American Historical Review», 112 (2007), pp. 1359-1385. Una raccolta di saggi di Subrahmayam è stata tradotta in italiano da Giuseppe Marcocci: *Mondi connessi. La storia oltre l'eurocentrismo (secoli XVI-XVIII)*, Roma, Carocci, 2014.

6. Antonella Romano, *Impressions de Chine. L'Europe et l'englobement du monde (XVIe-XVIIe siècle)*, Paris, Fayard, 2016 (trad. it.: Roma, Viella, in corso di stampa). Si veda anche Bartolomé Yun Casalilla, *Iberian World Empires and the Globalization of Europe 1415-1668*, New York, Palgrave, 2019.

7. Una discussione bibliografica sul *global turn*, ma anche indicazioni analitiche e metodologiche in Charles Parker, *Global Interaction in the Early Modern Age*, Cambridge, Cambridge University Press, 2010; Patrick O'Brien, *Historiographical Traditions and Modern Imperatives for the Restoration of Global History*, in «Journal of Global History», 1 (2006), pp. 3-39; Natalie Zemon Davis, *Decentering History: Local Stories and Cultural Crossing in a Global World*, in «History and Theory», 50 (2011), pp. 188-202. Altri studi: Christopher Bayly, *The Birth of the Modern World 1780-1914: Global Connections and Comparisons*, Oxford, Blackwell, 2004; *Global History: Interactions between the Universal and the Local*, a cura di Anthony G. Hopkins, Basingstoke, Palgrave Macmillan, 2006; Dominique Sachsenmaier, *Global History and Critiques of Western Perspectives*, in «Comparative Education», 42/3 (2006), pp. 451-470; Bruce Mazlish, *The New Global History*, New York-London, Routledge, 2006; Sanjay Subrahmayam, *Historicizing the Global or Labouring for Invention?*, in «History workshop journal», 64 (2007), pp. 329-334; François Hartog, *De l'histoire universelle à l'histoire globale? Expériences du temps*, in «Le Débat», 154 (2009), pp. 53-66; *The Oxford Handbook of World History*, a cura di Jerry H. Bentley, New York-Oxford, Oxford University Press, 2013. Fondamentale è anche il volume di Sebastian Conrad, *Storia globale. Un'introduzione*, Roma, Carocci, 2015 (ed. orig. München, Beck, 2013).

Nella prima parte, *Predicazione e scrittura*, i saggi di Federica Candido, Pamela Chávez, María Eugenia Góngora e Nicolás Cruz riguardano autori che attraverso le loro opere perseguivano obiettivi concreti: l'evangelizzazione e la diffusione del messaggio cristiano attraverso la predicazione e la scrittura. La loro recezione permette di sorpassare i limiti temporali della produzione scritta per approdare a letture interpretative in epoche successive. Come viene dimostrato nella prima parte del volume, l'uso delle parole e le pratiche di scrittura sono stati elementi centrali per la circolazione delle credenze religiose, ma anche per le controversie e la risemantizzazione dei significati religiosi.

Il testo di Federica Candido si occupa del periodo temporalmente più antico, in un'ottica di storia di genere, introducendo l'esame di un'opera da collocarsi alla fine del III secolo d. C., in cui sono discusse tematiche che si riverberano fino alla contemporaneità, come il ruolo delle donne nella comunità cristiana, la loro partecipazione all'evangelizzazione e al culto. Nel *Symposium* di Metodio di Olimpo le donne prendono la parola, in un'ambientazione letteraria che ricorda i *Dialoghi* di Platone, ma che vuole mettere a fuoco argomenti presenti nella realtà della vita cristiana. Secondo la studiosa, i discorsi delle cinque donne protagoniste non sono solo immaginati all'interno di una conversazione dotta, ma i temi affrontati ne rivelano la natura di esercitazione oratoria in funzione della predicazione, che era espressamente vietata alle donne, ma che poteva essere lecita per le cinque oratrici nella loro qualità di vergini.

Pamela Chávez, nel suo saggio sulla predicazione come atto comunicativo ma anche come via di trasmissione della fede in sant'Agostino, studia il *Sermone 52* e le sue caratteristiche specifiche proprie della prima predicazione cristiana, alla luce degli studi e degli orientamenti della prassi linguistica di John Searle. L'autrice sottolinea alcune caratteristiche del linguaggio che ha senso attraverso un "presupposto originario", cioè l'interazione tra due attori; il linguaggio sarebbe il modo di espressione che lo manifesta. Per Chávez, la predicazione costituisce non soltanto il dire qualcosa (una prima accezione grammaticale di *praedicare*), bensì la creazione di uno spazio di intersoggettività dove il riferimento alla verità si fa in rapporto ad un altro attraverso l'impegno etico che questa relazione e questo riferimento comportano. Da un altro lato, come si è manifestato nella predicazione in sant'Agostino e nei suoi sermoni, è essenziale l'intenzionalità trasformatrice di ogni comunicazione. È un appello alla conversione ma anche un'apertura personale alle verità predicate.

Nel saggio di María Eugenia Góngora, viene analizzata la recezione della predicazione di Hildegard, religiosa del convento di Bingen am Rhein, all'interno del mondo monastico ed ecclesiastico, ma anche l'interpretazione e la rilettura del suo pensiero dopo la morte avvenuta nel 1179. In particolare, sono importanti i sermoni redatti in forma di epistole che includono un attacco specifico contro i dissidenti: si tratterebbe dei cosiddetti "catari" secondo gli editori dell'Epistolario. Nel contesto del suo appello alla conversione e della sua critica ai costumi del clero, Hildegard descrive e condanna effettivamente questi gruppi di dissidenti, che possono essere identificati come appartenenti ai gruppi anticlericali sorti in Germania alla fine del XI secolo. In questo contesto, è interessante sottolineare che non li chiama mai "catari", come facevano abitualmente i loro avversari, bensì *errantes homines* oppure *saducei*. Questa indeterminazione di Hildegard riguardo all'appellativo da dare a questi gruppi di dissidenti facilitò, senza dubbio, la reinterpretazione della loro condanna da parte dei lettori dei secoli XIII e XIV, i quali applicarono i testi di Hildegard, considerati come profetici, alla propria condanna degli ordini mendicanti, francescani e domenicani, in Francia e Inghilterra.

Nel saggio sull'uso che il gesuita spagnolo José de Acosta, nella sua *Historia Natural y Moral de las Indias*, fece dell'opera di Plinio il vecchio come un esempio privilegiato della circolazione delle idee, Nicolás Cruz introduce il suo testo con due epigrafi. La prima è dello stesso Acosta: «Esto es de Plinio: que aunque habla como un historiador de entonces, más parece un profeta de agora». La seconda epigrafe è una citazione dell'*Historia Natural* di Plinio che sottolinea l'inevitabile incredulità umana davanti allo sconosciuto e la sorpresa davanti tutte le novità. Nell'opera di Acosta si trova un costante ricorso agli autori antichi, il cui modello permise molto probabilmente di mantenere un metodo ordinato, riconosciuto e affidabile nella descrizione delle caratteristiche delle nuove terre. Anche se nell'opera di Acosta, pubblicata nel 1590 e quindi posteriore a quelle di vari altri autori, si era superata già la "sorpresa iniziale" provata dai primi europei arrivati nelle nuove Indie, il gesuita, secondo Cruz, tenta di descrivere il Nuovo Mondo come parte dell'opera divina, con caratteristiche a volte diverse ma a volte convergenti e, soprattutto, complementari con le altre parti del mondo. Uno dei vari argomenti interessanti dell'*Historia* di Acosta, che Cruz sottolinea, è la spiegazione della ragione per cui le ricchezze delle nuove terre si trovavano distanti dai centri più popolati, esemplata su quella che aveva dato Plinio nella sua descrizione del mondo. Come la difficoltà di accesso alle ricchezze, in particolare dei metalli e minerali, ma anche l'avidità umana, secondo Plinio, avrebbero permesso l'avanzamento della civiltà romana, così le stesse circostanze e la stessa avidità naturale avrebbero permesso, secondo Acosta, un bene ancora maggiore per le Indie, e cioè, la diffusione della Parola di Dio nel Nuovo Mondo. Allo stesso tempo, José de Acosta poteva rifiutare senza dubbio le antiche teorie sulla "zona torrida" che impediva la vita umana. Così uno degli usi di Plinio va oltre l'ordinamento e la descrizione delle caratteristiche della natura e degli abitanti delle Indie: appoggiandosi all'autore latino (come storico e "profeta de agora") Acosta espone la magnificenza della creazione divina e i suoi piani di salvezza di tutti gli esseri umani all'interno di quella che si può definire una vera e propria "storia universale".

La seconda parte *Forme di propaganda e trasmissione religiosa*, composta dai saggi di Alberto d'Anna e Carla Noce, Dario Internullo e Maria Lupi, si occupa di forme diverse di propaganda religiosa. Il filo che lega questi saggi non è solo la questione della trasmissione della dottrina, della morale e della pratica religiosa, attraverso testi che veicolavano un messaggio e modelli di vita, ma anche il comune richiamo alla città di Roma, centro propulsore della diffusione del Cristianesimo, sia nell'antichità che nel periodo medievale e moderno.

Il saggio a due voci di Alberto D'Anna e Carla Noce è emblematico della circolazione di messaggi e di intenti religiosi da una parte all'altra dell'Impero Romano. I due autori studiano ciascuno un testo apocrifo attribuibile al IV-V secolo redatto per documentare l'antichità della propria Chiesa, secondo l'uso diffusissimo di leggende apostoliche di fondazione. In questo caso si tratta addirittura della Chiesa di Roma, le cui origini sono fatte risalire agli apostoli Pietro e Paolo (*Atti di Pietro e Paolo*), e di una Chiesa periferica come quella di Edessa, la cui leggenda di fondazione riporta sempre ai tempi apostolici e alla predicazione dell'apostolo Tommaso e di uno dei settantadue discepoli Taddeo/Addai (*Dottrina di Addai*). Lo studio analitico delle due fonti compiuto dai due studiosi non solo getta luce sull'ambiente di composizione, sulle fonti e sulle varie parti di cui sono composti i testi, ma si sofferma soprattutto sulle motivazioni "ideologiche" degli autori, impegnati a Roma a dimostrare la sintonia dei due apostoli nel combattere gli eretici, rappresentati da Simon Mago, e a contrastare il potere pagano, rappresentato da Nerone, e a Edessa viceversa a dimostrare la sintonia con il re Abgar, che secondo il racconto di Eusebio di Cesarea era in corrispondenza con Gesù stesso. In entrambi i casi si tratta di testi significativi per «capire le modalità e le finalità dei processi di formazione della memoria culturale delle Chiese» e per coglierne «significative analogie».

Dario Internullo porta l'attenzione sul tardo medioevo romano. Attraverso un manuale scolastico per lo studio della composizione latina, analizza i metodi di insegnamento delle dottrine e dei comportamenti religiosi, affidati allora alle scuole e alle famiglie più che alle istituzioni ecclesiastiche vere e proprie, come le parrocchie e gli ordini religiosi, come invece avverrà in epoca moderna. Ne emerge un quadro di indubbio interesse riguardo ai messaggi che venivano trasmessi agli alunni attraverso le opere latine studiate: messaggi relativi ai comportamenti morali soprattutto (virtù teologali e cardinali), uniti però sempre all'insegnamento delle preghiere e delle principali dottrine cristiane.

Il saggio di Maria Lupi invece delinea la strategia relativa all'insegnamento religioso adottata nei secoli successivi nella stessa Roma. Da metà Cinquecento l'istruzione religiosa era sotto il controllo delle autorità ecclesiastiche e si impartiva soprattutto nelle scuole della Dottrina Cristiana erette nelle parrocchie, ma ciò rischiava di staccare l'insegnamento dalla vita quotidiana e di far vivere i fedeli in una situazione di contraddizione tra il comportamento morale e il credo professato. Il personaggio preso in considerazione, Giovanni Andrea Corderi, si proponeva di risolvere il problema della contraddittorietà della vita dei fedeli riportando l'insegnamento della pratica cristiana nelle famiglie e nella vita di tutti i giorni con una proposta di regolamentazione minuziosa di ogni momento della vita pensata per tutte le categorie di persone, dagli ecclesiastici ai bambini, dai padri di famiglia alle lavandaie, dagli eremiti ai commercianti, dai soldati agli artigiani.

La terza parte del volume, composta dai saggi di Luigi Guarnieri Calò Carducci, René Millar, Claudio Rolle, Olaya Sanfuentes e Carolina Odone, studia la *Circolazione di pratiche e dottrine* tra l'Europa e il Nuovo Mondo. Dalle controversie sull'uso del cioccolato ai rapporti tra Roma e il vicereame del Perù relativamente alla costruzione di un culto, dall'utopia del ritorno al passato nel pensiero cattolico fino a oggetti di culto di tradizione europea trasferiti nell'area andina che ci dimostrano, soprattutto, gli imprevedibili movimenti della circolazione e traduzione di concetti religiosi in contesti lontanissimi nel tempo e nello spazio.

Il testo di Luigi Guarnieri Calò Carducci affronta una tematica che può risultare singolare e inusuale per i moderni, ma che sicuramente era sentita nel contesto del disciplinamento post-tridentino e del trionfo della casistica morale. L'accesa discussione intorno alla considerazione e uso del cioccolato come rimedio medicinale o come cibo mostra da un lato la diffusione della pianta del cacao e dei suoi derivati, dall'altro è specchio di più ampie discussioni su argomenti legati agli alimenti e alla loro più o meno lecita assunzione.

René Millar si occupa della rappresentazione della santità e dell'iter della causa di canonizzazione dello spagnolo Francisco Camacho, religioso degli Ospedalieri di San Giovanni di Dio nella Lima della fine del XVII secolo. L'autore studia il modo in cui nel vicereame peruviano si configurava l'immagine di un candidato alla santità, promosso dalla diocesi di Lima e da un particolare ordine religioso. L'autore si concentra dunque sulla "costruzione" della santità e sulla sua circolazione, che condizioneranno il processo di beatificazione, e soprattutto si chiede se un modello agiografico, centrato soprattutto sulle caratteristiche straordinarie e sui miracoli, elemento essenziale della santità barocca, possa essere in contraddizione con i modelli di santità promossi dalla Santa Sede nel periodo della Controriforma, centrati sull'esercizio eroico delle virtù. Le principali fonti utilizzate in questo studio, oltre alla documentazione relativa al processo di beatificazione, sono le opere agiografiche scritte in Europa su fra Francisco Camacho negli anni successivi alla sua morte. Un testo importante per la configurazione della sua immagine di santità fu l'orazione funebre pronunciata dal gesuita Joseph Buendia alle esequie del frate e pubblicata a Lima l'anno dopo la sua morte. Millar dimostra l'efficacia della scrittura di Buendia attraverso una narrazione agiografica che sottolineava, da un lato, i fatti straordinari e, dall'altro lato, le situazioni estreme vissute da Camacho, insinuando una vicinanza biografica con san Giovanni di Dio, fondatore del suo Ordine e rafforzando così un modello agiografico molto efficace nella Lima del vicerè, nonostante non seguisse gli orientamenti papali dell'epoca.

Il saggio scritto da Olaya Sanfuentes si occupa di un *corpus* di oggetti dedicati a Santiago (san Giacomo) apostolo presenti nel mondo andino. Sono piccole pale d'altare (*retablos*) e pietre dipinte alla fine del XIX e agli inizi del XX secolo. La rappresentazione iconografica dell'apostolo non è quella classica del pellegrino con il bastone e la conchiglia, bensì è quella del combattente su un cavallo bianco, e cioè Santiago come il patrono degli eserciti, e anche come il *matamoros* oppure il *mataindios*. In questo testo vengono proposte le diverse interpretazioni che propongono una possibile spiegazione della presenza del culto a questa immagine di Santiago nel mondo andino come un cavaliere su un cavallo bianco che appare in cielo, per difendere i soldati cristiani in un'evoluzione apparentemente contraddittoria rispetto al suo significato iniziale. Questa rappresentazione entrerà a far parte degli oggetti sacri e dei protettori delle persone del mondo andino, nei cui culti viene adottato in associazione con Illapa, il dio del tuono. Nella prospettiva dell'autrice, il suo lavoro di ricerca si situa negli interstizi tra la storia, la storia dell'arte e l'antropologia in uno spazio in cui le fonti documentarie sono scarse, ma l'applicazione del metodo antropologico può aiutare, permettendo una migliore comprensione del significato religioso degli elementi materiali e, in particolare, dei manufatti destinati al culto dell'apostolo Santiago all'interno di una specifica cultura. Attraverso questi oggetti Olaya Sanfuentes studia i principali percorsi del culto e la circolazione di una devozione che dall'Europa arriva fino al mondo andino. L'immagine del santo infatti ha accompagnato queste comunità nelle loro attività di allevamento del bestiame e ha permesso e rafforzato fino ad oggi quella che può essere chiamata l'"identità andina".

Claudio Rolle, nel suo saggio su un gruppo di esponenti italiani dell'illuminismo cattolico del Settecento, esplora il mondo delle idee e dei nuovi saperi che alimentarono un movimento di ritorno ai primi secoli del cristianesimo, segnato dall'"eutopia", del tempo della perfezione e della purezza, nel quale era possibile essere un vero cristiano, senza gli errori e confusioni della Chiesa storica, come veniva sperimentata sia dai cristiani vicini al giansenismo sia dai cattolici illuministi. Per loro, era il tempo di rivolgersi al passato e non di creare un nuovo mondo in uno spazio nuovo. Si cercava di vivere il cristianesimo seguendo i testi evangelici e gli scritti dei Padri della Chiesa, pensando che esistesse la possibilità di recuperare le forme di vita comunitaria della Chiesa dei primi secoli. Alcuni pensavano che questo recupero avesse già avuto luogo attraverso la Chiesa di Utrecht in Olanda, una Chiesa di dottrina cattolica, ma non in comunione con Roma sorta all'inizio del XVIII secolo. Lo studio dei testi e la rinnovata esegesi biblica permettevano di percepire questo recupero della Chiesa primitiva e dell'insegnamento dei Padri come un ritorno ai Vangeli e alla "purezza della fede". Analizzando il pensiero di vari esponenti del cattolicesimo illuminista nel Settecento italiano Rolle dimostra che questo ritorno non era circoscritto alla discussione e allo studio dei testi, ma che di fatto la volontà di tornare all'"eutopia" cristiana primitiva comportò una forte lotta per le idee contro i loro principali avversari, in particolare, la Compagnia di Gesù.

L'articolo di Carolina Odone rappresenta un approccio alla storia delle *cajas de madera* dedicate a san Antonio di Padova che fanno parte delle pratiche comunitarie e religiose di una specifica comunità andina: San Pedro Estación, nel bacino di San Pedro-Inacaliri nel nord del Cile. In questo testo vengono studiati i manufatti e i loro usi legati alle memorie e alle narrazioni delle persone di questa comunità che abbandonarono quel luogo negli anni Sessanta e Settanta del XX secolo, in un processo migratorio forzato resosi necessario a causa del prosciugamento delle falde acquifere nelle terre di Ojos de San Pedro, indotto dai lavori delle grandi miniere.

A San Pedro Estación, gli abitanti si riuniscono il 12 e il 15 giugno per celebrare la festa del loro patrono il francescano Antonio di Padova, santo portoghese, teologo, predicatore e taumaturgo nato alla fine del XII secolo e canonizzato nel 1232. Ogni anno, le famiglie scelgono i loro alfieri e *pasantes* della festa che organizzano i festeggiamenti. L'interrogativo formulato nel saggio riguarda l'arrivo di queste *cajas* di sant'Antonio alla piccola località di San Pedro Estación. Descrivendo le *cajas* Odone fa rilevare convergenze formali e ornamentali con i *cajones* fabbricati in Bolivia, e ipotizza che essi possano essere collegati ad una tradizione di manufatti artistici propria della zona sud del Mondo Andino, dove le principali caratteristiche della devozione a sant'Antonio di Padova, in genere venerato per i suoi miracoli, sono di tipo molto diverso. Infatti, nel mondo andino il santo francescano è considerato il patrono dei muli, dei lama, ma anche degli animali domestici, e cioè il santo preposto in genere alla protezione del bestiame, il cui allevamento è la principale attività delle popolazioni andine. Non manca però anche una motivazione più tradizionale, essendo invocato, come in altre regioni del mondo cattolico, per trovare tutto ciò che viene perduto.

Forse più degli altri, questi ultimi due saggi dimostrano quanto la circolazione delle credenze religiose cristiane assuma nel tempo un'ampiezza spaziale globale, ma sia anche soggetta a trasposizioni e trasformazioni sincretiche che possono dare spunti interessanti di approfondimento di queste tematiche non solo a livello storico religioso, ma anche a livello antropologico e sociologico.

Alla fine del lavoro vogliamo ringraziare tutti coloro che hanno contribuito alla buona riuscita del lavoro: innanzitutto gli autori che con le loro ricerche, domande e discussioni hanno consentito la pubblicazione di questo terzo volume frutto dell'accordo scientifico italo-cileno. Senza dubbio, essi rappresentano il contenuto e lo spirito di questo libro, ma anche del progetto di collaborazione oltre i confini nazionali. Siamo grati al comitato scientifico composto dai professori: Paolo Broggio (Dipartimento di Studi

Umanistici, Università Roma Tre); Lucrecia Enríquez (Instituto de Historia, Pontificia Universidad Católica de Chile); Ítalo Fuentes Bardelli (Departamento de Historia, Facultad de Filosofía y Humanidades, Universidad de Chile); Manfredi Merluzzi (Dipartimento di Studi Umanistici, Università Roma Tre); Macarena Ponce de León (Instituto de Historia, Pontificia Universidad Católica de Chile), che generosamente hanno prestato la loro opera di *referees* per la *double blind peer review*. Un ringraziamento particolare va al Dipartimento di Studi Umanistici dell'Università Roma Tre, nella persona del Direttore, prof. Manfredi Merluzzi, per aver accolto il volume nella collana del Dipartimento.

Predicazione e scrittura

Federica Candido

Donne, insegnamento e scritture nel *Symposium* di Metodio di Olimpo

1. *Premessa*

È noto che, a partire dagli anni Settanta del secolo scorso, l'approccio metodologico degli studi di genere ha inaugurato, promosso e incentivato, con notevole impulso, un filone di ricerca che pone come fulcro dell'indagine la donna e, soprattutto, le relazioni (in campo sociale, familiare, economico, culturale, e così via) tra i generi.[1] Nell'ambito di tale rigoglio che ha attraversato il mondo accademico e che, segnatamente in prima battuta, ha dato vita a lavori di notevole caratura, anche il tema relativo all'accesso alla formazione per le donne e alle eventuali forme di magistero femminile nel mondo antico e, nello

1. La bibliografia sull'argomento è sterminata; mi limito a rimandare ad alcuni dei lavori più significativi (in ordine di apparizione): *Liberating Women's History: Theoretical and critical essays*, a cura di Berenice Carroll, Urbana, University of Illinois Press, 1976; Natalie Zemon Davis, *Women's history in Transition. The European Case*, in «Feminist Studies», 3 (1975-1976), pp. 83-103; Joan Scott, *Gender: A Useful Category of Historical Analysis*, in «American Historical Review» (AHR), 91/5 (1986), pp. 1053-1075, trad. it.: *Il genere: un'utile categoria di analisi storica*, in «Rivista di storia contemporanea», 16 (1987), pp. 560-586; *La ricerca delle donne. Studi femministi in Italia*, a cura di Maria Cristina Marcuzzo, Anna Rossi Doria, Torino, Rosenberg & Sellier, 1987; Gisela Bock, *Storia, storia delle donne, storia di genere*, Firenze, Estro, 1988; Annarita Buttafuoco, *Storia di genere, storia delle donne*, in «Informazione Bibliografica», 4 (1990), pp. 597-607; *Writing Women's History. International Perspectives*, a cura di Karen Offen, Ruth Roach Pierson, Jane Rendall, Londra, Macmillan, 1991; *Le donne e la storia. Problemi di metodo e confronti storiografici*, a cura di Maria Rosaria Pelizzari, Napoli, Edizioni Scientifiche Italiane, 1995; *Altre storie. La critica femminista alla storia*, a cura di Paola Di Cori, Bologna, Clueb, 1996; *La memoria di lei. Storia delle donne, storia di genere*, a cura di Gabriella Zarri, Torino, SEI, 1996; Paola Di Cori e Donatella Barazzetti, *Gli studi delle donne in Italia. Una guida critica*, Roma, Carocci, 2001. Segnalo inoltre alcuni dei più importanti periodici dedicati a tale oggetto di ricerca: «Memoria. Rivista di storia delle donne», 1 (1981)-33 (1991); «Genesis. Rivista della Società Italiana delle Storiche», I/1 (2002) sgg.; «Storia delle Donne», 1 (2005) sgg.

specifico, all'esercizio da parte di queste di una funzione di "autorità" e di istruzione all'interno delle comunità cristiane dei primi secoli, è stato scandagliato e analizzato attraverso prospettive e discipline differenti.[2]

Il presente lavoro si propone di individuare le radici del nesso che lega l'emergere e lo sviluppo di alcuni modelli ascetici femminili a precise competenze didascaliche, educative e catechetiche che vengono riconosciute e attribuite alle vergini, discutendo la posizione che all'interno del *Symposium*[3]

2. Sul tema dell'educazione nel mondo classico ancora fondamentale e non superato è lo studio di Marrou: cfr. Henri-Irénée Marrou, *Histoire de l'éducation dans l'antiquité*, Paris, Éditions du Seuil, 1948. Per quel che concerne gli studi sul binomio donna-istruzione si vedano: Philip Rousseau, *"Learned Women" and the Development of a Christian Culture in Late Antiquity*, in «Symbolae Osloenses», 70 (1995), pp. 116-147; Emily A. Hemelrijk, *"Matrona docta". Educated Women in the Roman Élite from Cornelia to Julia Domna*, London-New York, Routledge, 1999; *Education and Religion in Late Antique Christianity: Reflections, Social Contexts and Genres*, a cura di Peter Gemeinhardt, Lieve Van Hoof, Peter Van Neuffelen, London-New York, Routledge, 2016; *Teachers in Late Antique Christianity*, a cura di Peter Gemeinhardt, Olga Lorgeoux, Maria Munkholt Christensen, Tübingen, Mohr Siebeck, 2018.

3. Delle opere di Metodio di Olimpo, scrittore cristiano della Lycia-Pamfilia, attivo nella seconda metà del III secolo e nel primo decennio del IV, possediamo – integralmente in greco – solo il *Symposium.* Conosciamo il resto del suo *corpus* grazie alla traduzione che a partire dall'XI secolo fu redatta in paleoslavo. Di tali opere, tuttavia, rimangono alcuni passaggi, seppure rapsodici, trasmessi in greco. Lo scritto, datato tra 270-290, è interamente dedicato alla tematica della verginità. Esso è formalmente costituito da undici orazioni, un preludio, un inno e un epilogo pronunciati da tredici voci femminili. La cornice della narrazione, il primo e principale scoglio con cui si scontra un'analisi tesa a rintracciare i possibili elementi storici ivi nascosti, è tutta dispiegata in un orizzonte escatologico che sembra lasciare poco spazio ad un'interpretazione critica che intenda individuare elementi probanti in merito alla difficile tematica del ruolo occupato dalle vergini nelle comunità cristiane prenicene. Dietro la dissimulazione letteraria e al di là del prestito, in parte prettamente formale, della filosofia e dello stile platonico, Metodio si esibisce, tramite la sua opera, nel tentativo di riassumere dal suo punto di vista diverse *facies* culturali a lui contemporanee. Per quel che concerne il testo, considerato l'esiguo numero delle edizioni critiche e delle traduzioni dell'opera, do una rapida notizia. Dopo la comparsa, nel 1917, dell'edizione del testo collazionato e curato da Bonwetsch per la collana "Die Griechischen Christlichen Schriftsteller", d'ora in poi GCS (GCS, 27), la prima traduzione del *Symposium* porta la firma di Musurillo (Methodius of Olympus, *The Symposium: a Treatise on Chastity*, New York, Newman Press, 1958). Tale edizione, priva del testo in greco, è una traduzione in inglese affiancata da un utile apparato di note che, in parte, funge da commento all'opera. Cinque anni più tardi è stata edita per i tipi di "Sources Chrétiennes" l'edizione critica dell'opera, frutto della collaborazione tra Debidour e lo stesso Musurillo: Méthode d'Olympe, *Le banquet*, introduzione e testo critico di H. Musurillo, traduzione e note di V.H. Debidour, Paris, Les Éditions du Cerf, 1963 (Sources Chretiennes, d'ora in poi SCh, 95). In italiano, invece, risale al 1926 la prima traduzione del *Symposium*, curata da Paolo Ubaldi (Metodio d'Olimpo, *Il convito delle dieci vergini*, versione italiana

di Metodio (270-290 *e.v.*)[4] sembra essere assegnata alle vergini nel campo dell'accesso all'istruzione religiosa e dell'insegnamento. Non si intende, perciò, semplicemente contribuire al dibattito relativo alle forme di istruzione e di insegnamento femminile nei primi secoli cristiani ma anche riflettere in maniera più puntuale circa il quadro culturale di riferimento dello scritto metodiano che, considerato il tenore marcatamente fittizio della narrazione, risulta agli occhi del lettore ancora avvolto in una coltre letteraria che vieta di afferrarne pienamente i contorni storici.

2. *Un atteggiamento ambivalente di fronte al magistero femminile*

L'ammonimento di 1 Tim 2,12 che proibiva alle donne di insegnare, l'ingiunzione di *Didascalia degli Apostoli* 15,4[5] con la quale si negava alle vedove di esercitare funzioni nell'ambito dell'istruzione, i pronunciamenti

a cura di Paolo Ubaldi, Torino, SEI, 1926). Più tardi vedranno la luce lo studio di Angelo Zeoli (Metodio d'Olimpo, *Il banchetto delle dieci vergini*, versione, introduzione e note a cura di Angelo Zeoli, Firenze, Libreria Editrice Fiorentina, 1952) e la ricerca che Michele Pellegrino ha dedicato all'inno finale (*L'inno di San Metodio Martire: introduzione, testo critico e commento*, Torino, Università degli Studi di Torino. Facoltà di Lettere e Filosofia, 1958). Quest'ultimo offrirà una dettagliata analisi dell'inno finale del *Symposium*. Più recente, invece, è la traduzione italiana, curata da Antoniono che porta come titolo *La verginità* (Metodio d'Olimpo, *La verginità*, introduzione, traduzione e note a cura di Normando Antoniono, Roma, Città Nuova, 2000, "Testi Patristici", 152).

4. Sui temi e sugli interessi metodiani, oltreché sulla discussa questione relativa all'eventuale titolo episcopale del Nostro, si vedano: Jacques Farges, *Les idées morales et religieuses de Méthode d'Olympe: contribution à l'étude des rapports du christianisme et de l'hellénisme à la fin du troisième siècle*, Paris, G. Beauchesne, 1929; L. George Patterson, *Methodius of Olympus: Divine Sovereignty, Human Freedom, and Life in Christ*, Washington, D.C., The Catholic University of America Press, 1999; Emanuela Prinzivalli, *L'esegesi biblica di Metodio d'Olimpo*, Roma, Institutum Patristicum Augustinianum, 1985 (Studia Ephemeridis Augustinianum, 21), Ead., *Il millenarismo in Oriente da Metodio ad Apollinare*, in «Annali di storia dell'esegesi», 15/1(1998), pp. 125-151; Benedetta Zorzi, *Metodio d'Olimpo, un autore minore?*, in «Revue d'études augustiniennes et patristiques», 52 (2006), pp. 31-56; Federica Candido, *Metodio d'Olimpo, uno scrittore cristiano poco visitato: note in margine alla questione episcopale*, in «Palinsesti. Rivista della Scuola Dottorale Internazionale di Studi Umanistici», 3 (2015), pp. 213-243; Roberta Franchi, *Introduzione* a Metodio di Olimpo, *Il libero arbitrio*, a cura di Roberta Franchi, Milano, Edizioni Paoline, 2015, pp. 9-137.

5. Per l'edizione della *Didascalia* siriaca si veda: Alistair Stewart-Sykes, *The Didascalia Apostolorum. An English Version with Introduction and Annotation*, Turnhout, Brepols, 2009.

di alcuni scrittori cristiani che evocano un diffuso atteggiamento ostile di fronte a tale argomento (basti ricordare, solo a titolo di esempio, l'inciso di Tertulliano in *De virginibus velandis* 9)[6], sono solo alcune delle testimonianze che attestano, in ambito cristiano, la tendenza a normalizzare e definire (se non, talvolta, persino a negare) l'accesso all'educazione per le donne e una loro eventuale attività di insegnamento. Ancora più marcato poi è l'atteggiamento ostile degli scrittori cristiani verso tutte quelle forme di protagonismo femminile, soprattutto se esercitato nell'ambito dell'istruzione e del culto, che venivano individuate all'interno dei gruppi eterodossi.[7]

Quantunque, secondo una tendenza dominante del mondo antico (e cristiano), fossero il silenzio e la moderazione le qualità per eccellenza della *perfectissima femina*, e pur tenendo presente che l'accesso all'educazione scolastica nel mondo antico fissasse perlomeno delle nette distinzioni tra fanciulli e fanciulle, la tradizione delle donne istruite e capaci di insegnare, pur essendo mutevole e poco coerente nelle attestazioni, mi pare essere comunque poliedrica e ricca.

Fornire un quadro omogeneo per quel che concerne la cultura e l'istruzione delle donne nei primi secoli è tuttavia impresa ardua; occorre interrogare opportunamente le fonti a nostra disposizione e tenere presente, di volta in volta, l'appartenenza sociale oltre al contesto storico e culturale di riferimento dei singoli casi che si vanno ad analizzare. Resta evidente, a

6. Rinomata è anche la polemica di Tertulliano nei confronti della prassi dei gruppi eterodossi che abilitavano la donna all'esercizio del magistero e delle altre funzioni sacerdotali (*De praescriptione haereticorum* 41,5).

7. Si pensi, ad esempio, all'invettiva presente nel *De Trinitate* attribuito a Didimo il Cieco che condanna l'uso, all'interno delle comunità montaniste, di attribuire alle donne la facoltà di insegnare adoperando i propri libri e le loro tradizioni orali (la paternità didimiana dell'opera è tuttavia contestata: cfr. Manlio Simonetti, *Ancora sulla paternità didimiana del* De Trinitate, in «Augustinianum», 36, 1996, pp. 377-387). Innumerevoli sono poi, all'interno della letteratura eresiologica, le accuse mosse contro talune prassi considerate inaccettabili: basti pensare ad Epifanio che, in *Haer.* 78 e 79 (si veda GCS Epiph. III 473, 476), si pronuncia contro la consuetudine di concedere alle donne di celebrare il culto, in uso presso gruppi definiti nel primo caso Antidicomariamiti e nel secondo Colliridiani, attivi in Arabia nella seconda metà del IV secolo; Didimo Alessandrino. *Trin.* 3, 41, 3 (*Patrologia graeca* [PG], XXXIX, coll. 988C-989A). Cfr. Carla Noce, *Una vita tra silenzio e canto. Alcune considerazioni sul ruolo svolto dalla musica nella formazione religiosa delle donne cristiane in ambito siro-occidentale*, in *Le vie del sapere in ambito siro-mesopotamico tra III e IV secolo*, Atti del Convegno internazionale (Roma, 12-13 maggio 2011), a cura di Carla Noce, Massimo Pampaloni, Claudio Tavolieri, Roma, Pontificio Istituto Orientale, 2013, pp. 321-349, in particolare p. 325 n. 23.

mio parere, che i tentativi di definizione, di normazione e di soppressione di pratiche collegate ad un presunto magistero femminile, siano indice del fatto che il fenomeno delle donne "maestre" avesse perlomeno cittadinanza nelle comunità cristiane dei primi secoli.[8] Tale fatto è ancora più lampante se, oltre ai più celebri casi-studio che le fonti ci hanno consegnato, si procede ad una accurata ricerca a partire dalle testimonianze papiracee; come ha adeguatamente messo in evidenza Cribiore, di fronte alla norma che accordava le prerogative di istruirsi e di istruire agli uomini, anche le donne riuscirono a ritagliare una propria fetta di protagonismo e autonomia nell'ambito educativo e scolastico.[9]

D'altronde tale questione rappresentava un argomento dibattuto già prima del periodo ellenistico. Alle donne non era concesso di accedere all'Accademia e al Liceo; Platone però, pur accettando l'assunto della superiorità del genere maschile, nella *Repubblica* aveva dimostrato, per bocca di Socrate, che era possibile estendere alle donne la medesima educazione degli uomini, prefigurando nel clima intellettualmente ed eticamente formativo della *kallipolis*, la nascita di un tipo superiore di femminilità, ossia quello delle filosofe-guardiane della città (*Repubblica*, V, 452a e 456b-d). Il principio dell'obbligatorietà dell'istruzione per uomini e donne è stato esplicitamente ribadito anche in una delle ultime opere platoniche (*Leggi* VII, 806e). Epicuro ammetteva anche le donne alla sua scuola; interessante, poi, è l'informazione che ricaviamo da Lattanzio (*Divine istituzioni* III, 25) circa l'atteggiamento degli stoici, che garantivano anche alle donne la facoltà di filosofare. Secondo Musonio, stoico

8. Fermo restando che l'accesso all'educazione e alla cultura nell'antichità fosse appannaggio e prerogativa delle élite, e soprattutto degli uomini appartenenti ai ranghi sociali più elevati, non si può negare che la Storia riservi tracce e testimonianze di importanti eccezioni alla prassi usuale. Che, dunque, i figli maschi avessero maggiori possibilità delle femmine di accedere e completare un percorso di studio è un dato di fatto; a questo, tuttavia, occorre aggiungere che il discrimine fondamentale era rappresentato anche dalle potenziali risorse economiche che la famiglia poteva investire. A tale riguardo è molto interessante ricordare alcune considerazioni della madre di Giovanni Crisostomo (*De sacerd.* 1.2.50-56). Rimasta vedova, rievoca le ansie vissute per assicurare un valido percorso di crescita al figlio. Di fatto, vi è una fondamentale differenza tra crescere una figlia e crescere un figlio: la figlia causa ansia ma non grandi spese; crescere un figlio, invece, implica un lauto investimento di denaro per assicurargli un percorso formativo di spessore.

9. Cfr. Raffaella Cribiore, *Gymnastics of the Mind: Greek education in Hellenistic and Roman Egypt*, Princeton, Princeton University Press, 2001, soprattutto pp. 74-83; Ead., Roger S. Bagnall, *Women's Letters from Ancient Egypt. 300 BC-AD 800*, Ann Arbor, The University of Michigan Press, 2006.

romano del I secolo, le donne erano dotate di razionalità, sensi e membra del corpo al pari degli uomini (*Diatriba* III, 9,1-8) e, pertanto, esse potevano filosofare; egli, tuttavia, precisa che il sesso muliebre avesse una particolare predisposizione non tanto alla speculazione astratta quanto alla pratica della filosofia (*Diatriba* III, 10, 10-17). Farà da eco all'atteggiamento di Musonio la riflessione elaborata da Clemente Alessandrino, secondo cui uomini e donne erano adatti ad una vita virtuosa (*Strom.* IV, 8, 59, 1-5)[10] dal momento che il Logos era concepito come pedagogo sia degli uomini che delle donne (*Pedagogo* I,4). Celeberrima è la pagina che lo scrittore alessandrino dedica alle donne filosofe della tradizione pagana (egli ricorda Teano la pitagorica; Temisto l'epicurea, figlia di Zoilo di Lampsaco e moglie di Leonteo di Lampsaco; le pitagoriche Muia e Arignota; le figlie di Diodoro di Crono – Menessena, Argia, Teognide, Artemisia e Pantaclea – che Clemente cita dal *Menesseno* di Filone; Ipparchia di Maronea, la cinica; Aretè, la figlia di Aristippo di Cirene; Lastenia e Axiotea della scuola platonica e Aspasia di Mileto, ispiratrice di Socrate e di Pericle[11]). Eppure, anche lo stesso Clemente non sarà del tutto immune dal corredo di ideologie e concezioni che la mentalità del suo tempo deteneva riguardo al femminile:[12] egli, pur affermando che la religione cristiana permetteva a tutti di «essere filosofi» (*Strom.* IV, 8, 58,3), finì con il collocare le donne tra coloro che non possedevano istruzione (ἄνευ γραμμάτων), inserendole in un gruppo che contava schia-

10. In particolare, in *Strom.* IV, 8,59, 2-3, leggiamo: «E se virtù tipica dell'uomo sono la temperanza e la giustizia e tutte le altre che le accompagnano, forse che all'uomo soltanto si addice essere virtuoso, e alla donna intemperante e ingiusta? Ciò è assurdo anche solo a dirlo. Temperanza, giustizia e tutto il complesso delle virtù devono stare a cuore e alla donna e all'uomo allo stesso modo, libero o schiavo che sia, perché si verifica che una e identica è la virtù della stessa natura [σωφροσύνης οὖν ἐπιμελητέον καὶ δικαιοσύνης καὶ τῆς ἄλλης ἀρετῆς ἁπάσης ὁμοίως μὲν γυναικί, ὁμοίως δὲ ἀνδρί, ἐλευθέρῳ τε καὶ δούλῳ, ἐπειδὴ μίαν καὶ τὴν αὐτὴν ἀρετὴν εἶναι τῆς αὐτῆς φύσεως συμβέβηκεν]». Per la traduzione cfr. Clemente di Alessandria, *Gli Stromati. Note di vera filosofia*, introduzione di Marco Rizzi, traduzione e note di Giovanni Pini, Milano, Edizioni Paoline, 2006, p. 415; per il testo si veda Clément d'Alexandrie, *Les Stromates*, Introduction, introduzione e testo critico di Annewies van den Hoek, traduzione di Claude Mondésert, Paris, Éditions du Cerf, 2001 (SCh, 463).

11. Per l'elenco delle donne a cui Clemente fa riferimento si veda *Strom.* IV, 19, 121,1-122,3 (SCh 463), pp. 256-261.

12. Si pensi alla famosa espressione tacitiana che stigmatizza il genere femminile con l'espressione «imbecillus sexus» (*Ann.*3,33). Cfr. Umberto Mattioli, *"Astheneia" e "andreia". Aspetti della femminilità nella letteratura classica, biblica e cristiana antica*, Roma, Bulzoni, 1983.

vi, anziani e bambini. Dunque, sebbene per principio fosse definita una sostanziale uguaglianza tra i sessi, Clemente non cede alla tentazione di attribuire alla donna una posizione subalterna e, in questo specifico caso, tale idea poggia le sue fondamenta sul fatto che ella non fosse dotata di adeguata istruzione.[13]

Percorrendo rapsodicamente la letteratura cristiana dei primi secoli, tanto per citare uno degli esempi più importanti, ben noto è il caso di Macrina, vergine e maestra, le cui capacità didascaliche saranno lodate nell'elogio funebre che le tributerà il fratello Gregorio di Nissa;[14] ugualmente, ci sono giunte altre testimonianze che ci informano di tale fenomeno.[15] Il *Didaskaleion* di Alessandria, perlomeno come Eusebio vuol farci credere, era – anche grazie ad Origene – una scuola aperta indistintamente a uomini e donne (Eusebio, *H.E.*, VI, 4,3; VI, 8,2). Pare, inoltre, che persino presso la scuola di Panfilo di Cesarea fosse prevista l'istruzione delle donne; Girolamo, infatti, in *Adv. Ruf.* 1,10, ci informa che Panfilo

13. Sulla posizione altalenante dimostrata da Clemente su questo specifico tema si veda: Annewies van den Hoek, *Clement of Alexandria on Martyrdom*, in *Studia Patristica*, a cura di Elizabeth A. Livingstone, XXVI, Louvain, Peeters,1993, pp. 324-341, in particolare si vedano le pp. 335-339.

14. Per la traduzione italiana si veda: Gregorio di Nissa, *Vita di S. Macrina*, a cura di Elena Giannarelli, Milano, Edizioni Paoline, 1988.

15. Oltre al già citato esempio di Gregorio di Nissa che definisce Macrina διδάσκαλος e non esita a dire che la donna fu maestra persino del grande Basilio, senza la pretesa di esaustività, si segnalano alcuni casi attestanti l'esistenza di un magistero femminile: Geronzio parla di Melania come guida e maestra ispirata da Dio (ὁδηγὸς ἀγαθῆς καὶ θεόπνευστος διδάσκαλος); negli *Apoftegmata Patrum*, il quinto detto attribuito ad Amma Theodora illustra le caratteristiche del vero διδάσκαλος; il termine διδάσκαλος, posto in calce al titolo della Vita dedicata ad Amma Synkletica, qualifica il ruolo di questa madre del deserto; Tecla degli *Atti di Paolo e Tecla* riceve dall'Apostolo l'investitura dell'insegnamento e della predicazione (*Atti di Paolo* 41); Mariamne (*Acta Philippi* XIV) converte e promette che, tramite il Signore, Nicanora (donna siriaca di alto rango) verrà illuminata e accederà alla salvezza. Anche la πρεσβυτέρα Tekousa del *Martirio di San Teodoto di Ancyra* dimostra di avere funzioni educative dal momento che ci viene presentata come la guida di Teodoto. Molteplici sono i casi esemplificativi come quelli sopra citati, così come numerose sono le attestazioni riguardanti l'accesso all'istruzione e all'educazione per le donne. Ad esempio, l'anonima *Omelia sulla verginità* pare velatamente associare all'attività delle vergini consacrate la lettura e lo studio dei testi sacri dal momento che si suggerisce loro di imitare quelle vergini che, vestite dell'abito dell'immortalità, portano sempre in mano, cantando, il libro dei Salmi (III,56). Anche la permanenza di Origene presso la (vergine?) Giuliana e il dono dei libri di Simmaco (Eusebio, *H.E.*, VI, 17) che la donna fece all'Alessandrino rientra, a mio modo di vedere, nell'ambito della reale partecipazione femminile all'istruzione impartita da Origene.

stesso dava copie della Bibbia alle vergini e, inoltre, gli storici bizantini confermano la tradizione di Panfilo come maestro anche di donne. Proprio lo Stridonense, all'alba del V secolo, non può nascondere (pur provando a operare una serie di correttivi e di limitazioni) le capacità didattiche e di apprendimento che un gruppo di donne aristocratiche dispiega nell'ambito della propria esperienza ascetica.[16] All'interno del ricco carteggio che intercorre tra Girolamo e le *clarissimae feminae* dell'Aventino, l'Epistola 127, consacrata all'elogio della defunta Marcella,[17] è un esempio della misura e del riguardo che lo Stridonense – la cui penna è invece spesso intinta nell'inchiostro di una graffiante e pungente polemica che non risparmia gli avversari e gli interlocutori – riserva al circolo delle donne romane che cresce sotto la sua egida.[18] Girolamo, dunque, guarda con

16. A tal proposito, molto interessanti sono le riflessioni enucleate in Denys Gorce, *La "lectio divina" nell'ambiente ascetico di S. Girolamo*, Bologna, EDB,1990 (ed. orig. Paris 1925).

17. Al ruolo di Marcella, quale una delle iniziatrici e promotrici dell'esperienza di vita monastica femminile a Roma, fanno esplicitamente riferimento le Epp. 46 e 127 di Girolamo.

18. A proposito delle diverse figure femminili con cui lo Stridonense intrattenne rapporti, a titolo esemplificativo si vedano (la bibliografia è in ordine di apparizione): Aldo Ceresa-Gastaldo, *Figure e motivi femminili nell'epistolario di Gerolamo*, in «Orpheus» n.s. 13 (1992), pp. 77-83; Patricia Cox Miller, *The Blazing Body: Ascetic Desire in Jerome's Letter to Eustochium*, in «Journal of Early Christian Studies», 1 (1993), pp. 21-45; Neil Adkin, *Jerome on Marcella:* Epist. *127,10,4*, in «Bollettino di Studi Latini», 29 (1999), pp. 564-570; Id., *The Letter of Paula and Eustochium to Marcella: Some Notes*, in «Maia», 51 (1999), pp. 97-110; Ora Limor, *Reading Sacred Space: Egeria, Paula and the Christian Holy Land*, in *"De Sion exhibit lex et verbum domini de Hierusalem". Essays on Medieval Law, Liturgy, and Literature in Honour of Amnon Linder*, a cura di Yitzhak Hen, Turnhout, Brepols, 2001, pp. 1-16 (Cultural Encounters in Late Antiquity and the Middle Ages); Lucia Micalizzi, *Figure femminili nell'Epistolario di san Girolamo*, in Liber Scripturae. *Miscellanea in onore del Prof. P. Francesco Tudda ofm*, a cura di Vincenzo Lopasso, Sergio Parisi, Soveria Mannelli, Rubbettino, 2002, pp. 183-199; Patrick Laurence, *Les femmes riches, les clercs et les moines: «Code Théodosien» et témoignages épistolaires*, in *Epistulae antiquae*. 4, Actes du IVe colloque international (Tours, Université François-Rabelais, 1er-2-3 décembre 2004), a cura di Patrick Laurence, François Guillaumont, Leuven, Peeters, 2006, pp. 255-268; Franca E. Consolino, *Tradizionalismo e trasgressione nell'élite senatoria romana: ritratti di signore tra la fine del IV e l'inizio del V secolo*, in *Le trasformazioni delle élites in età tardoantica*, a cura di Rita Lizzi Testa, Roma, L'Erma di Bretschneider, 2006, 65-139, Phyllis B. Katz, *Educating Paula: A Proposed Curriculum for Raising a 4th-Century Christian Infant*, in *Constructions of Childhood in Ancient Greece and Italy*, a cura di Ada Cohen, Jeremy B. Rutter, Princeton, American School of Classical Studies at Athens, 2007, pp. 115-127

attenzione alla vita comunitaria, di continenza e di studio delle Scritture, di questa società femminile sorta a cavallo tra IV e V secolo, tanto da non lesinare elogi ed encomi per quelle donne che, appartenenti ad una élite aristocratica, avevano rinunciato ai propri beni mettendoli a disposizione della comunità e si erano dedicate, con abnegazione e amore, alla vita ascetica e all'interrogazione incessante della Parola, diventando a loro volta maestre ed instancabili esegete. Vale la pena di leggere direttamente le considerazioni dello Stridonense:

> E siccome allora godevo d'una certa reputazione come esegeta della Scrittura, non venne mai da me senza interrogarmi su qualche passo scritturistico; e non si arrendeva, soddisfatta, alla prima spiegazione, bensì mi sottoponeva altre questioni, non per il gusto di disputare, ma per imparare, attraverso le domande fatte, le soluzioni a quelle obiezioni che lei capiva si sarebbero potute opporre. Non oso dire quali tesori di virtù, quale talento, quale santità, quale purezza ho trovato in lei; rischierei di non essere creduto, e ti procurerei un dolore troppo grande al ricordo dell'immenso bene perduto. Questo solo ti dirò: tutto quel sapere che ho potuto accumulare in me con uno studio assiduo e che ho trasformato quasi in una seconda natura mediante un lungo esercizio, essa l'aveva imparato, se n'era abbeverata e se n'era impadronita a tal punto che, dopo la mia partenza, se qualche disputa sorgeva a proposito d'un testo della Scrittura, si ricorreva al suo giudizio. Da persona molto prudente conosceva quello che i filosofi chiamano *tò prépon* vale a dire la correttezza; così quando veniva interrogata rispondeva in modo che anche una sua opinione personale non la presentava come propria, ma come mia o di qualcun altro; in tal modo si professava discepola nell'atto stesso che insegnava.[19]

(Hesperia. Supplement, 41); Valeria Novembri, Philosophia *and Christian Culture. An Antidote for Female Weakness in Jerome's Letters*, in *Studia Patristica*, XLIV. *Studies Presented at the Fifteenth International Conference on Patristic Studies Held in Oxford 2007*, a cura di Jane Baun, Averil Cameron, Mark Edwards, Markus Vinzent, Leuven-Paris-Walpole, Peeters, 2010, pp. 471-485; Marianne Sághy, *The Master and Marcella. Saint Jerome Retells the Bible to Women*, in *Retelling the Bible: Literary, Historical, and Social Contexts*, a cura di Lucie Dolezalová, Tamas Visi, Bern-Frankfurt am Main, Lang, 2011, pp. 127-137; Ida Gilda Mastrorosa, *Girolamo e l'ascetismo muliebre tardoantico: a proposito di un recente studio sul monachesimo femminile*, in «Giornale Italiano di Filologia», 65 (2013), pp. 354-362.

19. La traduzione del brano (Ep. 127,7) in corpo al testo è di S. Cola (cfr. Girolamo, *Le lettere*, vol. IV, Roma: Città Nuova, 1963, p. 275). Per il testo in latino si veda: Hieronymus, *Ad Principiam virginem*, texte établi et traduit par Jérôme Labourt, Tome VII, Paris, Les Belles Lettres, 1961, pp. 142-143.

Marcella era riuscita a vincere la ritrosia di Girolamo[20] e, desiderosa di conoscere le Scritture, era stata in grado di intessere con l'autore latino una relazione di scambio e confronto in merito a temi e a questioni di scienza biblica. Non si accontentava mai della prima risposta che le veniva fornita e, anzi, facendo della domanda un vero e proprio atteggiamento metodologico, interrogava e scrutava i testi sacri fino al punto di essere diventata lei stessa figura autorevole per dirimere questioni esegetiche.[21] Insieme a lei, Eustochio, Leta, Paola, Asella, Principia, Fabiola, vergini, benefattrici e maestre, sono iniziatrici e protagoniste di esperienze di vita ascetica accomunate, oltre che dalla condivisa scelta di vita continente, da un unanime afflato culturale che si definisce in un confronto puntuale e in un dialogo assiduo con i testi scritturistici (letti, a quanto pare, non solo in latino, ma talvolta anche nelle versioni greca ed ebraica). Sebbene non sia riconosciuto esplicitamente un ruolo ecclesiale in quanto maestre, ritengo che lo stretto legame tra ascesi ed esegesi che si viene a realizzare nelle esperienze di vita delle donne gravitanti intorno a Girolamo sia un dato significativo a riguardo. La letteratura antica, e in special modo quella cristiana, non ci ha abituato a incrociare di frequente gli sguardi di personalità femminili così singolari, dotate non semplicemente di un corredo culturale ampio e versatile ma anche di una definita e marcata vivacità culturale.[22]

20. Apprendiamo, sempre dall'Epistola 127, che Girolamo, giunto a Roma con Paolino ed Epifanio, cerca di evitare gli sguardi delle nobili donne romane; tuttavia, lo Stridonense afferma che proprio Marcella riuscì ad avvicinarlo e, "in modo opportuno e importuno" (2 Tim. 4,2), finì con il conquistare la sua attenzione.

21. Dall'epistolario di Girolamo si evince che tutte le sedici lettere indirizzate a Marcella hanno come oggetto la spiegazione di una difficoltà sorta in ambito esegetico oppure il commento ad un passo biblico (cfr., ad esempio, le *Epistulae* 25; 26,1-2; 28,1; 34,1; 37,2; 41,1; 77,7; 108,6).

22. Il protagonismo femminile nel campo intellettuale in epoca antica è un tema a cui un'ampia fetta della produzione scientifica si è dedicato. Per un inquadramento generale rispetto all'argomento cfr. Susan Guetten Cole, *Could Greek Women Read and Writing?*, in *Reflections Women in Antiquity*, a cura di Helene P. Foley, New York 1981, pp. 219-245; Guglielmo Cavallo, *Donne che leggono, donne che scrivono*, in *Vicende e figure femminili in Grecia e a Roma*, Atti del Convegno (Pesaro, 28-30 aprile 1984), a cura di Renato Raffaelli, Ancona, Commissione per le Pari Opportunità tra uomo e donna della regione Marche, 1995, pp. 517-526; Cribiore, *Gymnastics of the Mind*, pp. 74-100; *Women's Letters from Ancient Egypt*; Guglielmo Cavallo, *Qualche riflessione su un rapporto difficile. Donne e cultura scritta nel mondo antico e medievale*, in «Scripta. An International Journal of Codicology and Palaeography», 2 (2009), pp. 59-71. Nell'ambito della rappresentazione della donna-filosofa ritengo molto interessante fare riferimento ad alcune testimonianze

La citazione geronimiana non voglia quindi apparire decontestualizzata e anacronistica rispetto al fine che ci si propone di perseguire tramite questo studio ma serva, a mo' di pretesto, per favorire una riflessione preliminare intorno alla definizione di un certo modello di ascesi femminile che trova la sua massima espressione nell'esaltazione del binomio che lega la scelta di vita ascetica ad un approfondito studio delle Scritture.[23] Sulla concezione di una simile prassi ascetica, a cavallo tra III e IV secolo insisterà, secondo il mio parere, una cospicua fetta della produzione letteraria cristiana che si farà promotrice della definizione, sul piano retorico ma soprattutto pratico, di un modello di vergine che qui definisco "vergine διδάσκαλος". Nella specificazione di questo paradigma saranno il tempo consacrato allo studio delle Scritture, la preghiera e l'insegnamento catechetico i tratti peculiari che circoscriveranno tale condizione di vita. La vergine διδάσκαλος trova la sua massima aspirazione nell'esegesi, nella lettura dei testi sacri e nel confronto con le sue simili tanto che tali attività sembrano relegare in secondo piano, quasi fino a nullificarla in alcune esperienze, tutta quella serie di pratiche di privazione e di mortificazione, caratterizzanti la vita delle vergini, a cui la letteratura ascetica ci ha abituati.

Ritengo che nel processo di elaborazione ideologica di tale modello, il *Symposium* di Metodio rappresenti un anello fondamentale nello sviluppo della riflessione cristiana intorno al ruolo rivestito dalle vergini in seno alle comunità e abbia svolto, nell'ambito della formazione del modello di "vergine διδάσκαλος", una funzione decisiva non adeguatamente messa in evidenza.

archeologiche. Come bene ha messo in evidenza Paul Zanker (*The Mask of Socrates. The Image of Intellectual in Antiquity*, Berkeley, University of California Press, 1995, pp. 267-277), l'immagine del filosofo, consacrato allo studio e alla riflessione, riscuote, soprattutto nell'ambito dei corredi funerari, a maggior ragione nel III secolo, ampio successo. Ne sono testimonianza quelli che lui definisce «philosopher sarcophagi», quasi tutti di provenienza microasiatica, che ritraggono il marito e la moglie in posizione apparentemente paritaria e in atteggiamento contemplativo (il più delle volte sono circondati dalle Muse). Mentre la figura maschile è solitamente assimilata al filosofo o ai sette saggi, la controparte femminile, invece, è ritratta nelle fattezze di una Musa. Sul valore e sulla diffusione di simili raffigurazioni, nel nostro caso soprattutto dei soggetti femminili che, molto probabilmente, si facevano simboli e veicoli di concezioni culturali e sociali, è opportuno indagare.

23. Si veda a proposito: Josefa Cantó Llorca, *Educación para el ascetismo: la Ep. CVII de Jerónimo*, in *Actas del XI congreso español de estudios clásicos* (Santiago de Compostela, del 15 al 20 de septiembre de 2003), a cura di José Fr. González Castro, Antonio Alvar Ezquerra *et al.*, Madrid, Sociedad Española de Estudios Clásicos, 2006, III, pp. 63-74.

3. *Questioni di leadership femminile? L'ordine delle vergini tra continenza, insegnamento e studio delle Scritture nel* Symposium *metodiano*

L'opera metodiana non è la prima in assoluto ad essere dedicata alla verginità;[24] tuttavia, secondo il mio punto di vista, essa non solo è la prima ad essere imperniata esclusivamente sull'esaltazione *tout court* di questo stato di vita[25] ma rappresenta, nell'ambito della trattatistica consacrata

24. Già nei testi apologetici, ancor prima della trattatistica interamente dedicata alla verginità, è possibile riscontrare un puntuale riferimento alla diffusa pratica, in uso presso i cristiani, di dedicarsi al celibato e alla continenza. Si vedano a proposito: Giustino (*Apol.* 1, 15, 6-7); Atenagora (*Suppl.* 33,1); Minucio Felice (*Octavius* 31,5). I pionieri della trattatistica consacrata alla verginità sono, invece, in ambito latino, Tertulliano (*De virginibus velandis*) e Cipriano (*De habitu virginum).* Sul versante del cristianesimo orientale, è necessario ricordare due opere che, tuttavia, appartengono ad un registro differente dalla trattatistica: le due *Lettere ai vergini* dello Pseudo Clemente (attribuite fin da epoca remota a Clemente Romano anche se la critica ha poi messo in evidenza che tale congettura fosse erronea; si veda a proposito anche Girolamo, *Adversus Iovianium* I,12 (*Patrologia latina* [PL], XXIII, col. 228D). Originariamente composto in greco, l'opera è da situare nel III secolo e, con molta probabilità, in Siria, sebbene sia necessario ammettere, visto il tenore dei contenuti in essa trasmessi, che il testo ebbe una vasta circolazione. La traduzione in siriaco è preservata in un manoscritto del VI secolo, conservato oggi nel British Museum) e l'anonima *Omelia sulla verginità* (scoperta nel 1953 da Amand de Mendieta e Moons che fissano la composizione dell'opera prima del 325). Per il testo delle due ultime opere citate cfr. Franz Diekamp, *Patres Apostolici. Editionem Funkianam novis curis in lucem emisit Franciscus Diekamp. II: Clementis Romani Epistulae de virginitate eiusdemque Martyrium, Epistulae Pseudoignatii, Ignatii Martyria, Fragmenta Polycarpiana, Polycarpi vita*, Tubingae, in libraria Henrici Laupp, 1913; *Une curieuse Homélie grecque sur la virginité addressée aux pères de famille*, Première Partie: Texte et traduction par David Amand de Mendieta et Matthieu-Charles Moons, in «Revue Bénédectine», 63 (1953), pp. 18-69; *Une curieuse Homélie grecque sur la virginité addressée aux pères de famille*, seconde partie: texte commenté par David Amand de Mendieta et Matthieu-Charles Moons, in «Revue Bénédectine», 63 (1953), pp. 211-238). Per le *Lettere ai vergini* dello Ps. Clemente mi permetto di rimandare, inoltre, ad un recente studio condotto dalla Dott.ssa Sara Giorgetti che presenta un aggiornato *status quaestionis* sull'argomento: Sara Giorgetti, *Le Epistole pseudoclementine "Ad Virgines"*, tesi di Laurea Magistrale in Storia del Cristianesimo Antico, Università Roma Tre, rel. Carla Noce, a.a. 2016/2017, inedita.

25. Cipriano, ad esempio, presta molta attenzione alla tematica della verginità; egli elogia le vergini e, paragonandole agli angeli (*Hab. Virg.* 22), intende il loro ruolo nella Chiesa come un vero e proprio dono. A differenza del *Symposium*, però, dall'opera di Cipriano si apprende che le vergini vivessero sotto la cura diretta del vescovo e, proprio in virtù di tale ragione, l'autore affianca la lode dello stato verginale ad esortazioni relative agli obblighi conseguenti al loro stato di vita e a vere e proprie correzioni degli abusi. Il testo metodiano non si presenta, come solitamente presuppone il genere del trattato, in guisa

all'argomento, uno spartiacque. L'opera presenta un'architettura complessa in cui la finzione letteraria sembra prevalere sul dato storico. Metodio dà vita ad un'operazione *sui generis* che non presenta parallelismi affini in opere anteriori o posteriori: egli non loda una donna distintasi per le sue doti ascetiche e per le sue capacità didascaliche o esegetiche, né si propone di dettare norme relative alla condotta e alle prassi ascetiche, ma, capovolgendo questo tipo di prospettiva, decide che sia una cerchia di donne vergini[26] a prendere la parola e a parlare in prima persona, impartendo degli insegnamenti. Le oratrici presenti al banchetto, inserite in una cornice in cui determinante è la finzione letteraria, discutono in merito al valore della verginità ed esaltano la scelta di vita casta, dimostrandosi, al contempo, maestre versate non solo nelle Scritture ma anche in una globalità di saperi quali la filosofia, la musica, la retorica, l'astronomia, la scienza medica e la matematica. È insolito ed eccezionale per l'epoca di cui ci stiamo occupando incorrere in donne che liberamente parlano e insegnano.

Nonostante la indiscussa e ingombrante *fictio litteralis*, un dato rimane certo: il lettore contemporaneo di Metodio avrebbe dovuto "accettare" in un certo senso un magistero femminile. Le parole dell'opera metodiana, dunque, giungevano al lettore o all'uditore, filtrate direttamente attraverso le voci e le movenze di un gruppo di donne,[27] impegnate a descrivere e a narrare

di registro di consigli, ammonizioni e prescrizioni cui chi si consacra alla verginità deve attenersi. Esso appare, inusitatamente, fin dalla prima lettura, come l'esito della schietta volontà di descrivere e raccontare, attraverso voci di donne e tramite il riflesso di una mentalità maschile che si sforza – talvolta in modo goffo – di vestire i panni femminili, cosa rappresentava e cosa comportava la scelta della verginità.

26. Ovviamente nella letteratura martiriale e agiografica è possibile rilevare una discreta presenza femminile che, talvolta, non solo prende la parola ma viene anche elevata al rango di protagonista. Nel caso del *Symposium* non si può certo parlare di scrittura femminile come lo si è fatto nei casi del celebre resoconto del suo pellegrinaggio redatto da Egeria (*Peregrinatio ad loca santa*) oppure delle memorie di Perpetua contenute nella *Passio Perpetuae*. Il *Symposium*, non c'è ombra di dubbio, è opera di Metodio; tuttavia, il modo attraverso cui egli utilizza l'espediente di dare voce a delle vergini, la decisione di far sì che le protagoniste assurgessero, per i lettori o per gli auditori, al ruolo di maestre e l'apparente disinteresse che egli dimostra nel definire delle prassi e delle regole precise mi sembra siano alcuni dei fattori che attestano la singolarità di quest'opera.

27. Oltre a Marcella, Teofila, Talia, Teopatra, Tallusa, Agata, Procilla, Tecla, Tisiana e Domnina, le dieci oratrici invitate al banchetto, incontriamo Virtù, la padrona di casa e l'arbitro dell'agone letterario, Gregorion ed Eubulion (quest'ultimo forse uno pseudonimo al femminile di Metodio), coloro che discutono in merito ai temi e ai contenuti affrontati durante il simposio e, in sordina, nell'epilogo dell'opera, compare una misteriosa e anonima signora

– tramite la loro esperienza – il loro stato di vita. Non è, dunque, un autore, maschio, ad insegnare, ad ammonire e ad indicare la condotta da seguire. Sono delle donne, anzi delle vergini, che diventano maestre e oratrici.

Non ritengo che sia facile dare risposta compiutamente a tale scelta; tuttavia, al fine di comprenderla, è fondamentale una preliminare riflessione.

Tra il 374 e il 375 Basilio, nell'ambito dell'epistolario che intrattiene con il collega Anfiloco di Iconio, parlando delle vergini "cadute" affermerà, in *Ep.* 199, 18,9, che occorreva rivedere la disciplina ecclesiastica su questo argomento, dal momento che «la Chiesa era ormai diventata più forte e che l'ordine delle vergini (τὸ τάγμα τῶν παρθένων) era molto cresciuto». Susanna Elm[28] propone di leggere le parole di Basilio come la constatazione del fatto che, alla sua epoca, l'ordine delle vedove riscuotesse un credito inferiore a quello delle vergini. Secondo il mio parere, tuttavia, come avrò modo di spiegare a partire dall'analisi di alcuni brani dell'opera metodiana, già nel *Symposium* è possibile individuare il barometro del processo che attesta la crescita del prestigio delle vergini a discapito di quello delle vedove. Se, dunque, accettiamo come data di composizione dell'opera il periodo che va dal 270 al 290, Metodio iniziava a descrivere questo fenomeno (facendo eventualmente riferimento ai contesti con cui aveva maggiore familiarità) quasi un secolo prima di Basilio. Tale tensione, d'altronde, era, in parte, già percepibile nel primo quarto del III secolo anche nella Cartagine di Tertulliano. Sebbene questi attesti ancora il riconoscimento di onori e dignità maggiori alle vedove (*Ad uxorem*, I,8,1-2), il fatto che le vergini iniziassero a configurarsi come un gruppo destinato a crescere è già ravvisabile nel *De virginibus velandis*.

Nell'opera metodiana l'accenno agli altari e al fatto che le vergini siano simbolo dell'altare d'oro, posto all'interno del Santo dei Santi, è un'immagine che restituisce l'idea di un simile processo (*Symp.* V, 8): l'ordine delle vergini, a quanto ci è dato di supporre, stava acquisendo, perlomeno presso la comunità di riferimento di Metodio, un ruolo superiore a quello occupato dalle vedove. Queste ultime sono dette "altare vivente" mentre "altare d'oro", quello da cui vengono innalzate – come incenso – le preghiere verso il Signore, è l'appellativo associato al gruppo delle vergini. Alle vergini,

di Telmesso che, a quanto pare, desiderosa di conoscere le orazioni tenute dalle donne, si reca presso Metodio ad informarsi. L'opera è dunque tutta declinata al femminile.

28. Cfr. Susanna Elm, *Virgins of God. The making of Ascetism in Late Antiquity*, Oxford, Clarendon Press, 1994, pp. 139 e sgg.

dunque, è concesso, a livello metaforico, di giungere nel posto più sacro del Tabernacolo per far sì che da qui, pronunciando le preghiere, forse non più a livello metaforico, la loro voce arrivi a tutta la comunità (*Symp.* V).

Che a queste donne fosse riconosciuta una certa autorità è testimoniato, in primo luogo, dal fatto, raro nella letteratura antica, che ad esse si faccia riferimento chiamandole per nome e ad ognuna fosse domandato di tenere un discorso sulla castità (i nomi, quasi certamente, sono fittizi ma è comunque interessante il fatto che queste donne proprio con questi nomi passino alla tradizione[29]).

L'ordine e il coro delle vergini (τὸ τάγμα καὶ τὸν χορὸν ἅγιον τῶν παρθένων), le vergini maestre del *Symposium*, occuperebbe un nuovo "ruolo sociale" all'interno della comunità: è plausibile ritenere che esso rifletta storicamente una realtà, per l'appunto quella del gruppo delle vergini, che stava via via assumendo una dignità superiore a quello delle vedove? Un dato mi pare certo: l'evoluzione delle comunità cristiane, costellazioni di differenti mentalità e culture, non fu caratterizzata da un processo sincronico e univoco e anche il *Symposium* mi pare sia, in questo caso, un'opera testimone che ci permette di propendere per questo tipo di lettura e di visione.

4. *Alcune considerazioni intorno alla natura delle orazioni delle vergini*

Sebbene lo scritto abbia apparentemente la pretesa di presentarsi come dialogo,[30] è evidente che, eccetto rari casi, lo scambio dialogico sia quasi del tutto assente.[31]

29. L'indagine dedicata all'onomastica femminile diffusa a quest'altezza cronologica in Asia Minore non mi ha permesso, tuttavia, di inferire dei dati tali da permettermi di associare queste donne a delle figure storiche di cui è rimasta testimonianza.

30. L'influenza esercitata dall'omonima opera platonica da cui Metodio prende in prestito il nome e, in parte, la struttura e gli intenti (di cui, però, capovolge gli esiti) è stato dagli studi ampiamente sottolineato. Si vedano ad esempio: Giuseppe Lazzati, *La tecnica dialogica nel* Simposio *di Metodio di Olimpo*, in *Studi dedicati alla memoria di Paolo Ubaldi*, Milano, Vita e Pensiero, 1937, pp. 117-124; Alexander Brill, *Plato and the Sympotic Form in the Symposium of Saint Methodius of Olympus*, «ZAC/JAC», 9/2 (2005), pp. 279-302. Sul platonismo di Metodio, sebbene sia un lavoro datato, il contributo, finora non eguagliato, sul complesso rapporto tra platonismo e riflessione metodiana è quello di Albert Jahn, *S. Methodii opera et Methodius platonizans*, Halis Saxonum, Pferrer, 1865.

31. Secondo Lazzati, dal punto di vista formale, il dialogo metodiano è «assolutamente opposto al platonico e vicino a quelli scolastici di Aristotele ed Epicuro» (Lazzati,

Risulta utile, pertanto, interrogarsi circa la natura delle orazioni delle dieci vergini, al fine di comprendere quale sia il genere letterario in cui sarebbe più corretto inserirle. Musurillo[32] aveva pensato che esse conservassero le caratteristiche proprie dei discorsi omiletici; tuttavia lo studioso non aveva poi sviluppato questa idea.

L'omelia, già attestata nella produzione cristiana dal II secolo, aveva conosciuto una grande fioritura con Origene.[33] In assenza di un modello "fissato" e "codificato" per il contesto storico in cui nasce lo scritto metodiano, è però difficile valutare se lo stile delle orazioni delle vergini possa essere classificato come omiletico. Certo, Metodio – se avesse voluto, sempre attraverso gli strumenti a sua disposizione e le sue capacità – avrebbe avuto illustri precedenti (basti pensare, solo per citare alcuni degli esempi più famosi, all'abbondante produzione omiletica origeniana, e al genere omiletico *sui generis* dell'*Omelia in Sanctum Pascha*,[34] dell'*Omelia sulla Pasqua* di Melitone di Sardi[35] e della più antica *Omelia* cristiana a noi giunta, contenuta nella seconda lettera ai Corinzi attribuita a Clemente[36]). Escludo che le orazioni pronunciate dalle vergini possano aver rivestito un ruolo liturgico all'interno di una dimensione cultuale; tuttavia, se assumiamo il significato di ὁμιλία (che in greco significa "compagnia" ma

La tecnica dialogica, p. 124). Inoltre, sempre secondo Lazzati, sembra ipotizzabile che la finzione letteraria del *Simposio* metodiano lasci aperta la possibilità di ipotizzare l'effettiva storicità di "sinassi aliturgiche" femminili in Asia Minore (almeno per il periodo relativo alla seconda metà del III secolo), all'interno delle quali le donne potevano prendere la parola, leggere e interpretare le Scritture, affrontare problematiche nelle quali erano coinvolte in prima persona e, probabilmente, condurre una vita ascetica comunitaria (cfr. ivi, p. 123).

32. Herbert Musurillo, *Introduction to Methodius of Olympus*, *The Symposium*, p. 11; Id., *Introduction à Méthode d'Olympe*, *Le Banquet*, p. 13.

33. Si vedano a proposito: Manlio Simonetti, *Omelie e commentari patristici*, in *Esegesi, parafrasi e compilazione in età tardoantica*, Atti del terzo Convegno dell'Associazione di Studi tardoantichi (Pisa, 7-9 ottobre 1993), a cura di Claudio Moreschini, Napoli, D'Auria, 1995, pp. 361-381; Paola Francesca Moretti, *L'esegesi biblica dei Padri: un genere letterario? Un tentativo di approccio al problema*, in *Forme letterarie nella produzione latina di IV-V secolo*, a cura di Franca E. Consolino, Roma, 2003, Herder, pp. 127-145.

34. Si vedano: Raniero Cantalamessa, *L'omelia "In s. Pascha" dello Pseudo-Ippolito di Roma, Ricerche sulla teologia dell'Asia Minore nella seconda metà del II secolo*, Milano, Vita e Pensiero, 1967; Pseudo-Ippolito, *In sanctum Pascha*, studio, edizione e commento a cura di Giuseppe Visonà, Milano, Vita e Pensiero, 1988.

35. Cfr. Méliton de Sardes, *Sur la Pâque et fragments*, introduzione, testo critico e note di Othmar Perler, Paris, Les éditions du cerf, 1966 (SCh 123).

36. *Omelia dello Pseudo-Clemente*, in *I Padri apostolici*, a cura di Antonio Quacquarelli, Roma, Città Nuova, 1976 (Collana Testi Patristici, 5), pp. 215-234.

anche “istruzione” o “lezione”) come designazione dell’istruzione che il filosofo impartiva al suo allievo, non ritengo sia un azzardo identificare i discorsi delle vergini come “omelie”. All’interno del *Symposium*, infatti, è ben evidente l’intento di costruire ogni orazione secondo una medesima configurazione formale, perlomeno dal punto di vista metodologico (poi, se questa, nella sostanza, venga pienamente realizzata è un altro discorso). Se volessimo riassumere la struttura su cui le allocuzioni delle vergini sono costruite potrebbe essere utile il seguente schema:

- breve premessa metodologica (questa, talvolta, contiene accenni concernenti le peculiarità dell’approccio dell’oratrice);
- preambolo di lode alla verginità;
- citazioni ed esegesi – al fine di recare sostegno al tema trattato – di passi scritturistici (questa sezione è quella che, dal punto di vista quantitativo, ricopre lo spazio più ampio e che, contemporaneamente, tocca tematiche disparate – non sempre attinenti al solo ambito della verginità);
- consigli o esempi volti a descrivere e, ancora una volta, ad esaltare (come preferibile) lo stato di vita che comporta la scelta della verginità;
- congedo/commiato che si riassume, nella maggioranza dei casi, come preghiera rivolta a Virtù di accettare, come un’offerta, lo sforzo intellettuale e retorico compiuto dalla vergine.

Le orazioni sono accomunate da un medesimo obiettivo: la lode della verginità. Sono, dunque, costruite in maniera tale da conservare nella loro singolarità un filo unico che riesca a congiungerle e a tenerle insieme. Non ci troviamo di fronte a cicli di omelie dedicati ad un particolare libro del Primo o del Nuovo Testamento, come in Origene; siamo, invece, di fronte ad un ciclo di omelie/discorsi dedicati all’analisi di un tema particolare e predeterminato. Nel nostro caso, infatti, la Scrittura, insieme a tutte le conoscenze di cui le vergini fanno sfoggio, è “piegata” all’obiettivo che si vuole perseguire (ossia, la descrizione e la lode incondizionata della verginità). Stando così le cose, se proprio dovessi azzardare un paragone, mi spingerei a pensare che le “omelie” delle vergini non siano altro che “esercizi retorici omiletici”, costruiti sulla falsariga di vere e proprie omelie come lo sono l’*In sanctum Pascha* o, soprattutto, la più tarda (rispetto al *Symposium*) *Omelia anonima sulla verginità* (IV secolo?). Le orazioni non sono mere celebrazioni della verginità destinate a non essere ascoltate: le parole delle donne sono tutte proiettate a convincere e ad istruire gli uditori. Metodio, dunque, conferisce ad un gruppo di donne il compito di *insegnare* (tramite la Scrittura e la fede) e di *dimostrare* (tramite gli esempi) che la verginità sia lo stile di vita preferibile.[37] Nella finzione letteraria, sono, dunque, delle donne a pronunciare esercizi omiletici,[38] prossimi alla tecnica del *midrash*.[39]

5. *Lo studio della Scritture come nutrimento delle vergini: gli* exempla *del* Symposium

A prescindere dal fatto se sia lecito o meno parlare di omelie, di discorsi oppure di orazioni, le vergini del *Symposium* metodiano prendono la parola e, impartendo lezioni di esegesi quasi con il testo scritturistico alla mano, lodano lo stile di vita consacrato alla verginità. L'idea di chi scrive è che, nonostante la finzione letteraria, lo scritto di Metodio sembri a tutti gli effetti descrivere una funzione (piuttosto che un'istituzione), quella dell'insegna-

37. Per un primo approccio circoscritto al tema della predicazione si consiglia di consultare: Hughes O. Old, *The Reading and Preaching of the Scriptures in the Worship of the Christian Church*, 2 voll., W.B. Eerdmans, Grand Rapids MI, 1998; Alistair Stewart-Sykes, *From Prophecy to Preaching. A Search for the Origins of Christian Homily*, Leiden, Brill, 2001.

38. A questo proposito, la finzione letteraria ci regala un inciso che ritengo vada messo in evidenza. Gregorion – rispondendo ad Eubulion, che pretende di conoscere nel dettaglio come i discorsi si sono svolti, quali sono stati i contenuti e cosa si è bevuto e si è mangiato in questo clima di convivialità (*Symp.* Prel. 17-27) – non esita ad affermare: «Ἀἰεὶ δεινὴ ἐν ταῖς ὁμιλίαις ["Sei sempre perspicace nelle omelie / nei discorsi]». Eubulion è abile ἐν ταῖς ὁμιλίαις perché «ha la passione per l'indagine e riesce a prendere il meglio di ognuno» (φιλοπευστοῦσα, σφόδρα τυγχάνεις ἅπαντας ἀτεχνῶς ἐξελέγχουσα). In questo caso non si adopera il termine λόγοι (con λόγος, tuttavia, alcune vergini indicheranno le loro orazioni: *Symp.* I, 5, 39 e *Symp.* IX, 6, 35; *Symp.* IV, 6, 19; invece in *Symp.* IV, 6, 15 troviamo: αἱ ἀπαρχαὶ τῶν λόγων e in *Symp.* VIII, 17, 17-18: τὰ δῶρα θεορρήτων λόγων); a maggior ragione non viene usata un'espressione che avrebbe sminuito le capacità retoriche di una donna (come, ad esempio, λάλη, "chiacchiera"). Espressamente si usa il termine ὁμιλία. Evidentemente, questo termine sembra qui assunto nel suo significato proprio, ossia discorso pronunciato di fronte ad un pubblico e imperniato sull'interpretazione della Scrittura. Il lettore, dunque, avrebbe dovuto dimostrarsi "accondiscendente" alla finzione letteraria e predisporsi all'ascolto degli insegnamenti/omelie, declamati da voci di donne. Sulla base di tale considerazione, probabilmente, occorrerebbe ripensare il significato del termine "omelia", includendo tra le sue accezioni anche il fatto che potessero essere pronunciate da donne e che, non per forza, appartenessero al solo ambito liturgico ma che, invece, potessero far parte persino di un contesto che non esiterei a definire "scolastico".

39. Cfr. Josef Montsettat i Torrents, *Methodius of Olympus*, Symposium III, 4-8: *An Interpretation*, in *Studia Patristica*, XIII. Proceedings of the VI International Conference on Patristic Studies (Oxford, 1971), a cura di Elizabeth Livingstone, Berlin, Akademie Verlag, 1975, pp. 239-243, soprattutto p. 239; Federica Candido, *Le récit protologique dans la perspective de la virginité. Quelques remarques à partir du "Banquet de Méthode" d'Olympe*, in «Revue de Sciences Religieuses», 91/4 (2017), pp. 525-542, soprattutto p. 528.

mento impartito da vergini maestre, che evidentemente era conosciuta dalla comunità cristiana a cui l'autore si rivolge. Le vergini (si badi che si parla delle vergini e non di tutte le donne), per essere tali, devono essere maestre, devono avere dimestichezza con il testo sacro e devono dimostrare di possedere, insieme a spiccate capacità oratorie, competenze esegetiche al fine di insegnare. Sulla base di tali considerazioni, ritengo che l'opera metodiana si prefigga di enucleare (o, meglio, di definire) un nuovo modello di verginità, ossia quello per cui la vergine deve essere innanzitutto una διδάσκαλος.[40]

Da un lato, il declino della profezia,[41] ambito particolarmente fertile per il protagonismo femminile[42] e, dall'altro, l'imponente macchina di reazione

40. Sulla necessità di improntare la scelta di vita ascetica allo studio, alla lettura delle Scritture e alla preghiera, già Cipriano scriveva: «Coltiva l'assidua preghiera o la lettura. Parla a Dio. Ora Dio è con te. Non ci può essere carestia quando un cibo celeste ti nutre» (Ep. 1,15; PL IV, col. 226). Origene, poi, definiva l'atto di conversione proprio dalla cura che l'anima dedicava alla meditazione della Legge (Origene, *Hom. 12, in Exod.*: «Quid est converti? Si his omnibus [rebus mundi] terga vertamus et studio, actibus mente, sollicitudine, verbo Dei operam demus, et in lege ejus die ac nocte meditemur, omissis omnibus, Deo vacemus, exerceamur in testimoniis ejus, hoc est: conversum esse ad Dominum») e sottolineava che coloro i quali rivolgevano la mente ai pensieri celesti evitavano discorsi inutili «per dedicarsi allo studio della Parola di Dio e alla meditazione della sua Legge» (Origene, *Hom.. 6, in Levit.* «Ideo omni virtute nitendum est ub ab occupationibus saeculi et a mundanis actibus liberi et ipsas, etiam, si fieri potest, superfluus sodalium fabulas relinquentes, verbo Dei operam demus et in lege ejus meditemur die ac nocte»). Il tema della meditazione sulle Sacre Scritture, inoltre, è un tratto essenziale dell'esperienza anacoretica di Antonio e cenobitica di Pacomio. Girolamo stesso, inoltre, esortava Leta con queste parole: «Orationi lectio, lectioni succedat oratio» (Ep. CVII). La tematica relativa allo stretto legame tra vita ascetica e studio e meditazione delle Scritture è, senz'altro, di indubbia rilevanza e necessita, alla luce della proposta metodiana tutta declinata sulla verginità femminile, di un'ulteriore e approfondita analisi.

41. La dimensione profetica, che rappresentò senz'altro una fase saliente della religiosità greco-romana e della tradizione biblica, diviene un elemento basilare per la formazione dell'identità delle comunità protocristiane. Per un iniziale approccio all'argomento, fondamentale è un confronto con le relazioni (Sfameni Gasparro, Fabris, Corsani, Gaeta, Filippini, Cirillo, Norelli, Visonà) tenute durante il convegno dell'ABI (Perugia 1991) dedicato a "Il profetismo da Gesù di Nazaret al montanismo", edite in *Il profetismo cristiano da Gesù di Nazaret al montanismo.* Atti del IV Convegno di Studi Neotestamentari (Perugia, 12-14 Settembre 1991), a cura di Romano Penna, in «Ricerche storico-bibliche», 5 (1993). Si vedano inoltre: James L. Ash, *The Decline of Ecstatic Prophecy*, in «Theological Studies», 37 (1976), pp. 227-252; David E. Aune, *Prophecy in Early Christianity and the Ancient Mediterranean World*, Grand Rapids, Eerdmans, 1983 (trad. it.: *La profezia nel primo cristianesimo e il mondo mediterraneo antico*, Brescia, Paideia, 1996); Giovanni Filoramo, *Veggenti Profeti gnostici. Identità e conflitti nel cristianesimo antico*, Brescia, Morcelliana, 2005.

42. Si vedano: Christine Trevett, *Montanism. Gender, Authority and New Prophecy*, Cambridge, Cambridge University Press, 1996; Enrico Norelli, *Une prophétesse contestée:*

approntata dagli scrittori "ortodossi" al fine di elaborare, all'indomani della "minaccia" montanista, una stretta associazione tra protagonismo femminile ed eresia,[43] probabilmente produssero, tra le svariate conseguenze, anche l'esito di incentivare una sorta di trasformazione dei ruoli e delle funzioni svolti dalle donne in seno alle comunità cristiane. Alle vergini, man mano che acquisivano una maggiore visibilità e un maggiore riconoscimento all'interno della comunità, veniva richiesto di giustificare il loro ruolo attraverso una nuova forma che, secondo il mio punto di vista, trovò la sua piena realizzazione nell'attività di studio e di insegnamento nella Chiesa.

Diversamente non riesco a spiegarmi perché lo studio delle Scritture e l'interpretazione allegorica che di esse viene fatta rappresentino il punto centrale (ribadito in tutti i discorsi del *Symposium*) della legittimazione dello statuto verginale presso il gruppo delle donne a cui Metodio dà voce.[44] Il dato reale che trapela dietro la dissimulazione letteraria è proprio la stretta correlazione stabilita tra la vergine e lo studio sacro. Non è possibile affrontare in questa sede la problematica sorta intorno al dibattito circa la storicità di un gruppo di vergini che gravitava intorno alla personalità di Metodio;[45] tuttavia, è importante segnalare che, nella nostra

Jézabel (Ap 2, 20-23), in «Bulletin du Centre protestant d'études (Genève)», 50/4-5 (1998), pp. 29-40; Adriana Valerio, *Il profetismo femminile cristiano del II secolo: bilancio storiografico e questioni aperte*, in *Profeti e profezia, Figure profetiche nel cristianesimo del II secolo*, a cura di Anna Carfora, Enrico Cattaneo, Trapani, Il Pozzo di Giacobbe, 2007, pp. 159-172.

43. Numerosi sono gli studi dedicati all'indagine sul nesso ideologico tra eresia e donna che è possibile rintracciare nei testi cristiani antichi soprattutto d'ambito polemico ed eresiologico; molto utili a riguardo sono: Virginia Burrus, *The Heretical Woman as Symbol in Alexander, Athanasius, Epiphanius and Jerome*, in «The Harvard Theological Review», 84, n. 3 (Jul. 1991), pp. 229-248; Elizabeth Clark, *Ideology, History and the Construction of the 'Women' in Late Ancient Christianity*, in «Journal Studies of Early Christian Studies», 2 (1994), pp. 155-184.

44. Probabilmente, l'opera, in corso di trasmissione, subì una sorta di "addomesticamento". Si potrebbe sospettare, a tal proposito, che una così spiccata enfasi posta sulle conoscenze delle vergini e sulle capacità di trasmettere l'insegnamento non sia stata successivamente dalla tradizione accolta, coltivata e sviluppata.

45. In merito alla problematicità di tale questione, mi permetto di rimandare ad un mio contributo: Federica Candido, *The "Symposium" of Methodius: A Witness to the Existence of Circles of Christian Women in Asia Minor? Some Conjectures about an Interpretation that goes beyond the Literal Fiction*, in *Methodius von Olympus. State of Art and New Perspectives*, a cura di Katharina Bracht, Berlin, De Gruyter, 2017, pp. 103-124. A tale tematica è consacrata la parte centrale della mia tesi di dottorato, attualmente in fase di rielaborazione in vista della prossima pubblicazione. Cfr. Federica Candido, *Sulle tracce della*

opera, parallelamente alla descrizione e alla definizione del modello della vergine maestra, emerge e si sviluppa un approccio esegetico-spirituale che tende a leggere le Scritture e a descrivere Dio attraverso una serie di immagini femminili (la maggior parte afferenti al campo semantico della gestazione, della procreazione e del parto). Sembra sia quasi sottesa a tale metodo interpretativo l'idea che essa poggiasse le proprie fondamenta su un linguaggio che mi azzardo a definire "femminile". Ciò che vorrei, dunque, sottolineare è che il modello della vergine διδάσκαλος sembra essere complementare, affine e, al contempo, strettamente legato ad un approccio esegetico che predilige una simbologia e un linguaggio muliebri.[46] Le protagoniste della nostra opera sono donne in carne ed ossa che arrossiscono, si intimidiscono, si arrabbiano, ma non si tirano indietro nella gara. Nella

presenza femminile nelle comunità cristiane di Asia Minore (II-IV secolo). Genesi e fortuna del Symposium *metodiano*, Tesi di dottorato XXVIII ciclo (Università della Calabria in cotutela con l'Università di Ginevra), difesa il 22 aprile 2016.

46. Mi riferisco soprattutto alla seconda orazione del *Symposium*, dedicata alla difesa dell'atto sessuale e alla salvaguardia dello *status* dei figli illegittimi, anche se innumerevoli sono i casi in cui si utilizzano immagini e metafore afferenti al mondo femminile. Cfr. Roberto Bertacchini, *Prospettive di «genere» della soteriologia antenicena*, in *Pagani e cristiani alla ricerca della salvezza (Secoli I-III)*, XXXIV Incontro di studiosi dell'antichità cristiana (Roma, 5-7 Maggio 2005), Roma, Institutum Patristicum Augustinianum, 2006 (Studia Ephemeridis Augustinianum, 96), pp. 215-237, si vedano soprattutto pp. 230-235. L'autore si chiede se lo "scenario muliebre" sia anomalia letteraria allusiva a pura finzione o se Metodio rielaborò discussioni avvenute in un cenacolo verginale. Egli sostiene che alcuni passaggi fanno ritenere verosimile la seconda ipotesi perché ci sono tracce chiare di un linguaggio connaturale a donne piuttosto che ad un uomo. Su tale specifica questione, molto interessante soprattutto per le eventuali riprese che potrebbero essere riscontrate nei testi delle famose mistiche medievali, sto attualmente lavorando. Per ora mi permetto di rimandare ai fondamentali lavori di Kari E. Børresen. Mi limito a citare alcuni dei suoi contributi: Kari E. Børresen, *La Sagrada Escritura en las Revelaciones de Brígida de Suecia*, in *Medioevo II. (siglos XIIXV) Entre recepción e interpretación. La Biblia y las Mujeres 14. Medioevo y comienzo de la Edad Moderna*, a cura di Kari Elisabeth Børresen, Adriana Valerio, Estella, 2012, pp. 251-263; Ead., *Weibliche Metaphern von der Heiligen Schrift zu Julian vor Norwichs Offenbarungen*, in *Frauen und Bibel im Mittelalter. Rezeption und Interpretation*, a cura di Ead., Adriana Valerio, Stuttgart, Kohlhammer, 2013 (Die Bibel und die Frauen. Mittelalter 6.2), pp. 185-197; Ead., *Immagine di Dio, immagine dell'uomo? L'interpretazione patristica di Genesi 1,27 e di 1 Corinzi 11,7*, in *A immagine di Dio. Modelli di genere nella tradizione giudaica e cristiana*, a cura di Ead., Roma, Carocci, 2001 (edizione originale Oslo 1991), pp. 163-188; Ead., *La donna è esclusa dal privilegio di essere «immagine di Dio»? L'interpretazione medievale di Genesi 1,27 e di 1 Corinzi 11,7*, ivi, pp. 189-218.

finzione letteraria, dispiegata su un orizzonte escatologico, l'umanità di queste donne non solo è preservata ma è persino sottolineata.

Al fine di valutare se queste considerazioni siano plausibili, è necessario far emergere direttamente dalla narrazione quanta importanza viene attribuita alla relazione tra verginità-studio-Scritture. Tale nesso (da cui scaturisce un'ascetica della Parola e della frequentazione della Scrittura che dà nutrimento e che, al contempo, permette di nutrire) rappresenta – secondo il mio parere – la cifra caratterizzante del *Symposium*.[47]

In primo luogo, Virtù, la padrona di casa del banchetto delle vergini, promette al suo *parterre* che colei che sarà capace di tessere il migliore elogio sulla verginità sarà investita della corona incorrotta della saggezza (τοῖς ἀμιάντοις τῆς σοφίας ἀναδήσασα πετάλοις, *Symp.* Prel. 93-94). Virtù stessa, d'altronde, non è designata come la figlia – ossia la diretta discendente – dell'incorruttibilità o della verginità o dell'immortalità, ma ella è figlia della Filosofia, la forma di sapere per eccellenza.

E ancora: la (vera) vergine deve distinguersi tra coloro che primeggiano nella saggezza (τοῖς πρωτεύουσιν εἰς σοφίαν ἐμπρέπειν – *Symp.* I, 1, 50), deve allontanarsi da quelle che giudicano poca cosa l'ascolto della Parola e prestano solo un orecchio distratto all'insegnamento (πολλαὶ δὲ πάρεργον ἡγούμεναι τὴν ἀκρόασιν νομίζουσι χαρίζεσθαι μεγάλᾳ, ἐὰν κἂν τὸ βραχὺ παράσχωσι τὰς ἀκοάς, *Symp.* I, 1, 56-58); difatti, tali vergini devono essere allontanate e devono essere escluse dai divini inse-

47. Si decide di presentare solo una selezione esemplificativa dei riferimenti che, nel testo, paiono alludere ad una funzione delle vergini che si dispiega in un contesto di insegnamento e catechesi (ritengo che tale contesto rimandi alla sfera di preparazione al battesimo e, in maniera particolare, al percorso di catechesi dei fedeli). Su questo specifico tema mi permetto di rimandare ad una mia prima riflessione in Federica Candido, *L'immagine della luna associata alla Chiesa nel Symposium di Metodio: eredità origeniana e possibili interpretazioni*, in *Il cristianesimo in Anatolia tra Marco Aurelio e Diocleziano. Tradizione asiatica e tradizione alessandrina a confronto*, ea cura di Maurizio Girolami, Brescia, Morcelliana, 2019 (Supplementi «Adamantius» VIII), pp. 237-253. Nell'ambito del lavoro per la tesi dottorale, ho intravisto la necessità di mettere in relazione le considerazioni che qui si presentano con alcune esperienze simili che sono stati conservati dalla tradizione. Si pensi, ad esempio, solo per citare due casi lampanti, all'uso dei cori femminili, durante le celebrazioni liturgiche collegate alla Pasqua, presso la chiesa antiochena guidata da Paolo di Samosata (in Eusebio, *H.E.*, VII, 30,10) e al gruppo dei Figli e delle Figlie del Patto (o dell'Alleanza) della Chiesa siriaca (Giacomo di Sarug, di fatto, nel *Vita Ephraemi* del VI sec., associando i cori delle donne fondati da Efrem alle "Figlie del Patto", pone una forte enfasi sul ruolo didattico che tali cori ebbero nell'ambito dell'educazione della comunità cristiana). Cfr. Noce, *Una vita tra silenzio e canto.*

gnamenti (*Symp.* I, 1, 59-60). Già nel primo discorso si configura l'idea, alla base dell'opera metodiana, secondo cui la scelta della verginità, per essere veramente tale, pretende un serrato confronto con il testo sacro. Su tale linea interpretativa, infatti, meglio si comprendono le parole che poco prima l'oratrice aveva proferito: le vergini hanno ricevuto il «dono di meditare sulle Scritture in senso pneumatico» (*Symp.* I, 1, 46) e tale essenziale esercizio viene paragonato in chiave metaforica al sale che «mortifica a nostro vantaggio».

Teopatra, nel IV discorso, afferma che innumerevoli sono le modalità per pronunciare un'orazione e che le vergini hanno ricevuto la grazia di essere capaci di affrontare la discussione di ogni argomento (*Symp.* IV, 1, 1-9). La quarta oratrice dimostra di essere in grado di trasmettere le sue conoscenze (le vergini, viene detto, hanno la grazia di analizzare ogni materia in virtù dell'ispirazione di Dio dal momento che sono i *logoi* ad irrigare la verginità e a garantire la sua crescita, *Symp.* IV, 3, 30).

Nel V discorso, Tallusa non solo afferma di «aver compreso dalle Scritture che la verginità sia il dono più grande» (*Symp.* V, 1, 7-8) ma si propone di palesare il «senso spirituale» delle Scritture tramite un «vero discorso».

Agata dubita di essere capace di filosofare (φιλοσοφεῖν) come le altre e si scusa, nel preambolo del suo discorso, se non raggiungerà i livelli delle sue simili (οὐ γὰρ ἂν δυναίμην ἐφάμιλλα τούτοις οὕτω ποικίλως καὶ λαμπρῶς ἀπειργασμένοις φιλοσοφεῖν – *Symp.* VI, 1, 8-9). Il tema del filosofare è, dunque, sempre presente così come è sempre ribadito l'invito, rivolto alle vergini, a primeggiare in questo campo (alla fine del suo discorso verrà, infatti elogiata la sua eloquenza e l'essersi dimostrata all'altezza del compito – *Symp.* VII, Intermezzo). Secondo Agata, «alla verginità è congenita la sapienza» (*Symp.* VI, 1, 13) (σοφία) dal momento che proprio sul corpo della vergine risplende la pratica dell'insegnamento del Signore (γῆν ἡμῶν τὰ σκηνώματα φράσας, εἰς ἃ ἐβούλετο ταχέως ἀναφθῆναι τὴν ὀξυκίνητον τῆς διδασκαλίας αὐτοῦ καὶ διάπυρον πρᾶξιν, *Symp.* VI, 3,35).

Tecla, l'ottava oratrice, oltre alla sapienza evangelica e teologica possiede spiccate doti in filosofia e nella cultura scolastica[48] ("φιλοσοφίας τε

48. Riguardo all'uso e al significato in epoca ellenistica e imperiale della dicitura "*enkuklios paideia*" si veda Ilsetraut Hadot, *Arts liberaux et philosophie dans la pensée antique*, Paris, Études Augustiniennes, 1984, soprattutto capitoli V e VI. La studiosa, in un'ampia disamina del termine, mette in evidenza che i Padri della Chiesa ammettevano le cosiddette arti basate sul ragionamento (αἱ λογικαί o ἐγκύκλιοι τέχναι) come insegnamento propedeutico. Secondo Vitruvio (*De arch.* I, 1-3), essa è una scienza costituita da

γὰρ τῆς ἐγκυκλίου καὶ παιδείας οὐδενὸς ὑστερήσεις" – *Symp.* VIII, Preludio): ella invita a «scrutare le Scritture» (*Symp.* VIII, 4, 44 ss.) e, vestendo i panni del traghettatore (*Symp.* VIII,9), invita le sue compagne a ragionare con acribia sui brani dal contenuto più oscuro che non esita a definire veri e propri «enigmi scritturistici» (*Symp.* VIII, 9).

Nella sezione finale dell'opera (*Symp.* Epilogo, 10), Virtù, intenta ad illustrare a Metodio i discorsi tenutosi a banchetto, è indicata con i titoli di «guida» (ἡ ὁδηγὸς) e «maestra» (ἡ διδάσκαλος). Una spiccata predisposizione all'apprendimento e il desiderio di discutere, infine, è ben ravvisabile nella dama di Telmesso (che se avesse saputo del banchetto «si sarebbe precipitata come un uccello per ascoltare i discorsi sulla castità», *Symp.*, Epilogo 4-7) e in Gregorion e in Eubulion che disputano in merito a chi sia da considerare veramente casto (*Symp.* Epilogo, 22 e seguenti).

Il coinvolgimento delle donne nell'attività di trasmissione della conoscenza è attestato anche in altre opere metodiane (soprattutto nel *De cibis* e nel *De lepra*[49]). In quest'ultima opera, l'anonima maestra che Sistelio ha ascoltato in Licia (*De lepra*, XIII,1), non solo è chiamata «sapiente» ma è

più discipline (letteratura, disegno, geometria, storia dei popoli, etica, fisica, filosofia, teoria della musica, della medicina, del diritto dell'economia); in Quintiliano, che pare alludere al complesso delle quattro scienze matematiche platoniche (musica, geometria, aritmetica e astronomia) e alla filosofia e al diritto, essa è il «cerchio della formazione (*orbis ille doctrinae*) che i Greci chiamano ἐγκύκλιος παίδεια» (*Inst. Orat.* I,10,1); secondo Dionigi il Trace (*Scholia in Dionysii Thracis Artem grammaticam* / recensuit et apparatum criticum indicesque adiecit Alfredus Hilgard, in *Grammatici graeci: recogniti et apparatu critico instructi*, 1 3, Lipsiae, in aedibus B.G. Teubneri, 1901, p. 112, 16-20), «*enkukloi* sono le arti che qualcuno chiama *logikai* come l'astronomia, la musica, la filosofia, la medicina, la retorica». Per Filone (*De congressu*) la "*enkuklios paideia*" è un insieme delle arti fondate sul ragionamento: Agar è la personificazione della "enkuklios paideia". Il fatto che nel testo metodiano si affermi che Tecla, una donna, vanti ampie conoscenze in filosofia e nella cosiddetta "enkuklios paideia" è molto interessante; per comprendere a cosa l'autore stia qui facendo riferimento è innanzitutto fondamentale comprendere quali possano essere state le sue fonti (molto probabilmente Filone, Clemente e Origene) e provare a vagliare la plausibilità storica di attribuire proprio ad una donna questo tipo di formazione. Sul significato racchiuso nella complessa dicitura "enkuklios paideia" e sulla possibilità, alla fine del III secolo, che le donne potessero accedere a questo percorso di istruzione sto attualmente lavorando.

49. Come già accennato il *Symposium* è l'unica opera pervenutaci completamente in greco. Il *De cibis* e il *De Lepra*, insieme al *De sanguisuga* e al *De vita* sono giunti in traduzione integrale in paleoslavo. Il *De Autexusio* e il *De Resurrectione* sono conservati in buona parte in greco e integralmente in paleoslavo. Possediamo, inoltre, brevi frammenti

descritta quale «esperta delle Scritture» e capace di «insegnare le cose del Signore in maniera saggia». La donna licia del *De lepra* è stata (al pari di Virtù) associata alla Diotima platonica,[50] ma il fatto stesso che, nell'ambito dell'architettura dell'opera, la sua lezione esegetica sia posta subito dopo quella di Metodio e, dunque, sia considerata di uguale importanza a quella pronunciata dallo scrittore cristiano, fa sospettare che la sua personalità fosse considerata autorevole e il suo insegnamento probo. È piuttosto insolito assistere ad una tale operazione.

Infine, un'ultima annotazione in merito all'approccio esegetico e all'utilizzo dell'allegoria per spiegare e comprendere il testo sacro. All'interno delle opere metodiane sono sempre delle donne a ribadire la necessità di leggere la Scrittura oltre la lettera e di stabilire con la Parola una comprensione allegorica. Tale metodo esegetico, caposaldo della complessa eredità origeniana, di cui Metodio subì senz'altro l'influenza,[51] è ampiamente attestato nelle opere metodiane soprattutto attraverso voci femminili. Di fatto, laddove si evince che è Metodio a parlare, il ricorso in campo esegetico all'allegoresi è sempre più cauto.

Le donne del *Symposium* oppongono il metodo della «interpretazione fisica-letterale» ad una «interpretazione spirituale» (non solo l'anonima filosofa licia di *De Lepra* XIII, 2-5 ma anche Marcella, in *Symp.* I, 1, 45-46, afferma che la "meditazione spirituale delle Scritture" – ἡ πνευματικὴ τῶν γραφῶν μελέτη – sia stata data in dono alle vergini come sale che "assorbe e restringe" a loro vantaggio) e, da abili esegete, adoperano anche termini tecnici in campo esegetico (si pensi, ad esempio, al termine ἱστορία, di chiara impronta origeniana, utilizzato nell'ambito della polemica antiencratita, in riferimento al passo della creazione dei protoplasti che necessita – secondo Talia – di una "lettura spirituale", *Symp.* III, 1, 9 e seguenti).

in greco, salvati in catene o in opere di altri autori, del *De martyribus*, dell'*Adversus Porphyrium* e dell'*In Job.*

50. Cfr. Katharina Bracht, *Vollkommenheit und Vollendung. Zur Anthropologie der Methodius von Olympus*, Tübingen, Mohr Siebeck, 1999, p. 350, n. 12. Bracht sottolinea anche che al di là dell'allusione alla Diotima del *Simposio* platonico, la figura della donna licia possa essere letto come un riferimento alla presenza di insegnanti, uomini e donne, che impartivano liberamente i propri insegnamenti.

51. Sul rapporto tra Origene e Metodio, fondamentale è lo studio di Prinzivalli: *L'esegesi biblica di Metodio di Olimpo.* La studiosa ha dimostrato che il rapporto di Metodio con Origene non possa essere stigmatizzato come netta opposizione ma, piuttosto, sintetizzato come una dialettica di emulazione e insieme di conflitto.

6. *Conclusioni*

Le vergini dell'opera metodiana, come emerge dallo studio finora condotto, possiedono elevate conoscenze e significative capacità di trasmettere il proprio sapere; la finzione letteraria non tace, anzi sottolinea, tale tratto. Metodio si propose, attraverso la sua opera, di dare vita e di "codificare" un nuovo modello di vergine che ho chiamato "vergine διδάσκαλος". Le oratrici del *Symposium*, mostrando una sostanziale autonomia intellettuale e mirabili capacità nel campo del sapere e dell'istruzione, rivendicano la propria scelta di vita non tramite una prassi fatta di rinunce e di ristrettezze bensì tramite una costante relazione con il testo sacro. Il paradigma della "vera vergine", che la nostra opera delinea e definisce, sembra essere costruito a partire dalla complementarietà di due fattori: la vita continente, per dirsi veramente tale, deve essere accompagnata e nutrita dallo studio delle Scritture, dall'apprendimento della filosofia e da un costante confronto con le proprie simili (αἱ ὁμότροποι). Alla vergine, dunque, viene accordata un'inedita rilevanza all'interno della comunità cristiana: ella deve non solo preservare e mantenere puro il corpo e l'anima ma deve, al contempo, divenire *maestra* (di cose sacre), offrendo, come una madre, il suo contributo nell'ambito della catechesi battesimale al fine di favorire la crescita della Chiesa attraverso la generazione di nuovi fedeli (*Symp.* III,8). Ed è proprio alla delicata fase di transizione che porterà gradualmente alla preminenza accordata alle vergini in sostituzione del gruppo delle vedove nell'ambito della *leadership* femminile delle comunità cristiane (rintracciabile prima in Tertulliano e, poi, anche in Eusebio) che il *Symposium* sembra voler restituire importanza.

Nel corso di questo lavoro si è quindi cercato di mettere in evidenza il fatto che la finzione letteraria, benché difficile da declinare sul piano storico, sia veicolo di immagini e di concezioni culturali che occorre decifrare. Il *Symposium*, sul finire del III secolo, offre uno spaccato relativo alla compresenza, nell'ambito della scelta della vita verginale, di varianti complementari della medesima forma di vita. A mio parere, tali difformità non sono da imputare ad un difetto di organicità da addebitare esclusivamente all'autore e alla sua talvolta artificiosa prosa. L'opera, invero, è un eloquente testimone di quanto fu complessa, lunga e articolata la traslazione della vita ascetica da un cristianesimo "itinerante" ad un cristianesimo che potrei definire "urbano" e "istituzionalizzato". Nell'ambito di tale metamorfosi, il *Symposium* diviene, pertanto, una sorta di manifesto programmatico del modello di vita ascetico femminile il cui fulcro è tutto imperniato sullo studio e sull'esegesi delle Scritture.

Pamela Chávez Aguilar

La predicación como vía de transmisión de la fe en Agustín de Hipona

Una vía fundamental de transmisión de la fe cristiana desde sus orígenes ha sido la predicación. A primera vista, podría parecer que la intencionalidad de predicar es la enseñanza doctrinal o la transmisión de dogmas por parte de una autoridad. Pero el acto de predicar es mucho más complejo y reviste características específicas, que nos proponemos ayudar a clarificar, tanto en sus aspectos generales como en la peculiar forma que toma en la predicación de Agustín de Hipona. El capítulo desarrolla los siguientes pasos: primero, analiza en qué consiste el predicar como acción comunicativa, con apoyo en la etimología y los aportes de la pragmática lingüística; luego, describe el carácter general de la predicación cristiana antigua en el marco de su sentido teológico y, finalmente, contempla los rasgos específicos de la predicación tal como es realizada y entendida por san Agustín en la antigüedad tardía.[1]

1. *"Predicar" como acción comunicativa*

Atendiendo a su significado general, *praedicari* tiene tres acepciones principales. En primer lugar, *praedicatio* es el acto del intelecto por el cual éste atribuye una cosa a otra en la proposición. En segundo lugar, está su uso clásico de alabar, celebrar o conmemorar. En tercer lugar, podemos relacionarlo con *dictio* – la palabra o la voz articulada con que las personas expre-

1. Este capítulo ha sido elaborado en el marco del proyecto *Libertad interior y ser en relación en San Agustín: el problema ante la sociedad, la historia y Dios*, FONDECYT N°11130237, Chile, 2013-2015.

san su pensamiento –, *sermo* – la voz articulada y material dotada de sentido – y *homilia* – el discurso específicamente religioso dirigido a los hombres. Unificando estos aspectos, puede decirse que *praedicari* contiene el sentido de enunciar, explicar y anunciar con la voz un discurso con sentido religioso ante otras personas.[2] Este es el sentido general del que partimos.

Considerando los recursos que brinda la pragmática lingüística, especialmente a través de John Searle,[3] podemos ver que *praedicari* es una acción comunicativa entre sujetos la cual no se agota en la referencia predicativa de "*s* es *p*", como lugar en que se juega la verdad. En efecto, predicar constituye, más bien, un espacio de intersubjetividad en que esa referencia a lo verdadero se hace en relación a otro. El lenguaje aparece no sólo como estructura lógica por medio de la cual se expresa algo acerca del mundo, sino como interacción entre dos sujetos cuya relación es el supuesto originario. Esto compromete éticamente la palabra que se comunica llenándola de un contenido personal; por ejemplo, corregir un error no es sólo un compromiso con lo verdadero sino con otro a quien reconozco digno de respeto y libre; así, comunicar a alguien el error en que visualizo él se encuentra puede ser un modo solidario de existir con otro, en oposición a la indiferencia. El filósofo chileno Humberto Giannini ha reflexionado sobre cómo un acto comunicativo pone de manifiesto el vínculo implícito entre los seres humanos, pues en él se pone algo ante los ojos de otro, con la voz y la gestualidad corporal, abriendo el espacio del compromiso por la significación común y con ello la mutua proximidad.[4]

Ahora bien, Searle muestra que toda acción comunicativa se realiza en el marco de reglas constitutivas subyacentes;[5] algunas de dichas reglas generales son: hablar el mismo idioma o al menos entenderse, compartir significados y la veracidad. ¿Cuáles son las reglas constitutivas específicas del acto

2. Silvia Magnavacca, *Léxico Técnico de Filosofía Medieval*, Buenos Aires, Miño y Dávila, 2014, pp. 210, 315, 529 e sgg., 613; Jordi Latorre, *La predicación cristiana: del sermón a la homilía*, in «Phase», 55 (2015), p. 462; Éric Rebillard, *Sermones*, in *Diccionario de san Agustín. San Agustín a través del tiempo*, ed. Allan D. Fitzgerald, Burgos, Monte Carmelo, 2006, pp. 1199 e sgg.

3. John Searle, *Speech acts: An essay in the Philosophy of Language*, Cambridge, Cambridge University Press, 1980; John L. Austin, *How to do Things with Words*, Oxford, Oxford University Press, 1962.

4. Humberto Giannini, *La metafísica eres tú. Una reflexión ética sobre la intersubjetividad*, Santiago, Catalonia, 2007, pp. 94 e sgg.

5. Searle, *Speech acts*, pp. 25, 46.

de predicar? *Praedicari* incluye en sí varios actos: emitir palabras, referir una proposición, enunciar dirigido a otro que se cumple en la comprensión; esto último le caracteriza como acto ilocucionario. A partir de la estructura de estos actos, proponemos analizar el acto de predicar en cuanto tal.

El contenido de la predicación puede ser cualquier proposición *p*. La primera regla preparatoria es que el sujeto que predica (*A*) tiene evidencia para la verdad de *p*; esta evidencia es primeramente la convicción interior dada por la vía de la experiencia, la fe o la razón. La segunda regla preparatoria es que no es obvio ni para *A* ni para el oyente (*A'*) que *A'* sabe que *p*. La regla de sinceridad exige que *A* cree que *p;* como regla esencial, predicar implica la asunción de que *p* representa un estado de cosas efectivo. Puede decirse que el acto de predicar – como dice Searle del afirmar – no está ligado esencialmente al argumentar, esto es, al dar razones sobre la verdad de *p* con la intención de convencer.[6] Puede ser que la predicación incluya en sí misma otros actos de habla, como argumentar, aconsejar, preguntar, pedir, avisar, anunciar, exhortar; cada uno de ellos requeriría un análisis particular que no podemos hacer aquí. Pero lo esencial de predicar es que *A* afirma que *p* a *A'*.

¿Cuál es la peculiaridad de *praedicari* respecto de otros actos, como afirmar algo? Dos rasgos resaltan: el primero es que predicar es afirmar algo buscando ciertos efectos en los oyentes, constituyendo, por tanto, un acto perlocucionario. Quien predica aconsejando, argumentando o exhortando, evidentemente busca provocar un efecto: convencer, inspirar, hacer tomar conciencia y transformar sus pensamientos, creencias o acciones.[7]

El segundo rasgo peculiar de la predicación, es que se inscribe en lo que Searle llama «hechos institucionales»; éstos son actos de habla que requieren un sistema de instituciones humanas para ser comprendidos, sin el cual podrían parecer acciones vacías, arbitrarias o unilaterales. Podemos comprender el predicar agustiniano como un hecho institucional dado por el contexto de la liturgia cristiana del siglo IV-V. En ella encontramos nuevas reglas constitutivas: *A* es ante todo un oyente y testigo de Dios quien habla a su pueblo (*A'A'A'*); éste –del cual se siente partícipe *A'*– sabe que Dios le habla a través de las lecturas bíblicas escuchadas y de la homilía del predicador; el pueblo cree en Cristo y desea acoger su palabra. Otra regla constitutiva es el carácter compartido del mundo del predicador y de los oyentes, tanto en lo

6. *Ibidem*, pp. 74 e sgg.
7. *Ibidem*, pp. 33 e sgg.

que se refiere a la vida cotidiana como a los acontecimientos históricos de la época; esto otorga al lenguaje un significado común, incluso en sus aspectos valóricos y afectivos y un anclaje en la experiencia vivida.

La intencionalidad transformadora del predicador encuentra cierta semejanza con la tarea del maestro, expuesta en el célebre diálogo temprano de Agustín con su hijo Adeodato; según ello, en sentido estricto el maestro no puede enseñar nada, sino solo proponer, poner delante del discípulo una verdad para que éste realice su propio diálogo con el Maestro interior y llegue, desde su libre consideración pero auxiliado por la luz interior que recibe de lo alto, a la comprensión y asentimiento de algo verdadero.[8] De la misma manera, la predicación agustiniana se cumple en la Palabra escuchada, creída y amada interiormente.

Con estos rasgos, hemos intentado aclarar la intencionalidad propia de predicar, que es poner al pueblo oyente en contacto con Dios y su palabra, para la libre y amorosa acogida interior, auxiliada por la gracia. Por ello es tan apropiada la metáfora de la siembra, usada por el mismo Jesús: el predicador esparce la semilla, pero la obra es de Otro y depende del estado y tiempo de la tierra.[9]

2. *La predicación cristiana*

Lo anteriormente expuesto nos ha introducido ya en el sentido teológico de la predicación cristiana. La palabra no es sólo instrumento de transmisión de un contenido informativo, sino que está íntimamente relacionada con la revelación de Dios quien libremente se autocomunica a los hombres y les convoca a una relación personal y a una alianza como pueblo. En el Antiguo Testamento, Dios habla a los hombres mediante su Palabra (*Dabar*) y los acontecimientos; envía profetas que comunican al pueblo el juicio de Dios sobre su tiempo impulsados por su Espíritu.[10] La Palabra de Dios no es un contenido teórico para ser aceptado o no con solo el intelecto, sino el llamado a un compromiso de vida; ella, la Palabra, a la

8. *Mag.*, 14, 45; Pamela Chávez, *Palabras que liberan. El enseñar como* admonitio *en "De magistro" de Agustín de Hipona*, in «Tópicos», 53 (2017), p. 320.

9. *Mc* 4, 3-9; 26-29.

10. Xavier Léon-Dufour, *Predicar*, in *Vocabulario de Teología Bíblica*, ed. Id., Barcelona, Herder, 2002, p. 710.

vez, revela y actúa;[11] es intrínsecamente interpelante y eficazmente transformadora, como expresa el profeta Isaías:

> Como descienden la lluvia y la nieve de los cielos y no vuelven allá, sino que empapan la tierra, la fecundan y la hacen germinar [...] así será mi palabra, la que salga de mi boca, que no tornará a mí de vacío, sin que haya realizado lo que me plugo y haya cumplido aquello a que la envié.[12]

En el Nuevo Testamento, la misión realizada por Jesucristo en la encarnación es "por" la Palabra (*Lógos*), que es él mismo como revelación definitiva que Dios dice al mundo.[13] La predicación cristiana comienza en los escritos neotestamentarios con la persona de Jesús y su precursor, Juan Bautista. Latorre señala que Jesús es invitado a predicar en la sinagoga de Cafarnaún, en el marco de la acción litúrgica del sábado;[14] en ésta se rezaban salmos, oraciones, bendiciones y se hacía la solemne proclamación de una sección de la *Toráh*, seguida de una perícopa que ejemplificaba dicho texto en la historia del pueblo y los profetas; finalmente, lo anterior era comentado por la predicación del rabino. Esto es lo que hace Jesús: comenta la perícopa profética que comienza en *Is* 61, 1-3, delineando lo que será la predicación cristiana que luego continuarán Pedro, Esteban, Pablo. La orientación fundamental de dicha predicación es la llamada a la conversión y el anuncio de un acontecimiento: Cristo; ella entraña, por tanto, en sí misma un sentido de misterio teológico.[15] Latorre explica que la acción de Jesús en dicho episodio de la sinagoga está estructurada por los siguientes rasgos: el texto profético es situado en un hoy kerygmático, que lo muestra no como un escrito del pasado sino como un acontecimiento del presente; el texto es leído bajo una mirada teológica, en este caso, bajo el paradigma de promesa-cumplimiento; lo "pre-dicho" en la Escritura – en este caso, por el profeta Isaías a los judíos en el exilio en Babilonia – se realiza en los acontecimientos presentes; finalmente, los oyentes son interpelados, mediante la pregunta, la interpretación de sus anhelos y el desconcierto.[16]

11. André Feuillet e Pierre Grelot, *Palabra de Dios*, in *Vocabulario de Teología Bíblica*, p. 631.
12. *Is* 55, 10-11.
13. Benedicto XVI, *Verbum Domini*, Buenos Aires, San Pablo, 2010, p. 27.
14. *Lc* 4, 14-21.
15. Léon-Dufour, *Predicar*, pp. 710, 712 e sgg.
16. Latorre, *La predicación cristiana*, p. 463; Carlos Morán, *Introducción general,* in San Agustín, *Sermones I,* Madrid, B.A.C., 1981, vol. VII, pp. 12 e sgg., 16; Miguel

El objeto de la predicación de Jesús es él mismo; los apóstoles se presentan como testigos de unos hechos históricos concretos, la persona de Jesús de Nazaret, sus palabras y obras; en lo sucesivo, el predicador cristiano enseñará lo que ha recibido y oído de otro y lo que ha experimentado él mismo.[17] La predicación cristiana antigua conserva los elementos de hermenéutica bíblica que el mismo Jesús practicó; en palabras de Olivar:

> La predicación primitiva, como más tarde la de los padres, marcados por un mayor desarrollo del culto divino y por la evolución del dogma, consistió en mejorar la conducta de los cristianos a través de una contemplación progresiva de la economía de la salvación, a fin de facilitar el contacto personal con Dios por Cristo, en la esperanza de la vida futura y preparando la segunda venida del Salvador.[18]

El predicador cristiano, además, enseña palabra de Dios y de la iglesia, no la de un individuo; es un mediador, un dispensador de misterios divinos, con misión sacerdotal. Olivar destaca que Tertuliano, en torno al año 197, describía así la predicación, probablemente dirigiéndose a no cristianos:

> Nos reunimos para recordar las enseñanzas de las Sagradas Escrituras. Siempre hay circunstancias de los tiempos presentes que obligan a hacer determinadas advertencias o a reflexionar sobre ciertas verdades. En todo caso, por medio de las sagradas palabras alimentamos nuestra fe, elevamos nuestra esperanza, confirmamos la confianza, al tiempo que, con insistencia, intensificamos la observancia de los mandamientos. Es entonces cuando tienen lugar las exhortaciones, las correcciones y la divina amonestación (*Apologeticum* XXXIX, 3-4- CC I, 150).

Olivar señala que, en general, la primera tarea de los pastores en la iglesia antigua era la evangelización; la aclaración doctrinal o teológica fue surgiendo como tarea derivada de esa vocación inicial. No son teólogos que enseñan su pensamiento o el de la iglesia, sino pastores cuya tarea evangelizadora era interpelada por las exigencias apologéticas de su tiem-

Peinado, *La predicación del Evangelio en los Padres de la Iglesia. Antología de textos patrísticos,* Madrid, B.A.C., 1992; Stanley Rosenberg, *Oralidad, textualidad y la memoria de los feligreses, en los sermones de Agustín*, in «Augustinus», 57/224-225 (2012), pp. 169 e sgg.

17. *Rom* 10, 7.

18. Alexandre Olivar, *La predicación cristiana antigua,* Barcelona, Herder, 1991, p. 36.

po, lo que hace que poco a poco se vaya pasando del sentido testimonial a la aclaración doctrinal.[19]

Latorre explica que, en la época patrística, los padres hablan comúnmente en el marco de la acción litúrgica de las comunidades cristianas; ésta incluía exhortación, bendición, canto de los salmos, canto del *Magnificat*, lectura de secuencias bíblicas y la predicación del obispo; éste comentaba el texto bíblico proclamado o los salmos, previamente meditados en la oración. En estos comentarios patrísticos, que según Latorre combinan magistralmente la explicación clara del texto y la aplicación pastoral a la vida, destaca Agustín de Hipona, tanto por sus comentarios mismos como por sus estudios sobre el contenido y forma de la predicación.[20]

De este modo, la predicación de Agustín se inscribe en la obra de transmisión oral del mensaje cristiano en la época patrística, caracterizada por la proclamación y explicación de la palabra de Dios, la exhortación a acoger y ser fiel al mensaje, en el marco litúrgico y en un clima de amor a Dios y fraternidad eucarística. Dicha obra de transmisión es entendida como algo anterior al predicador como individuo y su fuerza está en la propia palabra de Dios.

3. *La predicación en san Agustín*

Existe acuerdo en que no es posible disociar en san Agustín la persona del filósofo, el predicador, el hombre de su tiempo, el pastor y el místico, como señalan Bochet y Trapé.[21] Ello es coherente con el hecho de que una parte importante de su obra corresponde a sus *sermones, homiliae, tractatus* o *enarrationes,* cuyo lugar en el contexto global de sus escritos es innegable y ha sido estudiado con interés. La predicación fue parte principal de la tarea de Agustín como sacerdote y, sobre todo, como obispo de Hipona. Goulven Madec ilustra esa relevancia puntualizando que, en sus treinta y nueve años de predicación y calculando unas doscientas veces al año, Agustín habría predicado unas ocho mil veces; si se piensa que, además,

19. *Ibidem*, pp. 31, 36-42.

20. Latorre, *La predicación cristiana*, p. 464.

21. Isabelle Bochet, *Augustin philosophe et prédicateur: l'unité de la recherche de Goulven Madec*, in *Augustin. Philosophe et prédicateur. Hommage à Goulven Madec*, Actes du colloque international, Paris, Institut d'Études Augustiniennes, 2012, p. 16; Agostino Trapé, *Agustín de Hipona,* Buenos Aires, Docencia, 1984, p. 7.

era invitado a predicar en otros lugares y que tenía para ello gran voluntad y disposición – como señala su biógrafo san Posidio – puede comprenderse que predicó mucho y se conservó sólo una parte.[22]

Agustín preparaba lo que iba a decir meditando sobre los textos bíblicos; no escribía, sino que lo pronunciaba en el momento;[23] taquígrafos o *notarii* tomaban notas que él revisaba. Algunos sermones los dictó sin pronunciarlos nunca, para uso de sacerdotes y diáconos; esto expresa el talante comunicativo de Agustín, con una disposición de enseñar a todo el pueblo y no sólo a una élite intelectual.[24] La predicación atendía al tipo de auditorio y a la circunstancia que se vivía, política, social y eclesial; algunos estudiosos observan una progresiva simplificación en sus sermones, en pro de la comprensión por parte de los oyentes. Agustín incorporaba lo que estaba estudiando, como se deja ver explícitamente en los *tractatus* sobre el evangelio de san Juan. Su obra homilética se suele dividir en dos grandes grupos: los que forman un comentario continuo de un libro de la Biblia, como *Enarrationes in Psalmos* o *In Ioannis Evangelium Tractatus* y los discursos predicados por él pero que no forman parte de dicho *corpus*, que han sido llamados *Sermones ad populum.* Además, Agustín es un teólogo que analiza teóricamente la predicación, como en *La catequesis a los principiantes* y *La doctrina cristiana.*

Como predicador, el obispo de Hipona tiene una reconocida posición de autoridad sapiencial y eclesial ante el pueblo que le escucha, reconocimiento que es condición preparatoria de la acogida. El objeto de su predicación no es su propio pensamiento; Bochet subraya que él es el primer oyente de la palabra, de la cual es intermediario y servidor, por lo que su predicación comienza con una base bíblica, vetero y neotestamentaria; tiene, además, un marcado sello cristológico, que lleva a decir a Goulven Madec que lo que el predicador Agustín dice es: Cristo.[25]

La relación con la Palabra, muestra que en la estructura comunicativa de la predicación reposa una estructura espiritual. Agustín comienza normalmente un sermón recordando la palabra escuchada en la liturgia. Primero, invita a la actitud de oración para predisponer a la escucha;

22. Bochet, *Augustin philosophe et prédicateur*, p. 22.
23. *Retr.* 2, 67.
24. Alban Massie, *Recherche philosophique et humilité chrétienne dans la prédication de Saint Augustin*, in «Revue des sciences philosophiques et théologiques», 97 (2013), p. 214.
25. Bochet, *Augustin philosophe et prédicateur*, pp. 22 e sgg.

igualmente, culmina invitando a la oración con la fórmula «Conversi ad dominum», junto a un movimiento corporal hacia el oriente; a veces culmina con una doxología o alabanza trinitaria. Así, el genuino origen y fin de la predicación agustiniana responde a un misterio divino; es la escucha y admiración ante el misterio la que hace emerger la palabra del predicador y la que ha de preparar su escucha y recepción: «El mismo espíritu, cualesquiera que sean los gozos que concibe de la Escritura de Dios, los da a luz y busca hacerlo en vuestros oídos y vuestras mentes. Preparad en vosotros un nido a la palabra».[26]

Nos detendremos en el sermón 52, predicado probablemente en torno al 414 o 415, en lugar desconocido.[27] La lectura previamente escuchada es el evangelio según san Mateo, capítulo 3, versículos 13 al 17; el pasaje narra el bautismo de Jesús en el río Jordán por Juan, quien a su vez es testigo de la palabra del Padre que da testimonio del Hijo.

Agustín expresa que ha estado en actitud de escucha, pues necesita advertir que es Dios quien quiere que hable, que el movimiento proviene de Él y no de sí mismo: «De él estaba esperando mi corazón una como señal para predicar este sermón».[28] Luego, interpela al pueblo oyente para que se disponga a la escucha inteligente y devota, uniendo *intellectus* y *cor*. La palabra propuesta por Dios exige una disposición del predicador y del oyente, dado que se trata de ver y contemplar lo que Dios pone delante.

Para Agustín, lo puesto ante los ojos en este texto es el misterio inefable de la Trinidad y la distinción y unión de las personas. El acto del Señor bautizado por su siervo es expresión de humildad, virtud querida por Dios. El Espíritu de Dios, esencialmente comunicativo de sí, habla primero en Cristo y, luego, a través de la historia de los cristianos; en el tiempo presente, habla por medio de Agustín, predicador cristiano para los cristianos. Su enseñanza no se funda en opiniones humanas sino en la lectura escuchada, de allí proviene su firmeza. «Esto lo sabemos y lo creemos»,[29] dice Agustín; así, la condición preparatoria de su predicación es la certeza de los apóstoles y la fe transmitida por la comunidad cristiana.

26. *Serm.* 37, 1.
27. José Anoz, *Cronología de la producción agustiniana*, in «Augustinus», 47/186-187 (2002), p. 270.
28. *Serm.*, 52, 1.
29. *Serm.*, 52, 2.

Dado que Dios se ha valido de su siervo predicador para despertar la atención del pueblo oyente, Agustín pide a éste que ore por él y que abra el corazón para que el Señor lo llene.

Lo primero que aparece a los ojos, es la profundidad del misterio contemplado y la disimilitud entre lo que quiere expresar – el Dios único, la Trinidad inseparable – y el que expresa, un hombre en medio de la multiplicidad temporal. Propone la cuestión teológica de la Trinidad a los oyentes como ante un foro; expone proposiciones, testimonios, fundamentos basados en la razón y en la revelación. La cuestión de la distinción de personas y la inseparabilidad de operaciones es, con todo, algo comprensible; ello prepara a una cuestión aún más difícil.[30]

Se trata de decir por la palabra la incomprensibilidad de Dios. Por ejemplo, ¿cómo comprender lo incorpóreo e invisible de la divinidad, que está en todas partes en su totalidad? La palabra muestra su impotencia: «¿Quién ve esto? ¿Quién lo comprende? Detengámonos un poco; recordaremos quiénes hablamos y de qué estamos hablando».[31] Agustín se detiene ante un misterio, llega al límite de la palabra y da paso al silencio:

> Cualquier cosa que sea lo que Dios es, que se crea piadosamente, se medite santamente, y en la medida en que se nos conceda, en la medida que sea posible, que se comprenda aunque no sea posible expresarlo [...]. Cesen las palabras, calle la lengua; que se despierte y se levante hacia allí el corazón. No es algo que tiene que subir al corazón del hombre, sino algo adonde el corazón del hombre ha de subir.[32]

Cor es el "lugar" interior donde acontece la captación espiritual. Desde allí contempla a las creaturas, a través de las cuales Dios, que está muy por encima de nosotros, también se expresa, mediante analogía y similitud. La mente, apenas rozada por el esplendor de la verdad divina y sin poder adecuarse por su fragilidad a la sabiduría de Dios, comprende una verdad simple y profunda: «muy elevado estás tú, muy abajo estoy yo».[33] Una palabra queda por decir al pueblo oyente, hermano en la pequeñez, sobre Dios: «Si lo que quieres decir lo has comprendido, no es Dios; [...] si pudiste comprenderlo, comprendiste otra cosa en lugar de Dios [...] si pudiste comprenderlo, no es

30. *Serm.,* 52, 11 e sgg.
31. *Serm.*, 52, 15.
32. *Ibidem.*
33. *Serm.*, 52, 16.

Dios».[34] Este hallazgo, un rasgo de lo que pasará a llamarse teología negativa, es una gran liberación: impide la ceguera de la idolatría, de quedar preso de la propia imagen construida de Dios. También supone liberarse del estar atado a lo creado, pues exige un volverse interior propio del llamado agustiniano: «¡Oh hombre!, ¿hasta cuándo vas a estar dando vueltas en torno a la creación? Vuélvete a ti mismo, contémplate, sondéate, examínate».[35] Agustín encuentra en el interior humano la máxima semejanza trinitaria, aunque sea una imagen y semejanza que dista mucho del modelo original, siendo apenas un espejo: «son cosas tan distantes como el cielo y el abismo, lo inmutable y lo mutable, el creador y lo creado, lo divino y lo humano»;[36] por eso llama al oyente a considerarlo en su interior.

Agustín ha llegado al límite del lenguaje expresando: «no lo puedo decir ni puedo explicarlo».[37] Solo queda lugar para el silencio, la contemplación, lejos del discurrir y la obstinada discusión. Es entonces que se manifiesta el último sentido de la predicación: el escuchar contemplativo a Dios mismo, permaneciendo en su presencia y abandonándose a la escucha: «Escucha la palabra con mansedumbre para que la entiendas. Tal vez llegues a poder decir: *Darás gozo y alegría a mi oído y exultarán los huesos* (*Sal* 50, 10)».[38] Termina Agustín con sincera conciencia de su debilidad: «lo que pudimos, eso dijimos».[39]

4. *Conclusión*

Hemos concluido este esbozo de la predicación en Agustín de Hipona; el estudio de su obra predicada es uno de los desafiantes ámbitos de investigación actual en torno al autor, quien desarrolló su obra en estrecho vínculo con las Sagradas Escrituras y en el marco de su misión episcopal como ministro de la palabra de Dios.[40]

34. *Ibidem.*
35. *Serm.*, 52, 17.
36. *Serm.*, 52, 17-18.
37. *Serm.*, 52, 22.
38. *Ibidem.*
39. *Serm.*, 52, 23.
40. Teodoro Madrid, *San Agustín hoy: dónde y cómo,* in «Augustinus», 47/186-187 (2002), p. 328; Enrique Eguiarte, *Coloquio internacional sobre los sermones de san Agustín, en Roma*, in «Augustinus», 57/224-225 (2012), pp. 5-22; Anne-Marie La Bonnardière, *Au-*

Aplicando los análisis de Searle, hemos visto que el predicar, como acto comunicativo, tiene intencionalidad transformadora; inserto en el devenir del cristianismo antiguo, el sentido de lo afirmado por el predicador ante el pueblo oyente es llamar y abrir puertas para el encuentro personal con la certeza dulce de la voz de Dios y con la contemplación de su misterio insondable. Por ello, es el Espíritu de Dios el auténtico predicador, el que origina, conduce y deposita la palabra en el *cor* humano, el que fecunda, riega y hace crecer en forma silente e inadvertida.

La palabra – vía la mediación humana del que predica y del que acoge – es el origen, el medio y el fin; la transformación consiste en la progresiva proximidad comunicativa hasta el descanso unitivo y contemplativo en el corazón divino. Ciertamente, la predicación puede corromperse y llegar a ser defectiva y hasta maliciosa; por ejemplo, mediante insinceridad, engaño, manipulación, abuso de poder o fines propagandísticos o de dominación. No obstante, el predicar auténtico –a semejanza del enseñar– busca liberar al pueblo de Dios; su metodología es ponerlo en contacto con la verdad que es Cristo, como semilla que requiere tiempo, cultivo y riego para germinar.

gustine, Minister of the Word of God, in *Augustine and the Bible,* a cura di Pamela Bright, Notre Dame, Indiana, University of Notre Dame Press, 1999, pp. 245 e sgg.

María Eugenia Góngora

Predicación y herejía en el epistolario de Hildegard von Bingen

La *Vita Hildegardis Virginis*, la Vida compuesta por el monje Theoderich de Echternach en la década de 1180, unos años después de la muerte de Hildegard,[1] menciona sus viajes de predicación a diversos lugares, «compelida por el Espíritu». No se detiene, sin embargo, en los detalles de esos viajes ni en un hecho que sería por cierto inusual en la Iglesia de hoy, es decir que una priora o *magistra* fuera invitada a predicar en diversas ciudades y conventos. Como escribe su hagiógrafo, «no solo impulsada sino obligada por el Espíritu Santo, fue a Colonia, Trier, Metz, Würzburg y Bamberg, y anunció al clero y al pueblo la voluntad de Dios» (*Vida* III, cap. xvii).[2] Y también en diversos otros lugares, prosigue Theoderich, «manifestó lo que era de utilidad para las almas, junto con lo que Dios le había revelado».[3]

El impulso reformista de Hildegard la convirtió en una predicadora polémica y posiblemente incómoda para algunos de sus auditores y lectores. Aun así, en su Epistolario[4] se conservan las peticiones de algunos de los clérigos que deben haber escuchado sus prédicas, así como sus duras acusaciones, y que le ruegan hacerles llegar sus palabras por escrito. Las motivaciones para hacer estas peticiones fueron posiblemente

1. *Vita Hildegardis Virginis*, ed. y estudio de Monika Klaes, Turnhout, Brepols, 1993 (CC CM 126). Utilizamos la traducción castellana de Victoria Cirlot, ver infra. Ver también Anna Silvas, *Jutta & Hildegard, The Biographical Sources*, Turnhout, Brepols, 1998; II ed. University Park, The Pennsylvania University Press, 1999.

2. *Vida y Visiones. Hildegard de Bingen*, ed. Victoria Cirlot, Madrid, Siruela, 1997, p. 85.

3. *Ibidem*.

4. *Hildegardis Bingensis Epistolarium*, ed. Lieven Van Acker, t. I, Turnhout, Brepols, 1991 (CC CM 91); t. II, Turnhout, Brepols 1993 (CC CM 91A); *Hildegardis Bingensis Epistolarium*, ed. Lieven Van Acker, Monika Klaes-Hochmöller, t. III, Turnhout, Brepols, 2001 (CC CM 191 B).

muy diversas, pero lo significativo para nuestra actual lectura, fue el uso que se dio a las cartas con que Hildegard respondió a sus corresponsales, tanto por parte de sus destinatarios inmediatos, como por sus lectores más tardíos.[5]

En cuanto a los usos más inmediatos, se puede pensar que la reforma del clero, que fue sin duda uno de los propósitos más importantes para Hildegard en lo que concierne a sus escritos visionarios y pastorales, éstos últimos fueron de gran utilidad para los grupos clericales y comunidades que le solicitaron copias de esos textos. Y es probable que las epístolas que consideramos en este estudio les fueron más útiles para combatir a sus propios adversarios en el ámbito eclesiástico, que para combatir a los herejes surgidos en diversos lugares de Europa, al menos desde el siglo XI.

Esta posibilidad de interpretación múltiple de los textos hildegardianos puede haber sido, de acuerdo a Uwe Brunn,[6] la razón más probable que habría llevado a Philip de Heinsberg, deán de la Catedral de Colonia, a haberle escrito a Hildegard pidiéndole una versión escrita de su reciente prédica en esa ciudad, poco antes de 1163. En ese año está fechada la *Carta a los Pastores de Colonia* carta que, como sabemos, será uno de los textos reformistas más conocidos del legado y del reconocimiento del que gozó Hildegard en los siglos posteriores a su muerte.[7]

La necesidad de una reforma del clero, tal como la percibió Hildegard, se vio muy posiblemente reforzada en el contexto de la actividad y convocatoria que tuvieron los movimientos disidentes surgidos en Colonia y en la Renania de su época, y que en buena medida habrían surgido justamente gra-

5. La carta apócrifa denominada *Insurgent Gentes* es una muestra de cómo las profecías hildegardianas fueron utilizadas en el contexto de las luchas del clero secular contra las órdenes mendicantes durante el siglo XIII. Para una edición y estudio de la carta *Insurgent Gentes*, ver infra nota 37, y los numerosos estudios de Kathryn Kerby-Fulton dedicados a la recepción de Hildegard en Inglaterra a fines de la Edad Media.

6. Uwe Brunn, *Des Contestataires aux "Cathares". Discours de réforme et propagande antihérétique dans les pays du Rhin et de la Meuse avant l'Inquisition*, Paris, Institut d'Etudes Augustiniennes, 2006. Así propone Brunn una posible explicación de la petición de un texto escrito a partir de la predicación al clero de Colonia: «Philippe, le doyen du chapitre cathédral, et le clergé de Cologne qui demandaient expressément cette lettre sur la prédication d'Hildegarde en 1161/62 n'avaient certes pas besoin d'un texte polémique contre eux-mêmes. Sous quelque forme que ce soit, les exhortations de la moniales de Bingen au clergé de Cologne devaient servir au doyen Philippe dans un conflit avec d'autres membres de son église», p. 253.

7. Ep. 15r, en Van Acker, *Hildegardis Bingensis Epistolarium*, t. I, pp. 34-47.

cias a las expectativas creadas por los impulsos reformistas. Como sabemos, tradicionalmente la historiografía ha propuesto que el movimiento dualista de los discípulos del gran heresiarca Bogomilo de Bulgaria en el siglo X estaría en el origen de los movimientos disidentes de la Europa Occidental. Como lo plantea Brunn, sin embargo, no parece haber suficiente evidencia para comprobar en cada caso la transmisión de las doctrinas más importantes a los distintos grupos de Italia, Francia, los Países Bajos y la Germania.[8]

En este sentido, es importante recordar aquí algunos de los temas centrales de los grupos disidentes que aparecieron en la Renania y en Flandes, así como en Italia y en el sur de Francia. Estos pueden ser resumidos, muy sumariamente, en torno a los siguientes problemas, (sin excluir otros temas polémicos): en primer lugar, la disputa sobre Dios como único autor de la creación del mundo visible; en segundo lugar, la disputa sobre la doble naturaleza de Cristo; en tercer lugar, las discusiones en torno a las interpretaciones y experiencias de la denominada *Vita Apostolica.* Estas últimas surgieron de las interpretaciones de los relatos sobre la vida de los primeros cristianos en el *Libro de los Hechos de los Apóstoles* (en particular cap. 4, 32-35, sobre los bienes en común) las epístolas de San Pablo, y en particular, su *Epístola a los Colosenses* (cap. 2, 1-5) y la *Primera Epístola a Timoteo*, en la que se anuncian la venida de los falsos

8. Entre los nombres de los investigadores "clásicos" del siglo XX sobre los movimientos heréticos están Arno Borst, *Die Katharer*, Stuttgart 1953 (Schriften der Monumenta Germaniae Historica, 12); Herbert Grundmann, *Religious Movements in the Middle Ages. The Historical Links between Heresy, the Mendicant Orders, and the Women's Religious Movement n the Twelfth and Thirteenth Century, with the Historical Foundations of German Mysticism*, Notre Dame, University of Notre Dame Press, 1995 (ed. orig. Berlin 1935); de Antoine Dondaine, cf. sus contribuciones recogidas en *Les Héresies et l'Inquisition, XII-XIII siècles. Documents et études réunis sous la direction d'Yves Dossat*, London, Variorum reprints, 1990; Raoul Manselli, con sus numerosos estudios sobre la religión popular y los movimientos heréticos en Italia. Para este estudio son particularmente importantes su *Ecberto de Schönau e l'eresia catara in Germania a la metà del secolo XII*, en *Il secolo XII: Religione popolare ed eresia*, Roma, Jouvence, 1983, pp. 227-246, así como su estudio sobre la relación de Hildegard de Bingen con los hermanos Elisabeth y Eckbert de Schönau (ver infra, n. 13). Entre los estudios más recientes, además del ya citado Brunn, *Des Contestataires* (ver supra n. 6), ver Peter Biller, Anne Hudson, *Heresy and Literacy, 1000-1530*, Cambridge, Cambridge University Press, 1994; Heinrich Fichtenau, *Heretics and Scholars in the High Middle Ages, 1000-1200*, Pennsylvania, The Pennsylvania State University Press, 1998; Robert I. Moore, *War on Heresy. Faith and Power in Medieval Europe*, London, Profile Books, 2014 y André Vauchez, *Les Hérétiques au Moyen Âge. Suppôts de Satan ou chrétiens dissidents?*, Paris, CNRS, 2014, en el que se recogen varios estudios anteriores de este autor.

profetas (Cap. 4, 1-5). Y por cierto, los temas siempre cruciales de la pobreza, el celibato, el matrimonio y la procreación estuvieron también en el centro de las disputas de esos tiempos.

1. *El contexto de la predicación: los disidentes de Colonia*

Durante el período del poderoso arzobispo de Colonia Rainald de Dassel (1159-1169) – si bien en ausencia suya – un grupo de prelados y de burgueses de la ciudad llevaron a juicio y condenaron a la hoguera a un grupo de disidentes, seis hombres y dos mujeres, los que fueron acusados de herejía y quemados el 2 de agosto del año 1163. Sabemos algunos detalles de este proceso gracias a un escrito del monje Theoderich de Deutz,[9] y de cómo los herejes fueron quemados y luego enterrados en la llamada "Colina de los Judíos", es decir, en un lugar de exclusión. El deán de la Catedral de Colonia, Philip de Heinsberg, fue quien presidió este proceso y la consecuente ejecución, en ausencia del arzobispo Rainald.

Como también sabemos, la caracterización de estos movimientos a los que el monje Theoderich de Deutz denominó «cátaros», «cataristas» y «catafrigae», se debió en buena medida a la obra y a los escritos de sus más eminentes adversarios y, entre ellos, encontramos en el siglo XII la figura relevante de Eckbert, monje y luego abad de Schönau, quien fue el primero en utilizar la denominación de "cátaros" para los miembros de estos grupos disidentes.

Estos parecen haber sido grupos esencialmente anticlericales en cuanto a su crítica de la laxitud de las costumbres y el amor a las riquezas y a las prebendas que caracterizaron a numerosos clérigos, características que por lo demás habían sido ya fuertemente criticadas por San Bernardo de Clairvaux, particularmente en su visita a la ciudad de Colonia en 1147. Muchos de estos disidentes eran buenos lectores y conocedores de la Biblia; algunos eran clérigos o letrados y muchos provenían del artesanado urbano, especialmente de los gremios de tejedores, por lo cual la denominación

9. De acuerdo a Brunn, *Des Contestataires*, Theoderich llama indistintamente "catharos" y "cathafrigae" a estos herejes. Es el mismo Theoderich que luego intervendrá en la petición a Elisabeth de Schönau para que explique a través de sus visiones, los descubrimientos de un cementerio en las afueras de la ciudad de Colonia; las excavaciones fueron iniciadas por el arzobispo Rainald de Dassel. (pp. 200-207)

de tejedor *(texerant)* estuvo ya desde la época de San Bernardo ligada a la sospecha de herejía o al menos, de disidencia frente al clero.

En el año 1164 o en 1165, poco después de la ejecución del ya mencionado grupo de disidentes en Colonia, el monje Eckbert de Schönau hizo llegar al Arzobispo Rainald de Dassel un conjunto de siete sermones que demoró posiblemente un tiempo prolongado en componer, y que tituló *Liber contra haereses Kataros*.[10] En estos sermones desarrolla su conocimiento de los grupos disidentes de Bonn, (lugar donde, recordemos, se llevó a la hoguera a un grupo de herejes en 1143), y donde Eckbert mantuvo un contacto importante con algunos de sus predicadores, como luego en la misma ciudad de Colonia. Y se ha planteado la probabilidad que él mismo haya participado también en el juicio y condena de los herejes de Colonia en el año 1163.[11]

2. *Los escritos de Hildegard*

Por su parte, Hildegard escribió dos cartas que se refieren a la presencia de los disidentes en las comunidades cristianas de su entorno más cercano; una de ellas es la ya mencionada 'Carta a los Pastores de la Iglesia de Colonia' de 1163, escrita a pedido del ya mencionado deán Philip de Heinsberg, a la que dedicaremos un comentario más detallado; la otra es una carta denominada *Visio*, aparentemente escrita a pedido de los clérigos de Mainz y fechada en julio del mismo año 1163.[12] Hacia 1173 escribió también un "Sermón",[13] que reúne los temas de la cosmología y de las profecías sobre los últimos tiempos y que resulta sin duda importante como punto de referencia para nuestra lectura de los textos de Hildegard sobre los grupos disidentes, un tema sobre el que volverá brevemente y de manera esporádica en varias otras cartas que corresponden a los mismos años de la década de 1160 y 1170. Así, en la carta 263 «A un prelado» (¿a un obispo?), fechada 1173-1179?, Hildegard le advierte que éste no es un

10. *Patrologia Latina* (PL), CVC, coll. 11-98. El subtítulo de los sermones es elocuente: *Adversus pestiferos foedissimusque Catharorum, qui Manicheorum haeresis innovarunt, damnatos errores ac haereses*.

11. Brunn, *Des Contestataires*, p. 213.

12. Ep. 15r, en Van Acker, *Epistolarium*, t. I, pp. 34-47 (ver supra n. 7); Ep. 169r, en Van Acker, *Hildegardis Bingensis Epistolarium*, t. II, Pars secunda, pp. 378-382.

13. *Hildegardis Bingensis Epistolarium*, ed. Van Acker, Klaes-Hochmöller, t. III, Pars Tertia, pp. 139-143.

tiempo de sanación, sino de maldad creciente y debe haber una limpieza de los pecados de las gentes comunes, muchos de ellos seguidores de los caminos de los Saduceos;[14] encontramos igualmente la mención de los Saduceos en la Carta 297r, dirigida «A un sacerdote», anterior a 1173; en ella, Hildegard escribe que estos "Saduceos", engañados por la antigua serpiente, niegan la validez de los sacramentos impartidos por sacerdotes pecadores y, en definitiva, la validez del sacramento de la Eucaristía, y la unidad de cuerpo y alma;[15] por último, en la Carta 352, dirigida «A un Laico Excomulgado», Hildegard escribe sobre los cismas y la infidelidad de los Saduceos que desafían los preceptos divinos y la locura de aquellos que apoyan su doctrina al no levantarse contra ellos.[16]

La carta o *Visio* dirigida a los clérigos de Mainz, de Julio de 1163 es un texto de carácter fundamentalmente apocalíptico, y se inicia con la visión de los veinticuatro Ancianos que rodean el trono (*Ap* 4. 4 y ss) y, como hemos dicho, tiene la particularidad de estar fechada en el mes de julio de 1163, es decir, el mes anterior a la ejecución de los herejes de Colonia, lo que plantea dudas razonables con respecto a la fecha auténtica de su composición. Se ha planteado también, aunque sin certezas al respecto, que esta carta, es decir la *Visio*, habría sido escrita a petición de la visionaria Elisabeth de Schönau, hermana del monje Eckbert, quién, como lo hemos mencionado, fue una de las figuras relevantes en la lucha doctrinaria contra los grupos herejes de la Renania en el siglo XII. Se habría producido así una conjunción entre los esfuerzos de la campaña anti-herética en la que estaban empeñados tanto Eckbert como su hermana Elisabeth, visionaria y corresponsal de Hildegard, desde el convento de Schönau y estos escritos de Hildegard en el año 1163, en particular en su *Visio* fechada en julio de 1163.[17]

14. *Epistolarium*, ed. Van Acker, Klaes-Hochmöller, t. III, p. 12.

15. *Ibidem*, p. 60.

16. *Ibidem*, p. 111.

17. Sobre este tema, ver Raoul Manselli, *Amicizia spirituale ed azione pastorale nella Germania del secolo XII: Ildegarde di Bingen, Elisabetta et Ecberto di Schönau contro l'eresia catara*, en *Studi in onore di Alberto Pincherle*, Roma, Ed. dell'Ateneo, 1967, pp. 302-313. Manselli propone una acción concertada y lograda por parte de Hildegard, Elisabeth y el monje Eckbert, asunto que no me parece totalmente comprobable en la medida que Hildegard siempre persiguió sus propios objetivos, y siguió su vocación profética y apocalíptica más allá de la coyuntura de su predicación en contra de los herejes. El carácter esencialmente profético (y no necesariamente asociado a una coyuntura

La descripción de los disidentes que encontramos en los textos hildegardianos nos entrega la imagen de grupos de hombres aparentemente muy piadosos, tonsurados y vestidos de ropas oscuras y sencillas, alejados de la sensualidad y la lujuria, pero fundamentalmente errados y posiblemente hipócritas, razón por la cual Hildegard los compara, en varios de sus textos, con los Saduceos. Dado que Hildegard nunca menciona a estos grupos como "Cátaros" (el nombre que, con el tiempo, se impondría para denominarlos), es relevante el uso que ella hace, en cambio, de la denominación de "Saduceos", palabra que tiene, sin duda, una tradición importante y fuertemente negativa en el contexto de los Evangelios.

La mención de los Saduceos aparece en la ya mencionada 'Carta a los Pastores de Colonia', (más precisamente en su apostilla o anexo 2),[18] en el párrafo en el que Hildegard pide «que se expulse a los inicuos, que son como los saduceos y peores que los judíos» (p. 47), así como en la *Visio* del mismo año 1163, en la que compara a los disidentes con los Saduceos y con los adoradores de Baal;[19] por otra parte, en el ya mencionado Sermón 381, fechado en 1171,[20] se afirma que «*éstos* que son como los Saduceos», y rechazan la humanidad de Cristo.

En los dos textos fechados en 1163, es decir, tanto en la 'Carta a los Pastores de Colonia' como en la *Visio* enviada a Mainz (¿?) la preocupación de Hildegard parece estar fundamentada en el hecho de que los grupos disidentes de su tiempo, a los que llama "Saduceos" según la denominación de los Evangelios, y ante cuya seducción los pastores no actúan cumpliendo sus deberes, son percibidos por ella como los antecesores de los falsos profetas que aparecerán en los últimos tiempos, engañando a los fieles, tal como se anticipa en muchos textos, tanto del antiguo como del Nuevo Testamento, siendo particularmente conocidas las advertencias en Marcos, Mateo, las cartas de San Pablo y de San Pedro y, por cierto, en el Apocalipsis.

En la *Visio* de Julio de 1163,[21] por otra parte, Hildegard dedica varios párrafos a la necesidad de combatir a estos grupos a los que simplemente

temporal) permitió sin duda que la lectura de sus textos quedara 'abierta' para las nuevas interpretaciones en los siglos posteriores a su composición.

18. *Epistolarium*, ed. Van Acker, t. 1, p. 47.

19. *Ibidem*, t. 2, p. 380.

20. *Epistolarium*, ed. Van Acker, Klaes-Hochmöller, t. III, pp. 139-143 (p. 142).

21. Ep. 169r, en *Epistolarium*, ed. Van Acker, t. II, pp. 378-382.

los llama «Estos», «estos que» y, en una oportunidad, "Saduceos".[22] En un lenguaje que se acerca al libro del Apocalipsis, los describe inequívocamente como instrumentos del demonio, del león rugiente que se alza una y otra vez contra Dios: el diablo ha construido como torres en sus oídos, son como escorpiones y como las aves que dejan caer los huevos desde sus nidos; son como montes sulfurosos, son ellos quienes constituyen verdaderamente las entrañas de la Bestia. En este texto Hildegard llama a castigar con duras palabras y a expulsar a estos herejes y enviarlos al exilio «en las cavernas», pero no a matarlos, como se explicitará más claramente aún en el ya mencionado Sermón de 1171.

En este último sermón de fecha más tardía, Hildegard deja de lado la demonización y animalización de los herejes; parece distanciarse un poco de ese combate más duro en su contra, al describirlos más bien como víctimas de la seducción del demonio y no como sus agentes; los herejes han quedado cegados por obra del demonio y no pueden ni esperar ni obedecer a Dios y sus mandamientos. Ante esa realidad, Hildegard expresa la necesidad de alejar a los culpables de la comunidad, pero previene expresamente contra su ejecución.

Por otra parte, en este mismo Sermón de 1171[23] además de escribir sobre la creación del mundo y los cuatro elementos que lo componen, así como sobre el cuerpo humano que está formado por esos mismos elementos, cuando menciona a los disidentes, Hildegard augura que serán finalmente combatidos por todos, incluso por los nobles y los príncipes. Además de las características que ya encontramos en las dos cartas de 1163, hay que añadir un elemento importantísimo en cuanto a la doctrina herética que se describe en este escrito más tardío: Hildegard ataca aquí a los herejes porque niegan la humanidad de Cristo y la santidad de su cuerpo convertido en pan y en vino; los concibe como hombres seducidos por el Demonio, el gran engañador, el que los lleva a castigar sus cuerpos y no confiar en la santidad del alma. Pero aun así, y como lo mencionamos ya en comparación con la *Visio* de 1163, en este Sermón más tardío Hildegard afirma que esos disidentes, estos *errantes homines*, no deben ser llevados a la muerte, porque en ellos todavía está impresa la *Forma Dei*, la forma de Dios.[24]

22. *Ibidem*, p. 380.

23. *Sermo CCCLXXXI De perversa hereticorum doctrina*, en *Epistolarium*, eds. Van Acker, Klaes-Hochmöller, t. III, pp. 139-143.

24. *Ibidem*, p. 143.

3. *El contenido de la* Carta a los Pastores de Colonia

Después de haber realizado un viaje de predicación a la ciudad de Colonia, probablemente hacia 1163 o poco antes de ese año, como ya hemos mencionado, Hildegard escribió su larga epístola que en el Epistolario se denomina «Hildegardis ad pastores ecclesiae [Hildegard a los pastores de la Iglesia]»,[25] en respuesta a la petición del ya mencionado Deán de Colonia Philip de Heinsberg, quien había presidido la quema de los herejes en 1163.

Los tópicos que nos interesa describir en relación a esta carta son variados, y ésta se inicia con una cita de las Escrituras que marca la autoría divina de lo que se va a proclamar: «Aquél que es, que era y que vendrá» (Apocalipsis 1.4), habla a los pastores de la Iglesia.

Por lo demás, la petición del Deán de Colonia para que Hildegard les envíe una copia del sermón que había predicado recientemente en esa ciudad, reconoce su autoridad y, en ese contexto, le pide hacer llegarle sus palabras inspiradas: «'El espíritu sopla donde quiere' (Juan 3.8), y puesto que es abundantemente claro que el Espíritu se ha escogido un morada en tu corazón, es comprensible que vengamos a ti con admiración, como al templo viviente de Dios, y buscamos la verdad en las respuestas de tu corazón como del propio oráculo divino» (Ep 15).[26]

La respuesta de Hildegard a esta petición se inicia con la cita del Apocalipsis 1:4 que ya hemos mencionado y continúa con una exposición sobre la creación del mundo y la obra de recreación que involucrará la segunda venida de Cristo y el juicio. Se anuncia, en verdad, un mundo nuevo, en el que aparecerán nuevas cosas hasta ahora desconocidas.

La epístola de Hildegard al Clero de Colonia se inicia así con una descripción de una Cosmogonía que está posiblemente alineado con otros textos anti-heréticos anteriores como, por ejemplo, en el influyente y reconocido tratado *Contra Maniqueos* de San Agustín,[27] (quien adhirió al maniqueísmo en su juventud, como sabemos), y que se inicia con una 'defensa' de la lectura ortodoxa del libro del Génesis, aun aceptando que no siempre su lectura puede atenerse a la letra. Podemos suponer que esta

25. Ep 15, en *Epistolarium*, ed. Van Acker, t. I, pp. 34-47.

26. *Ibidem*, pp. 32-33. La traducción es mía.

27. *Obras de San Agustín*, T. XV, ed. Fr. Balbino Martín, O.S.A., Madrid, B.A.C., 1957, pp. 357-491. Ver también https://www.augustinus.it/spagnolo/genesi_dcm/index2.htm (visitado el 30.3.2018).

argumentación sobre la correcta lectura de ese libro inicial alude, como lo ha planteado también Elisabeth Gössmann en su lectura de esta carta,[28] a la primera gran disputa sobre el origen y la creación del Mundo, una disputa sobre la lucha entre el Bien y el Mal y entre Dios y el Angel Caído, que marcó las especulaciones de muchos grupos de disidentes y herejes, desde los primeros siglos del Cristianismo.

Volviendo en seguida a la primera creación y al mundo como lo conocemos antes de la segunda venida de Cristo, Hildegard describe la renovación del mundo en estos términos:

> [...] El es quien hizo todo lo creado y dio el testimonio de todos los testimonios en cada una de sus obras, así que todas las cosas creadas hicieron su aparición. Aquél que vendrá purgará todas estas cosas y El las recreará de otra manera, y las dejará limpias de toda mancha proveniente del tiempo y de las estaciones, y El hará todas las cosas nuevas, y después de la purgación, revelará cosas desconocidas[...].[29]

En una notable exposición de su doctrina sobre los cinco sentidos en relación al firmamento creado por Dios, Hildegard los relaciona con todos los elementos de la creación, en una imagen antropomórfica del mundo que me parece excepcional.

> [...] De El sopla el viento, diciendo: gracias a mi fuerza, he establecido el firmamento y todos sus ornamentos, con ojos para ver, oídos para escuchar, una nariz para oler, una boca para degustar. Puesto que el sol es como la luz de Sus ojos, el viento como el escuchar de Sus oídos, el aire como Su fragancia, el rocío como Su gusto, que exuda viridez (frescor, fertilidad) como Su boca [...].[30]

La creación del mundo y de sus elementos seguirá el patrón antropomórfico que está en el fundamento del pensamiento cosmológico antiguo y medieval, haciendo explícita las relaciones entre Macrocosmos y Microcosmos. Las imágenes que propone la Voz del Cielo en este texto son particularmente vívidas en la descripción de las vías de conocimiento del mundo que Dios ha puesto a disposición de los seres humanos.

28. Elisabeth Gössmann, *Der Brief Hildegards von Bingen an den Kölner Klerus zum Problem der Katharer*, en *Hildegard von Bingen, Versuche einer Annäherung*, München, Iudicium Verlag GmbH, 1995 (Archiv für Philosophie- und Theologie-geschichtliche Frauenforschung. Sonderband), pp. 163-173.

29. *Epistolarium*, ed. Van Acker, t. I, p. 34. La traducción es mía.

30. *Ibidem*. La traducción es mía.

> [...] Yo afirmé las cuatro esquinas de la tierra con fuego, nubes y agua y, de esta manera reuní todos los límites del mundo como si fueran venas. Yo formé las rocas con fuego y agua, como huesos, y establecí la tierra con humedad y viridez , como su médula. Yo extendí el abismo para que sirviera como los pies que sostienen el cuerpo, y a su alrededor surgen las aguas que sirven como su fundamento. Todo fue hecho así, para que no hubiera un error. Si las nubes no tuvieran fuego y agua, no habría un lazo firme, y si la tierra no tuviera humedad y viridez, se desmoronaría como si fuera ceniza. Y si las otras luminarias no tuvieran la luz del fuego del sol, no brillarían a través de las aguas, sino que serían invisibles [...]
> [...] Estos son los materiales para la instrucción de los humanos, porque el hombre comprehende las cosas tocando, besando y abrazando, porque le son útiles: al tocarlas, porque el hombre queda presente en ellas; besándolas, porque así las conoce; abrazándolas, porque ejerce así su noble poder a través de ellas. La humanidad no tendría libertad posible si (las cosas) no existieran con él. Así, ellas junto a la humanidad y la humanidad junto a ellas [...].[31]

Se inician luego los párrafos dirigidos a los Pastores de la Iglesia («Los que alimentáis a mi grey»), los que han olvidado las tareas que les encomendó el Señor. Se mencionan también las edades del mundo desde la creación y la elección de Abel, de Noé y de Moisés y las tareas que cada uno de ellos cumplió con obediencia, así como los profetas son similares a los cuatro extremos que sostienen al mundo y dan a conocer a Dios en medio de la adversidad.

Estas figuras ejemplares prefiguraron los mayores oficios, y así Abel prefiguró el sacerdocio, Noé el oficio papal y Moisés fue el Mensajero del Rey. A partir de ese párrafo en el que se menciona a estos hombres santos que iluminaron el mundo y proclamaron la creación divina con ejerciendo la virtud de la obediencia, sc inicia la comparación con los Pastores actuales y el abandono que han hecho de sus funciones. Los dos párrafos en los que se les acusa de indocilidad y de abandono de sus deberes, «porque vuestras lenguas están calladas», termina con una dura comparación con las serpientes: «Pero así como la serpiente se esconde en una cueva después de haberse desprendido de su piel, así vosotros andáis en la suciedad, como animales asquerosos….».[32]

A continuación leemos los párrafos en los que se describe a los 'errantes', es decir a los engañosos seguidores del demonio que, en este texto al

31. *Epistolarium*, ed. Van Acker, t. I, pp. 34-35. La traducción es mía.
32. *Ibidem*, p. 34.

menos, intentan aliarse con los príncipes seculares en contra de los Pastores a los cuales está dirigida la carta, denunciando la iniquidad de estos últimos:

> Pero aquellos seducidos por el demonio y que le sirven de emisarios, caminarán con rostros emaciados y revistiéndose de santidad, se aliarán con los grandes príncipes seculares. Y a ellos les dirán (acerca de vosotros): "Por qué los mantenéis y cómo soportáis tenerlos cerca vuestro, cuando están manchando toda la tierra con su iniquidad?"

Aquellos que dicen estas cosas acerca vuestro caminarán vestidos de ropajes negros, con una tonsura, y aparecerán serenos y pacíficos en su actuar, delante de los hombres. Además, no aman la avaricia, no tienen dinero, y en su fuero interno, aprecian tanto la abstinencia que casi nada se les puede reprochar. Sin embargo, el demonio vive al interior de estos hombres, revelándose a ellos en el rayo cegador, así como fue en el comienzo del mundo, antes de su caída. Y el demonio se transforma, por así decirlo, como los profetas, diciendo: «Las gentes se imaginan, estúpidamente, que yo aparezco como un animal feroz y sucio, o que aparezco como un enjambre de moscas, cuando en verdad, yo vuelo sobre el trueno luminoso y los engaño tan completamente que ellos (las gentes) llegan a cumplir totalmente con mi voluntad. Así, me asemejo al Dios omnipotente en los milagros que ejecuto».[33]

4. *Conclusiones*

Es importante para la comprensión de estas cartas y de su propósito inmediato, situar estas cartas de Hildegard a los Pastores de Colonia, así como su *Visio* del mismo año, enviada posiblemente a los clérigos de Mainz, en el contexto de una importante red de relaciones y de colaboración entre el convento de St. Rupertsberg de Bingen, fundado por ella, el monasterio de Schönau y la abadía de Deutz,[34] cercana a Colonia, así como

33. *Ibidem*, p. 35. La traducción es mía.

34. En el año 1156, el abad Gerlach de Deutz solicitó a Elisabeth de Schönau una interpretación 'visionaria' del descubrimiento de restos de hombres, mujeres y niños en un antiguo cementerio en las afueras de Colonia, en un lugar tradicionalmente atribuido al lugar del martirio de Santa Ursula y las Once Mil Vírgenes. El culto a Santa Ursula fue también importante para Hildegard y sus religiosas en Bingen; ella le dedicó un importante conjunto de canciones, lo que sin duda da cuenta de la relevancia de esta devoción tanto para Hildegard como para Elisabeth y para los monjes de Deutz. Estos últimos habían reci-

con los religiosos de Trier, entre otros centros importantes de la región. Pero la importancia evidente de esta red no implica necesariamente que haya existido una total coincidencia entre los intereses y las perspectivas de Hildegard y de los monjes de Deutz y de Schönau en cuanto a su percepción de los grupos de disidentes.

En cuanto a los usos de estos escritos de Hildegard, y este es un tema que mencionamos al comienzo de esta exposición, parece claro que sus cartas se verían inevitablemente relacionadas con el combate en contra de los grupos disidentes de la Renania en su propio tiempo.[35] Pero al mismo tiempo, y gracias a la inclusión del texto de la *Carta a los Pastores de Colonia* en la importante compilación de textos hildegardianos de carácter apocalítptico compilados hacia 1222 por el monje Gebeno de Eberbach, en su *Pentachronon.*[36] y gracias a sus interpretaciones tardías, la carta en cuestión será leída más tarde como un testimonio de la capacidad profética de Hildegard. Según esas lecturas posteriores, ella se habría anticipado al surgimiento de las órdenes mendicantes en el siglo XIII. Como se sabe, una parte del clero secular inició una campaña de propaganda importante a mediados del siglo XIII en contra de las nuevas órdenes; y fue justamente la obra de Hildegard, leída

bido el encargo del Arzobispo Rainald de Dassel de supervisar las excavaciones de lo que, muy probablemente, había sido un cementerio romano. Los escritos de Elisabeth fueron compuestos por su hermano, el ya mencionado Eckbert de Schönau, y sus visiones sobre Santa Ursula llevan el título de "Liber revelationum Elisabeth de sacro exercitu virginum Coloniensum", de acuerdo a la edición de, *Die Visionen der hl. Elisabeth und die Schrifte der Aebte Ekbert und Emecho von Schönau*, ed. F.W.E. Roth, Brünn 1884, pp. 123-138.

35. En la carta de Hildegard que acabamos de describir no encontramos alusiones a la disputa sobre la doble naturaleza de Cristo/Jesús, como sí la encontramos, en cambio, en su Sermón del año 1171. Por otra parte, los grandes temas de la *Vita Apostolica*, es decir, la pobreza, el rechazo de la procreación, así como la abstinencia sexual en el matrimonio y la abstinencia de carne e incluso de otros alimentos que provendrían de un acto de procreación, van a ser mencionados como pruebas de la tendencia disidente de sus propagadores, tanto en la carta enviada a los pastores de Colonia como la *Visio* enviada al clero de Mainz. Estos temas serán también objeto de la preocupación de Hildegard, especialmente en relación a los heréticos y falsos profetas que aparecerán en el final de los tiempos y en su importante visión apocalíptica de la Justicia clamando a Dios en la quinta visión de la Tercera Parte de su último libro visionario, el *Libro de las obras divinas* (*Hildegardis Bingensis Liber divinorum operum*, ed. Albert Derolez, Peter Dronke, Turnhout, Brepols, 1996 (CC CM 92), Pars III, V, pp. x-xii y xv-xvii, 426-430 y 432-437).

36. El título original es *Speculum futurorum temporum sive Pentacronon sancte Hildegardis*; la edición crítica es de José Santos Paz, *La Obra de Gebenón de Eberbach*, Firenze, Sismel. Edizioni del Galluzzo, 2004, pp. 3-81.

en clave profética en contra de las órdenes mendicantes, la que fue utilizada como parte de esta propaganda en contra de franciscanos y dominicos.[37]

Por último, es importante reiterar una vez más que todo el esfuerzo reformador de Hildegard parece haber tenido como objetivo principal la amonestación a aquellos malos pastores que abandonaban a su grey y que así permitían que se levantaran falsos predicadores entre sus fieles. Si bien en sus cartas de 1163 y particularmente en la *Visio* de ese mismo año Hildegard describe en términos muy duros a los grupos de disidentes, es importante recordar también que nunca menciona a los herejes bajo el nombre de 'Cátaros', la denominación que facilitó el combate más sistemático contra los grupos de herejes a partir del siglo XIII y que fue 'inaugurada' por el monje Eckbert de Schönau en sus *Sermones contra los Cátaros* publicados en 1164/5. Cuando habla ella de los disidentes, en cambio, Hildegard los llama «éstos» o «errantes homines qui nunc sunt», o bien Saduceos, como ya lo hemos mencionado, y son los editores de sus cartas y escritos los que utilizan la denominación de "cátaro", como lo hará Theoderich de Echternach, el autor de la *Vita*, cuando se refiere específicamente al episodio de Sigewiza, la mujer poseída y que fue exorcizada por Hildegard.[38] Pero es también evidente que la visionaria tuvo conocimiento de la preocupación del clero por la amenaza a la doctrina y, muy especialmente, la amenaza que significaba la presencia de los predicadores que atrajeron a tantos seguidores, especialmente entre los burgueses y algunos grupos de artesanos. Estos predicadores disidentes sedujeron a los fieles con doctrinas que, desde su propia perspectiva, y más allá de los intereses del clero de su tiempo, eran semejantes a las de los soberbios Saduceos de los tiempos de Cristo; en el contexto del pensamiento de Hildegard, estas doctrinas constituían un peligro en la medida que alejaban a los fieles de una fe plena en la bondad de la creación y de la doctrina que ella proclamó en sus escritos.

37. Para la edición y estudio de la carta apócrifa *Insurgent Gentes*, ver Kathryn Kerby-Fulton, Magda Hayton and Kenna Olsen, *Pseudo-Hildegardian Prophecy and Antimendicant Propaganda in Late-Medieval England: An Edition of the Most Popular Insular Text of "Insurgent Gentes"*, in *Prophecy, Apocalypse and the Day of Doom*, ed. Nigel Morgan, Donington, Shaun Tyas, 2004 (Harlaxton Medieval Studies, 12), pp. 160-194.

38. *Vita Hildegardis*, III, cap. XXII. Para el tema de la denominación de los grupos disidentes en el temprano siglo XI, como Arrianos y Maniqueos, y su relación con el combate de los "Cátaros" en el siglo XII, ver Thomas Head, *Naming Names: The Nomenclature of Heresy in the Early Eleventh Century*, en *History in the Comic Mode. Medieval Communities & The Matter of Person*, ed. Rachel Fulton, Bruce W. Holsinger, New York, Columbia University Press, 2007, pp. 91-100.

Nicolás Cruz

Describir lo nuevo con moldes antiguos: José de Acosta y su recurso a Plinio el Viejo

Esto es de Plinio:
que, aunque habla como un historiador de entonces,
más parece un profeta de agora.

José de Acosta (HNyMI, IV,8I)

Pues, ¿quién iba a creer en los etíopes antes de verlos?,
o ¿hay algo que no cause asombro
cuando se tiene conocimiento de ello por primera vez?...

Plinio el Viejo (HN. VII,1)

José de Acosta publicó en el año 1590 su *Historia Natural y Moral de las Indias*.[1] En esta obra realizó una descripción de las tierras americanas, partiendo por su poblamiento, siguiendo con su naturaleza y con las costumbres (moral) de sus habitantes. Su trabajo tenía como destinatario a los europeos de su tiempo. Compuesta por siete libros, los dos primeros de los cuatro dedicados a la historia natural, los había escrito en latín con anterioridad, y dado a conocer con el título *De Natura Novi Orbis libri duo*. De manera más específica, esta parte inicial se orientaba a aquellos religiosos que vendrían al nuevo territorio y tenía la finalidad de proporcionarles una información que les posibilitara insertarse en estas poblaciones y percibirlas como parte de un plan divino que, a veces, podía resultar difícil de desentrañar para los humanos, pero no por eso, era menos válido. En estos dos primeros libros, Acosta abordó varios problemas relacionados con el mundo y la manera en que había sido habitado desde los tiempos antiguos, otorgando gran atención al poblamiento

1. Las ediciones de la *Historia Natural y Moral de las Indias*, de ahora en adelante HNyMI, consultadas han sido las de Eduardo O'Gorman, México, Fondo de Cultura Económica, 1962, así como la que tuvo a su cargo de Fermín del Pino-Díaz, Madrid, CESIC, 2008. Las citas en este texto han sido realizadas a partir de la última de las mencionadas.

de América, cuyo descubrimiento venía a cuestionar las pretéritas ideas, surgidas a partir de los griegos, en cuanto a que no había más tierras que las conocidas de África, Asia y Europa, o que, en caso de haberlas, no podrían ser pobladas por motivos climáticos.

Esta historia natural y moral escrita por Acosta gozó de una considerable reputación y un significativo número de lectores a partir del momento de su publicación, tal como lo indican las noticias de que se disponen al respecto.[2] Su autor fue considerado como uno entre los escritores más informados y reflexivos en la materia y sus conclusiones fueron retomadas y difundidas por muchos de quienes se ocuparon de esta materia en los años posteriores.[3] A este respecto conviene tener en cuenta que vino a ocupar un espacio en una serie de escritos anteriores que informaban sobre las Indias desde variadas perspectivas y cuyas descripciones se referían a territorios distintos dentro de la inmensidad geográfica que había comenzado a develarse desde hacía un siglo.

Los libros III y IV de la *Historia Natural y Moral de las Indias* fueron dedicados a la descripción de la naturaleza americana, abarcando el mar y la manera en que moldeó sus costas, pasando luego a las aguas interiores del territorio y las propiedades de la tierra, para continuar – materia del libro IV – con los metales, frutas, verduras, legumbres, flores, plantas, árboles y animales del suelo americano. Todo lo señalado hasta aquí aparece descrito y entendido, de manera reiterada, como productos de la creación divina, así

2. A este respecto, véase Fermín Del Pino-Díaz, *Estudio Introductorio* a *Historia Natural y Moral de las Indias*, Madrid, CESIC, 2008, p. XXIV; Neil Safier, *La Medición del Nuevo Mundo. La Ciencia de la Ilustración*, Madrid, Fundación Jorge Juan y Marcial Pons, 2016, en páginas 92 y 288 destaca la presencia puntual de la obra de Acosta en otros autores. Una reseña crítica a la obra de Safier apareció en «Historia», 50, vol. I (enero-junio 2017), pp. 374-379, a cargo de Rafael Sagredo.

3. Anthony Grafton, *New Worlds, Ancient Texts. The Power of Tradition and the Shock of Discovery,* Cambridge, Harvard University Press, 1992; José Miguel Oviedo, *Historia de la Literatura Hispanoamericana*, vol. 1. *De los Orígenes a la Emancipación*, Madrid, Alianza Universidad Textos, 2002, p. 143; Kathleen Ross, *Historiadores de la Conquista y Colonización del Nuevo Mundo: 1550-1620*, en *Historia de la Literatura Hispanoamericana*, ed. Roberto González, Enrique Pupo-Walker, Madrid, Editorial Gredos, 2006, p. 138 y luego con un mayor desarrollo en pp. 153-155. Una interesante aproximación al tema se puede encontrar en Carmen Salazar-Soler, *Obras más que de gigantes. Los jesuitas y las ciencias de la tierra en el Virreinato del Perú, siglos XVI y XVII*, en *El saber de los jesuitas, historias naturales y el Nuevo Mundo*, ed. Luis Millones Figueroa, Domingo Ledezma, Madrid, Editorial Verveut-Iberoamericana, 2005, especialmente en p. 157.

como contextualizado en una tensión entre lo propio del lugar y lo común con el resto de las partes de la tierra.

Esta obra no apuntó a narrar algo desconocido hasta ese momento. En efecto, hay otros escritos anteriores que desempeñaron ese papel, así como múltiples informes y noticias que ya hacia fines del siglo XVI, habían llegado de manera regular desde Indias hasta Europa.[4] Es más, José de Acosta contó con información directa de otras fuentes anteriores a su llegada, tanto respecto de Perú como de México, los dos lugares donde él estuvo y que son a los que se refiere mayormente en su escrito.[5]

El tema de la novedad debe, eso sí, ser tomado con cierto resguardo pues si no fue una de las características del texto de Acosta, si parece, en cambio, haberlo sido en el contexto de la variada e importante producción realizada por los jesuitas. El nombre de José de Acosta alcanza a figurar entre los primeros integrantes de dicha Orden que llegaron a Indias y escribieron sobre ellas, haciendo aportes significativos a lo que se ha dado en describir como una red de información; urdimbre que ponía en circulación una significativa cantidad de informes, cartas y libros sobre el tema indiano

4. De especial interés en este punto es Ross, *Historiadores de la Conquista,* p. 153, donde destaca con claridad que la «Historia Natural ya no estaba destinada a mostrar lo nuevo y lo desconocido; su propósito era ahora el de explicar a una nueva generación cuál era el lugar que se había determinado para las Indias y sus habitantes en el nuevo orden mundial de la última mitad del siglo». Acosta, agrega Ross, es sobretodo representativo de los historiadores españoles de la última parte del siglo XVI. Edmundo O'Gorman, *Cuatro Historiadores de Indias, siglo XVI: Pedro Martir de Anglería, Gonzalo Fernández de Oviedo y Valdés, Bartolomé de las Casas, José de Acosta*, México, Edición de la Secretaría de Educación Pública, 1979, pp. 218-219, reparó bastante en este punto, señalando que Acosta fue un autor no del período de la invención de América sino de la sistematización de la novedad.

5. Sobre la relativa novedad de su obra, Acosta señaló en varias ocasiones su dependencia de informaciones recopiladas por viajeros anteriores. Téngase en cuenta lo señalado de manera expresa en VI,1 cuando menciona a Polo Ondegardo «a quien comúnmente sigo en las cosas del Pirú; y en las materias de México a Joan de Tovar, prebendado que fue de la Iglesia de México y agora es religioso de nuestra Compañía de Jesús». En relación al carácter breve de su texto se encuentran múltiples referencias, resumiendo de manera adecuada este punto sus palabras en III,1: «...que no pretendo más de ir apuntando algunas cosas naturales que estando en Indias vi y consideré, o las oí de personas muy fidedignas, y me parece que no están en Europa tan comúnmente sabidas. Y así en muchas de ellas pasaré sucintamente: o por estar ya escritas por otros o por pedir más especulación de la que yo les he podido dar». Esta brevedad se hace evidente para el lector en aquellos libros dedicados a la historia natural de Indias. La novedad, en cambio, ha sido objeto de variadas polémicas en relación a las noticias que Acosta entregó sobre México, argumento para el cual puede verse con provecho a O'Gorman, *Cuatro Historiadores*, pp. 168-178.

y que llegaban, en última instancia a Roma, alimentando con información a los sacerdotes y escritores de la Orden en el viejo mundo.[6]

Si bien obra de Acosta, según sus propias declaraciones, no respondió al criterio de novedad y tampoco al de totalidad, su fuerza mayor radicó en la profundidad de su experiencia acumulada a partir de una permanencia en los territorios llevada delante de manera particular y profunda, incluyendo el aprendizaje de las lenguas nativas.[7] Tomaremos en consideración algunos datos ilustrativos de su biografía de esos años que puedan resultar ilustrativos de la situación. Desde su llegada a Lima en 1572 ejerció labores de docencia, actividad en la que tenía una práctica anterior, un quehacer que mantendrá durante toda su estadía en Perú, compartiéndola con otras obligaciones. Un aspecto especialmente importante de su docencia y que tendrá bastante incidencia en la confección de su *Historia Natural* será esta labor pedagógica realizada a los jóvenes "indios nobles". Esto acrecentó su conocimiento de la lengua y lo acercó a las costumbres de sus alumnos.

Otro rasgo de la biografía de Acosta en este período que destaca por su incidencia en la posterior redacción de su obra más importante estuvo conformado por los viajes. Poco después de llegar a Lima viajó hasta Cuzco donde estuvo unos cuatro meses, extendiendo su recorrido hasta Chuquisaca (Sucre, por dos meses), Chuquiabo (La Paz), Andahnaylas en el valle del río Chumbao, entre otros lugares. Los desplazamientos le permitieron, además, tomar contactos con personas que disponían de mucha y valiosa información, entre las cuales destacó Pablo Ondegardo «su fuente principal para la etnografía».[8]

La *Historia Natural y Moral* no fue la única actividad de escritura desarrollada por Acosta en sus años americanos. Relacionada con sus que-

6. Domingo Ledezma y Luis Millones Figueroa, *Introducción: los jesuitas y el conocimiento de la naturaleza americana*, en *El saber de los jesuitas, historias naturales y el Nuevo Mundo*, ed. Id., p. 13; Millones en varias partes de *La intelligentsia jesuita y la naturaleza*, Steven J. Harris, *Mapping Jesuit Science: The Role of Travel in the Geography of Knowledge*, en *The Jesuits, Cultures, Sciences, and The Arts, 1540-1773*, ed. John W. O'Malley, Gavin A. Bailey, Toronto, University of Toronto University Press, 1999, pp. 214-215.

7. Esta experiencia de Acosta, que él mismo se apresura en destacar, ha sido aceptada por la mayor parte de los analistas del cronista jesuita. En un sentido contrario puede verse a David Solodkoe, *Etnografía en Tensión: Barbarie y Evangelización en la obra de José de Acosta*, en «Nuevo Mundo, Mundos Nuevos», 15/03/2010, ISN electronique 1626-0252.

8. Del Pino, *Estudio Introductorio*, pp. XX-XXIV; Claudio Burgaletta, *José De Acosta (1540-1600). His Life and Thought*, Chicago, Loyola Press, 1999, p. 200. Este libro fue comentado por Joseph Tylenda en «Theological Studies», 60/4 (december 1999), pp. 790-791.

haceres religiosos, redactó catecismos, textos con sus sermones y cartas de información, además de supervisar y realizar el mismo algunas traducciones de textos escritos en español.

Los tres aspectos mencionados tienen en común el hecho de que fueron realizados por Acosta en su condición de religioso y respondiendo a las necesidades e intereses en este plano. Tal como ha señalado Steven J. Harris, ninguno de los jesuitas estaba dedicado de manera exclusiva a esa actividad y tampoco habían tenido formación completa de naturalistas o geógrafos y menos aún estaban en estas nuevas tierras en dicha condición. Ellos eran religiosos que debían misionar, tal como se los estableciera su organización religiosa. La redacción de escritos científicos, o de otro tipo, era solicitada y estimulada por los superiores de su Orden y sus resultados eran bienvenidos, pero debían ser fruto de un interés personal que les exigía un esfuerzo extra.

A las costumbres, creencias y ritos de los indígenas dedicó Acosta los libros finales de su historia – esto es, los libros del quinto al séptimo –. Trató en ellos la denominada historia moral, referida, en lo central, a las variadas creencias y costumbres de los habitantes de Perú y de México, con el objetivo final de hacer, por lo que a las creencias se refería, más plausible su más completa y profunda cristianización.[9] Las costumbres, frente a las cuales el cronista mostró algún tipo de interés y sensibilidad, merecían ser atendidas y respetadas en aquellos pocos casos en que no contravinieran las disposiciones de la Iglesia. También en este último plano, el autor buscaba insertar esta historia que estaba escribiendo en aquella grande que abarcaba a todas las partes conocidas del mundo.

La descripción analítica de las Indias desarrollada por Acosta se ubica en el contexto de un español del siglo XVI, formado por los jesuitas, sacerdote él mismo y un hombre poseedor de una alta cultura reconocida y destacada por sus contemporáneos. La primera de estas condiciones, esto es la de ser español, lo llevará a mirar las Indias desde fuera y no abrigar, como tantos de sus compañeros de letras, duda alguna respecto de los derechos que asistían a los europeos para hacerse del control y gobierno de estas tierras, teniendo especialmente en cuenta que el objetivo final y más importante , según declaraban hombres como Acosta, era el de introducir a los habitantes de Indias en la religión católica, algo que ellos concibieron

9. A este respecto, Walter Mignolo, *Cartas, crónicas y relaciones del descubrimiento y la conquista,* en *Historia de la Literatura Hispanoamericana*, vol. 1, ed. Luis Iñigo Madrigal, Madrid, Cátedra, 1982, pp. 57-116.

de manera relacionada al dominio efectivo de los territorios. Un capítulo distinto lo constituyó la disputa sobre la mejor manera de llevarlo adelante, debate que no cuestionó el requisito básico de la conquista.

José de Acosta fue educado por los jesuitas a partir de la edad de doce años (1552 en adelante), consagrado en 1567, desarrolló su sacerdocio hasta el momento de su muerte en el año1600. Los datos biográficos de su niñez indican que fue siempre estudioso, especialmente competente en el conocimiento de la lengua latina y por tanto de los autores clásicos incluidos en dicha formación. Varias noticias lo describen como un ávido lector de los textos antiguos, yendo bastante más allá de los requisitos formales de su escuela, tal como lo demostró en su conocimiento, por ejemplo, de Plinio el Viejo, autor de una *Historia Natural* en tiempos de los romanos antiguos – segunda mitad del siglo I d.C. – y que Acosta, al igual que antes lo hiciera Fernández de Oviedo, tuvo y uso como paradigma para la confección de la primera parte de su obra, especialmente los libros tercero y cuarto. La fe católica del autor y su sacerdocio, más la experiencia generada por su atenta estadía en los lugares, así como su base cultural clásica, resultarán ser elementos centrales para la ordenación global de su historia.

La experiencia de Acosta, como ya ha sido señalado, lo enfrentó a la descripción de una novedad relativa como lo eran las Indias hacia fines del siglo XVI, tiempo en el que el argumento había sido abordado por otros «que dan noticia de las cosas nuevas y extrañas que en aquellas partes se ha descubierto, y de los hechos y sucesos de los españoles que las han conquistado y poblado». Y agregó: «Así que, aunque el Mundo ya no es nuevo sino viejo según hay mucho y escrito dél, todavía me parece que en alguna manera se podrá tener esta historia por nueva».[10]

La novedad propuesta en su obra radicó en la intención de llevar adelante la aproximación a su objeto desde los planos de la descripción histórica, filosófica y teológica, destacando la relación profunda entre cada uno de estos planos. El primer plano es el propiamente histórico y contiene la descripción de las tierras de Indias y sus diversas riquezas. Esta actividad, siendo necesaria e interesante, se centraba en la curiosidad ante los objetos y tendía a materializarse a modo de un inventario de las cosas propias del lugar descrito. La aproximación de Acosta tendió, en este caso, a describir y homologar lo descrito con su similar en el suelo europeo, destacando, si correspondía, la antigüedad del objeto tal como se podía encontrar en los escritos más an-

10. HNyMI, *Proemio al Lector.*

tiguos, particularmente en aquellos griegos y romanos, agregando, cada vez que la ocasión lo ameritaba, una mención a los textos bíblicos.

Sobre el plano anterior Acosta propuso una aproximación filosófica, de acuerdo con el alcance que concedía al término, esto es, la capacidad y necesidad de pensar e interrogarse sobre la novedad y, también, intentar penetrar por medio de la inteligencia los signos de la voluntad divina en la ordenación de las cosas. Por la vía de la exploración de «las causas y razón de tales novedades y extrañezas de la naturaleza» derivó la necesidad de enfrentar situaciones que no habían sido contempladas por aquella filosofía «antiguamente recibida y planteada». Esto es, en palabras del autor, no solo bastaba con indicar, por ejemplo, que en las Indias resultaba posible la vida humana en espacios que los antiguos habían considerado inhabitables, si no que correspondía preguntarse también por qué dicha existencia resultaba factible, cuáles eran los motivos para que tal cosa sucediera y, con ello, cuestionar los conocimientos instalados de manera sólida a lo largo de muchos siglos.

Toda la descripción, en este caso y como en cada uno de los que se podrá encontrar más adelante en relación a las plantas, aves y animales y los humanos, remata explicativamente en su condición de obras creadas por Dios, dispuestas por Él para utilidad de los humanos y como una invitación para que dieran mayor gloria al Creador del mundo. Con esta referencia se ingresa en el plano teológico de la descripción de las tierras y habitantes de Indias, que es también el argumento que Acosta consideró más importante de su escrito:

> Y solo al Creador y universal hacedor de todo está sujeto y ordenado el hombre como a propio fin y descanso suyo, y todo lo demás no son más de en cuanto le conduce y ayuda a conseguir este fin. Quien con esta filosofía, mira las cosas creadas y discurre por ellas puede sacar fruto de su conocimiento y consideración, sirviéndose de ellas para conocer y glorificar al autor de todas.[11]

Este argumento de religiosidad se encuentra a lo largo de toda la obra y su reiteración se puede encontrar tanto al final de cada uno de los argumentos tratados, casi a modo de necesario recordatorio, pero también expresado en breves frases intercaladas en la explicación de las distintas

11. HNMI. IV, 1. Ya expresado en términos similares en III,1; y más adelante en IV,16, en el *Prólogo a los Libros Siguientes* y en VII,1 y VII,28 con el que se cierra la obra. Destaco aquí algunas de las menciones más directas, siendo posible encontrar tras múltiples referencias en múltiples partes de la *Historia Natural y Moral de las Indias*.

materias. De hecho, ya está presente en los dos primeros libros en los que Acosta abordó la problemática explicación del origen o procedencia de los habitantes de América, ocasión en que, de manera ecléctica, concluyó por señalar que la respuesta definitiva se encontraba en un plano que superaba las posibilidades del entendimiento humano, alojándose en una decisión suprema cuyos motivos más profundos solo se encontraba en la voluntad divina quien decidía que las cosas se desenvolviesen de esa manera. Por lo que respecta a los aspectos naturales de la historia, y aún más en las cuestiones morales de los indios, la explicación final y englobante vuelve a apuntar en la misma dirección. Conviene reparar en el hecho de que las explicaciones filosóficas y teológicas resultaban ser cercanas y en muchos de los argumentos expuestos en el texto se sobreponen.

José de Acosta realizó una variedad de operaciones intelectuales y culturales para hacer comprensible el sentido último del territorio y sus habitantes, y explicárselos a sus lectores. Uno que se puede individualizar consistió en insertar las nuevas tierras en el contexto de las antiguas, esto es, la novedad de Indias debía entenderse como un hecho que venía a complementarse y completar aquellas tierras que desde antiguo conformaban el conocimiento humano: a Europa, Asia y África, debía agregarse esta nueva porción que, no por recién encontrada, dejaba de ser una parte de un todo existente desde un inicio.[12] Si esto podía apreciarse desde el punto de vista del territorio, otro tanto podía aclararse al conocer, estudiar y comprender debidamente a sus habitantes y sus costumbres. Un requisito central para el adecuado ejercicio comprensivo radicaba en entender correctamente las costumbres de estos habitantes que hasta el momento se habían mantenido ocultos a la mirada de los europeos:

> y deshacer la falsa opinión que comúnmente se tiene de ellos como gente bruta y bestial y sin entendimiento, o tan corto que apenas merece ese nombre. Del cual engaño se sigue hacerles muchos y muy notables agravios, sirviéndose de ellos poco menos que de animales, y despreciando cualquier género de respeto que se les tenga.[13]

12. Este punto fue destacado, entre otros, por John H. Elliott, *El Viejo Mundo y el Nuevo (1492-1650),* Madrid, El Libro de Bolsillo, Alianza Editorial, 1972, p. 54, así como por Juan Muñoz, *Los historiadores primitivos de Indias y el pensamiento geográfico,* en *América y España en el siglo XVI*, ed. Fermín Del Pino, Francisco Solano, 2 vol. Madrid, C.S.I.C., 1982, de especial interés son sus referencias en p. 139.

13. HNMI V.I,1. El capítulo I tiene como subtítulo “Que es falsa la opinión que tienen a los indios por hombres faltos de entendimiento”.

Ahondó el cronista en estos argumentos, indicando que quien se aproximase a ellos sin prejuicios, podrá advertir que varios aspectos de su organización y legislación podían resultar dignos de admiración, mientras que otros pueden percibirse como «cosas de bárbaros y sin fundamento». Remata este argumento con la reiteración de su idea más novedosa y profunda al respecto, señalando que los hábitos de los indios no deben ser modificados, salvo cuando contradijesen la ley de Cristo y de su iglesia.[14]

Los antiguos, especialmente los griegos y los romanos, aparecen mencionados de manera constante en la *Historia Natural y Moral de las Indias*. Como ya se ha tenido la oportunidad de señalar, los autores españoles de las crónicas, especialmente los religiosos y de manera particular los jesuitas, habían desarrollado su formación estudiándolos y conociéndolos con cierta profundidad.

El recurso y uso de los antiguos en la obra de Acosta puede advertirse en niveles que se van desplegando en la medida que avanzan los capítulos. En los dos primeros libros, el conocimiento antiguo generados por griegos y romanos es traído a colación para desautorizar sus expresiones respecto de las dimensiones de la tierra y las posibilidades de habitación en aquellos lugares donde las supuestas condiciones climáticas la hacían imposible. En este plano, las noticias más discutidas fueron aquellas reportadas por Aristóteles y que fueron seguidas por la mayor parte de los autores de aquellos siglos iniciales de la cultura. Una muestra ilustrativa, entre varias otras, se encuentra en el Libro II, capítulo 9, ocasión en la que Acosta se refirió al tema de la temperatura en la Zona Tórrida, descrita por el filósofo griego como una condición que imposibilitaba la vida, y señala:

> Aquí yo confieso que me reí e hice donaire de los meteoros de Aristóteles, y de su filosofía, viendo que en el lugar y en el tiempo que – conforme a sus reglas – había de arder todo y ser un fuego, yo y todos mis compañeros teníamos frío.

14. Anthony Pagden, *La Caída del Hombre Natural: el indio americano y los orígenes de la etnología comparativa,* Madrid, Alianza Editorial, 1988, p. 208, insistió de manera reiterada que se trataba de «la descripción del mundo indio más completa y más meditada que existía hasta entonces» agregando: «Nadie había intentado escribir una verdadera historia de los indios» (p. 205). Las narraciones anteriores incluían solo algunas menciones sobre los indígenas: «La novedad más profunda en la obra de Acosta fue su descripción de los habitantes de América, cuyos comportamientos habían sido casi invisibles para los comentaristas anteriores, excepto las veces en que sus costumbres habían sido descritas como aberraciones».

Otro nivel se encuentra presentado y discutido en los capítulos tercero y cuarto de la *Historia Natural y Moral de las Indias*. En ellos Acosta realizó una descripción analítica de «[...] los tres elementos – aire, agua y tierra – y los compuestos de estos: que son metales y plantas y animales» (III,2). En las páginas dedicadas al desarrollo de este tema comparecen una serie de autores antiguos cuyos conocimientos sirven al autor para identificar aquello que, encontrándose en Indias, ya había sido descrito con anterioridad en los mismos términos, o bien para asimilar lo nuevo con algo que había sido develado en términos relativamente similares, posibilitando la correspondiente homologación. Aquí los autores antiguos aparecen mencionados en su condición individual y son traídos a colación a propósito de noticias puntuales y específicas que habían consignado, sin ponerlos en relación a la cultura científica de su propio tiempo. El ejemplo de Plinio el Viejo y su *Historia Natural* puede servir para ilustrar adecuadamente este punto. El autor romano es mencionado o citado 44 veces en la obra de Acosta,[15] siendo quien recibió la mayor cantidad de menciones, y su *Historia natural*, ya ha sido dicho, es el modelo más visible que se advierte en el jesuita español en los libros dedicados a la naturaleza.[16]

Intentando ir más allá de los aspectos más inmediatos del argumento, nuestra intención es la de explorar qué fue aquello que Acosta intentó recuperar de Plinio, por qué y para qué lo hizo y, en definitiva, qué es aquello que entendemos cuando advertimos la presencia de una recepción de un autor categorizado como clásico por parte de otro que escribió tantos siglos después.

Para la claridad del argumento, conviene hacer algunas referencias puntuales a Plinio (Gaius Plinius Secundus, 23-79 d.C.), proveniente de la provincia romana de Galia Cisalpina: abogado, funcionario romano con cargos importantes en Germania, Hispania Tarraconense y como comandante en la flota romana del Miseno, circunstancia en la que encontró la muerte durante la explosión del Vesuvio en el año 79 d.C. Junto a lo ante-

15. Del Pino, en *Culturas clásicas y americanas en la obra del Padre Acosta,* en *América y España en el siglo XVI,* editores Del Pino y Solano, p. 334, registró 47 menciones a Plinio el Viejo.

16. La *Historia Natural* de Plinio habría sido modelo también para otros cronistas, entre ellos destacó, en primer lugar, Fernández de Oviedo quien escribió una *Historia General y Natural de las Indias*, publicada parcialmente hasta 1557, y solo impresa de manera completa entre los años 1851 y 1855. Fernández de Oviedo se declaró expresamente como un seguidor de Plinio al inicio de su obra. Véase Mignolo, *Cartas, crónicas y relaciones*, p. 79.

rior cabe consignar su constante labor como escritor de historia – autor de una historia de las guerras contra los germanos y de otra cuyo argumento fue el reinado de los emperadores de la dinastía Julio Claudia, así como también de una suerte de manual que contenía sentencias para la formación de los oradores, y muy particularmente de su *Historia Natural* (*Naturalis Historia*), compuesta por 37 libros y que contiene, por una parte, un inventario geográfico y de los variados recursos naturales de que disponía el Imperio romano, así como también de los habitantes y sus costumbres. Su intención, lograda según los analistas de esta obra, fue la de incluir la totalidad de los conocimientos de la época en estas materias. Esto ha llevado a los comentaristas a describir esta obra como una enciclopedia, que, si bien se instalaba en una tradición descriptiva que provenía de los griegos, llegó a adquirir un cierto estatuto literario propio generado a partir de la curiosidad inagotable de su autor y su intento por desarrollar el mencionado registro total.[17] Una enciclopedia sin voces de entrada como las modernas y con una ordenación que se hace bastante particular cuando se extiende más allá de la primera parte dedicada a la geografía imperial.[18] Lo central,

17. La ubicación de la obra de Plinio el Viejo en alguna de las clasificaciones de la literatura romana ha generado un debate que aún no se ha cerrado en el día de hoy. Ernst Bickel, *Historia de la Literatura Romana*, Madrid, Editorial Gredos, 1987, pp. 460-462, la clasificó como un compendio de todo lo conocido sobre la naturaleza y cuyas fuentes mayores son los escritos anteriores a los que Plinio consultó de manera incansable. Llama la atención que este autor no incluyese la *Historia Natural* en el elenco de las enciclopedias romanas que detalla poco más adelante. Michael von Albrecht, *Historia de la Literatura Romana*, 2 voll., Barcelona, Editorial Herder, 1999, p. 1157, en cambio, la clasifica como una enciclopedia dirigida a un público culto. De ahí la utilidad de los comentarios de Italo Calvino, *El cielo, el hombre, el elefante*, en *Por qué Leer a los Clásicos*, Barcelona, Tusquets Editores, 1992, en relación a la conveniencia de evitar este debate y concentrarse otros aspectos de esta obra, particularmente el narrativo.

18. Los cargos desempeñados por Plinio el Viejo en distintas zonas del Imperio romano han dado pie a algunos autores para sostener que fue un viajero y que una parte de sus escritos provendría de la experiencia vista y recogida en dichos lugares, tal como ha destacado Guy Serbat en su estudio introductorio a la traducción española de la *Historia Natural*, editada por Gredos en el año 1995. La idea contraria, esto es, que la mayor parte de los conocimientos de dicho autor provendrían de sus lecturas, se basa en las expresiones que en este sentido incluyó su sobrino, Plinio el Joven (61-113 d.C.) en una de las varias cartas que intercambió con el historiador Tácito, ocasiones en la que incluyó de manera reiterada el término «eruditissimo viro» para referirse a su tío. A este respecto, especialmente la carta XVI del Libro Sexto. La edición utilizada es Plinio il Giovine, *Lettere ai Familiari, libri VI-IX*, testo latino e versione a cura di Guido Vita, Bologna, Zanichelli, 1978 (Prosatori di Roma).

por cierto, es su extenso y variado registro de la naturaleza, como destacara Italo Calvino, quien incorporó a Plinio entre sus clásicos , recomendando, con bastante sagacidad, que lo conveniente es, simplemente, leer a este autor y dejarse llevar por el ritmo que él impuso a su obra, desechando la crítica por una escritura que en más de un momento puede extrañar o desconcentrar al lector.[19]

En los dos primeros libros de su obra, Acosta menciona a Plinio entre aquellos autores antiguos que, siguiendo a Aristóteles, descartaron la posibilidad de que las tierras de la mitad del mundo estuviesen habitadas como resultado de los efectos de las altas temperaturas irresistibles para los humanos.[20] El recurso y uso a la obra de Plinio por parte de Acosta se hizo más intensivo y especialmente importante en los libros III y IV de su *Historia Natural y Moral de la Indias*. En esas páginas el sacerdote jesuita trató de los vientos en Indias, los mares, aguas y volcanes, agregando en cada caso que le fuese posible, sus efectos sobre los habitantes y las formas en que estos usufructuaban o padecían estos bienes. En el libro IV, Acosta extendió esta descripción a los metales y de manera muy especial a la extracción y explotación del oro, la plata y el azogue.[21] Ubicó los lugares donde se encontraban, el trabajo realizado ahí por los humanos y los grandes beneficios que representaban para la corona española. Por último, completó el libro IV describiendo las plantas, árboles, animales y aves de las Indias, sobre los cuales, en su totalidad, aportó una noticia generada a partir de una visión directa como resultado de sus desplazamientos por el territorio.

La descripción de la actividad minera desarrollada en Potosí representa un punto particularmente alto del escrito de Acosta y representativa del recurso que hace de los escritos de Plinio. Desde una perspectiva económica, la minería fue la actividad más importante de los españoles en las nuevas tierras, tal como, por lo demás, lo había sido ya desde las

19. Calvino, *El cielo, el hombre*, pp. 45-55.

20. «Agustín y Lactancio sintieron, o que si había hombres, a lo menos no habitaban entre los trópicos, como lo afirman Aristóteles Resumiendo lo dicho, queda que los antiguos o no creyeron haber hombres pasado el Trópico de Cancro, como San Agustín y Plinio, y antes que ellos Parménides, filósofo» (HNyMI, I,11).

21. «Los cuales no solo entre los hebreos, asirios y griegos y romanos, y otras naciones de Europa y Asia tuvieron estima sino también entre las más remotas y bárbaras naciones del universo: como los indios, así orientales como occidentales, donde el oro y plata fue tenida en precio y estima, y como tal usada en los templos y palacios, y ornato de reyes y nobles» (HNyMI, IV,2).

sociedades más antiguas que habían consolidado temprana supremacía del valor de los metales preciosos. Los beneficios obtenidos de estas minas de Indias, señala el cronista, son los más altos obtenidos a lo largo de toda la historia, superando aquellos obtenidos en la antigüedad por los romanos mientras ejercieron su dominio sobre los territorios de la Hispania antigua. De aquí surgen las comparaciones realizadas por el escritor jesuita de la explotación llevada adelante en tiempos tan distantes y realidades geográficas bastante diferentes.

El argumento de Acosta fue que la riqueza mineral americana se encontraba, tal como la historia mostraba en otros casos, en zonas alejadas de aquellos centros que primero fueron habitados, así como en condiciones naturales desfavorables para los seres humanos. El caso antiguo más importante e ilustrativo había sido el de los cartagineses y romanos antiguos en relación a posesión de las minas que se encontraban en Hispania, y a partir de las cuales el Imperio romano había establecido su notable nivel de su riqueza. No obstante todo lo que han señalado los antiguos, y Plinio principalmente, los beneficios de los yacimientos administrados por los españoles llegaron, según Acosta, a superar cualquier ganancia generada en algún tiempo anterior.[22] Esto no obsta para establecer el símil de que las Indias son a España lo que Hispania fue a Roma imperial.

La distancia en la que se encontraban las riquezas de los centros poblados y las dificultades existentes para poder acceder a ellas formaba parte, para Acosta, del deseo de Dios para que la fe se extendiera hasta esos lugares remotos puesto que los humanos harían todos los esfuerzos posibles para acceder hasta esas zonas de producción. Igual descripción y motivos encontraba Acosta, *mutatis mutandis*, en el libro XXXIII de la obra de Plinio, en el entendido de un contexto antiguo no cristianizado, se había tratado de la llegada de la civilización romana. Sin este estímulo a la codicia aquellos parajes habrían quedado desatendidos por los conquistadores, sin llegar a conocer los efectos de la buena fe. Entonces, toda esta explicación de las riquezas minerales de Indias es expuesta por el cronista en el plano de la voluntad de Dios, aquella a la que los humanos pueden acceder, aunque sea de manera parcial, a través de la comprensión filosófica. No bastaba solo con saber que allí había metales con tales o cuales cualidades, ya que con mayor profundidad interesaba comprender quién y por qué motivos el Creador determinó que estuviesen ubicados en ese lugar y no en otro. Las respuestas, al

22. HNyMI, IV,7.

igual que para todas las grandes interrogantes que se plantean en esta obra, se encuentran en el nivel teológico. Esta explicación filosófica a la que hemos hecho mención deja, a quien la formula, en una marcada vecindad de la consulta teológica, por cierto, la que se encuentra en el nivel explicativo más decidor. Junto a los mercaderes y los soldados, ahora como ayer, llegaban los sacerdotes para contrapesar los excesos propios de los humanos cada vez que se despierta en ellos la codicia. Donde, para concluir este punto, Plinio veía en las minas de Hispania una fuente de riquezas y de expansión de la civilización romana – véase sus argumentos en el libro ya mencionado de la *Historia Natural* –, Acosta, con mayor complejidad, ve el encuentro de esta riqueza como parte del plan divino.

En la idea recién presentada, el uso del texto de Plinio aparece como una guía casi exclusiva de aquellas noticias antiguas sobre la minería. Resulta posible encontrar menciones a cada paso y la cita textual de dos pasajes completos, probablemente traducidos por el propio Acosta: uno de estos corresponde al libro XXXIII, capítulo 6 del autor romano, cuando describe las riquezas de las minas hispanas y como abastecieron a Roma a través de varios siglos, alcanzando incluso el tiempo en que él redactaba su historia. El segundo pasaje, ubicado en el Proemio al libro XXXIII, y como señalaremos continuación, se relaciona con las condiciones laborales de la minería.

Las minas de las Indias resultaban, en opinión de Acosta, más ricas que las de la antigua Hispania, y, además, más fáciles de trabajar ya que al encontrarse en un cerro no se estaban inundadas de agua, algo que puso grandes trabas a las actividades de los cartagineses y romanos. A pesar de las diferencias, la actitud de los humanos ante esta riqueza es la misma en los tiempos de antaño y los hodiernos. Resulta un hecho difícil para Acosta explicar como de la ambición excesiva de los conquistadores por el oro y la plata podrían surgir los efectos de cristianización esperados. El siguiente párrafo ilustra con claridad lo planteado.

> Verdad es que su codicia – la de los antiguos – no llegó a tanto como la de los nuestros, ni idolatraron tanto con el oro y plata – aunque eran idólatras – como algunos malos cristianos que han hecho por el oro y la plata excesos tan grandes. Más es cosa de alta consideración que la sabiduría del eterno Señor quisiese enriquecer las tierras del mundo más apartadas y habitadas de gente menos política, y allí pusiese la mayor abundancia de minas que jamás hubo: para con esto convidar a los hombres a buscar aquellas tierras y tenellas, y de camino comunicar su religión y culto del verdadero Dios a los que no le conocían (HNyMI, IV,2).

Por último, un nivel más rico y más complejo del recurso a los antiguos, se encuentra a partir del *Prólogo a los Libros Siguientes* que antecede al capítulo quinto y siguientes que son aquellos dedicados a la historial moral de las sociedades indígenas. La descripción de las costumbres, y de manera muy particular aquellas relacionadas a las creencias religiosas de los habitantes de Indias, quedarán enmarcadas en el concepto de historia universal que Acosta, a partir de su experiencia en Indias, desarrolló junto a muchos de sus contemporáneos, postulando que la historia respondía a un plan divino según el cual los distintos pueblos del mundo iban accediendo de manera gradual a la comprensión del proyecto establecido por el Creador del curso de los tiempos, quien había decidido hacerse presente, primeramente, en la historia de los hebreos y luego, con la concreción del cristianismo, generando un primer hecho histórico central como fue la conversión de la sociedad romana pagana en una cristiana. Con esto, en la forma y dirección de la historia se había producido un punto de inflexión que volvería a darse en otros escenarios del mundo distantes de Europa, entre los que las Indias adquirirían un destacado protagonismo.

La forma de este proceso respondería a una tensión y lucha que se llevaba adelante desde siempre entre Dios y su opuesto, el Demonio, quien progresivamente había ido perdiendo terrenos y gentes bajo su dominio:

> Y con la misma tiranía – después que el fuerte del Evangelio lo venció y desarmó, y entró por la fuerza de la Cruz las más importantes plazas de su reino (europeo), acometió a las gentes más remotas y bárbaras, procurando conservar entre ellas la falsa y mentida divinidad que el hijo de Dios le había quitado a su Iglesia... Y agregaba: Más, en fin, ya que la idolatría fue extirpada de la mejor y más noble parte del mundo, retirose a lo más apartado: y reinó en esta otra parte del mundo que, aunque en nobleza muy inferior, en grandeza y anchura no lo es (V,1).

Desde Europa a las Indias, aunque también empezaba a hacerse presente en escenarios distantes como Japón y China, el espacio de las nuevas tierras era aquel diseñado para un nuevo enfrentamiento entre las fuerzas que determinaban el movimiento de la historia. Se trataba de una batalla que, según Acosta, estaba ganada de antemano, tal como había sucedido en todos los espacios donde la Divina Providencia había ordenado «que la luz de su palabra hallase entrada en los últimos términos de la tierra» (*Prólogo a los Libros Siguientes*).

Las Indias, en cuanto geografía, habían estado presentes en el mundo desde el inicio, aunque tal posibilidad fuese desconocida o negada por muchos siglos. Ahora, y en el plano de la historia, ingresaban en el diseño universal del tiempo en cuanto espacio elegido por Dios para batir al Demonio y cristianizar a los indígenas. Lo común de ambos escenarios habían sido las creencias y cultos paganos y su consecuente tránsito al cristianismo: alcanzando su sentido más amplio en la derrota del Demonio. La comparación de ambos procesos será un argumento central usado por Acosta en este tercer contexto donde realiza el recurso a los antiguos.

El tema aquí presentado lo desarrolló principalmente en el libro V de su obra. El foco central de su interés estuvo centrado en las idolatrías de los indígenas, las que son descritas con cierto detalle. A modo de breves referencias finales ubicadas al concluir el tratamiento de los diversos temas, ubicó las menciones que las asimilaban a aquellas practicadas por los antiguos, en caso de que así correspondiera. Una parte de ellas eran ilustradas con creencias grecorromanas, pero la mayor parte apuntaban a evidenciar las formas de idolatría denunciadas por los sabios escritores del Antiguo Testamento. En ambos casos, las referencias usadas para ilustrar las prácticas de los antiguos fueron breves y concisas.

Algunos ejemplos resultan útiles para entender el punto planteado: entre los indios, así como entre griegos y romanos existía la idea de un señor supremo (V,3); al igual que la tierra era objeto de culto entre los incas, también lo hacían los pretéritos con Tellus o Neptuno (V,4); las estatuas o monumentos levantados en las nuevas tierras para honrar al sol y la luna asimilaban las creencias de indios y egipcios (V,6); igual que los griegos y romanos, tal como señalaron sus grandes poetas, los habitantes de Indias tenían diosas mujeres (V,9) y monasterios de doncellas que en Roma antigua recibieron el nombre de vestales (V,15). Estas comparaciones resultan particularmente útiles para que

> los cristianos y maestros de Cristo sepan los errores y supersticiones de los antiguos, para ver si clara o disimuladamente las usan también agora los indios; y para este efecto, hombres graves y diligentes escribieron relaciones largas de lo que averiguaron [...] Así que, en tierra de indios, cualquier noticia de aquesto se da a los españoles es importante para el bien de los indios (V,31).

Por esta vía, los antiguos grecorromanos compartían un estadio moral común con los habitantes de Indias, aunque se les concediese mayor atención e importancia respecto a los primeros. Como ha destacado David

Lupher (2006), a partir de la interpretación sobre las creencias y cultos indígenas, se había modificado la idea de la historia que los europeos tenían de los antiguos. Estos habían sido en este plano, similares a los habitantes de las nuevas tierras.[23]

Aunque parezca algo evidente, conviene recordar que José de Acosta fue un sacerdote español que viajó y se estableció en las Indias con el objetivo claro de participar en la evangelización de sus habitantes. Una vez en este lugar lo que hizo fue observar la naturaleza y los animales – el hombre entre ellos – del territorio, buscando explicar y explicarse aquello que iba conociendo a partir de su fe y de sus amplios conocimientos culturales, entre los que destacaban los de la historia. Una de sus actividades de mayor empeño fue la de mirar las Indias y ponerlas en el contexto de una serie de coordenadas religiosas-culturales propias del tiempo en que desarrollaba su visión. El, al igual que tantos otros autores, declara distintas intenciones al momento de poner por escrito sus averiguaciones y conclusiones, pero a nuestro entender la más ilustrativa resulta aquella en que declara que

> Sólo me contentaré con poner esta historia o relación a las puertas del Evangelio, pues ella va encaminada a servir de noticia en lo natural y moral de las Indias para que lo espiritual y cristiano se plante y acreciente: como está largamente explicado en los libros que escribimos *De procuranda Indorum salute* (*Prólogo a los Libros Siguientes*).

Lo anterior no quiere decir que se tratase de aplicar un guión preestablecido sobre el objeto de la descripción, algo que Acosta criticó en algunos de los que habían escrito sobre la materia. El presentó su experiencia en los lugares descritos como una de las fuentes más importantes de su *Historia*. Esta experiencia se compondría del viaje hacia lo lejano, la residencia prolongado en el sitio, la mirada que buscaba ser atenta y crítica, el recorrido por algunos de los lugares descritos, el aprendizaje de las lenguas que posibilitaban la comunicación y una comprensión más adecuada del otro, así como también sus sabores, como hace ver cada vez que describe las frutas y las carnes; la recopilación de información a través de fuentes que le parecían confiables y, por último, la reflexión filosófica y teológica

23. David A. Lupher, *Romans in a New World. Classical Models in Sixteenth Century Spanish America*, Ann Arbor, The University of Michigan Press, 2003, p. 226. Este argumento ya lo anunciaba en la introducción, p. 2.

que ponía a lo puntual y específico en relación a lo universal y providencial. Aquí resulta posible advertir un método que, sin ser original, adquirió rasgos propios marcados por la novedad de aquello descrito y que permitió a Acosta conceder a su propia obra una autoridad de la que carecían aquellos que no habían llegado a estos parajes.

Un aspecto de este amplio ejercicio de inteligibilidad fue su recurso a los autores antiguos de Grecia y Roma. Además de estos, recurrió a los textos bíblicos, utilizando muchas veces a aquellos del Antiguo Testamento, así como también a algunos de tiempos posteriores, tal como puede advertir de en el caso de San Agustín, entre varios otros. Entonces, no parece acertado decir que Acosta entendió las Indias a través de "los clásicos", sino que más bien fue uno de los varios recursos culturales a los cuales acudió para llevar adelante su comprensión. Con Plinio el Viejo había cercanías, pero también distancias, y al igual que Fernández de Oviedo, remarcó que el romano no había recorrido los lugares descritos, dando una importancia excesiva a la información recibida por terceros. Nada de esto restaba al hecho de que el modelo de matriz aristotélica utilizado por Plinio fuese de gran utilidad para la escritura de su *Historia Natural y Moral de las Indias*.

Plinio el Viejo y José de Acosta compartieron una visión cauta de la actividad imperial. Para el romano, las conquistas romanas y el establecimiento de sus leyes en lugares que resultaban tan remotos en esos tiempos, era un proceso civilizatorio, conveniente y que introducía mejorías en los pueblos sometidos. La otra cara de la moneda se hizo presente a través del escepticismo de Plinio, quien veía el poder y la riqueza como dos vías por las cuales las sociedades decaían al perder aquellas costumbres austeras y guerreras que habían hecho posible las conquistas. Para el sacerdote jesuita, la conquista contenía una tensión no resuelta, a la cual hemos hecho mención en este texto al referirnos a la codicia excesiva que despertaban las riquezas de las minas de Potosí.

Deseamos cerrar estas conclusiones con una referencia al nivel de escritura de José de Acosta en su *Historia*. Se trata de una obra ordenada y escrita con claridad y síntesis, en la que las digresiones son breves y no muy habituales. Presentada sin pretensiones excesivas en cada uno de los temas tratados, alcanza sus momentos más logrados cuando realiza descripciones a partir de aquello que fue la experiencia del autor. Si ya hemos tenido oportunidad de destacar la descripción de la actividad minera, se puede advertir que otro argumento tratado con un nivel similar fue el de las descripciones de los usos de la memoria entre los incas y los mexicanos. Pero también, y aunque no ha sido tan señalado como los casos anteriores, está la referida descripción de las frutas que hace en el libro y como llega a describirlas por haberlas probado, algo a lo que algunos españoles se resistían por temor a posibles envenenamientos. Así, llega a afirmar que las piñas de Indias pueden asemejarse a las de Castilla por fuera, pero que «en lo de dentro totalmente difieren: porque ni tienen piñones ni apartamientos de cáscaras, sino todo es carne de comer, quitada la corteza de fuera». Algo similar llega a decir de los pepinos y de la frutilla de Chile, que «tiene también apetitoso comer, que casi tira a sabor de guindas. Mas en todo es muy diferente…» (Libro Cuarto, capítulo 19). En suma, los logros de una obra en el plano de la escritura también inciden en que un libro mantenga su condición de lectura recomendada para quienes sientan deseos o necesidad de conocerlo.

Forme di propaganda e trasmissione religiosa

Alberto D'Anna, Carla Noce

Il tema della fondazione apostolica negli *Atti di Pietro e Paolo* e nella *Dottrina di Addai**

Introduzione

L'idea di questo contributo bipartito viene dall'esigenza di mettere in dialogo fenomeni che si verificano più o meno contemporaneamente in luoghi diversi dell'Impero romano, in particolare la costruzione, o la rielaborazione, di leggende di fondazione apostolica, fenomeno direttamente connesso col prepotente emergere dell'uso politico-ecclesiastico di tale concetto.[1]

Saranno prese in esame due opere, datate dalla critica tra fine IV e seconda metà del V secolo[2] che, accanto alle peculiarità di ciascuna, presentano interessanti analogie. Esse narrano quelli che possono essere definiti come i miti della fondazione apostolica delle chiese di Roma e di Edessa: si tratta di espressioni tipiche della "memoria culturale" delle due comunità, di due "storie fondanti" che, a prescindere dalla loro attendibilità storica (peraltro assai scarsa), costruiscono la realtà dell'identità delle due chiese, tratteggiando una memoria nella quale i cristiani si autorappresentano – *ad*

* Il contributo è frutto di un lavoro impostato in stretta collaborazione tra i due autori. Alberto D'Anna, in particolare, ha curato il § 1, Carla Noce il § 2. Introduzione e conclusioni sono da ascrivere a entrambi gli autori.

1. Il tema della duplice fondazione apostolica nella costruzione del primato di Roma è stato oggetto di molteplici studi: fondamentale è il lavoro di Charles Pietri, *"Roma christiana". Recherches sur l'Église de Rome, son organisation, sa politique, son idéologie de Miltiade à Sixte III (311-440)*, Roma, École Française de Rome, 1976 (B.E.F.A.R., 224); per quanto riguarda l'uso dell'argomento dell'apostolicità delle origini delle chiese orientali vd. Christelle Jullien et Florence Jullien, *Apôtres des confins: processus missionnaires chrétiens dans l'Empire Iranien*, Bures-sur-Yvette, Peeters Publishers, 2002.

2. Si entrerà nel dettaglio delle proposte di datazione all'interno dei contributi specifici.

intra e *ad extra* – e che viene rinnovata, rinforzata e attualizzata nella ricorrenza festiva annuale del *dies natalis* dei protagonisti degli eventi narrati (rispettivamente il 29 giugno e il 14 maggio).[3] Nel caso specifico delle due opere considerate, le storie fondanti sono, ciascuna a suo modo, i racconti di fondazione apostolica delle due chiese: più esplicita nel caso di Edessa – ove la predicazione di Addai/Taddeo porta alla conversione del re e di tutto il suo popolo –, fondazione "di sangue" nel caso di Roma, cioè sussistente nel martirio simultaneo di Pietro e di Paolo – secondo un'idea testimoniata già da Ireneo, alla fine del II secolo.[4]

Abbiamo dunque inteso analizzare il testo delle opere secondo una prospettiva di lettura sintetizzabile in due questioni fondamentali – come lavora il redattore? Come viene utilizzato il tema della fondazione apostolica? –, che cioè permettano, per quanto possibile, di capire le modalità e le finalità dei processi di formazione della memoria culturale delle due chiese, nei quali ci pare di cogliere significative analogie.

1. *Gli* Atti di Pietro e Paolo

Gli *Atti di Pietro e Paolo*[5] narrano gli ultimi leggendari avvenimenti della vita dei due apostoli, la loro morte e la loro sepoltura. Spesso sono indicati come *Atti* "dello Pseudo-Marcello", poiché alcuni manoscritti latini attribuiscono l'opera a Marcello, importante personaggio degli *Atti di Pietro* e della *Passione di Pietro* "dello Pseudo-Lino", che negli *Atti di Pietro e Paolo* è semplicemente nominato come uno dei promotori della sepoltura di Pietro.[6]

È possibile riconoscere nell'opera una struttura composta da tre sezioni principali (all'interno delle quali sono proponibili ulteriori suddivisioni); ne ricordo sinteticamente il contenuto.

3. Imprescindibile riferimento a quanto appena accennato sulla funzione delle opere considerate resta Jan Assmann, *La memoria culturale. Scrittura, ricordo e identità politica nelle grandi civiltà antiche*, trad. it. Torino, Einaudi, 1997, spec. pp. 5-50.

4. Ireneo, *Contro le eresie* III,3,2: «la chiesa fondata e stabilita a Roma dai due gloriosissimi apostoli Pietro e Paolo». Cfr. anche la lettera di Dionigi di Corinto alla chiesa di Roma (ca. 170), presso Eusebio, *Storia ecclesiastica* II,25,8.

5. Cfr. Maurice Geerard, *Clavis Apocryphorum Novi Testamenti* (Corpus Christianorum), Turnhout, Brepols, 1992, n. 193. D'ora in avanti sarà utilizzata l'abbreviazione *AtPtPl*.

6. Marcello negli *Atti di Pietro* è detto senatore, nella *Passione di Pietro* "dello Pseudo-Lino" è detto figlio del prefetto Marco. In questi *Atti* (§ 63/84) è semplicemente definito «uomo illustre».

– §§ 1-10: introduzione. Paolo giunge a Roma, dove già si trova Pietro; i due hanno un commovente incontro. Paolo rappacifica tra loro gli etno-cristiani e i giudeo-cristiani. Pietro predica ai Giudei e ne converte molti. Entrambi ottengono un gran numero di conversioni presso i pagani.

– §§ 11-56: corpo centrale dell'opera. Simon Mago, anch'egli a Roma, è invidioso del successo degli apostoli e i suoi seguaci entrano in polemica con i seguaci di Pietro. Nerone, messo al corrente, convoca i due apostoli e il mago. Dinanzi all'imperatore ha luogo il conflitto di Pietro e Paolo con Simone, costituito da azioni prodigiose e polemiche verbali. La disputa, molto lunga, comprende, nella sua fase iniziale, la lettura di un'epistola di Pilato a Claudio «sul santo di Dio» (§§ 19-21) e culmina con il celebre volo di Simone sulla città, cui seguono, per impetrazione degli apostoli, la rovinosa caduta del mago sulla via Sacra e la sua morte.

– §§ 57-65: epilogo. Nerone, adirato per la morte di Simon Mago, decreta la condanna dei due apostoli, nei termini suggeriti dal prefetto Agrippa, vale a dire decapitazione per Paolo e crocifissione per Pietro. Paolo è decapitato sulla via Ostiense. Pietro è crocifisso a testa in giù per sua richiesta e, dalla croce, prima di morire, calma la folla inferocita con un discorso nel quale, tra l'altro, ricorda l'episodio del «quo vadis?». Infine è sepolto «vicino alla Naumachia, nel luogo che è chiamato Vaticano», per opera di «santi uomini», giunti da Gerusalemme, e di Marcello. Nerone fugge e muore miseramente.

– § 66: breve appendice. Alcuni «greci» cercano di trafugare i corpi degli apostoli, ma falliscono per un terremoto; le spoglie sono temporaneamente spostate «in loco qui dicitur Catacumba», infine riportate sulla via Ostiense e in Vaticano.

L'opera, come si vedrà meglio tra breve, riprende e rielabora tradizioni e fonti precedenti su Pietro e su Paolo, canoniche e apocrife. L'analisi del testo, dal punto di vista della costruzione letteraria, mette in evidenza numerose asperità narrative – incongruenze, bruschi passaggi di argomento, doppioni, riprese – che lasciano trasparire il complesso e non sempre ben riuscito lavoro redazionale da cui l'opera è scaturita.

L'esito di tale lavoro, tuttavia, non è privo di originalità. Infatti questi *Atti* costituiscono il primo racconto che cerca di creare un'organica e unitaria "leggenda romana" di Pietro e Paolo, associando strettamente i due personaggi nell'evangelizzazione, nella lotta contro Simon Mago e nel martirio.[7]

7. Prima di questi *Atti*, già gli *Atti* "dello Pseudo-Egesippo" (fine IV secolo; cfr. Geerard, *Clavis Apocryphorum Novi Testamenti*, n. 192) avevano affiancato, in tre passi, il nome di Paolo a quello di Pietro, ma in modo maldestro e narrativamente irrilevante.

Gli *Atti* hanno conosciuto un grande successo in Occidente e in Oriente; ciò è testimoniato dal grande numero di versioni antiche e medievali dell'opera.[8] In greco gli *Atti* ci sono noti in due recensioni differenti, le *Praxeis* e il *Martyrion*;[9] in latino attraverso una terza recensione, distinta dalle due greche: la *Passio Petri et Pauli*.[10] L'edizione di riferimento per tali redazioni è tutt'oggi quella di Richard Adalbert Lipsius, del 1891, contenuta nel primo volume degli *Acta Apostolorum Apocrypha*.[11]

A lungo si è ritenuto, sulla base della tesi di Lipsius, che quest'opera fosse stata composta in greco. Secondo lo studioso, il testo latino degli *Atti* sarebbe l'antica versione, risalente al VI secolo, di una perduta redazione greca dell'opera derivante dal testo originale, che sarebbe stato composto in greco nel V secolo (seconda metà). Già Maximilien Bonnet,

8. Oltre alle tradizioni greca e latina, infatti, sono note le tradizioni copta, araba, georgiana, armena, slava, irlandese, italiana (cfr. Geerard, *Clavis Apocryphorum Novi Testamenti*).

9. Esse sono convenzionalmente chiamate "testo greco B", o testo "vulgato", e "testo greco A"; corrispondono rispettivamente ai numeri 1490 e 1491 della *Bibliotheca hagiographica graeca*: cfr. François Halkin, *Bibliotheca hagiographica graeca*, Bruxelles, Société des Bollandistes, 1957^3 (Subsidia Hagiographica, 8); Id., *Novum Auctarium Bibliothecae hagiographicae graecae*, Bruxelles, Société des Bollandistes, 1984 (Subsidia Hagiographica, 65). Le *Praxeis* sono più lunghe del *Martyrion*; ciò dipende dal fatto che le prime antepongono alla narrazione degli avvenimenti comune col *Martyrion* un dettagliato racconto del viaggio di Paolo dall'isola di Malta a Roma, un'aggiunta databile, per elementi di critica interna, tra la metà del VII e gli ultimi decenni dell'VIII secolo: cfr. Alberto D'Anna, *Gli "Atti di Pietro e Paolo" «dello Pseudo-Marcello»: note sulle redazioni in greco e in latino*, in: *Bilinguismo e scritture agiografiche. Raccolta di studi*, a cura di Vincenza Milazzo, Francesco Scorza Barcellona, Roma, Viella, 2018 (Sanctorum. Scritture, pratiche, immagini, 4), pp. 111-137, spec. pp. 119-121.

10. Catalogata col numero 6657 nella *Bibliotheca hagiographica latina*: cfr. Socii Bollandiani, *Bibliotheca hagiographica latina antiquae et mediae aetatis*, Bruxelles, Société des Bollandistes, 1898-1901 (Subsidia Hagiographica, 6); Henryk Fros, *Bibliotheca hagiographica latina antiquae et mediae aetatis. Novum supplementum*, Bruxelles, Société des Bollandistes, 1986 (Subsidia Hagiographica, 70). Tale recensione è priva, come il *Martyrion* greco, dell'ampliamento iniziale, ma è comunque una forma testuale distinta dalle due recensioni greche. Infatti, pur mancando del racconto del viaggio di Paolo da Malta a Roma, presente solamente nelle *Praxeis*, in diversi altri *loci* si avvicina più a queste che al *Martyrion*, oppure presenta lezioni autonome.

11. *Acta Apostolorum Apocrypha*, ed. Richard Adalbert Lipsius, Maximilien Bonnet, 3 voll., Lipsiae, Mendelssohn, 1891-1903, vol. I (*Acta Petri, Acta Pauli, Acta Petri et Pauli, Acta Pauli et Theclae, Acta Thaddei*, ed. Lipsius), pp. LVII-XC; 118-222. Chi scrive è incaricato di produrre una nuova edizione critica per la *Series Apocryphorum* del *Corpus Christianorum*. Si fa riferimento all'edizione di Lipsius anche nei rinvii agli altri apocrifi petrini citati.

però, nel 1896 si esprimeva a favore dell'originarietà del latino, almeno per il testo della lettera "di Pilato a Claudio", contenuta negli *Atti*.[12] Di recente, Rémi Gounelle e Jean-Daniel Dubois, seguiti da David Eastman, hanno ipotizzato che gl'interi *Atti* siano stati composti in latino e successivamente tradotti e rielaborati in greco.[13] Le ricerche che ho svolto fino ad oggi hanno indagato distintamente il problema dell'evoluzione del testo e quello della lingua originaria. Per quanto riguarda la forma testuale, credo di aver mostrato che la recensione latina presenta il testo meno ritoccato delle tre, dunque il più vicino alla forma originaria.[14] Quanto alla lingua di composizione, un riesame del testo della lettera "di Pilato" e un'indagine compiuta sulla prima sezione dell'opera comune alle tre recensioni[15] vanno concordemente nella direzione della priorità del latino, lingua nella quale, dunque, dobbiamo ritenere che i nostri *Atti* furono composti.

1.1. *Uno sguardo letterario: tradizioni, fonti e documenti utilizzati, ruolo dell'autore*

Prima di tentare una riflessione storico-ideologica sull'uso del tema della fondazione apostolica negli *Atti*, osserviamoli più dettagliatamente dal punto di vista letterario, per cercare di capire in quale modo agisce

12. In una lettera che Maximilien Bonnet scrisse a Ernst von Dobschütz il 25 maggio del 1896, ora pubblicata in Rémi Gounelle, *Traductions de textes hagiographiques et apocryphes latins en grec*, in «Apocrypha», 16 (2005), pp. 35-74, spec. pp. 72-73. A proposito della lettera "di Pilato a Claudio", cfr. Alberto D'Anna, *La "Lettera di Pilato a Claudio": uno scritto antigiudaico latino?*, in «Apocrypha», 27 (2016), pp. 111-135.

13. Cfr. Jean-Daniel Dubois, Rémi Gounelle, *Lettre de Pilate à l'empereur Claude*, in *Écrits apocryphes chrétiens* II, edizione a cura di Pierre Geoltrain, Jean-Daniel Kaestli, Paris, Gallimard, 2005 (Bibliothèque de la Pléiade, 516), pp. 355-367; David L. Eastman, *The Ancient Martyrdom Accounts of Peter and Paul*, Atlanta, SBL Press, 2015 (Writings from the Greco Roman World, 29), pp. 221-227

14. Alberto D'Anna, *The Relationship between the Greek and Latin Recensions of the "Acta Petri et Pauli"*, in *Studia Patristica* 39, a cura di Frances Young, Mark J. Edwards, Paul Parvis, Leuven-Paris-Dudley (Ma), Peeters, 2006, pp. 331-338; Id., *Gli "Atti di Pietro e Paolo" «dello Pseudo-Marcello»: note sulle redazioni in greco e in latino*. Scettico sulla possibilità di avvicinarsi alla forma primitiva del testo si era detto Joseph Flamion, *Les Actes apocryphes de Pierre. III. Histoire littéraire des Actes de Pierre*, in «Revue d'histoire ecclésiastique», 11 (1910), pp. 5-28; 223-256; 447-470; 675-692, spec. p. 456.

15. D'Anna, *La "Lettera di Pilato a Claudio"*; Id., *Gli "Atti di Pietro e Paolo" «dello Pseudo-Marcello»: note sulle redazioni in greco e in latino*.

l'autore nella costruzione dei due personaggi principali e della loro vicenda. Ritengo, infatti, che l'analisi della composizione letteraria permetta di approfondire anche, e non poco, l'ideologia soggiacente a quest'opera.

L'autore è un collettore di fonti e di tradizioni a lui anteriori: fa allusioni, più o meno scoperte, a tradizioni a noi note solo in parte – e solamente attraverso altri testi apocrifi – e incastona all'interno del testo (senza peraltro grande abilità letteraria) unità narrative autonome e verosimilmente preesistenti.

Ma qual è il ruolo dell'autore? È forse un semplice compilatore, come sostenuto da Joseph Flamion?[16] Credo sia riduttivo affermarlo. Il suo contributo è decisivo per costituire un'opera originale, con caratteristiche narrative e ideologiche proprie e ben definite, sebbene segnata anche, sul piano letterario, dalle asperità cui già si è accennato.[17]

Si comprende bene questo ruolo analizzando l'elaborazione dei due personaggi apostolici. L'autore dispone di molti dati tradizionali su Pietro a Roma, molti di meno su Paolo. Vediamo quali sono e, poi, come sono utilizzati.

– §§ 1; 3; 5: Paolo, una volta giunto a Roma, è posto sotto *custodia militaris*, agli arresti domiciliari (§ 3), e i suoi interlocutori – prima i Giudei (§ 1), poi Pietro (§ 3), poi i cristiani (§ 5) – devono recarsi da lui per potergli parlare. L'autore della *Passio* vuole collegarsi, dunque, al racconto degli *Atti* canonici (*At* 28,16-24)? Nonostante il parere positivo di Flamion,[18] alcune incongruenze col testo lucano sono evidenti: Paolo sembra noto ai Giudei di Roma (non così in *At* 28,21) e Pietro è già presente nell'Urbe. Pertanto, considerando anche l'allusione (di cui si sta per dire) a precedenti conflitti tra il solo Pietro e Simon Mago, sembra

16. Flamion, *Les Actes apocryphes de Pierre*, p. 456: «compilations d'actes antérieurs cousus d'une façon malhabile».

17. Delle ripetizioni segnalate da Flamion (pp. 456 n. 1; 457-458), alcune effettivamente lo sono, altre appaiono forzature interpretative dello studioso. È certamente ripetuta la richiesta di Simone a Nerone che gli sia costruita una torre (§§ 30 e 50), così come la domanda rivolta da Nerone e Paolo («Tu perché non dici nulla?»), con risposta dell'apostolo che, entrambe le volte, riprende lo stesso concetto (§§ 29 e 33-34). Assai meno probabili le presunte ripetizioni ai §§ 14-15 e 40-41 (non vi è coincidenza o vicinanza letteraria, né stretta similitudine concettuale, salvo nel fatto che Simone si lamenta dei due apostoli, che sono d'accordo contro di lui) e ai §§ 63 e 66 (nell'un caso si tratta di santi uomini venuti da Gerusalemme che aiutano Marcello a seppellire Pietro, nell'altro di greci che intendono trafugare le spoglie di entrambi gli apostoli in Oriente). Per la causa di tali fenomeni, reali o presunti, individuata da Flamion, si veda più avanti, alla n. 32.

18. Flamion, *Les Actes apocryphes de Pierre*, p. 467.

almeno possibile che l'autore della *Passio* accolga la tradizione delle due venute di Paolo a Roma: nell'intervallo tra i due soggiorni sarebbero giunti Simone e Pietro e lo svolgersi degli eventi narrati inizierebbe dal ritorno di Paolo.[19]

– §§ 4, 17 e 28: nel primo incontro a Roma con Paolo, Pietro racconta di aver già subito *insidiae* da parte di Simone (§ 4). In seguito, il mago rievoca esplicitamente (§§ 17 e 28) i precedenti scontri avuti con Pietro «et in Iudaea et in tota Palaestina et Caesarea», che non possono essere ricondotti al solo episodio canonico di *At* 8,9-24, ambientato in Samaria, e che richiamano piuttosto alcuni passi degli antichi *Atti di Pietro* / *Actus Vercellenses* (*AtPt* 5; 17; 23).

– § 10 (brano di raccordo tra la prima e la seconda sezione dell'opera): i due apostoli operano conversioni a Roma, quelle delle mogli di Nerone e del prefetto Agrippa, dovute a Pietro, e di militi e servitori dell'imperatore, dovute a Paolo. Vi riecheggiano tradizioni anche altrimenti ben note (sia pure non perfettamente coincidenti): negli *Atti di Pietro* e nella *Passione di Pietro* "dello Ps.-Lino", Pietro ottiene la conversione delle quattro concubine di Agrippa (Agrippina, Nicaria, Eufemia e Doride) e di Santippe, sposa di Albino, amico dell'imperatore;[20] negli *Atti di Paolo* e nella *Passione di Paolo* "dello Ps.-Lino", per la predicazione di Paolo, si convertono Patroclo, coppiere di Nerone, e tre *ministri* / πρῶτοι dello stesso imperatore, che da allora si proclamano «soldati di Cristo».[21] A differenza che in quei testi – dove scatenano la persecuzione, la condanna e la morte degli apostoli –, negli *Atti di Pietro e Paolo* questi eventi non hanno alcun seguito; dunque l'utilizzo di questi dati narrativi, sebbene privi di una reale integrazione nella trama del racconto, indica che l'au-

19. Cfr. *AtPtPl* 15: [parole di Simon Mago] «Ascoltami, buon imperatore. Io sono il figlio di Dio, sono disceso dal cielo. Fino ad ora sopportavo il solo Pietro, che si proclama apostolo. Adesso il male si è raddoppiato. Paolo, infatti, che insegna anch'egli le stesse cose e mi è avverso, si dice che predichi insieme con lui». Se questa lettura è corretta, l'autore si porrebbe in linea con la successione degli eventi che troviamo, in parte, anche all'inizio degli *Actus Vercellenses*, cioè l'edizione latina degli antichi *Atti di Pietro* (cfr. Geerard, *Clavis Apocryphorum Novi Testamenti*, n. 190III e Gérard Poupon, *Les 'Actes de Pierre' et leur remaniement*, in *Aufstieg und Niedergang der römischen Welt*, vol. II.25.6, a cura di Wolfgang Haase, Berlin-New York, de Gruyter, 1988, pp. 4363-4383), distinguendosene tuttavia per il far tornare Paolo a Roma prima della morte di Pietro e per associarlo a quest'ultimo nella lotta finale contro Simone.

20. Cfr. *Atti di Pietro* 33; 34; *Passione di Pietro* "dello Ps.-Lino" 2; 3.

21. Cfr. *Atti di Paolo* 9,1-2; *Passione di Paolo* "dello Ps.-Lino" 2; 4-5.

tore conosceva le precedenti leggende sui singoli apostoli e non voleva del tutto ignorarle.[22]

– §§ 11-12: all'inizio del corpo centrale dell'opera, la menzione dei prodigi compiuti a Roma da Simon Mago comprende l'animazione di statue, citata anche nelle *Pseudoclementine*,[23] e l'illusione del volo, con un patente richiamo al clamoroso ingresso di Simone a Roma negli *Atti di Pietro*.[24] Analogamente, il sommario dei miracoli compiuti da Pietro fa riferimento a guarigioni, esorcismi e risurrezioni, tutti gesti che negli *Atti di Pietro* trovano ricca e dettagliata descrizione.[25] La descrizione stessa in sequenza dei prodigi di Simone e dei miracoli di Pietro richiama un passo delle *Omelie* pseudoclementine, dove Pietro contrappone le opere del mago, inutili e fatte solamente per stupire e ingannare, e quelle compiute per suo tramite, aventi per scopo la guarigione delle persone.[26]

– § 14: nel primo incontro con Nerone, Simone fa sfoggio della sua capacità metamorfica, citata, sebbene non proprio negli stessi termini, anche nelle *Pseudoclementine*.[27]

– § 60: crocifissione di Pietro. Gli *Atti* conservano il dato tradizionale della posizione capovolta della croce, ben attestato dagli antichi *Atti di Pietro* e dalla *Passione di Pietro* "dello Pseudo-Lino": lasciano cadere le complesse motivazioni teologiche di tale posizione espresse in quelle opere e giustificano la richiesta di Pietro di essere crocifisso a testa in giù come riconoscimento della superiore dignità di Cristo, spiegazione che già era stata data, in aggiunta a quella teologica, dallo "Pseudo-Lino".[28]

– § 61: l'episodio del «quo vadis?». Il celebre dialogo tra Pietro, in fuga da Roma, e Gesù viene fatto evocare, in forma di ricordo di un avvenimento ormai accaduto, da Pietro, mentre egli sta inchiodato alla croce, poiché narrativamente l'episodio non è integrabile nel racconto precedente. Pietro e

22. Cfr. anche Flamion, *Les Actes apocryphes de Pierre*, p. 460, n.2.

23. Cfr. Pseudo-Clemente, *Riconoscimenti* II,9; *Omelie* II, 32. 34.

24. Cfr. *Atti di Pietro* 4,2.

25. Cfr. *Atti di Pietro* 31,1; 20,1; 11,1; 26,1, 27,1-2, 28,8-9.

26. Cfr. Pseudo-Clemente, *Omelie* II,24.

27. Cfr. Pseudo-Clemente, *Riconoscimenti* II,9; *Omelie* II, 32. 34.

28. Cfr. *Atti di Pietro* 37-38; *Passione di Pietro* "dello Ps.-Lino" 11-14. Richard Adalbert Lipsius (*Die apocryphen Apostelgeschichten und Apostellegenden*, vol. II,1, Braunschweig, Schwetschke, 1887, pp. 317-319) ha messo in evidenza alcuni importanti punti di contatto linguistici tra "Ps.-Lino" e "Ps.-Marcello", tali da far intendere che, almeno per il racconto del martirio di Pietro, i nostri *Atti* sono più vicini al primo che agli antichi *Atti di Pietro*. Cfr. anche Flamion, *Les Actes apocryphes de Pierre*, p. 677.

Paolo, infatti, sono arrestati subito dopo aver fatto precipitare Simon Mago che volava; non c'è dunque lo spazio narrativo per un momento di esitazione da parte di Pietro e per un suo tentativo di allontanamento da Roma. Rispetto alla sua probabile fonte, la *Passione di Pietro* "dello Pseudo-Lino", e soprattutto rispetto alla fonte di quest'ultima, gli *Atti di Pietro*,[29] lo Pseudo-Marcello sintetizza il dialogo e lo priva della sua originaria drammaticità; tuttavia, così come per la crocifissione rovesciata, si tratta evidentemente di una tradizione sulla morte dell'apostolo troppo importante perché egli possa ometterla e, perciò, trova questo modo d'inserirla, pur se narrativamente incongruente con lo svolgimento dei fatti che egli ha costruito.

All'uso che abbiamo appena visto dei testi o delle tradizioni direttamente concernenti Pietro (soprattutto) e Paolo, si deve aggiungere quello di altri materiali narrativi che troviamo incastonati nel racconto.

– §§ 19-21: "lettera di Pilato a Claudio". Si tratta verosimilmente di un testo letterario preesistente e autonomo, dall'originario carattere di opera polemica antigiudaica, qui risemantizzato con funzione conoscitiva, come risposta alla richiesta di Nerone di sapere cosa vuol dire "Cristo".[30] La *Lettera* consiste in una breve relazione sulla venuta di Gesù e sulla reazione dei capi dei sacerdoti giudei: questi prima, con il consenso di Pilato, ne ottengono la morte, poi cercano, senza riuscirvi, di nasconderne la risurrezione, provando a corrompere le guardie romane che vi avevano assistito. La prospettiva nella quale tutti i fatti sono raccontati è quella delle responsabilità dei Giudei, in particolare dei capi dei sacerdoti. Molte le affinità ideologiche e di contenuto col *Vangelo di Pietro*.

– §§ 31-32: risurrezione simulata di Simone, che fa decapitare un ariete al posto suo. "Flash-back" ben isolato narrativamente, grazie anche alla cornice letteraria costituita dalla prime parole del § 33 («Cum ergo dixisset Nero: Crastinus dies uos probabit [...]»), che riprendono esattamente la conclusione del § 30 («Nero dixit: [...] Crastinus dies uos probabit»). Si tratta del racconto di una simulazione ordita dal mago (cui già Nerone alludeva nel § 25) per ingannare Nerone e fargli credere che, pur se messo a morte,

29. Cfr. *Atti di Pietro* 35, *Passione di Pietro* "dello Ps.-Lino" 6.

30. La *Lettera* è anche trasmessa in coda alla recensione latina A del cosiddetto *Vangelo di Nicodemo*, ovvero i *Gesta Salvatoris*. Essa è anche contenuta all'interno della *Recapitulatio desolationis Iherosolimae*, altrimenti nota come *Historiae de excidio Hierosolymitanae urbis Anacephalaeosis*, un sermone per il giorno di Pasqua del IX secolo, ispirato, per la maggior parte, alle *Hegesippi Historiae*. Cfr. D'Anna, *La "Lettera di Pilato a Claudio"*.

egli sarebbe risorto; in realtà, il mago sostituisce a se stesso un ariete, il cui sangue versato rende verosimile l'avvenuta esecuzione, si tiene nascosto per tre giorni e poi torna a mostrarsi all'imperatore vivo e vegeto; tutto ciò indipendentemente dal conflitto con Pietro e Paolo, che sono assenti dall'episodio.[31] Non si conosce, fino ad ora, l'origine dell'unità narrativa, ma essa certamente non si armonizza col racconto in cui è inserita e appare come una zeppa che l'autore degli *Atti* ha voluto citare a tutti i costi.

Come, dunque, l'autore utilizza questi materiali preesistenti di cui dispone, nella costruzione dei due personaggi di Pietro e di Paolo?[32]

Innanzitutto notiamo, per un verso, che di alcuni materiali o dati tradizionali egli vuole assolutamente tener conto e che trova spazio per essi, a costo di creare, talvolta, delle incongruenze narrative (come nel caso dell'episodio del «quo vadis?») o delle risemantizzazioni delle fonti utilizzate (come nel caso della *Lettera di Pilato*).

D'altronde l'autore, per quanto concerne, nello specifico, la figura di Pietro, per la quale dispone di un cospicuo bagaglio di elementi tradizionali e, soprattutto, del dato che funge da base narrativa principale per l'opera, vale a dire il conflitto a Roma con Simon Mago, mentre integra nel testo i

31. Il redattore del testo GrB (*Praxeis*) trasforma maldestramente il "flash-back" in un avvenimento contemporaneo, creando un'insanabile contraddizione fra i tre giorni di assenza di Simone con l'andamento cronologico del racconto principale, che non prevede soluzione di continuità.

32. Parlo di "autore", al singolare, considerando gli *Atti* sincronicamente, nella forma testuale in cui hanno cominciato a essere riprodotti (che, a mio avviso, coincide sostanzialmente con la *Passio Petri et Pauli* latina; né conosciamo oggi attestazioni di "edizioni" precedenti o di varianti d'autore). Non ho qui modo di considerare nel dettaglio la tesi di Flamion, secondo la quale negli *Atti* sarebbero identificabili tre "edizioni", o fasi di composizione, provenienti dallo stesso ambiente socio-culturale e a distanza di tempo molto ravvicinata l'una dall'altra (*Les Actes apocryphes de Pierre*, pp. 458-459; 678-682). A tale processo compositivo sarebbero dovute le ripetizioni individuate dallo studioso, poiché, a suo avviso, la stessa trama, caratterizzata da alcuni elementi narrativi fondamentali (lagnanze di Simone, minacce a Pietro che le respinge, conflitto tra Pietro e Simone, sconfitta di Simone, richiesta della torre e promessa del volo), sarebbe stata duplicata nei §§ 15-30 e 40-50, dando più spazio, nella seconda ricorrenza, a Paolo accanto a Pietro. È una tesi per certi versi accattivante, che spiega certamente alcuni dati letterari dell'opera e che mi propongo di discutere in un prossimo articolo. In ogni caso, secondo Flamion si tratterebbe di un'operazione editoriale mossa, in ogni sua fase, dal medesimo intento ideologico, vale a dire quello di rendere sempre più organica e coerente la presenza di Paolo accanto a Pietro nel racconto delle vicende romane. Parlare dunque di "autore", anche se ve ne fosse stato storicamente più di uno, non appare una forzatura in contrasto con il messaggio dell'opera, assai omogeneo.

molti dati preesistenti di cui intende giovarsi, tuttavia, con la propria narrazione di prodigi e di dispute verbali, ri-orienta il senso di quei dati tradizionali e, con ciò, il senso del conflitto stesso. Infatti, nell'ampia sezione centrale dell'opera, il conflitto tra Simon Mago e Pietro e Paolo verte fondamentalmente sull'identità di Simone: se sia il figlio di Dio, com'egli proclama, o se sia un mago ingannatore dotato di potere demoniaco. Tanto è centrale questo tema che l'ira di Nerone e la conseguente condanna a morte dei due apostoli sono scatenate dal definitivo smascheramento di Simone, che le preghiere di Pietro e Paolo fanno precipitare, mentre sta volando per dimostrare la sua natura divina.[33] È molto evidente, così, lo scarto rispetto agli antichi *Atti di Pietro*, nei quali il conflitto tra Pietro e Simone verte in primo luogo sull'identità di Gesù (*AtPt* 7, etc.), e Pietro è condannato per le conversioni ottenute (*AtPt* 33-34). Negli *Atti di Pietro e Paolo*, invece, la tematica cristologica è affidata alla *Lettera di Pilato* (peraltro rifunzionalizzata rispetto alla sua originaria dimensione di testo polemico antigiudaico) e la dinamica del conflitto è guidata dalla proclamazione da parte di Simone di essere il Figlio di Dio e dai suoi tentativi (fattuali e dialettici) di dimostrarlo, tentativi puntualmente vanificati da Pietro e da Paolo. Potremmo dire che perde peso il contenuto dottrinale della disputa e ne acquistano i protagonisti, pur avendo, questi, un qualche valore simbolico.[34] Si deve anche aggiungere, infine, che nella prima sezione dell'opera, l'autore costruisce *ex novo* un discorso di Pietro ai Giudei dell'Urbe (§§ 8-9), manifestando notevole abilità nell'utilizzo delle fonti scritturistiche, vetero e neotestamentarie, come anche inventiva e libertà rispetto ai modelli dei discorsi presenti negli *Atti degli Apostoli* canonici, e rappresentando con molta efficacia la figura di Pietro evangelizzatore dei Giudei.

Per quanto concerne, poi, la figura di Paolo, per la quale, si è visto, dispone di materiale tradizionale in misura molto minore, l'autore attinge largamente ai testi canonici, in particolare alle *Lettere* del *corpus paulinum* – in primo luogo *Romani*, *Galati*, *Efesini* –, per far parlare Paolo "mediante Paolo" e per costruire un personaggio che abbia un rilievo quantitativo equivalente a

33. Flamion ha ben analizzato nel dettaglio i numerosi elementi narrativi che contribuiscono, al di là delle affermazioni verbali, a tratteggiare la figura di Simone come quella di uno pseudo-Messia: *Les Actes apocryphes de Pierre*, pp. 462-464.

34. Un tema, sebbene secondario, presente nella narrazione può essere identificato nel rapporto tra potere politico e ortodossia o eresia, rappresentati rispettivamente dall'imperatore, da Pietro e Paolo, da Simon Mago; cfr. in particolare le parole di Simone al § 15, di Paolo ai §§ 29 e 34, di Simone al § 50.

quello di Pietro nella disputa contro Simon Mago e nei dialoghi con l'imperatore Nerone. In questa operazione letteraria, l'autore si mostra dotato di buona conoscenza dei testi paolini, che utilizza con abilità e anche con disinvoltura, laddove ravvisi il bisogno di un'attualizzazione delle parole dell'apostolo al contesto sociale nel quale l'autore doveva trovarsi a operare.[35] Come nel caso di Pietro, così per Paolo l'autore forgia un importante discorso anche nella prima sezione degli *Atti*, rivolto alle due comunità giudeo- ed etno-cristiane, non casualmente costruito mediante citazioni e allusioni alla *Lettera ai Romani* canonica (§ 7), a conferma della avvedutezza dell'elaborazione letteraria.

1.2. *Uno sguardo storico-ideologico: le funzioni dell'opera*

Dopo aver considerato, negli *Atti*, il rapporto fra tradizioni preesistenti e creazione letteraria, e le modalità con cui l'autore costruisce i personaggi dei due apostoli, è tempo di rivolgerci ora agli esiti di tale operazione, per osservarne almeno quelli più evidenti e significativi dal punto di vista storico-ideologico.

Nella prima sezione dell'opera (§§ 1-10) risaltano, quali elementi narrativi caratteristici di questi *Atti*:

– l'incontro commovente tra Paolo, tornato a Roma, e Pietro che si reca a visitarlo;[36]

– la riconciliazione, ottenuta da Paolo, dei credenti di origine pagana e dei credenti di origine giudaica;

– la conversione degli Ebrei di Roma, ottenuta da Pietro mediante un discorso di tono conciliatorio.

I primi due elementi possono essere agevolmente interpretati come la rappresentazione letteraria della *concordia Apostolorum* (nella forma che comporta l'abbraccio tra i due apostoli) e delle due *ecclesiae* (o della *ecclesia bipartita*), *ex gentibus* ed *ex circumcisione*. Sono temi che trovano un riscontro significativo nell'iconografia romana dello scorcio del IV e dei primi decenni del V secolo: si pensi, per la *concordia* in forma di abbraccio, al celebre affresco del cimitero di San Sebastiano, area ex vigna Chiaraviglio, d'età teodosiana,[37] o a quello – verosimilmente coevo, ma ormai perduto –

35. Si vedano, in particolare, le parole di Paolo al § 37.

36. *AtPtPl* 3: «Vedendosi, piansero per la gioia e, rimasti per lunghissimo tempo abbracciati, si bagnarono l'un l'altro di lacrime».

37. Cfr. Fabrizio Bisconti, *L'abbraccio di Pietro e Paolo ed un affresco inedito del cimitero romano dell'ex Vigna Chiaraviglio*, in *Seminario Internazionale di Studi su: "Ricer-*

della navata centrale della basilica di S. Paolo fuori le mura (quella detta "dei tre imperatori");[38] per le *ecclesiae*, alle rappresentazioni musive del catino absidale della *ecclesia pudentiana* (detta Santa Pudenziana; anni 398-417) e della controfacciata di Santa Sabina (422-432) – in entrambi i casi le *ecclesiae* sono personificate da due figure femminili significativamente poste in stretta relazione con i due apostoli (le immagini di Pietro e Paolo a Santa Sabina sono oggi perdute)[39] – e a quella dell'arco trionfale di Santa Maria Maggiore (432-440), dove Pietro e Paolo stessi personificano le due componenti della Chiesa e, insieme, la chiesa di Roma.[40]

Una tale concentrazione di riscontri qualitativamente rilevanti merita un'adeguata ponderazione. Ritengo che sarebbe riduttivo attribuire alla prima sezione dell'opera – come a suo tempo ha fatto Flamion – una mera funzione narrativa di ambientazione della vicenda: secondo lo studioso, l'autore avrebbe voluto collegare il racconto con quello degli *Atti* canonici mediante un'artificiosa ricostruzione della comunità romana e delle controversie che l'avrebbero attraversata al tempo dell'arrivo di Paolo, ricostruzione ingenua e semplicistica, in cui gli antichi dibattiti sarebbero stati ridotti a diverbi di ragazzi viziati.[41] A mio avviso, questa sezione ha invece un ben determinato portato ideologico. Essa, infatti, anche soltanto dal punto di vista letterario non si esaurisce nei discorsi di controversia tra giudeo-cristiani ed etno-cristiani (realizzati mediante alcuni *topoi* della polemica giudaica contro i pagani e di quella cristiana contro i Giudei), che sono piuttosto l'occasione per concentrare l'attenzione sull'azione e sulle parole degli apostoli, veri punti focali della prima sezione. Gli elementi sopra messi in luce manifestano dun-

che di Archeologia Cristiana e Bizantina", a cura di Raffaella Farioli Campanati, Ravenna, Edizioni del Girasole, 1995 (Corso di cultura sull'arte ravennate e bizantina, 42), 71-93.

38. Melania Guj, *La "concordia apostolorum" nell'antica decorazione di S. Paolo fuori le mura*, in *"Ecclesiae Urbis"*, Atti del congresso internazionale di studi (Roma, 4-10 settembre 2000), a cura di Federico Guidobaldi, Alessandra Guiglia Guidobaldi, 3 voll., Città del Vaticano, P.I.A.C., 2002, vol. III, pp. 1873-1892.

39. Daniela Goffredo, *Le personificazioni delle "ecclesiae": tipologia e significati dei mosaici di S. Pudenziana e S. Sabina*, in Ecclesiae Urbis, vol. III, pp. 1949-1962.

40. Olaf Steen, *The Apse Mosaic of S. Pudenziana and Its Relation to the Fifth Century Mosaics of S. Sabina and S. Maria Maggiore*, in *"Ecclesiae Urbis"*, vol. III, pp. 1939-1948. Il tema iconografico della *concordia apostolorum*, nella forma di Pietro e Paolo affrontati, è poi ampiamente testimoniato dai numerosi vetri dorati e medaglioni bronzei, di IV-inizio V secolo, rinvenuti a Roma, sui quali *Pietro e Paolo. La storia, il culto, la memoria nei primi secoli*, a cura di Angela Donati, Milano, Electa, 2000, pp. 140-141; 162-167; 214; 221-225.

41. Cfr. Flamion, *Les Actes apocryphes de Pierre*, pp. 467-469.

que, secondo me, la volontà di proporre una specifica e pregnante rappresentazione della chiesa di Roma: essa appare "costruita" da Pietro e Paolo – in armoniosa collaborazione reciproca – quale segno e strumento dell'unità dei popoli e della salvezza universale, anche dei Giudei che si convertono. Ciò mi sembra emergere chiaramente dal tema della concordia tra Paolo e Pietro (§ 4) e della loro azione coordinata, dal tema dell'unità trovata dai giudeo-cristiani e dagli etno-cristiani nell'eredità promessa ad Abramo (discorso di Paolo alle due *ecclesiae*, § 7), dal tema della Chiesa senza macchia e senza ruga, nella quale anche i Giudei possono entrare nella gioia del padre Abramo (discorso di Pietro ai Giudei, §§ 8-9). Questa interpretazione del valore ideologico della prima sezione dell'opera trae forza, mi sembra, dai puntuali riscontri figurativi citati, che esprimono, in un linguaggio diverso, gli stessi concetti relativi alla chiesa di Roma.

Nel corpo centrale degli *Atti* e nella terza e conclusiva sezione dell'opera risaltano:

– l'associazione di Pietro e di Paolo nel conflitto contro Simon Mago, oltre che nelle risposte date a Nerone, con un "peso" complessivo pressoché equivalente attribuito ai due apostoli nell'insieme di queste azioni;[42]

– la simultaneità della condanna e del martirio (sebbene quest'ultimo avvenuto in due distinti luoghi) dei due apostoli.

Credo sia ben percepibile, per entrambi i dati rilevati, la corrispondenza con quanto fonti letterarie, documentarie e anche monumentali ci attestano nel IV secolo, a partire dall'episcopato di Damaso (366-384), e nella prima parte del V, nell'Occidente latino: un processo di "rafforzamento" della figura di Paolo accanto a quella di Pietro, non certo per ridimensionare quest'ultima, ma per far eccellere la sede di Roma, la cui primazia su ogni altra chiesa è rivendicata sul fondamento del martirio nell'Urbe dei due apostoli.

Proprio di Damaso è celebre l'epigramma posto nella *memoria Apostolorum in catacumbas*, al terzo miglio della Via Appia:[43] i due apostoli

42. Pietro è il protagonista della prima fase del conflitto, caratterizzata da azioni prodigiose (§§ 23-28); Paolo è l'autore del più ampio dei discorsi rivolti a Nerone (§§ 33-38); entrambi, con uguale rilievo, affrontano il serrato contraddittorio con Simone davanti a Nerone (§§ 40-48).

43. *Epigrammata Damasiana* 20 (ed. Ferrua, Città del Vaticano 1942): «hic abitasse prius sanctos cognoscere debes, / nomina quisque Petri pariter Paulique requiris. / discipulos oriens misit, quod sponte fatemur: / sanguinis ob meritum – Christumque per astra secuti / aetherios petiere sinus regnaque piorum – / Roma suos potius meruit defendere ciues. / haec Damasus uestras referat noua sidera laudes».

vi sono rivendicati come cittadini di Roma più che di ogni altro luogo in virtù del sangue lì versato e sono definiti «nova sidera», con implicito ma evidente rinvio al ruolo di nuovi protettori della città, come lo erano stati i *gemini* Dioscuri.[44] Ma anche in altri autori occidentali coevi riscontriamo un analogo processo, teso a esaltare unità e complementarietà dei due apostoli: da Ambrogio[45] all'innologia a lui attribuita,[46] a Gaudenzio,[47] a Massimo,[48] a

44. Cfr. Elena Zocca, *Pietro e Paolo «nova sidera». Costruzione della memoria e fondazione apostolica a Roma fra I e IV secolo*, in «Studi e Materiali di Storia delle Religioni», 75 (2009), pp. 227-249, spec. pp. 227-231; Roald Dijkstra, *Apocryphal legends about the apostles in early Christian art and poetry: A survey*, in *The Apocryphal Acts of the Apostles in Latin Christianity*, a cura di Else Rose, Turnhout, Brepols, 2014, pp. 85-112, spec. pp. 91-94; Francesca Romana Nocchi, *Strategie politico-religiose. Gli "Epigrammata Damasiana", un exemplum d'interazione tra fonti storico-letterarie e archeologiche*, in «Studi e Materiali di Storia delle Religioni», 84 (2018), pp. 670-687, spec. pp. 682-686, e la fondamentale bibliografia citata in questi saggi.

45. Ambrogio, *Lo Spirito Santo* II,158 (ed. Faller, CSEL 79): «nec Paulus inferior Petro, quamuis ille ecclesiae fundamentum et hic sapiens architectus sciens uestigia credentium fundare populorum. nec Paulus, inquam, indignus apostolorum collegio, cum primo quoque facile conferendus et nulli secundus. nam qui se imparem nescit, facit aequalem». Cfr. anche *La verginità* 125 (ed. Gori, SAEMO 14/2).

46. *Per la festa degli apostoli Pietro e Paolo* (ed. Simonetti, Biblioteca Patristica, 13), pp. 66-69; 93 n. 12: («coniunxit aequales uiros / cruor triumphalis necis, [...] primus Petrus apostolus, / nec Paulus impar gratia; / electionis uas sacrae / Petri adaequauit fidem»). L'inno testimonia un culto a Pietro e Paolo celebrato in tre luoghi («trinis celebratur uiis / festum sacrorum martyrum»), vale a dire sulle vie Cornelia (Vaticano), Ostiense, Appia.

47. Gaudenzio di Brescia, *Sermone* 20 (ed. Glück, CSEL 68). Pressoché tutto il sermone è testimone significativo del processo di esaltazione unitaria di Pietro e Paolo; cfr. per esempio: «[§ 5] In questo giorno infatti, presso la città di Roma, la crudeltà di Nerone li ha uccisi entrambi per il nome di Cristo, la giustizia del Signore li ha incoronati. [...] Entrambi nobili, entrambi famosi, anzi due luci del mondo, colonne della fede, fondatori della Chiesa, maestri d'innocenza, promotori di ogni santità e verità». «[§ 9] Non so chi potrei osare di mettere davanti all'altro, dal momento che il Signore li ha mostrati sotto un'unica professione di fede, li ha congiunti in una vera fraternità, li ha uniti con il vincolo del consenso». [...] «[§ 10] Sono anche Pietro e Paolo veri fratelli di sangue, che l'unica fede fece pure fratelli germani nella comunione del proprio sangue. [§ 11] Io ardirò chiamarli anche fratelli gemelli, che la madre con fortunato grembo ha insieme generato al regno con un'unica professione di fede» (trad. Carlo Truzzi).

48. Massimo di Torino, *Sermone* 1 (ed. Mutzenbecher, CCSL 23 = *hom*. 72 in *Patrologia Latina* [PL], LVII); cfr. § 2: «Dunque i beati apostoli Pietro e Paolo emergono tra tutti gli apostoli e li superano, per così dire, per una prerogativa particolare; ma tra loro è incerto a chi spetti il primo posto. Penso, infatti, che essi siano pari nei meriti, come sono pari nel martirio; e che siano vissuti con una simile devozione di fede, dal momento che li vediamo giungere contemporaneamente alla gloria del martirio. Non dobbiamo infatti credere che sia avvenuto senza

Girolamo.[49] La prassi liturgica romana della festa del 29 giugno, nota grazie alla preziosa testimonianza di Prudenzio, in quell'epoca era conforme a tale tendenza: il papa, dopo una veglia notturna, celebrava un duplice rito, prima in Vaticano, poi sull'Ostiense, con una simmetria di culto che spinge il poeta a definire quella data *dies bifestus*.[50]

Il processo di equiparazione dei due apostoli, in età teodosiana, è evidente a Roma anche sul piano monumentale, nell'edificazione, della nuova basilica cimiteriale di S. Paolo fuori le mura, "dei tre imperatori" (Valentiniano II e Teodosio, con Arcadio come augusto), iniziata intorno al 385 e terminata sotto Onorio (395-423), di dimensioni pressoché equivalenti (lunghezza di 135 metri, larghezza di 71 metri al transetto e altezza di 30) a quella costantiniana di San Pietro (lunga 123 metri, larga 90 al transetto

un motivo che nel medesimo giorno, in un medesimo luogo siano stati vittime dello stesso tiranno. Subirono il martirio nel medesimo giorno per giungere a Cristo insieme; lo subirono nel medesimo luogo, perché a uno dei due non venisse meno Roma; lo subirono sotto il medesimo persecutore, perché una uguale crudeltà tormentasse entrambi. Dunque il giorno fu stabilito per il loro merito, il luogo per la loro gloria, il persecutore per la loro virtù. Ma in quale luogo, infine, subirono il martirio? Nella città di Roma, che detiene la signoria e il primato tra le genti, evidentemente perché, dove si trovava il centro della superstizione, lì riposasse il vertice della santità, e dove abitavano i capi dei pagani, lì avessero la loro dimora i prìncipi della Chiesa» (trad. Gabriele Banterle). Cfr. anche *Sermone* 9,1 (= *hom.* 69 in PL LVII).

49. Così anche Girolamo, *Gli uomini illustri* 5 (ed. Degórski, Opere di Girolamo, 15): «Quarto decimo Neronis anno, eodem die quo Petrus Romae, pro Christo capite truncatur sepultusque est in via Ostiensi, anno post passionem Domini tricesimo septimo». Oltre ai significativi passi degli autori citati, è da menzionare anche Paolino di Nola, il quale ricorda che il primato di Roma sul mondo al suo tempo è dovuto alle tombe di Pietro e di Paolo in *Carmi* XIII, 28-30; XIV, 65-66; XIX, 54-56. Contemporaneamente, è attestata in Spagna e in Africa la tradizione che collocava la morte dei due apostoli nello stesso giorno, ma non nello stesso anno: prima Pietro, poi Paolo. Cfr. Prudenzio (un anno esatto di distanza), *Le corone* 12, 5-6.21-23 (ed. Cunningham, CCSL 126); Agostino (distanza non precisata), *Sermoni* 295,7 (PL XXXVIII, col. 1352); 381,1 (PL XXXIX, col. 1683). Flamion, *Les Actes apocryphes de Pierre*, pp. 12-15, legge in quella sfasatura temporale l'influenza degli antichi *Atti di Pietro*.

50. *Le corone* 12, 63-64 («transtiberina prius soluit sacra peruigil sacerdos, / mox huc recurrit duplicatque uota», scrive il poeta, immaginando di parlare dalla basilica di S. Paolo fuori le mura); 66. La prima menzione della memoria di Pietro e Paolo nel giorno 29 giugno si trova nella *Depositio martyrum*, databile intorno al 340: cfr. Victor Saxer, *Il culto degli apostoli Pietro e Paolo dalle origini all'epoca carolingia*, in *Pietro e Paolo. La storia, il culto, la memoria nei primi secoli*, pp. 73-85, spec. pp. 76-79. Gregorio Magno dividerà la festa, collocando la memoria di Paolo al 30 giugno: cfr. Gitte Lønstrup, *Constructing Myths: The Foundation of* Roma Christiana *on 29 June*, in «Analecta Romana Instituti Danici», 33 (2008), pp. 27-64, spec. p. 49.

e alta 39), in sostituzione della basilichetta fatta edificare sull'Ostiense da Costantino (lunga meno di 20 metri).[51]

La simultaneità del martirio, poi, viene esplicitamente menzionata in un documento normativo, forgiato in quella stessa temperie ideologica e anch'esso espressione del processo di unitaria e simmetrica esaltazione dei due apostoli: il terzo capitolo del cosiddetto *Decreto Gelasiano*, verosimilmente espressione del concilio di Roma del 382.[52] Nel *Decreto*, il primato giurisdizionale della sede romana su ogni altra sede episcopale è rivendicato in forza non di una qualche costituzione conciliare, ma del mandato di Gesù a Pietro e della stretta associazione con Pietro di Paolo; entrambi, nello stesso giorno dello stesso anno («uno tempore uno eodemque die ... sub Caesare Nerone») subirono a Roma il martirio «e insieme consacrarono la suddetta santa chiesa di Roma a Cristo signore e ‹la› anteposero a tutte le altre città nel mondo intero con la loro presenza e con il ‹loro› venerando trionfo».

L'insieme di questi dati letterari liturgici monumentali e normativi costituisce un riscontro puntuale agli elementi che caratterizzano la seconda e la terza parte degli *Atti* e che, insieme con quelli già notati nella prima sezione, distinguono peculiarmente l'opera nel panorama di tutte le narrazioni leggendarie su Pietro e su Paolo a Roma.

Sembra dunque fondato ritenere che gli *Atti di Pietro e Paolo* siano in realtà un manifesto, in forma narrativa, dell'ideologia della *sedes apostolica*,[53] vale a dire del primato giurisdizionale di Roma, in forza dell'essere stata tale chiesa fondata sul sangue dei due apostoli, l'uno dei quali depositario del mandato di Mt 16,18-19 e l'altro al primo strettamente associato. Nell'opera, l'autore, che è persona avveduta e dotata di buona cultura biblica, forse un membro del clero romano, raccoglie i principali dati delle tradizioni, talvolta molto antiche, sulla morte a Roma di Pietro e di Paolo e, mediante una operazione complessa, li rielabora, li integra per quanto gli è necessario, e

51. Su tutto ciò, e per la bibliografia specifica, rinvio a Marina Docci, *S. Paolo fuori le mura. Dalle origini alla basilica delle "origini"*, Roma, Gangemi, 2006 e a Giorgio Filippi, *La tomba dell'Apostolo Paolo: nuovi dati dai recenti scavi. Notizie storiche e archeologiche*, in *Paulo apostolo martyri. L'apostolo S. Paolo nella storia, nell'arte e nell'archeologia*, a cura di Ottavio Bucarelli, Martín M. Morales, Roma, Gregorian & Biblical Press, 2011, pp. 97-117; 269-276.

52. Cfr. Pietri, Roma christiana, pp. 866-872; 881-884.

53. Espressione che, dopo una prima sporadica apparizione nella lettera *Me frater* di Liberio a Eusebio di Vercelli (354), diviene d'uso comune e deliberatamente preferito proprio da Damaso in poi; cfr. Carlo Carletti, *Damaso I, santo*, in *Enciclopedia dei Papi*, 3 voll., Roma, Istituto della Enciclopedia Italiana, 2000, vol. I, pp. 349-378, spec. p. 361-362.

li colloca nel nuovo quadro ideologico promosso da Damaso e dai suoi successori. Il fine primario dell'opera, dunque, era quello di mettere una serie di dati tradizionali al servizio della promozione del primato della chiesa di Roma, mediante il rafforzamento del mito della fondazione apostolica di essa.[54] Una promozione che, in questo caso, traduceva un decreto conciliare in uno strumento narrativo, il cui impatto sui fedeli fu certamente rilevante, come testimoniano il grande numero di antiche versioni degli *Atti*, così come la sovrabbondanza della tradizione manoscritta di essi.

Corollario implicito di questa finalità primaria dell'opera dobbiamo dunque considerare anche una funzione polemica anticostantinopolitana, di contrasto, cioè, delle pretese giurisdizionali della nuova sede imperiale, che da Costantino in poi cercava anche di fondare la propria autorevolezza e autorità con la raccolta delle reliquie apostoliche. Non a caso, nei nostri *Atti*, che sono privi di riferimenti significativi a monumenti, due indicazioni topografiche sono messe bene in rilievo, vale a dire quella dell'esecuzione di Paolo (§ 59: «Paulus decollatus est in uia Ostiensi») e della sepoltura di Pietro (§ 63: «posuerunt sub terebinthum iuxta Naumachiam in locum qui appellatur Vaticanus»). Nell'appendice conclusiva degli *Atti* (§ 66)[55] sono ribadite le stesse informazioni topografiche, relative in questo caso ai *loca* dove furono poste le spoglie dei due apostoli: «corpora eorum [...] posita sancti Petri in Vaticano Naumachiae et sancti Pauli in uia Ostiensi miliario secundo».

Altro corollario dell'operazione fu che essa legittimava pienamente, pur rielaborandoli, una serie di dati tradizionali altrimenti trasmessi mediante testi apocrifi più antichi, guardati almeno con sospetto dalle autorità ecclesiali, se non esplicitamente condannati come falsi (si pensi, ad esempio, agli *Atti di Paolo*, rigettati già al tempo di Tertulliano). Ciò indubbiamente fu un elemento a favore della grande popolarità dell'opera.

Accanto al fine principale, è possibile rilevare negli *Atti* due altri temi, sempre di ordine politico, meno valorizzati, e tuttavia presenti: il legame tra eresia (Simon Mago) e instabilità dell'*imperium* (§§ 29; 34) e la rappresentazione negativa del potere imperiale esercitato sotto l'influsso dell'eresia (Nerone).

54. Interessanti riflessioni sul "mito" in Lønstrup, *Constructing Myths*, pp. 46-48; non condivido, tuttavia, la riluttanza della studiosa all'uso di "propaganda", termine che non comporta necessariamente un'accezione negativa. Cfr. anche Zocca, *Pietro e Paolo «nova sidera»*, pp. 243-248.

55. La cui natura dev'essere ancora pienamente chiarita dal punto di vista letterario, poiché alcuni indizi fanno sospettare che si tratti di un'aggiunta cronologicamente posteriore.

Quanto all'antigiudaismo, esso è "di maniera", nella sostanza assai attenuato e rivolto tradizionalmente ai capi dei sacerdoti che condannarono Gesù, non all'insieme dei Giudei, per i quali è prospettata la conversione come approdo "naturale" della loro fede; anche la rifunzionalizzazione di un documento originariamente finalizzato alla polemica contro i giudei, quale la *Lettera di Pilato*, è indice di tale orientamento.

2. *La leggenda di Abgar da Eusebio alla* Dottrina di Addai

Prima di entrare nell'argomento, si propone una breve ricostruzione del formarsi e complicarsi della leggenda su Abgar e Addai a partire dalla prima attestazione scritta, nel IV secolo, fino alla sua compiuta elaborazione nella *Dottrina di Addai.*

La leggenda di Abgar e Addai/Taddeo è attestata per la prima volta nel I libro della *Storia Ecclesiastica* di Eusebio.[56] Lo storico palestinese dedica, infatti, l'ampia sezione finale di questo libro al racconto della guarigione e conversione, da parte del discepolo Taddeo, del re Abgar di Edessa, città al confine con l'impero persiano, posta sotto il controllo di una dinastia alleata dell'Impero romano.[57]

Ecco la storia nella narrazione eusebiana: a Edessa il re Abgar, gravemente malato, viene a conoscenza dei miracoli operati da Gesù e, mediante una lettera inviata per il tramite del messaggero Anania, lo implora di raggiungerlo a corte e di guarirlo. Il re, tuttavia, non ottiene una risposta immediata: è solo più tardi, infatti, in seguito all'ascensione di Gesù in cielo, che il discepolo Tommaso spedirà a Edessa Taddeo, uno dei settanta discepoli, il quale realizzerà la guarigione e la conversione di Abgar e del suo popolo. Eusebio allega come prova di quanto raccontato la corrispondenza tra Abgar e Gesù, che dichiara di aver trovato negli archivi di Edessa e tradotto dal siriaco.[58]

56. Il racconto di Abgar di Edessa è contenuto in Eus., *h.e.* I,13: la leggenda viene, quindi, ripresa, all'inizio del II libro in *h.e.* II,1,6-7.

57. Punto di riferimento insuperato, per una storia della città, resta Judah Benzion Segal, *Edessa 'the blessed city'*, Oxford, Clarendon Press, 1970, che ne considera le vicende dalla sua fondazione alla conquista islamica; più circostanziato è invece lo studio di Steven K. Ross, *Roman Edessa: Politics and Culture on the Eastern Fringes of the Roman Empire, 114-242 CE*, London-New York, Routledge, 2001.

58. Per una contestualizzazione storica del motivo dell'archivio e della figura dell'archivista si veda William Adler, *Christians and the Public Archive*, in *Teacher for All Generations. Essays in Honor of James C. VanderKam*, a cura di Eric F. Mason, Supplements

Eusebio conosce, dunque, alla sua epoca, una tradizione scritta intorno alla fondazione della chiesa edessena: alcuni studiosi si sono chiesti se attingesse direttamente, come sostiene, a una fonte siriaca o se disponesse piuttosto di una traduzione in lingua greca. Nel passaggio da un ambiente culturale all'altro, egli – o la traduzione di cui si serve – deve avere cambiato il nome Addai[59] con Taddeo, personaggio che si poteva incontrare nella lista dei dodici apostoli[60] ma che viene piuttosto presentato come uno dei 70 discepoli: in Lc 6,16, d'altra parte, Taddeo è chiamato anche Giuda.[61] Secondo le più recenti ricostruzioni della critica[62] la leggenda sarebbe nata nella seconda metà del III secolo per dotare

to the «Journal for the Study of Judaism», 153, Leiden-New York-Köln, 2012, pp. 917-937 e Id., *The Kingdom of Edessa and the Creation of a Christian Aristocracy*, in *Jews, Christians, and the Roman Empire: The Poetics of Power in Late Antiquity*, a cura di Natalie B. Dohrmann, Annette Yoshiko Reed, Philadelphia, University of Pennsylvania Press, 2013, pp. 43-62, 277-282; Alberto Camplani, *Setting a Bishopric / Arranging an Archive: Traces of Archival Activity in the Bishopric of Alexandria and Antioch*, in *Manuscripts and Archives. Comparative Views on Record-Keeping*, a cura di Alessandro Bausi, Christian Brockmann, Michael Friedrich, Sabine Kienitz, Berlin, De Gruyter, 2018 (Studies in Manuscript Cultures, 11), pp. 231-272, spec. pp. 236-240.

59. Il primo a ipotizzarlo è stato Rubens Duval, *La littérature syriaque*, Paris, Librairie Victor Lecoffre, 1907 (rist. Amsterdam 1970), p. 98: si tratta di nomi assai simili in lingua siriaca. Quanto all'origine del nome Addai, Hendrik Jan Willem Drijvers, *Facts and Problems in Early Syriac-Speaking Christianity*, in «The Second Century», 2 (1982), pp. 157-175, specialmente p. 160, nota come esso sia completamente sconosciuto nei primi secoli cristiani e compaia soltanto in tradizioni edessene tarde che si rifanno alla *Dottrina di Addai*; puntualizza, quindi, come esso non sia la traduzione del semitico Addai, nome quest'ultimo legato invece alla figura di un influente discepolo di Mani (seconda metà del III secolo), menzionato in varie fonti (nel *Codex Manichaicus Coloniensis*, negli *Acta Archelai*, in Epifanio, Teodoreto, nella *Cronaca Nestoriana* e in Michele il Siro).

60. Cfr. Mc 3,18 e Mt 10,3.

61. Alla base dell'identificazione si ipotizza una somiglianza tra i due nomi in aramaico: cfr. Segal, *Edessa*, p. 66 e Alain Desreumaux, *Histoire du roi Abgar et de Jésus*, Turnhout, Brepols, 1993, pp. 26-27.

62. In questa nota vengono presentate in estrema sintesi alcune delle principali teorie circa l'origine della leggenda: per una trattazione più dettagliata della storiografia si rimanda a Alexander Mirkovic, *Prelude to Constantine: The Abgar Tradition in Early Christianity*, Frankfurt am Main, P. Lang, 2004, pp. 3-14. L'ipotesi secondo la quale sia stata la componente poi affermatasi come ortodossa a produrre la leggenda è stata formulata per la prima volta da Walter Bauer, *Rechtgläubigkeit und Ketzerei im ältesten Christentum*, Tübingen, J.C.B. Mohr, 1934, pp. 12-48, che ne situa l'origine all'epoca del vescovo Qônâ (o Kune), nel primo quarto del IV secolo. Hendrik Jan Willem Drijvers, *Addai und Mani. Christentum und Manichäismus im dritten Jahrhundert in Syrien*, in *IIIe Symposium Syriacum 1980: Les*

di natali apostolici una comunità cristiana di Edessa minoritaria rispetto ad altri gruppi, quali i marcioniti, i bardesaniti, i valentiniani nonché rispetto alla religione manichea. La storia, come ha argomentato Mirkovic, prende corpo nella forma di un racconto di corte, secondo la tipologia del

contacts du monde syriaque avec les autres cultures (Goslar, 7-11 Septembre 1980), edizione a cura di René Lavenant, Roma, P. Institutum studiorum orientalium, 1983 (OCA 221), pp. 171-185, ipotizza che la leggenda nasca con un intento antimanicheo, mettendo in evidenza nel testo una serie di possibili riferimenti polemici, *in primis* il nome dell'apostolo, Addai, singolarmente vicino a quello di un discepolo di Mani. Sebastian P. Brock, *Eusebius and Syriac Christianity*, in *Eusebius, Christianity, and Judaism*, a cura di Harold W. Attridge, Gohei Hata, Leiden-New York-Köln, Brill, 1992, pp. 212-234, dopo aver effettuato un confronto puntuale tra la narrazione eusebiana e la *Dottrina di Addai*, individua l'esistenza di una fonte comune ai due, la cui origine situa nella seconda metà del III secolo, presupponendo che essa a quell'epoca circolasse sia in forma scritta sia orale. Fondamentalmente la stessa concezione circa l'origine della leggenda viene seguita da Desreumaux, *Histoire du roi Abgar*; Sidney H. Griffith, *The «Doctrina Addai» as a Paradigm of Christian Thought in Edessa in the fifth Century*, in «Hugoye», 6/2 (2003), pp. 269-292; Alberto Camplani, *Traditions of Christian Foundation in Edessa*, in «Studi e Materiali di Storia delle Religioni», 75 (2009), pp. 251-278, che valorizza l'originaria funzione antibardesanita della leggenda. Altri studiosi, invece, pur condividendo l'idea dell'origine della leggenda tra III e IV secolo, non l'hanno rappresentata come espressione di una comunità minoritaria "ortodossa" in opposizione ad altre realtà cristiane: così, per primo, Francis Crawford Burkitt, *Early Christianity outside the Roman Empire: Two Lectures Delivered at Trinity College, Dublin*, Cambridge-New York, Cambridge University Press-Macmillan, 1899, e Id., *Early Eastern Christianity*, London, John Murray, 1904, cap. 1, il quale pensa che la leggenda parli della conversione di Abgar VIII il Grande (177-212) piuttosto che di quella di Abgar V (13-50) e che la sua origine non debba collocarsi molto prima della Grande Persecuzione di Diocleziano; Robert Murray, *Symbols of Church and Kingdom: A Study in Early Syriac Tradition*, London, Cambridge University Press, 1975, pp. 8-9, che suggerisce che i cristiani di Edessa di IV secolo abbiano mutuato la storia dalle comunità giudaiche presenti nell'Adiabene, ponendosi così sulla linea, già tracciata da Segal, secondo la quale il cristianesimo sarebbe arrivato a Edessa a partire dalle comunità giudaiche dell'Adiabene; Andrew Palmer, *King Abgar of Edessa, Eusebius and Constantine*, in *The sacred center as the focus of political interest. Proceedings of the symposium held on the occasion of the 375th anniversary of the University of Groningen (5-8 March 1989)*, a cura di Hans T. Bakker, Groningen 1992, pp. 3-30, spec. pp. 20-30, che ritiene che la leggenda della conversione di Abgar sia nata intorno al III secolo, prima della trasformazione della città in colonia romana nel 215, ma che inizialmente l'Apostolo missionario fosse Tommaso, trasformato in Addai sotto l'episcopato di Qônâ (o Kune), già valorizzato dall'interpretazione di Bauer; Mirkovic, *Prelude to Constantine*, che contestualizza la leggenda di Abgar nel quadro dei racconti di conversione dei sovrani – un genere letterario molto diffuso tra fine III e inizio IV secolo, utilizzato come "training tool" per i cristiani che, in quell'epoca, ormai aspiravano alla scalata sociale – e ipotizza che Flavio Giuseppe abbia rivestito un importante ruolo nella trasmissione di tali forme di racconto. Ilaria Ramelli ha più volte cercato di evidenziare un racconto di conversione di un sovrano, un genere letterario che lo studioso ha dimostrato essere particolarmente rappresentato nella letteratura cristiana orientale di III-IV secolo: si tratta di uno snodo cronologico importante, quando i cristiani iniziano a uscire dall'invisibilità in quanto proprietari di beni immobili, come cimiteri e luoghi di culto, e cercano la protezione delle autorità politiche.[63]

A fine IV secolo la pellegrina Egeria,[64] in visita a Edessa e ai luoghi limitrofi abitati da uomini santi, ci testimonia come la leggenda di Abgar e del suo carteggio con Gesù fosse parte essenziale del mito fondativo della comunità cristiana di Edessa, mentre non menziona quella relativa ad Addai: la lettera, con cui Gesù avrebbe promesso al re l'invio di Tommaso, sarebbe stata conservata nel luogo di sepoltura dell'apostolo.[65] In un *tour* cittadino sotto la guida del vescovo locale (forse l'antiariano Eulogio, attivo tra il 379 e il 387), la pia donna viene condotta nei luoghi della memoria relativi alla tradizione di Abgar: il meraviglioso palazzo del

substrato molto antico della leggenda, che farebbe riferimento ai rapporti tra Abgar V Ukkama (I sec d.C.) e Tiberio, come testimonierebbe la corrispondenza tra i due. La studiosa ritiene, infatti, che questo scambio epistolare, di argomento originariamente politico e non religioso, contenga traccia della condizione storica del I secolo, quale è documentata anche da altre fonti: la leggenda della conversione di Abgar sarebbe derivata successivamente a partire da questo nucleo storico: cfr. Ilaria Ramelli, *Edessa e i Romani fra Augusto e i Severi: aspetti del regno di Abgar V e di Abgar IX*, in «Aevum», 73 (1999), pp. 107-143; Ead., *Possible Historical Traces in the «Doctrina Addai»?*, Piscataway (NJ), Gorgias, 2009 (Analecta Gorgiana Series, 399); Ead., *The Possible Origin of the Abgar-Addai Legend: Abgar the Black and Emperor Tiberius*, in «Hugoye», 16 (2013), pp. 325-341.

63. Cfr. Mirkovic, *Prelude to Constantine*, pp. 147-165, dove lo studioso fornisce un'efficace sintesi della teoria: attraverso il genere del racconto di corte, già rinvenibile nei più antichi *Atti di Tommaso*, di inizio III secolo, alcuni cristiani avrebbero espresso il proprio desiderio di ricevere protezione da parte delle autorità politiche. Il caso di Paolo di Samosata, citato ugualmente da Mirkovic e Camplani, *Traditions of Christian Foundation*, pp. 273-275, è emblematico in tal senso: si tratta, infatti, di un vescovo di Antiochia deposto da un sinodo, per la cui rimozione una parte della comunità antiochena chiede l'intervento dell'imperatore Aureliano, il quale sottoscrive la petizione. Sulla questione di Paolo di Samosata si veda l'esaustivo studio di Patricio de Navascués Benlloch, *Pablo de Samosata y sus adversarios. Estudio histórico-teológico del cristianismo antioqueno en el s. III*, Roma, Institutum Patristicum Augustinianum, 2004 (SEA 87).

64. Negli anni Ottanta del IV secolo la pellegrina Egeria, di probabile origine spagnola, decide di allontanarsi da Gerusalemme per visitare i famosi asceti di Siria e vedere con i propri occhi la tomba di Tommaso. Il racconto della visita si trova in *Itinerarium Egeriae* 17-19.

65. Cfr. *Itinerarium Egeriae* 17,1 e nota *ad loc.* in Egeria, *Diario di viaggio*, a cura di Elena Giannarelli, Milano, Edizioni Paoline, 1992.

re, con una piscina ricca di pesci straordinariamente grandi e succulenti - dove le viene raccontato di come i Persiani non fossero riusciti a portare a compimento l'assedio della città, protetta dalla benedizione di Gesù - quindi la porta dalla quale entrò Anania, il messaggero recante la lettera di Gesù. Alla fine del pellegrinaggio Egeria riceve dallo stesso vescovo la trascrizione delle due lettere e ci informa che esse presentavano delle differenze rispetto al testo che aveva potuto leggere in patria. La notizia ci permette di ipotizzare una circolazione in forma scritta della corrispondenza tra Abgar e Gesù anche in traduzione latina. Una serie di epigrafi databili tra IV e VII secolo conferma la trasmissione indipendente della corrispondenza: si tratta, per quanto riguarda il IV-V secolo, di iscrizioni rinvenute a Edessa, Efeso e Filippi di Macedonia, lungo la via attraverso la quale la leggenda si era diffusa dall'Oriente all'Occidente, che riportano, con varianti talvolta considerevoli, la lettera di Gesù, accompagnata, a partire dal VII secolo, dal suo sigillo.[66] Ma la pellegrina ci fornisce un'altra preziosa indicazione: prima ancora di ripercorrere i luoghi legati alla memoria di Abgar, ella si era recata al *martyrium* di san Tommaso, dove dice di aver letto alcuni testi relativi al santo: ci si può chiedere se si trattasse di una traduzione latina degli *Atti di Tommaso*, scritti nel III secolo, ma è semplice congettura. L'elemento più interessante è tuttavia rappresentato dal suo completo silenzio sulla figura di Addai, un silenzio che condivide con tutta la letteratura siriaca fino alla seconda metà del IV secolo, compresi Efrem, l'autore di gran lunga più significativo della chiesa edessena dell'epoca, e il più importante documento di quella stessa chiesa, cioè la *Cronaca edessena* di VI secolo, che registra quale primo avvenimento degno di nota l'inondazione subita dalla città, nel 201, con conseguente allagamento della chiesa dei cristiani.[67] Un'epigrafe greca ritrovata ad Edessa, posteriore al IV secolo e contenente la risposta di Gesù ad Abgar, testimonia un tentativo di armonizzazione delle due tradizioni di fondazione della Chiesa – quella relativa a Tommaso e quella relativa ad Addai/Taddeo – in quanto i due nomi vengono proposti come denominazioni alternative di un medesimo personaggio, forse anche per il fatto che sia Taddeo sia Tommaso si trovano accompagnati al nome Giuda:

66. *Doctrina Addai De imagine Edessena Die Abgarlegende Das Christusbild von Edessa*, a cura di Martin Illert, Turnhout, Brepols, 2007, pp. 44-48 e 178-184.

67. La sintesi più chiara sulle diverse fasi di ricezione della leggenda di Abgar si trova in Mirkovic, *Prelude to Constantine*, pp. 17-61, con un'efficace tabella finale.

7 Io ti invio uno dei miei discepoli, di nome
Taddeo,
8 che si chiama anche Tommaso.[68]

Martin Illert ipotizza che questa variante, insieme con altre della stessa epigrafe, possa risalire a una tradizione orale locale.[69]

Egeria è una fonte di notevole importanza anche per quanto riguarda la ricostruzione della topografia edessena di fine IV secolo: ci parla, infatti, dell'esistenza di una tomba di Tommaso nei pressi della città di Edessa – sembra che la traslazione delle ossa del santo entro il recinto della città sia avvenuta nel 394[70] – e di una chiesa di grandi dimensioni e recente costruzione, del palazzo di Abgar con relativa statua del primo sovrano convertito al cristianesimo e del figlio Magno, nonché degli insediamenti ascetici nella città e nel circondario mentre non fa alcun accenno alla presenza, nella città, di un ritratto di Gesù.

Tra la fine del IV e l'inizio del V secolo la leggenda di Abgar/Addai conosce un'ulteriore diffusione attraverso le più o meno contemporanee traduzioni in lingua latina e siriaca della *Storia Ecclesiastica* di Eusebio. La versione siriaca sembra rendere fedelmente il testo eusebiano, traducendo persino la frase in cui lo storico ecclesiastico rivendica di aver trovato il documento negli archivi di Edessa e di averlo tradotto dal siriaco in greco.[71] Tra le poche differenze degne di nota[72] spiccano delle varianti

68. Il testo è riprodotto da Illert in *Doctrina Addai. De imagine*, p. 180.

69. Cfr. *Doctrina Addai De imagine*, p. 46.

70. Per un'informata ricostruzione delle ripetute traslazioni delle reliquie di Tommaso cfr. Segal, *Edessa*, pp. 174-176. La data della traslazione è tuttavia stata contestata: cfr. Palmer, *King Abgar of Edessa*, n. 5. Delle reliquie del santo aveva d'altra parte parlato anche Efrem (306-373) in *Carmina Nisibena* 42 (*Carmina Nisibena* 42, a cura di Edmund Beck [Corpus Scriptorum Christianorum Orientalium, d'ora in poi CSCO, 102], t. II, Louvain 1963, p. 37, trad. [CSCO 103], pp. 28-29).

71. Su alcuni caratteri d'insieme della traduzione e un primo tentativo di inquadramento, che tiene conto della principale bibliografia anteriore, cfr. Carla Noce, *Eusebius' «Historia Ecclesiastica» in Syriac and Latin: A First Comparison*, in «Aramaic Studies», 14 (2016), pp. 98-117.

72. Un'analisi dettagliata della sezione si trova in Lucas Van Rompay, *Some Preliminary Remarks on the Origins of Classical Syriac as a Standard Language. The Syriac Version of Eusebius of Caesarea's 'Ecclesiastical History'*, in *Semitic and Cushitic Studies*, a cura di Gideon Goldenberg, Shlomo Raz, Wiesbaden, Harrassowitz Verlag, 1994, pp. 78-82, che, conducendo un'indagine sulla distribuzione delle radici *šlḥ* and *šdr* nella versione siriaca di Eusebio e nella *Dottrina di Addai*, ha osservato che nella prima la radice *šlḥ* viene

nell'onomastica: il manoscritto più antico, databile al 462,[73] riporta quasi costantemente il nome Addai in luogo del greco Taddeo, a testimonianza di una tradizione ormai consolidata; il traduttore, inoltre, usa Urhai invece di Edessa e Hannan invece di Anania, nonché utilizza differenti titoli per designare il sovrano.[74]

La stessa tradizione, più ampliata e con alcune differenze sostanziali, si ritrova nella successiva *Dottrina di Addai*,[75] un testo che appare come una rielaborazione del materiale già noto a Eusebio, con caratteristiche proprie della cronaca, come ha notato Desreumaux,[76] e che viene datato entro un arco temporale che si estende tra fine IV e fine V secolo:[77] la proposta di datazione agli inizi del V secolo, sostenuta, tra gli altri, da Brock, mi sembra preferibile, in quanto pienamente coerente

impiegata sia nel senso di "inviare un messaggio", sia in quello di "inviare una persona" mentre nella *Dottrina di Addai* appare una maggiore distinzione tra i due verbi. L'uso indifferenziato della radice *šlḥ* per cose e persone sarebbe indicativo di una fase più antica della lingua e, quindi, potrebbe essere messo in relazione con il documento originale. Va tuttavia osservato che elementi di arcaicità si riscontrano altrove nella traduzione siriaca e, pertanto, l'argomento non pare fornire una prova incontrovertibile del ricorso al documento siriaco originale da parte del traduttore. Il tema è stato da me affrontato in un contributo scritto a quattro mani con Sabrina Antonella Robbe: Carla Noce, Sabrina Antonella Robbe, *Translating Eusebius' 'Church History' in the West and in the East: Rufinus and his contemporary Syriac colleague*, in *Intercultural Exchange in Late Antique Historiography*, a cura di Maria Conterno, Leuven, Peeters Publishers, 2019, pp. 29-64.

73. Il manoscritto è oggi conservato presso la Biblioteca di San Pietroburgo (Nouv. Ser. 1 = A).

74. Egli rende, infatti il greco *toparca* (τοπάρχης) una volta come *re* e un'altra come *toparca*.

75. Il testo si legge nell'edizione di *The Doctrine of Addai the Apostle*, a cura di George Phillips, London, Trübner & Co., Ludgate Hill, 1876, con una nuova versione inglese in *The Teaching of Addai*, a cura di George Howard, Chico CA, Scholars Press, 1981 (Texts and Translations, 16); si utilizza qui la suddivisione in paragrafi proposta da Desreumaux, *Histoire du roi Abgar*, nella sua traduzione.

76. Desreumaux, *Histoire du roi Abgar*, p. 24.

77. Per una datazione bassa, alla seconda metà del V secolo, cfr. Desreumaux, ivi, pp. 33-36, che la situa intorno al 500. Propongono una datazione alla prima metà del V secolo, invece, ad esempio, Brock, *Eusebius and Syriac Christianity*, p. 228, che situa il testo nel primo quarto del V secolo, Camplani, *Traditions of Christian Foundation*; Hendrik Jan Willem Drijvers, *The Protonike Legend, the "Doctrina Addai" and Bishop Rabbula of Edessa*, in «Vigiliae Christianae», 51 (1997), pp. 298-315 e Id., *The Image of Edessa*, pp. 15-16, nonché Griffith, *The "Doctrina Addai" as a Paradigm*, pp. 288-289 suggeriscono in particolare una datazione durante l'episcopato di Rabbula (411/2-436).

con l'assenza di un linguaggio tecnico caratteristico delle controversie cristologiche, l'uso del *Diatessaron* in luogo dei Vangeli separati e una convergenza di interessi tra le chiese di Edessa, Antiochia e Roma in funzione anti-costantinopolitana. La *Dottrina di Addai* è un'opera composita nella quale l'autore, il Labubna che si palesa alla fine dello scritto, ha alternato parti narrative alla riproduzione di documenti di vario genere, con molte aggiunte rispetto alla redazione più antica. Le più vistose sono costituite dall'introduzione della storia del rinvenimento della croce da parte di Protonice, qualificata come moglie dell'imperatore Claudio; dall'inserzione di documenti epistolari ulteriori (lo scambio tra Abgar e il re di Assiria Narsai; la corrispondenza tra lo stesso Abgar e Tiberio); dal puntuale resoconto dei discorsi pronunciati da Addai; dalla narrazione dell'insediamento del cristianesimo a Edessa e delle prime vicende della chiesa edessena, con la designazione dei successori di Addai. La trattazione che segue considererà sempre le due diverse fasi redazionali attestate, quella costituita dal testo eusebiano e quella della *Dottrina di Addai*, aggiungendo qua e là dati provenienti dalla versione siriaca della *Storia Ecclesiastica*, di solito trascurata nelle ricostruzioni della storia della trasmissione e della ricezione della leggenda.

2.1. *La struttura della* Dottrina di Addai*: documenti e cornici narrative*

Le principali aggiunte e modifiche rispetto al testo eusebiano si possono così sintetizzare:

– la risposta di Gesù in forma orale, in cui compare il tema della benedizione della città che ottiene l'eterna protezione dall'invasione nemica (§ 5);

– il motivo del ritratto di Gesù da parte dell'archivista e pittore di corte Hannan, personaggio cui si accorda grande importanza nel racconto, che sostituisce l'Anania della versione eusebiana (§ 6);

– l'introduzione della storia del rinvenimento della croce da parte di Protonice, moglie di Claudio, che costituisce parte integrante del primo discorso di Addai (§§ 16-30);

– il messaggio di Narsai ad Abgar e la notizia della lettera di risposta di Abgar (§ 73);

– lo scambio epistolare tra Abgar e Tiberio (§§ 74-76);

– i discorsi di Addai: davanti ad Abgar, alla sua famiglia e ai dignitari di corte (§§ 15-32); davanti a tutta la città (§§ 36-61); in dialogo con i nobili (§ 66); davanti ai ministri destinati a servire nella chiesa (§§ 69-70); il Testamento di Addai pronunciato davanti al popolo (§§ 78-91);

– il racconto dell'insediamento del cristianesimo a Edessa e nei dintorni, con costruzione di edifici di culto (§ 77);

– notizie circa la morte e il culto di Addai (§§ 93-96);

– la ricostruzione della linea di successione episcopale di Edessa da Addai a Palut (§§ 100-102).

Come primo punto si individuano di seguito i documenti utilizzati dall'autore, attraverso una classificazione per genere.[78]

2.1.1. *Le lettere*

Lettera di Abgar Ukkama a Gesù il buon dottore (§ 4)

Segue una risposta di Gesù, che non si specifica essere scritta (§ 5).

Questa sezione trova un riferimento puntuale in Eusebio, *h.e.* I,13,6-21. La corrispondenza, come abbiamo visto, godeva già in antico di una propria autonomia rispetto al resto della narrazione: la maggior parte degli studiosi crede che alla base delle versioni dello scambio epistolare tra Abgar e Gesù contenute in Eusebio e nella *Dottrina di Addai* vi sia una fonte siriaca perduta, risalente molto probabilmente alla metà del III secolo. Poiché la differenza più importante tra le due versioni risiede nell'assenza nel testo di Eusebio della benedizione sulla città di Edessa, la maggioranza della critica crede che il tema della benedizione sia un'aggiunta della *Dottrina di Addai*,[79] nonostante vi sia chi, come Jacinto González Núñez, pensi che sia stato Eusebio a omettere il particolare, forse per non oscurare altre città come Gerusalemme o Roma.[80]

Rispetto alla versione eusebiana, poi, la lettera di Gesù non è più tale, in quanto nella *Dottrina di Addai* si allude genericamente a una risposta del Salvatore: alla base di una simile modifica vi può essere la convinzione ormai diffusa che la lettera di Gesù non sia autentica.

78. Un'analoga analisi con riferimento ai documenti – sebbene classificati in maniera differente da quella qui proposta – si trova in González Núñez, *La leyenda del Rey Abgar*, pp. 34-49.

79. Tra i sostenitori più autorevoli dell'idea cfr. Lipsius, *Die edessenische Abgarsage*, p. 7; Duval, *La littérature syriaque*, p. 99; Alain Desreumaux, *La Doctrina Addai: Le Chroniqueur et ses documents*, in «Apochrypha», 1 (1990), p. 258.

80. González Núñez, *La leyenda del Rey*, p. 39, dove mostra come Eusebio stesso, in *h.e.*II, 1,7 affermi che «la città intera di Edessa fino ad oggi è consacrata al nome di Cristo».

Agostino, ad esempio, nel *De consensu evangelistarum*,[81] scritto intorno al 400, proclamava con forza che Gesù non aveva mai lasciato nulla di scritto mentre la lunga lista di opere apocrife contenuta nel *Decretum gelasianum*[82] collocava esplicitamente la corrispondenza tra Gesù e Abgar tra i testi da non accogliere nel canone.

Lettera di Abgar a Narsai (§ 73)

Il re degli Assiri Narsai chiede ad Abgar di inviargli Addai o di ricevere informazioni su di lui: non si precisa, tuttavia, che il messaggio di richiesta sia nella forma di un testo scritto; si dà però notizia della lettera di risposta di Abgar, il cui contenuto si profila come una descrizione dettagliata dei prodigi compiuti da Addai. La lettera è riportata nella *Storia dell'Armenia* di Mosè di Corene.[83]

L'idea di uno scambio epistolare tra Narsai e Abgar potrebbe essere una creazione di Labubna così come una rielaborazione di un documento esistente; in ogni caso essa è introdotta per aumentare il prestigio internazionale di Abgar, per dirla con Mirkovic.[84] Il personaggio pare da identificare con il figlio di Sapore I, Narses, che ha regnato tra il 293 e il 303, usurpando il regno di Bahram III.[85]

81. *Cons.* I,7,11.

82. *Decr. Gel.* V,8. Il testo si compone di cinque parti e viene ascritto dalla tradizione manoscritta ai pontefici Damaso (366-384), Gelasio (492-496) e Ormisda (514-523); comprende sia una lista di libri inclusi nell'Antico e nel Nuovo Testamento sia una lista di opere e autori eretici: il suo editore, Ernst von Dobschütz, la riteneva un'opera di origine italiana ma non romana, sicuramente non papale, di inizio VI secolo. cfr. *Das "Decretum gelasianum de libris recipiendis et non recipiendis"*, a cura di Ernst von Dobschütz, Leipzig, J.C. Hinrichs'sche Buchhandlung, 1912.

83. Mosè di Corene, *Storia dell'Armenia*, 2,33.

84. Mirkovic, *Prelude to Constantine*, p. 80: «In order to create the image of Abgar as a player on the international scene, "Labubna" introduces several letter exchanges into his text. The correspondence between Jesus and Abgar cannot be attributed to "Labubna", but the exchange of letters between Tiberius and Abgar, and between Abgar and king Narses of Assyria represent more of a literary formula introduced by "Labubna". The formula is very effective in building the picture of royal authority, because it is reminiscent of days when Aramaic was the chancery language of the Persian Empire. By using the imagery known to his readers to have originated in the glory days of the Aramaic-speaking people, "Labubna" is making one more effort to include the Syriac- speaking Christians of Edessa under the fold of the Orthodox Roman Empire».

85. Cfr. Desreumaux, *Histoire du roi Abgar*, p. 126. che nota come la lettera si ritrovi anche nel ciclo di Pilato.

Corrispondenza tra Abgar e Tiberio (§§ 74-76)

Abgar, impossibilitato ad attraversare il paese dei romani, invia a Tiberio una lettera per chiedere che gli Ebrei, rei di aver crocifisso Gesù, siano puniti. Tiberio risponde di essere a conoscenza della crocifissione di Gesù grazie al procuratore Pilato, che aveva a sua volta scritto al governatore Albino; si propone di punire quanti hanno agito contro la legge, come ha già fatto con Pilato, rimosso dal proprio incarico per aver compiaciuto gli Ebrei.

La corrispondenza tra Abgar e Tiberio potrebbe essere un'invenzione dell'autore della *Dottrina di Addai*, sebbene si fondi su tradizioni largamente diffuse. Desreumaux[86] ha, infatti, messo in evidenza come alcuni contenuti della corrispondenza tra Abgar e Tiberio compaiano anche nel ciclo della Vergine, nella testimonianza del filosofo Ursino (lettera di Pilato a Tiberio per riferire dei segni cosmici che hanno fatto seguito alla morte di Gesù), nella *Didascalia Addai*, di III secolo, e nella più tarda *Dottrina di Simon Cefa nella città di Roma*.[87] Egli ipotizza che questo scambio epistolare abbia avuto una circolazione indipendente prima della redazione dei *Transitus Mariae*,[88] mentre Ilaria Ramelli insiste sulla presenza di un nucleo storico.[89]

2.1.2. *Un altro documento scritto: il resoconto della storia di Protonice da parte di Giacomo di Gerusalemme (§§ 16-30)*

Addai introduce un nuovo racconto relativo a persone che, come il sovrano edesseno e la sua corte, avevano creduto che Cristo fosse il Figlio di Dio e narra così la storia di Protonice, moglie di Claudio, secondo di Tiberio, responsabile di aver rinvenuto a Gerusalemme la croce di Gesù: la narrazione presenta citazioni letterali delle parole pronunciate dalla donna e dagli altri protagonisti della storia, sulla base del resoconto che Giacomo, amministratore della chiesa di Gerusalemme, aveva inviato agli altri compagni apostoli, tra i quali Addai. Il racconto di Protonice è declamato da Addai al cospetto di Abgar, della sua famiglia e dei più alti dignitari di

86. Desreumaux, *Histoire du roi Abgar*, p. 127.

87. Si tratta di un testo che viene generalmente datato tra IV e V secolo, sebbene il linguaggio cristologico possa far pensare a un'epoca successiva, tra V e VI secolo: in questo caso sarebbe successivo al nostro testo.

88. Cfr. Desreumaux, *Histoire du roi Abgar*, p. 185.

89. Cfr. n. 63.

corte. La storia di Protonice, come è stato dimostrato, è una rielaborazione edessena della leggenda dell'*inventio crucis* da parte di Elena, madre di Costantino, e nasce con l'intento di valorizzare i legami della chiesa di Edessa con la chiesa di Gerusalemme e con l'Impero romano.[90]

2.1.3. *Discorsi di Abgar o di Addai registrati fedelmente dall'estensore del testo*[91]

I discorsi pronunciati da Abgar, da Addai e dai nobili si presentano come trascrizioni fedeli realizzate da Labubna, il quale precisa di aver registrato tutto, come da prassi, in quanto scriba del re: tutte le trascrizioni vengono a loro volta notificate dall'archivista Hannan.

2.1.4. *Altro genere di testimonianze: il ritratto di Gesù eseguito dall'archivista Hannan (§ 6)*

Nella nostra opera compare per la prima volta il motivo dell'immagine di Gesù, destinato ad affermarsi vigorosamente a partire dalla metà del VI secolo. Il ritratto, che si dice eseguito dall'archivista e pittore di corte Hannan (l'Anania della redazione eusebiana),[92] viene ricevuto

90. Sul tema cfr. Hendrik Jan Willem Drijvers, *Helena Augusta. The mother of Constantine the Great and the Legend of her Finding of the true Cross*, Leiden-NewYork *et al.*, Brill, 1992, pp. 147-163; Id., *The Protonike Legend.*

91. Ecco, nel dettaglio, l'elenco dei discorsi o delle frasi riportati: § 3: Abgar si rivolge ad Hannan e ai dignitari di corte che gli hanno raccontato dei miracoli di Gesù a Gerusalemme; § 7 Abdou informa Abgar dell'arrivo di Addai a Edessa, in casa di Tobia. Abgar chiede ad Addai di recarsi a corte; § 8 alla visione di Addai Abgar dice che egli è il discepolo di Gesù, il figlio di Dio; § 9 dialogo tra Abgar e Addai e imposizione delle mani su Abgar da parte di Addai; §§ 11-13 dialogo tra Abgar e Addai; §§ 15-32: Discorso di Addai davanti ad Abgar, alla sua famiglia e ai dignitari; § 34 Abgar chiede ad Addai di raccontare quanto già narrato e il seguito davanti a tutta la città; §§ 36-61: lungo discorso di Addai. §§62.63-64: Abgar si rivolge ad Addai e chiede che ovunque siano costruite chiese; § 66 dialogo di Addai con i nobili. § 67 le parole della conversione di molti nobili; §§ 69-70 Addai parla ai ministri che forma; §§ 78-91 Testamento di Addai pronunciato davanti al popolo; § 92 Risposta dei discepoli ad Addai; § 93 Ultimo scambio di battute tra Abgar e Addai; § 100 Dialogo tra un discendente di Abgar e Aggai, successore di Addai; § 103 Labubna, scriba del re, dichiara di aver scritto tutto ciò che riguarda Addai e quanto detto da Abgar; precisa che Hannan, l'archivista ufficiale, ha sigillato il testo e che egli stesso l'ha depositato negli archivi regali.

92. Il personaggio, assolutamente marginale nel testo di Eusebio, assume maggior consistenza nella *Dottrina di Addai*, secondo un procedimento tipico, in base al quale per-

con entusiasmo da Abgar, che lo colloca in una delle stanze dei suoi palazzi.[93]

Nell'arduo tentativo di dare ragione della comparsa dell'immagine nella tradizione di Abgar si sono cercate motivazioni diverse: Drijvers ne situa le radici nella polemica contro la religione manichea, dove il culto all'immagine di Mani rivestiva un ruolo importante, pur non mancando di riconoscere una continuità di tale tradizione con i culti delle religioni pagane autoctone;[94] Desremaux, d'altro canto, ravvisa nel motivo del ritratto, da una parte, l'esigenza di fornire una prova concreta del rapporto tra Abgar e Gesù, alternativa rispetto a quella della lettera,[95] dall'altra, una funzione cristologica antidoceta.[96] Qualsiasi tentativo di trovare un nesso tra visione cristologica del testo e primo sviluppo del culto dell'immagine appare, comunque, a mio avviso frustrante, in quanto l'indirizzo teologico della *Dottrina di Addai* non si riesce ad afferrare in maniera univoca.[97] Il motivo dell'immagine, dopo la *Dottrina di Addai*, ricomparirà solo nel VI secolo.

sonaggi ed episodi minori acquisiscono un ruolo via via più importante nell'accrescersi di una leggenda.

93. Desreumaux, *Histoire du roi Abgar*, p. 59. La differenza di designazione per Hannan/Anania detto «corriere» nella versione eusebiana e «archivista» nonché «pittore» nella *Dottrina di Addai*, può essersi originata da una diversa vocalizzazione di due termini quasi identici in siriaco (*thablârâ* = corriere e *thbularâ* = archivista).

94. Drijvers, *Addai und Mani* e Id., *The Image of Edessa in Syriac Tradition*, in *The Holy Face and the Paradox of Representation*, a cura di Herbert L. Kessler, Gerhard Wolf, Bologna, Nuova Alfa, 1998, pp. 13-31.

95. Desreumaux, *Histoire du roi Abgar*, p. 39.

96. Ivi, p. 31.

97. Ecco una rapida panoramica di alcune delle proposte interpretative avanzate: Brock, ad esempio, vede rappresentata nella *Dottrina di Addai* una teologia fondamentalmente arcaica, molto debitrice dell'insegnamento di Efrem e ancora poco competente circa i termini del dibattito cristologico (Brock, *Eusebius and Syriac Christianity*, n. 18); Desreumeaux sottolinea il carattere poco speculativo dell'argomentazione cristologica, in cui sono dei fatti, piuttosto che degli argomenti, a essere messi in campo, e individua proprio nel motivo dell'icona di Cristo la risposta alla questione, posta ad Addai dai due principi di Edessa Aouedo e Bar Kalbo, circa la possibilità di vedere e cogliere il divino (*Doctr.Add.* 66: dal punto di vista della sequenza narrativa, l'immagine compare ben prima, al par. 6): tuttavia, a partire da alcune espressioni, ipotizza che possa trattarsi di un testo di indirizzo cristologico monofisita nato nella seconda metà del V secolo (Desreumaux, *Histoire du roi Abgar*, p. 36); Griffith coglie nell'espressione «Dio fu crocifisso per tutti» (*Doctr. Add.* 36) un riferimento alla cristologia di Cirillo di Alessandria (†444), quindi, ancora una volta, alla linea cristologica definita monofisita dagli avversari ma più esattamente indicata come miafisita (Griffith, *The "Doctrina Addai" as a Paradigm*, pp. 288-289) Illert afferma convincentemente che la successiva ampia

2.2. *Il lavoro del redattore*

Come si può facilmente evincere dallo schema presentato, la *Dottrina di Addai* innova notevolmente rispetto al testo eusebiano, mediante l'aggiunta di parti narrative e di documenti tratti da tradizioni differenti.

Il testo si caratterizza per il ricorso frequente alla citazione di lettere, un tratto che è presente in forma più limitata negli *Atti di Pietro e Paolo* e si ritrova, ad esempio, negli *Atti di Giovanni* di Procoro, tutti scritti più o meno nello stesso lasso di tempo: si tratta di un'epoca in cui comunicano tra di loro per via epistolare sia i capi delle chiese sia i vescovi e le autorità civili. Mi chiedo se, nel caso della nostra opera, la considerevole presenza di documenti epistolari, che la assimila per vari aspetti a una cronaca, come Desreumaux ha messo in luce, non sia influenzata anche dalla lettura della *Storia ecclesiastica* di Eusebio, primo testimone della leggenda.

Per il resto il testo riporta fedelmente, attraverso l'attenta opera di trascrizione di Labubna, lo scriba del re, i discorsi pronunciati da Addai, rispettivamente, davanti al re e ai notabili, davanti al popolo e davanti ai suoi ministri. La trascrizione di Labubna viene poi certificata e notificata da Hannan, l'archivista di corte, che cataloga opportunamente i documenti negli archivi reali: Adler ha dimostrato la centralità di queste operazioni in una cultura altamente burocratizzata come quella edessena, nella quale l'archivio svolge la funzione di cuore pulsante.[98] Una quasi impercettibile differenza nella vocalizzazione[99] rende pertanto possibile la trasformazione del "corriere" Anania del testo di Eusebio nell' "archivista" Hannan della *Dottrina di Addai*, che incarna una figura chiave della società contemporanea, ben rappresentata nella sua articolata attività di archivista vero e proprio, notaio, pittore e confidente del re.[100] La sua opera risulta determinante

ricezione dell'opera tanto in ambienti miafisiti quanto nestoriani induce a ritenere che in essa non si ravvisassero concezioni cristologiche chiaramente ascrivibili all'una o all'altra fazione (*Doctrina Addai. De imagine*, p. 37). In ogni caso la difficoltà a definire con precisione il profilo teologico dell'autore e dell'ambiente dell'opera suggerisce di usare la massima prudenza nel trarre conclusioni affrettate, spesso fondate sul rapporto tra cristologia e culto delle immagini attestato solo in epoca successiva.

98. Adler, *The Kingdom of Edessa*, pp. 48-52.

99. Cfr. n. 92.

100. Scrive in proposito Adler, *The Kingdom of Edessa*, p. 50: «Of course, the *tabularius* par excellence was Hanan, the official responsible for archiving the letters of Jesus and Abgar the IV [*sic*]. Hanan does much more than catalog documents. He is also scribe, courier, courtier, and even the king's official artist. When he is in Jerusalem, he both records

nell'economia della narrazione, in quanto conferisce attendibilità storica alle vicende raccontate, che ottengono una certificazione duplice, in forma scritta e nella forma di immagine.

Volgendo l'attenzione al contenuto dei discorsi, Addai, proprio come Pietro e Paolo negli *Atti*, esprime il proprio insegnamento e impartisce direttive. Dell'attività dell'apostolo si descrivono la predicazione e l'attività taumaturgica, quindi la morte che, diversamente dagli *Atti*, avviene in seguito a malattia e non a martirio e il funerale, che coinvolge l'intera comunità.

I vari materiali tradizionali vengono assemblati dal redattore con una certa abilità e originalità, sebbene non manchino incoerenze.

Come è stato notato da Camplani, un'incoerenza si registra tra il paragrafo 13 e i paragrafi 14-15, che fungono da cerniera tra il testo comune alle due versioni (Eusebio e *Dottrina di Addai*) e quello conservato soltanto nella *Dottrina di Addai.* Contrariamente a quanto affermato al paragrafo 13, Addai, infatti, nei successivi paragrafi, non predica davanti a tutta la città, ma soltanto davanti alla famiglia reale e alla corte. Nel paragrafo 15 Addai dichiara, quindi, di non voler limitare la propria predicazione a quanto visto operare da Gesù, ma di voler comprendere in essa anche quanto è stato compiuto in suo nome dopo l'ascensione: viene introdotta in tal modo la storia di Protonice. Sorprende la coincidenza con l'argomento trattato da Eusebio nel I capitolo del II libro della *Storia Ecclesiastica*, dove racconta gli eventi che hanno avuto luogo dopo l'ascensione di Gesù, traendoli in parte dalle Sacre scritture e in parte da altri documenti: tra gli eventi si cita (II,1,6-7) l'impresa di Taddeo a Edessa. Il discorso davanti al popolo, nella *Dottrina di Addai*, riprenderà soltanto a partire dal paragrafo 33, per estendersi fino al paragrafo 61.

Tra i documenti inseriti successivamente il messaggio di Narsai ad Abgar (par. 73) appare perfettamente integrato nell'opera, mentre la corrispondenza tra Abgar e Tiberio costringe l'autore a ritornare su un dato già contenuto nel documento riportato da Eusebio (I,13,15-17), ampliato nel passo corrispondente (§ 9) e qui ripreso e ulteriormente sviluppato (§§ 74-76). La sequenza logica che ne deriva è la seguente: nel primo dialogo intercorso tra Abgar e Addai il sovrano, convinto che l'apostolo sia il discepolo che Gesù gli aveva promesso di inviare, dichiara la pro-

Jesus' letter to Abgar and draws his portrait. Both artifacts, the letter and the picture, become part of the royal register: the portrait hung in the king's place and the letter sealed in the «office of records».

pria volontà di attraversare il paese dei romani per uccidere gli ebrei, rei di avere crocifisso il Cristo, se non glielo avesse impedito il trattato di pace stabilito con il Cesare Tiberio. In seguito alla predicazione di Addai e alla costruzione di chiese nel suo regno, Abgar dichiara ancora una volta di essere impossibilitato a recarsi in Palestina per punire gli ebrei, in quanto preoccupato di incrinare i rapporti con i romani e, a questo punto, scrive a Tiberio per informarlo dell'accaduto. Costui, nella lettera, fa riferimento all'epistola ricevuta da Pilato (proprio come, negli *Atti di Pietro e Paolo*, gli apostoli indicano a Nerone di informarsi sulla morte di Gesù attraverso la lettera mandata, questa volta, da Pilato a Claudio). Nel nostro testo la lettera di Pilato a Tiberio è soltanto citata ma non viene riprodotta, mentre gli *Atti di Pietro e Paolo* riportano il testo dell'epistola.

2.2.1. *I protagonisti e i luoghi: figure apostoliche, autorità civili, centri politici e sedi ecclesiastiche*

Un elemento di differenza tra le due versioni della leggenda (Eusebio e *Dottrina di Addai*) è costituito dall'intensificarsi della presenza di personaggi comprimari, in particolare di figure autorevoli del mondo politico e religioso.

Nella versione eusebiana i riferimenti ai fatti storici contemporanei sono due: il già menzionato accenno alla presenza dell'Impero romano, che impedisce ad Abgar di attuare la sua *Strafexpedition* contro gli ebrei e la data, apposta alla fine del documento, l'anno 340 dell'era seleucide. La *Dottrina di Addai* sente, invece, urgente l'esigenza di fondare storicamente il proprio racconto, fornendo molti dati aggiuntivi: la vicenda si svolge, allora, sotto il principato di Tiberio, ma nel corso della narrazione intervengono anche le figure di Claudio, definito secondo di Tiberio e, quindi, suo Cesare, con anacronistica applicazione della titolatura imperiale tetrarchica; e, probabilmente, anche quella di Gaio Caligola (Gaio), il cui ufficio secondo Mirkovic «in all probability corresponds to the office of the Praetorian Prefect».[101]

L'immagine di questi imperatori (e della moglie di Claudio, Protonice) appare positiva: Tiberio e Claudio sono, d'altra parte, imperatori che la tradizione qualifica come disposti piuttosto favorevolmente nei confronti dei cristiani, come testimonia lo stesso Eusebio. Eusebio riporta, infatti,

101. Mirkovic, *Prelude to Constantine*, p. 79.

secondo un dato tradizionale, già noto a Giustino[102] e a Tertulliano,[103] che Pilato informò Tiberio della morte e resurrezione di Cristo[104] – senza riprodurre tuttavia la lettera, proprio come la *Dottrina di Addai* –; parla, quindi della volontà di Tiberio di far riconoscere Gesù come Dio, frustrata dal senato.[105] Al regno di Claudio Eusebio assegna la predicazione di Pietro contro Simon Mago[106] – che gli *Atti di Pietro e Paolo* situano al tempo di Nerone – e l'espulsione dei giudei da Roma, in piena consonanza con i dati di *Atti* 18,23.[107] La *Dottrina di Addai*, da parte sua, stabilisce ad arte un rapporto di causa-effetto tra quanto riferito da Protonice al marito Claudio, sul comportamento irriguardoso degli ebrei di Palestina nei confronti dei cristiani, e il provvedimento di espulsione dei giudei di Roma, emanato dallo stesso imperatore.

La presenza, nell'opera, di varie figure di governatori, serve a rendere più credibile l'ambientazione storica sebbene, come è stato notato, lo scenario proposto si adatti meglio alla suddivisione politica dell'impero di età post-tetrarchica piuttosto che a quella proto-imperiale che la cronologia imporrebbe. Così, come afferma Mirkovic, a livello di prefetture e diocesi compare la figura di Sabino, il governatore (*epitropos*)[108] incaricato di Siria, Fenicia, Palestina e tutta la Mesopotamia, cioè della diocesi di Oriente, una delle dodici diocesi introdotte dalla riorganizzazione dell'amministrazione provinciale da parte di Diocleziano.[109] A livello provinciale, troviamo, invece, un governatore come Ponzio Pilato, chiamato *heghemon*, proprio come il popolo di Edessa definisce il proprio governatore.[110]

Il forte accento posto sui rapporti tra Abgar e le autorità romane tradisce la volontà di dimostrare la lealtà costante di Edessa nei confronti dell'Impero romano, nella cui orbita di influenza questa città di frontiera con l'Impero persiano vuole situarsi. L'accenno alla vita clandestina con-

102. *I Apol.* 35,9; 48,3.
103. *Apol.* 21-24.
104. *h.e.* II,1-2.
105. *h.e.* II,2, 2-6 con riferimento al testo di Tertulliano, *Apol.* 5,2; cfr. anche *Apol.* 21,24.
106. *h.e.* II,14,5-6.
107. *h.e.* II,19,1.
108. *Doct.Add.* I,1 presenta la trascrizione siriaca del termine greco, che corrisponde a "governatore": cfr. Mirkovic, *Prelude to Constantine*, p. 79.
109. *Ibidem*.
110. *Doctr.Add.* 75: siriaco *hégmouno*: cfr. Mirkovic, *Prelude to Constantine*, p. 79 n. 236; Segal, *Edessa*, p. 120.

dotta dai cristiani nella regione persiana[111] si riferisce alla ben nota condizione di precarietà conosciuta dalle comunità cristiane in Persia in epoca post-costantiniana.[112]

Ma veniamo ad altri riferimenti storici inseriti non solo per accrescere l'attendibilità del racconto, ma per costruire la memoria della città di Edessa: penso, in particolare, alla lista dei successori di Addai, ricostruita secondo una linea che si interrompe in seguito a un evento drammatico.

Si narra, infatti, che (§§ 98-99) dieci anni dopo la morte di Abgar uno dei suoi figli ribelli chiede ad Aggai, il primo successore di Addai, di confezionargli una tiara d'oro, come tempo prima aveva fatto con il proprio padre. Al suo rifiuto il figlio di Abgar gli fa spezzare le gambe mentre sta tenendo un'omelia seduto in chiesa (§ 100) cosicché i compagni Palut e Abshelomo lo seppelliscono nella chiesa, in mezzo a uomini e donne. (§ 101) Poiché Aggai, vittima di una morte improvvisa e violenta, non aveva potuto imporre le mani sui suoi successori, Palut è costretto a recarsi ad Antiochia per ricevere l'ordinazione sacerdotale dalle mani di Serapione, vescovo di Antiochia, inserito in una successione episcopale che, attraverso Zefirino vescovo di Antiochia (o più probabilmente di Roma, secondo il manoscritto B), rimonta a Simon Pietro, e, quindi, a Gesù Cristo. Vi si specifica che Simon Pietro fu vescovo di Roma per 25 anni, ai tempi di Cesare (Claudio?) e che vi regnò 13 anni (41-54).

Il successore di Abgar, Manu, responsabile dell'uccisione di Aggai, si impone come immagine del sovrano negativo, ovvero del tiranno, al quale mancano le virtù necessarie per il buon governo: nella narrativa cristiana una simile figura trova dei paralleli sicuri in Giuliano.[113] L'assortimento dei nomi dei successori di Addai, come è stato notato, risulta piuttosto

111. *Doctr.Add.* 72.

112. Una lettera di Costantino a Sapore II è riportata da Eusebio, *Vita Constantini* IV,8-9, ed è databile al 330: in essa l'imperatore romano si compiace dell'atteggiamento del collega persiano, benevolo nei confronti dei cristiani. Le fonti successive parlano di una lunga persecuzione, sebbene non generale e sistematica, nell'ultima fase del lungo regno di Sapore II, in particolare nel periodo che si va dal 340 al 383. L'unico storico greco di V secolo a parlare di questa persecuzione è Sozomeno, HE II, 9-15, ma vi sono molte altre testimonianze, a partire dal saggio Afraate (in particolare la XIV *Dimostrazione* ai testi agiografici: per una prima presentazione della questione cfr. Marie-Louise Chaumont, *La Christianisation de l'Empire iranien des origines aux grandes persécutions du IVe siècles*, Louvain, Peters, 1988 (CSCO 499).

113. Mirkovic, *Prelude to Constantine*, pp. 73-78 mostra analogie con le rappresentazioni di Giuliano, da una parte, e del filoariano Valente dall'altra.

singolare: due vescovi di III secolo, cioè Serapione di Antiochia e Zefirino di Roma (o Antiochia secondo un'altra tradizione), quasi contemporanei, sono infatti collocati in età subapostolica, in quanto responsabili dell'ordinazione di Palut, diretto discepolo di un apostolo. Non si tratta, d'altra parte, dell'unico anacronismo presente nell'opera, come già abbiamo avuto modo di vedere. Ma perché proprio questi nomi? Serapione di Antiochia è ricordato nella *Storia ecclesiastica* di Eusebio come un avversario del montanismo[114] e della cristologia doceta, attento a separare i testi divinamente ispirati da altri che ugualmente godevano di popolarità presso i cristiani dell'epoca: lo storico di Cesarea riporta passi di un suo scritto in cui il *Vangelo di Pietro* è dichiarato inaccettabile per la presenza di alcune affermazioni docete.[115] Quanto a Zefirino di Roma, quasi contemporaneo di Serapione, il suo nome è messo da Eusebio in relazione col presbitero Gaio che, sotto il suo pontificato, in uno scritto contro i montanisti, rivendicava la presenza, a Roma, dei trofei dei due apostoli, Pietro in Vaticano e Paolo sull'Ostiense;[116] sotto il suo episcopato viene ricordata, inoltre, l'attività di vari esponenti della linea teologica definita monarchiana.[117]

La presenza dei due vescovi di Antiochia e Roma nella successione episcopale edessena[118] appare come una strategia per dichiarare la dipendenza della chiesa di Edessa *in primis* dalla chiesa di Antiochia, cui si riconosce una sfera di influenza sovrametropolitana, quindi dalla chiesa madre di Roma, che proprio in quel periodo sta maturando l'idea di un primato anche sull'Oriente. Il legame con Roma e la tradizione apostolica che lega le tre chiese di Roma, Antiochia ed Edessa, può leggersi, pertanto, in chiave anti-costantinopolitana, alla luce del canone 3 di Costantinopoli.[119]

114. HE V,19.

115. *h.e.* VI,12.

116. *h.e.* II, 25,6-7. Forse si vuol dire che, nello stesso momento in cui a Roma si possono vedere i trofei degli apostoli a Edessa si può visitare la tomba di Addai?

117. *h.e.* V,28.

118. Pur non risultando ben chiara la *ratio* alla base della scelta di queste figure nella *diadoché* che conduce dall'apostolo Addai ai suoi successori, i vescovi ortodossi della chiesa di Edessa, è stato da tempo notato che due testi come gli *Atti di Sharbel* e quelli di *Barsayma*, prodotti dagli stessi ambienti della *Doctrina*, presentano una simile linea di successione, che da Barsamya rimonta ad Abshelomo, ordinato da Palut, ordinato a sua volta da Serapione di Antiochia, insediato da Zefirino di Roma: in proposito cfr. Brock, *Eusebius and Syriac Christianity*, pp. 228-229.

119. «Il vescovo di Costantinopoli abbia il privilegio d'onore dopo il vescovo di Roma, perché questa città è la nuova Roma» (*I canoni dei concili della Chiesa antica*, a

Brock e Griffith hanno ben messo in evidenza come una rappresentazione così irenica dei rapporti tra le chiese di Roma ed Antiochia, tra fine IV e inizio V secolo, non possa concepirsi se non al termine dello scisma antiocheno, agli inizi del V secolo, sotto Alessandro di Antiochia.[120] Lo scisma, sorto negli anni Settanta del IV secolo, aveva visto la contrapposizione, nella città asiatica, di due gruppi di cristiani antiariani, gli uni sotto la guida di Melezio e gli altri sotto quella di Paolino, l'unico a essere riconosciuto dalla chiesa di Roma.

Tenendo conto della geografia ricavabile dall'opera, sembra ricoprire un ruolo importante anche la chiesa di Gerusalemme e, in particolare, la figura di Giacomo, il primo vescovo di Gerusalemme secondo Eusebio, notaio e collettore delle attività degli altri apostoli secondo la *Dottrina di Addai*.

Partendo da questa valorizzazione delle città di Roma, Antiochia e Gerusalemme, si può facilmente ipotizzare sullo sfondo un'alleanza comune sempre in chiave anti-costantinopolitana, condivisa da almeno altri due scritti che conservano, in versioni diverse, la leggenda della croce: gli *Actus Silvestri* e la leggenda di *Giuda Ciriaco*, come Tessa Canella ha recentemente plausibilmente dimostrato.[121] Drijvers ha ipotizzato che sia stato Rabbula di Edessa ad aver inserito la leggenda di Protonice nella *Dottrina di Addai*, facendovi convogliare precedenti tradizioni sul rinvenimento della croce: in tal modo avrebbe promosso con più vigore il legame di Edessa con Gerusalemme e Roma.[122]

Un'ultima nota riguardo l'apostolo Addai: come si caratterizza la sua attività? Egli è prima di tutto un taumaturgo, nello specifico riceve il dono, già di Gesù, di guarire; è un maestro, che insegna la retta dottrina definendo bene i confini dell'ortodossia; un costruttore di edifici di culto e un riformatore, che stabilisce regole riguardanti la liturgia e il canone scritturistico. Tutte queste caratteristiche hanno portato a identificare l'Addai

cura di Angelo Di Berardino, I.1, Carla Noce, Carlo Dell'Osso, Danilo Ceccarelli Morolli, *I concili greci*, Roma, Institutum Patristicum Augustinianum, 2006, SEA 95, p. 43).

120. Brock, *Eusebius and Syriac Christianity*, p. 228; Griffith, *The "Doctrina Addai" as a Paradigm*, pp. 288-289 lo colloca in particolare durante l'episcopato di Rabbula a Edessa (411-435). Il primo ad aver messo in evidenza l'importanza di questa sezione nella costruzione ideologica dell'opera è stato Bauer, *Rechtgläubigkeit und Ketzerei*, cap. 1.

121. Tessa Canella, *Gli "Actus Silvestri". Genesi di una leggenda su Costantino imperatore*, Spoleto, Fondazione Centro italiano di studi sull'alto medioevo, 2006, pp. 54-57 e 261-262.

122. Drijvers, *The Protonike Legend.*

della storia con figure episcopali storicamente attestate a Edessa: Bauer ha pensato a Qônâ, il primo vescovo ortodosso di inizio IV secolo,[123] mentre Drijvers, insieme con Griffith, hanno pensato a Rabbula, nel primo quarto del V secolo; mi pare tuttavia che entrambe le proposte presentino degli elementi di fragilità. Addai può più facilmente essere interpretato come una figura simbolica e ideale[124] che si pone come iniziatore delle diverse attività svolte dall'episcopato edesseno nel corso dei secoli, molto probabilmente prima di Rabbula, visto che il canone scritturistico fissato nell'opera si riferisce al *Diatessaron* anziché ai quattro evangeli separati, questi ultimi introdotti mediante una riforma proprio dal sopra menzionato vescovo di origine palestinese.

L'insistenza sul motivo della guarigione (Cristo è definito, secondo una titolatura tradizionale nel mondo siriaco, il "buon dottore") ha portato Segal a riconoscervi uno sfondo storico, contestualizzabile nel riconosciuto esercizio, da parte dei cristiani di Siria, dell'attività medica e della gestione di ospedali per gli infermi.[125] Va inoltre ricordato che Addai afferma di essere nato a Paneas,[126] in Palestina, il luogo in cui Eusebio[127] ci informa di aver visto una statua dedicata dagli abitanti a Cristo medico, guaritore dell'emorroissa.

L'attività di edilizia cristiana di Addai, infine, trova corrispondenza nella situazione storica di IV e V secolo, in cui si registra un forte impulso alla costruzione di chiese e luoghi di culto legati alla conservazione delle reliquie, come è il caso di Tommaso, secondo la testimonianza di Egeria. Il testo sottolinea come l'attività edilizia di Addai sia stata supportata ampiamente dall'*élite* cittadina appena convertita, secondo uno schema che si incontra in altri testi tardoantichi e che ben riflette le dinamiche in atto nelle realtà ecclesiastiche locali, dove spesso sono gruppi di laici facoltosi e potenti a finanziare il clero, le attività di culto e l'edilizia sacra.[128] Un problema è sollevato dal silenzio

123. Bauer, *Rechtgläubigkeit und Ketzerei*, pp. 12-34.

124. Sui diversi santi più o meno polari, importanti nella costruzione dell'identità ecclesiale edessena, vd. Lutz Greisiger, *Saints populaires d'Édesse* in *L'hagiographie syriaque*, a cura di André Binggeli, Paris, Geuthner, 2012 (Études syriaques, 9), pp. 171-199.

125. Segal, *Edessa*, pp. 71-73.

126. *Doctr.Add.* 44.

127. *h.e.* 7,18,1-4.

128. Il tema è stato indagato in riferimento a varie chiese locali da Alberto Camplani, *Perception de l'alterité religieuse et identité culturelle: l'élite d'Édesse entre les IIIe et Ve siècles*, in *L'oiseau et le poisson. Cohabitations religieuses dans les mondes grec et*

delle fonti circa le reliquie di Addai: se sappiamo che le reliquie di Tommaso vennero sistemate dapprima in un santuario fuori dalle mura cittadine, quindi dentro la città,[129] le reliquie di Addai fanno la loro comparsa più tardi.[130] Il testo puntualizza che Addai è stato sepolto nella tomba di Abgar, mentre il successore Aggai è seppellito in chiesa, in mezzo agli uomini e alle donne.

Dell'immagine di Cristo, infine, a questa altezza cronologica, sappiamo assai poco: ignota a Eusebio e ad Egeria, compare per la prima volta proprio nella *Dottrina di Addai* ed è probabilmente già oggetto di venerazione a fine V-inizio VI secolo, come deduciamo dall'accenno contenuto nella *Vita di Daniele di Galaš* di Giacomo di Sarug, che tuttavia non ci fornisce alcuna indicazione circa il luogo in cui essa venisse conservata.[131] Che la sua apparizione letteraria sia da mettere in relazione con il reale ingresso di un'icona di Cristo nella città è verosimile ma non dimostrabile: essa inizia a essere considerata come un oggetto di venerazione e un palladio per la città di Edessa nel VI secolo; è Evagrio Scolastico,[132] verso la fine del secolo, il primo a raccon-

romain, a cura di Nicole Belayche, Jean-Daniel Dubois, Paris, Presses de l'université Paris-Sorbonne, 2012, pp. 39-57; Id., *The Transmission of Early Christian Memories in Late Antiquity: On the Editorial Activity of Laymen and Philoponoi*, in *Between Personal and Institutional Religion. Self, Doctrine, and Practice in Late Antique Eastern Christianity*, a cura di Brouria Bitton-Ashkelony, Lorenzo Perrone, Turnhout, Brepols, 2013: su Edessa, cfr. pp. 143-148.

129. Sulle vicende delle reliquie di Tommaso cfr. Segal, *Edessa*, pp. 174-176 con riferimento alle fonti.

130. Cfr. Segal, *Edessa*, p. 184.

131. Nel testo si afferma che l'asceta, Daniele, e Mar Mari, un altro uomo santo, si recano ad Edessa, per essere benedetti dall'immagine di Cristo. Il testo del manoscritto si legge al link http://gallica.bnf.fr/ark:/12148/btv1b531152220/f328.image.r=Syriaque. Histoire de Daniel de Galaš (attribuée à Jacques de Sarug). Cfr. il riassunto in *Histoire de Daniel de Galaš écrite par Mar Jacques le docteur. Hagiographie syriaque*, a cura di François Nau, in «Revue de l'Orient Chrétien», 15 (1910), pp. 60-62. Sul manoscritto, del XIII secolo, cfr. Arthur Vööbus, *Handschriftliche Überlieferung der Memre-Dichtung des Ja'qob von Serug*, Louvain, Secrétariat du Corpus SCO, 1973 (CSCO 344), pp. 29-30.

132. *h.e.* 4,27. Gli abitanti di Edessa escogitano di far crollare il terrapieno posto dai Persiani davanti alle mura per assediare la città, facendo uscire del fuoco attraverso un tunnel, ma sembrano non riuscirvi finché non vi portano l'immagine sacra: «Quando, dunque, si trovarono in condizione di completa impossibilità, portarono l'immagine fatta da Dio, che mani umane non realizzarono e che Cristo, dio, aveva inviato ad Abgar, poiché costui desiderava vederlo. Essi, dopo aver portato l'immagine tutta santa nel tunnel da loro scavato e dopo averla immersa nell'acqua, ne versarono sul fuoco e sulla legna. E subito, poiché la potenza divina era scesa in soccorso della fede di coloro i quali lo avevano fatto, ciò che prima era stato per loro impossibile, si realizzava; subito, infatti, la legna si infiammò e,

tare dell'intervento miracoloso dell'immagine acheropita nel corso del fallito assedio della città da parte di Cosroe I, nel 544.[133] È solo con gli *Atti di Mar Mari*, generalmente datati al VII secolo,[134] tuttavia, che la nostra immagine trova sicura dimora nella cattedrale di Edessa, da dove verrà traslata nel 944 per raggiungere Costantinopoli: qui sarà in seguito trasferita nella cappella della Vergine del Faro, all'interno del palazzo imperiale, per essere venerata insieme con le reliquie della passione e gli altri *sancta* provenienti da Edessa, cioè, il *keramion* e la lettera di Cristo al re Abgar.[135]

2.2.2. *La polemica antipagana e antigiudaica*

I principali obiettivi polemici della predicazione di Addai sono gli ebrei e i pagani, le due componenti della città di Edessa, destinata a diventare, proprio come Roma, una chiesa *ex gentibus et ex circumcisione.*

diventata carbone in men che non si dica, trasmise la fiamma alla catasta che stava sopra, finché il fuoco non avvolse tutta la costruzione».

133. Averil Cameron, *The History of the Image of Edessa: The Telling of a Story*, in *Okeanos: Essays Presented to Ihor Ševčenko on His Sixtieth Birthday by His Colleagues and Students*, in «Harvard Ukrainian Studies», 7 (1983), pp. 80-94, spec. p. 85, ipotizza che la leggenda sull'immagine acheropita nasca a Edessa proprio nel momento di tensione che fece seguito allo scampato assedio persiano: «Thus the image was born during the tense questioning which would have followed Edessa's costly escape from Chosroes. By comparison, when Evagrius wrote, in the 590s, such icons in Byzantine-Persian warfare had become almost a commonplace, and the connection of Edessa's escape with a miraculous icon would have been fitting».

134. *Act. Mar.* 3: «Ma poiché egli (Abgar) non era degno di questo spettacolo (*n.d.r.* di vedere Gesù e i suoi prodigi), si trovava in grande afflizione. Cosa fa, allora, il re Abgar? Egli vede dei pittori capaci e ordina loro di andare con i suoi inviati e di dipingere e riprodurre in icona il volto del nostro Signore, per rallegrarsi attraverso la sua immagine come se fosse presente fisicamente. Quando i pittori giunsero con gli inviati del re non riuscirono a dipingere l'immagine dell'umanità del nostro Signore, degna di venerazione. Ora, poiché il nostro Signore, grazie alla scienza della sua divinità, vedeva l'amore di Abgar per lui, e poiché aveva visto che i pittori si sforzavano di riprodurre un'immagine realistica, così come egli era, ma non ci riuscivano, il Vivificatore del mondo prese allora un telo di lino (*sidwn*) e lo applicò sul suo volto e l'immagine fu secondo la realtà. Il telo di lino (*sidwn*) fu portato come fonte di soccorso e deposto nella chiesa di Edessa, dove si trova fino a oggi». *Les Actes de Mar Mari*, a cura di Christelle Jullien, Florence Jullien, Leuven, Peeters, 2003 (CSCO 603), situano il testo tra fine VI e inizio VII secolo. Una traduzione italiana del testo è stata realizzata da Ilaria Ramelli: *Atti di Mar Mari*, a cura di Ilaria Ramelli, Torino, Claudiana, 2008.

135. Cfr. Andrea Nicolotti, *Dal Mandylion di Edessa alla Sindone di Torino. Metamorfosi di una leggenda*, Alessandria, Edizioni dell'Orso, 2015, pp. 117-123.

L'antigiudaismo, in particolare, appena accennato nella redazione più antica della leggenda, viene molto amplificato nella *Dottrina di Addai*. Le due sezioni nelle quali si può rinvenire questa intensificazione del motivo polemico sono la leggenda di Protonice e la corrispondenza tra Abgar e Tiberio, reminiscente della più nota corrispondenza tra Pilato e Tiberio.

In un'analisi sulle varie forme dell'antigiudaismo nel cristianesimo di Edessa, Alberto Camplani[136] ha efficacemente sintetizzato il mutato atteggiamento antigiudaico ravvisabile nei diversi strati della leggenda, definendo quello di epoca pre-costantiniana come un antigiudaismo che si limita a riprendere alcuni motivi tradizionali – *in primis* il *topos* degli ebrei quali assassini di Cristo – senza tuttavia trovare un significativo appoggio nelle autorità romane, mentre quello di epoca post-costantiniana, precisamente teodosiana, come un sentimento che poteva portare a conseguenze concrete, trovando sponda in puntuali provvedimenti legislativi: così Claudio espelle i Giudei da Roma in seguito al racconto di Protonice e Tiberio, fa uccidere i capi dei Giudei in seguito alla sollecitazione di Abgar. Alla stessa conclusione è giunto anche Mirkovic, che si sofferma poi a rilevare il deteriorarsi dei rapporti tra ebrei e cristiani a Edessa e, generalmente, in Mesopotamia, a partire dall'età di Giuliano e Gioviano. Allorché Nisibi passa in mano persiana e si verifica l'interruzione della via della seta, vanno in crisi, infatti, gli equilibri tra i due gruppi religiosi e così in Persia il giudaismo diventa una religione appoggiata dall'Impero, mentre il cristianesimo si configura come religione minoritaria e in condizione di precarietà, al contrario di quanto avviene nell'Impero romano.[137]

Nella leggenda di Protonice la critica antigiudaica è motivata dal desiderio, da parte della chiesa locale, di appropriarsi dei luoghi santi, sottraendo spazio agli ebrei. La monumentalizzazione dei luoghi santi cristiani operata per la prima volta da Costantino e, quindi, dai suoi successori, crea tensioni a Gerusalemme come a Edessa. Il culto di santo Stefano, il protomartire lapidato dagli ebrei, le cui reliquie sono rinvenute nel 415, esprime bene queste tensioni: a Edessa sappiamo che Rabbula (411-435) costruì una chiesa dedicata a santo Stefano al posto di una sinagoga.[138]

136. Alberto Camplani, *Declinazioni dell'antigiudaismo nel cristianesimo siriaco delle origini*, in «Quaderni di Vicino Oriente», 6 (2013), pp. 15-39, spec. pp. 15-19.

137. Mirkovic, *Prelude to Constantine*, pp. 220 ss.

138. Segal, *Edessa*, pp. 182-183.

L'appropriazione dei luoghi va anche nella direzione degli edifici di culto pagani: si tratta, tuttavia, di una cristianizzazione degli spazi non perfettamente riuscita, se al centro della piazza della città ancora persiste un altare a Bel e Nebo.[139] L'autore insiste, d'altra parte, sul carattere non forzato (§§ 53; 67) delle conversioni, che devono avvenire per via di persuasione. Questo è un tratto comune alla *Doctrina* e agli *Atti di Pietro e Paolo* e, come è stato proposto, un simile atteggiamento può essere motivato dalla volontà di conformarsi all'immagine di tolleranza religiosa propagandata da Costantino, come anche dal tentativo di giustificare, attraverso un simile espediente, le forti persistenze pagane e giudaiche esistenti all'epoca di composizione dello scritto.

3. *Conclusioni*

In maniera schematica proviamo, in chiusura, a sintetizzare le principali analogie emerse dall'analisi degli *Atti di Pietro e Paolo* e della *Dottrina di Addai*, che abbiamo voluto considerare – lo ricordiamo – soprattutto nell'ottica della più ampia ricerca sulla propaganda cristiana nella quale il presente studio si colloca. Abbiamo, cioè, considerato le due opere come fenomeni paralleli di costruzione di memorie culturali, capaci di definire l'identità delle chiese che vi sono rappresentate e che le producono, le mantengono vive e le rinnovano nelle festività connesse, così come negli altri aspetti, materiali e immateriali, di tale operazione.

1. Abbiamo esaminato due opere che orbitano in quella complessa e variegata galassia costituita dagli apocrifi cristiani, specificamente nella categoria degli atti degli apostoli. Come ha sottolineato recentemente Mirkovic, l'apocrifo siriaco va compreso, al tempo stesso, come un racconto di corte. Rispetto agli *Atti di Pietro e Paolo*, tuttavia, nella *Dottrina di Addai*, tra le attività svolte dall'apostolo fondatore, quella didattica appare prevalere. Ma entrambe le composizioni letterarie – più la *Dottrina*, meno gli *Atti* – condividono lo schema, comune ad altri atti degli apostoli, di alternare delle sezioni narrative alla citazione di documenti: questi ultimi vengono inseriti, proprio come nella letteratura storiografica, per avvalorare l'attendibilità storica dei

139. *Doctr.Add.* 67. Sulle persistenze del culto pagano autoctono a Edessa cfr. Hendrik Jan Willem Drijvers. *Cults and Beliefs at Edessa*, Leyden, Brill, 1980 (Études préliminaires aux religions orientales dans l'empire romain, 24).

fatti narrati. Nell'opera siriaca si inserisce addirittura una figura tecnica, quella dell'archivista, per certificare, notificare e catalogare tale documentazione.

2. I discorsi indirizzati dagli apostoli contengono in entrambi i casi informazioni preziose circa l'orientamento teologico e spirituale degli autori e del loro ambiente di provenienza: se comune appare l'intento antiariano, ben più ricche e sfumate appaiono, tuttavia, la proposta teologica e la polemica antieretica elaborate dalla *Dottrina di Addai* rispetto agli *Atti di Pietro e Paolo*.

3. Entrambe le opere devono armonizzare nel loro mito di fondazione due diverse figure apostoliche: Pietro e Paolo per Roma; Tommaso e Addai per Edessa. Le soluzioni proposte sono diverse: gli *Atti di Pietro e Paolo* optano con decisione per il modello di due apostoli della stessa statura che cooperano nell'attività missionaria e sono associati nel martirio, mentre la *Dottrina di Addai* presuppone una gerarchia tra gli apostoli, attribuendo a Tommaso l'iniziativa di inviare a Edessa il compagno Addai.[140] Gli *Atti di Pietro e Paolo* cercano di conciliare tradizioni sui due apostoli ben note e veicolate attraverso apocrifi anteriori (*Atti di Pietro*, *Atti di Paolo*, etc.), integrando le minori informazioni su Paolo con un apporto più consistente da parte del redattore. La *Dottrina di Addai* utilizza lo schema della divisione dei campi di missione apostolica per stabilire una distinzione di competenze tra gli apostoli e inserire in tal modo la tradizione locale di Addai nel raggio di azione di Tommaso, con significativo intervento creativo da parte dell'autore.

4. In entrambi i testi è sviluppato il motivo dei molteplici destinatari della predicazione apostolica: in tale contesto vengono utilizzati luoghi comuni della polemica antiidolatrica e antigiudaica, con differenze sensibili da ricollegare alle diverse realtà di Roma ed Edessa, nelle quali i *tria populi*, cristiani, ebrei e pagani, interagiscono in base a equilibri differenti. Le narrazioni svolgono inoltre spesso l'importante funzione di legittimare dinamiche sociali operanti nelle comunità di riferimento, quale può essere il caso del finanziamento del clero, delle attività di culto e dell'edilizia sacra edessena rappresentato nella finzione letteraria.

5. Temi di assoluto rilievo nelle due opere sono la questione del rapporto dei cristiani con il potere politico romano, centrale nella *Dottrina di*

140. Si tratta di un modello presente anche negli *Atti di Giovanni* di Procoro 6,1-7,4, dove ogni Apostolo si vede assegnato come assistente nell'attività missionaria un discepolo del gruppo dei 72: il modello è suggerito da Desreumaux, *Histoire du roi Abgar*, p. 26 e n. 16.

Addai, più marginale negli *Atti di Pietro e Paolo* e il discorso sulle relazioni gerarchiche tra Roma e le altre sedi. Gli *Atti di Pietro e Paolo*, infatti, hanno come principale obiettivo la promozione del primato universale di Roma, che, negli stessi anni, sembra essere pacificamente riconosciuto dall'autore della *Dottrina Addai*, in uno scacchiere dominato dal conflitto tra Roma e Costantinopoli e, anche, tra Antiochia e Costantinopoli.

6. Le due composizioni letterarie vanno da ultimo considerate nella loro funzione di testi normativi, volti a regolare diversi aspetti della vita delle comunità ecclesiali, stabilendo gerarchie, orientando tempi e luoghi il culto e, nel caso della *Dottrina di Addai*, fissando addirittura un canone.

Dario Internullo

Istruzione, religione e propaganda. Riflessioni su una scuola romana tardomedievale

La scuola tardomedievale è un campo d'indagine che risulta ben praticato, e con alle spalle una tradizione storiografica longeva e vitale.[1] Tuttavia, o piuttosto com'è ovvio, alcuni aspetti relativi alle istituzioni scolastiche ancora attendono indagini specifiche e approfondite, e fra questi vi sono anche i temi al centro della presente occasione scientifica, la trasmissione religiosa e la propaganda. Per quanto riguarda la trasmissione religiosa, non si può certo dire che quanti hanno studiato la scuola e l'insegnamento non abbiano preso in considerazione il colore "cristiano" delle pratiche di formazione scolastica, specialmente nell'ultimo decennio. Tuttavia gli orientamenti prevalenti nella storiografia religiosa continuano a guardare molto di più alla liturgia e alla predicazione, in altre parole a quei canali e a quelle pratiche che, al contrario di quanto accade per istituzioni d'élite come scuole e università, toccano porzioni molto

1. Intorno alla scuola si può vedere in generale Carla Frova, *Istruzione e educazione nel medioevo*, Torino, Loescher, 1973 ed Ead. *Scuole e università*, in *Lo spazio letterario del Medioevo*, I, *Il medioevo latino*, II, *La circolazione del testo*, Roma, Salerno Editrice, 1994, pp. 331-360, Paul F. Grendler, *Schooling in Renaissance Italy. Literacy and Learning (1300-1600)*, Baltimore-London, The John Hopkins University Press, 1989; Jacques Verger, *Istituzioni e sapere nel XIII secolo*, Milano, Jaca Book, 1996 e Id., *Le università nel medioevo*, Bologna, il Mulino, 1991 (ed. orig. Paris, PUF, 1973); Robert Black, *Humanism and Education in Medieval and Renaissance Italy*, Cambridge, Cambridge University Press, 2003; Mirella Ferrari e Federico Piseri, *Scolarizzazione e alfabetizzazione nel Medioevo italiano*, in «Reti Medievali», 14/1 (2013), pp. 315-350. Sull'insegnamento del latino vedi Andrea Marconi, *L'insegnamento del latino nelle scuole dell'Italia comunale (secoli XIII-metà XIV)*, in «Annali di storia dell'educazione e delle istituzioni scolastiche», 18 (2011), pp. 231-257.

ampie delle popolazioni urbane e rurali.[2] Per quanto riguarda invece la propaganda, la storiografia medievistica degli ultimi decenni ha riflettuto molto sulle sue forme e sui suoi rapporti con la religione; eppure, per quanto io sappia la scuola non è stata molto indagata come possibile campo d'azione in tal senso, e questo nonostante le riflessioni sulla propaganda nell'età contemporanea abbiano ben posto l'accento sulle istituzioni scolastiche.[3]

2. Si veda Paul F. Grendler, *Renaissance Education between Religion and Politics*, Aldershot, Routledge, 2006; *Religious Education in Pre-Modern Europe*, a cura di Ilinca Tanaseau-Döbler, Marvin Döbler, Leiden-Boston, Brill, 2012; Andrew Reeves, *Education and Religious Instruction*, in *The Routledge History of Medieval Christianity (1050-1500)*, a cura di Robert N. Swanson, London, Routledge, 2015, pp. 103-115. Particolarmente innovativo è lo studio sull'*habitus* dei dotti del nord Europa di Gadi Algazi, *Scholars in Households. Refiguring the Learned Habitus (1480-1550)*, in «Science in Context», 16 (2003), pp. 9-42. Per gli orientamenti prevalenti della storiografia religiosa si veda ora *Dal "medioevo cristiano" alla storia religiosa del Medioevo: quarant'anni di storiografia (1974-2014)*, Atti del Convegno (Verona, 21-23 settembre 2015), a cura di Raimondo Michetti, Andrea Tilatti, in «Quaderni di Storia Religiosa Medievale», 1 (2019). Molto utile anche Anna Benvenuti, *Le conoscenze religiose dei fedeli*, in *La trasmissione dei saperi nel medioevo (secoli XII-XV)*, Roma, Viella, 2005, pp. 346-354.

3. Sulla propaganda politica nel medioevo si veda *Prédication et propagande au Moyen Âge. Islam, Byzance, Occident*, a cura di George Makdisi, Dominique Sourdel, Janine Sourdel-Thomine, Paris, PUF, 1983; *Le forme della propaganda politica nel Due e nel Trecento*, a cura di Paolo Cammarosano, Roma, École Française de Rome, 1994; Philip M. Thaylor, *Munitions of the Mind. A History of Propaganda from the Ancient World to the Present Era*, Manchester, Manchester University Press, 1995; Paola Guerrini, *Propaganda politica e profezie figurate nel tardo medioevo*, Napoli, Liguori, 1997; *Iconography, Propaganda, and Legitimation*, a cura di Allan Ellenius, New York, Clarendon Press, 1998; *Propaganda. Political Rhetoric and Identity (1300-2000)*, a cura di Bertrand Taithe, Tim Thornton, Stroud, Sutton Publishing, 1999; *Propaganda, Kommunikation und Öffentlichkeit (11.-16. Jahrhundert)*, a cura di Karel Hruza, Wien, Verlag der Österreichischen Akademie der Wissenschaften, 2001; *La propaganda politica nel basso Medioevo*, Atti del XXXVIII Convegno Storico Internazionale (Todi, 14-17 ottobre 2001), Spoleto, CISAM, 2002; *Comunicazione e propaganda nei secoli XII-XIII*, a cura di Rossana Castano, Fortunata Latella, Tania Sorrenti, Roma, Viella, 2007; *Dressing the Part. Textiles as Propaganda in the Middle Ages*, a cura di Kate Dimitrova and Margaret Goehring, Turnhout, Brepols, 2014. Sui rapporti tra religione e propaganda così come emergono dai testi profetici si veda la rassegna storiografica di Dario Internullo e Michele Lodone, *La storiografia sul profetismo: riflessioni sugli ultimi decenni*, in *Dal "medioevo cristiano"*, pp- 183-209. L'importanza della scuola nella propaganda contemporanea è sottolineata con insistenza già nel fondamentale libro di Jacques Ellul, *Propaganda. The Formation of Men's Attitudes*, New York, Vintage Books, 1965. Esistono diversi lavori sui rapporti tra politica e istruzione nell'Italia comunale che potrebbero fornire una base utilissima per riflettere sul tema della propaganda: si vedano i due saggi di Carla Frova,

Con il mio contributo intendo far dialogare i suddetti ambiti di ricerca, riflettendo sul nesso tra istruzione, religione e propaganda nel tardo medioevo attraverso le seguenti questioni: 1) qual è stato il ruolo delle istituzioni scolastiche nelle pratiche di trasmissione religiosa? 2) Qual è stato il rapporto tra tali istituzioni e il contesto politico-sociale che fa loro da sfondo? 3) La scuola poteva diventare uno strumento di propaganda nel tardo medioevo?

La fonte alla base delle mie riflessioni è un prodotto della Roma del quarto decennio del XIV secolo, la Roma "senza i papi" della cosiddetta "età di Avignone" (1305-1367 circa). Si tratta di un manuale utilizzato in una scuola in cui si apprendevano le tecniche della composizione in latino, com'è noto la lingua più diffusa nella comunicazione scritta dell'epoca. La scelta di tale fonte è stata dettata soprattutto da una complessità strutturale e contenutistica davvero ben adatta agli interrogativi posti, senza contare che i suoi testi, ancora quasi totalmente inediti, possono gettare una luce nuova su pratiche, ambienti e gruppi finora poco conosciuti anche da chi studia Roma. Dopo un tentativo di ricostruzione della suddetta scuola nel suo contesto di riferimento, rifletterò prima sui testi legati alla trasmissione religiosa e poi su quelli in più diretto rapporto con la sfera politica. A seguito delle analisi cercherò di considerare questi aspetti nel loro possibile intreccio, come parte di un più ampio progetto scolastico.

1. *Una scuola di «grammatica» e il suo contesto*

Come tante altre città dell'Italia Centro-Nord, la città di Roma è regolata da istituzioni comunali, cristallizzatesi nel 1143 e attive in città fino al 1398. Se in principio tali istituzioni erano state gestite perlopiù dal ceto dei combattenti a cavallo, i *milites*, poi confluiti nella "nobiltà cittadina" (*nobiles viri*) trecentesca, dalla metà del Duecento le più alte magistrature del comune divengono monopolio di un gruppo ristretto di famiglie con rapporti molto

Processi formativi istituzionalizzati nelle società comunali e signorili italiane: una politica scolastica?, in *Culture et idéologie dans la genèse de l'État moderne*, Rome, École Française de Rome, 1985, pp. 117-131; *Cultura e istituzioni universitarie nel contesto delle esperienze signorili italiane*, in *L'art au service du prince. Paradigme italien, expériences européennes (vers 1250-vers 1500)*, a cura di Élisabeth Crouzet-Pavan, Jean-Claude Maire Vigueur, Roma, Viella, 2015, pp. 321-338, con proposte di ricerca molto utili in tal senso (e peraltro con una condivisibile insistenza sull'importanza di studiare i corsi di grammatica e di *dictamen*, nonché le scuole 'altre' rispetto alle università).

intensi con la Curia pontificia e con gli Angiò, i "baroni romani". Questo monopolio sarà scardinato soltanto alla metà del Trecento, dopo la nota parabola di Cola di Rienzo e l'instaurazione di un regime di stampo popolare. Nobiltà cittadina, baroni e popolo: sono questi i tre grandi gruppi in cui la società romana dell'epoca era suddivisa. Nel periodo che ci interessa, il primo Trecento, ci troviamo dunque nel momento del "monopolio baronale del comune" e quasi a ridosso della parabola di Cola di Rienzo (1347).[4]

Ma torniamo all'istruzione. Sebbene buona parte della storiografia abbia guardato al panorama scolastico romano della cosiddetta "età di Avignone" attraverso il filtro della decadenza, fonti note più alcune altre meno note fanno pensare che da questo punto di vista Roma non sia stata in fondo alla graduatoria dei grandi centri italiani.[5] Una breve disamina del suo panorama scolastico aiuterà a meglio comprendere la fonte.

Per quanto riguarda i livelli-base, l'alfabetismo cittadino è molto difficile da valutare nel suo complesso, eppure sembra sia stata disponibile una certa offerta di maestri che insegnassero ai giovani dei ceti meno abbienti l'alfabeto, il Salterio, alcune preghiere in latino e i rudimenti della grammatica. Ovviamente non tutti beneficiavano dello stesso insegnamento: chi aveva risorse culturali più cospicue, come i notai, poteva apprendere la propria arte direttamente in casa propria, mentre i più grandi nobili assumevano rinomati precettori al loro servizio, pronti a educare i giovani rampolli dei grandi casati.[6]

Al di sopra di questo livello vi erano insegnamenti più professionalizzanti: le fonti a disposizione non ci dicono niente né sulle scuole cosid-

4. Jean-Claude Maire Vigueur, *L'altra Roma. Una storia dei romani all'epoca dei comuni (secoli XII-XIV)*, Torino, Einaudi, 2011 (ed. orig. Paris, Tallandier, 2010). Sulla genesi del comune romano vedi ora anche Chris Wickham, *Roma medievale. Crisi e stabilità di una città (900-1150)*, Roma, Viella, 2013 (ed. orig. Oxford, Oxford University Press, 2014). Sui "baroni di Roma" è fondamentale Sandro Carocci, *Baroni di Roma. Dominazioni signorili e lignaggi aristocratici nel Duecento e nel primo Trecento*, Roma, École Française de Roma-ISIME, 1993.

5. È quanto ho sostenuto in Dario Internullo, *Ai margini dei giganti. La vita intellettuale dei romani nel Trecento*, Roma, Viella, 2016, fermo restando che una comparazione sistematica tra più casi italiani, finora mai condotta, possa arricchire, complicare e sfumare questa interpretazione. Nuove fonti sembrano comunque confermare la vitalità culturale della città: Alessio Decaria, *I confini della lirica italiana del Trecento*, in *I confini della lirica. Tempi, luoghi, tradizione della poesia romanza*, a cura di Alessio Decaria, Claudio Lagomarsini, Firenze, Edizioni del Galluzzo, 2017, pp. 67-90.

6. Internullo, *Ai margini dei giganti*, pp. 76-79.

dette mercantili o "d'abaco" né su quelle di notariato, ben attestate altrove in Italia, ma ci parlano perlopiù di insegnamenti di «scienze primitive», «grammatica», «grammatica e logica» o «grammatica e dialettica». Sono tutte definizioni che stanno ad indicare una versione semplificata delle tre Arti del Trivio (grammatica, retorica e dialettica). Lezioni del genere possono essere impartite sia da maestri privati assunti da grandi patroni per i loro clienti, sia da scuole ecclesiastiche o laiche, sia pure da corsi inseriti nel circuito dell'università cittadina, lo *Studium Urbis*.[7] Chi li frequenta normalmente appartiene alla nobiltà cittadina di Roma, come ho detto quel gruppo distinto tanto dai baroni quanto dai popolari, che è composto da ecclesiastici, giudici, medici, alti funzionari e notai di prestigio. Non ne sono però esclusi gli strati superiori del popolo romano, specie quelle famiglie che nel corso del secolo andranno a fondersi con i *nobiles*.[8]

L'università romana, situata in questo periodo nel rione Trastevere, è una fondazione recente. Istituita nel 1303 da papa Bonifacio VIII con un progetto assai ambizioso, subì un ridimensionamento già quello stesso anno con la morte del fondatore. Fino al primo ritorno dei papi (1367) non fu un centro di cultura universale, quanto piuttosto un polo culturale dal colore fortemente romano, controllato congiuntamente dal comune, dal clero urbano e dai vicari pontifici e in grado di attrarre personalità anche dall'Umbria, dal Lazio, dall'Abruzzo e dalla Campania. I suoi corsi, frequentati massicciamente da quelle famiglie della nobiltà cittadina di Roma che intrattenevano legami professionali con le istituzioni ecclesiastiche e con il comune, comprendevano sia l'insegnamento delle Arti, come anticipato, sia quello del diritto (civile e canonico), sia quello della medicina. Nel circuito dell'insegnamento superiore non mancava infine la teologia, in questo periodo la più nobile delle scienze. Essa non veniva impartita nello *Studium Urbis*, bensì nelle scuole degli Ordini mendicanti, soprattut-

7. Il rapporto tra lo *Studium Urbis* e le scuole di base di impianto grammaticale, nel Trecento, non è ancora stato chiarito del tutto, soprattutto perché non disponiamo di fonti esaustive come quelle relative al Quattrocento. Tuttavia alcune delle fonti disponibili parlano in maniera piuttosto chiara di maestri *in primitivis scientiis* nello *Studium* romano, almeno alla fine degli anni Quaranta: cfr. Brigide Schwarz, *Kurienuniversität und stadtrömische Universität von ca. 1300 bis 1471*, Leiden-Boston, Brill, 2013, p. 501 (e bibliografia).

8. Internullo, *Ai margini dei giganti*, pp. 56-63; Andreas Rehberg, *Ascesa sociale del clero canonicale e formazione di ecclesiastici e laici a Roma (secoli XIV-XV)*, in *La mobilità sociale nel medioevo italiano*, 5. *Roma e la Chiesa (Secoli XII-XV)*, a cura di Cristina Carbonetti, Marco Vendittelli, Roma, Viella, 2017, pp. 39-68.

to Francescani e Domenicani. Si tratta di insegnamenti filosofico-teologici di alto livello, inseriti nei circuiti delle rispettive 'province' di riferimento e frequentati da frati di queste stesse province.[9]

La fonte in questione è un prodotto delle istituzioni scolastiche suddette. Si trova all'interno di un codice cartaceo conservato presso la Biblioteca Angelica di Roma. Il manoscritto è oggi composto di due sezioni, in principio unità codicologiche indipendenti l'una dall'altra e riunite probabilmente in età moderna. La prima rimanda a territori posti tra Lazio e Campania tra fine Duecento e inizio Trecento ed è stata da me analizzata in altra sede.[10] La seconda, che invece conduce a Roma ed è l'oggetto del presente lavoro, fu allestita molto probabilmente negli anni Trenta del Trecento e doveva certamente funzionare come manuale pratico per lo studio della composizione in latino. L'unità originaria dei fascicoli è stata stravolta, eppure alcune omogeneità testuali e paleografiche consentono di avere un'idea abbastanza chiara della struttura originaria di questa sorta di manuale. Esso si componeva di cinque grandi sezioni, in alcune delle quali (es. nr. 1) i testi dovevano essere quasi certamente appresi a memoria: 1) due florilegi di *auctores* relativi ai vizi e alle virtù; 2) un gruppo (non particolarmente omogeneo) di annotazioni linguistiche e giuridiche, più alcune preghiere; 3) un trattato di ortografia latina; 4) il trattato di *Ars dictandi* (composizione epistolare) di Tommaso da Capua; 5) un gruppo di 46 modelli epistolari (*dictamina*) prodotti a Roma o relativi a istituzioni romane.[11] A guidarci nell'interpretazione complessiva

9. Sullo *Studium Urbis* si veda Schwarz, *Kurienuniversität und stadtrömische Universität*; Carla Frova, *«Studium Urbis» e «Studium Curie» nel Trecento e nel Quattrocento. Nuovi documenti e una proposta storiografica*, in «Roma nel Rinascimento» (2013), pp. 21-28. Andreas Rehberg, *Spigolature per la storia dello «Studium Urbis» nel Trecento*, in *L'università in tempo di crisi. Revisioni e novità dei saperi e delle istituzioni nel Trecento, da Bologna all'Europa*, a cura di Berardo Pio, Riccardo Parmeggiani, Bologna, Clueb, 2016, pp. 177-192. Sulle scuole degli Ordini mendicanti a Roma vedi Internullo, *Ai margini dei giganti*, pp. 67-72 (con bibliografia).

10. La parte campano-laziale è stata discussa in Dario Internullo, *Una poco nota raccolta di dictamina di epoca angioina*, in «Archivio Normanno-Svevo», 4 (2013-2014), pp. 125-146.

11. Descrizione dettagliata delle due sezioni del manoscritto in Dario Internullo, *A proposito di «dictamen» fra Regno angioino e Roma nel primo Trecento*, in *Le «dictamen» dans tous ses états. Perspectives de recherche sur la théorie et la pratique de l'«ars dictaminis» (XIe-XVe siècles)*, studi raccolti da Benoît Grévin e Anne-Marie Turcan-Verkerk, Turnhout, Brepols, 2015, pp. 347-376; studio della sezione romana come fonte per la scuola e per la cultura epistolare (più alcune aggiunte sul manoscritto) in Internullo, *Ai margini dei giganti*, pp. 57-63 e 383-425 (con riproduzioni).

della fonte è un'annotazione, stesa in volgare romanesco da uno degli scolari che la utilizzarono: «Conveose ad tucti noi scolarii de studiare efficacie mente tucte quelle cose che nci ao lesse lo mastro, le quale so molto utile ad tucti li studianti in gramatica».[12]

Poiché lo scolaro parla esplicitamente di *studianti in gramatica*, bisogna pensare che il corso da lui frequentato fosse contraddistinto da un nome del genere. *Gramatica* è ovviamente da intendersi in senso lato, dato che l'*ars dictandi* afferisce al campo della retorica e che alcune tra le annotazioni e le lettere ivi contenute (sezioni 2 e 5) rimandano alla logica e ad alcuni rudimenti di scienza medica, e insistono sullo studio delle *artes* come base per progredire in discipline e *facultates* superiori. Probabilmente chi studiava questi testi frequentava uno di quei corsi di «primitive scientie» o di Arti che altre fonti connettono tanto all'università cittadina quanto ad altre scuole di grammatica superiore presenti a Roma. Non abbiamo dati espliciti che facciano propendere in maniera netta per lo *Studium* o per un altro tipo di scuola, ma alcuni indizi lasciano pensare che il corso in questione fosse propedeutico allo studio delle discipline universitarie canoniche, e che intrattenesse legami con alcune istituzioni romane, due in particolare: l'abbazia e la basilica di S. Paolo fuori le Mura da una parte, il comune cittadino (il Senato) dall'altra. Entrambe compaiono con insistenza nella raccolta di modelli epistolari (sezione 5). S. Paolo prevale dal punto di vista quantitativo, dato che il suo abate Adenolfo emana da solo più del 33% dei documenti contenuti nell'intera raccolta. Il comune, che comunque occupa il 18% circa delle lettere, prevale invece dal punto di vista qualitativo: alcune delle lettere emanate dai suoi ufficiali, senatori o vicari regi, sono state rielaborate per formare una sorta di esercizi-guida alla scrittura in bello stile. Già su questa base si potrebbe ipotizzare che la scuola e/o il suo personale dirigente avessero un legame, forse strutturale e geografico, con il monastero mentre il comune, destinatario professionale di alcuni degli studenti del corso, esercitasse su di esso una qualche forma di controllo e parallelamente si impegnasse a finanziarlo.[13]

12. Roma, Biblioteca Angelica, ms. 514, c. 83v. Scandisco «nci ao lesse» e non «nciao lesse» (come avevo proposto in lavori precedenti) sulla base dei preziosi suggerimenti proposti da Paolo D'Achille nella scheda pubblicata in «Rivista Italiana di Dialettologia», 40 (2016), pp. 359-361.

13. Su S. Paolo fuori le Mura vedi Ildefonso Schuster, *La basilica e il monastero di S. Paolo fuori le Mura. Note storiche*, Torino, Società Editrice Internazionale, 1934; sulla

2. *Maestri e allievi*

Chi sono i maestri del corso? Il manoscritto non dice nulla di particolarmente esplicito, ma alcuni indizi aiutano a farsi un'idea sulla loro fisionomia. Anzitutto, uno dei due florilegi indica come autore della compilazione tal *magister Jacobus Tudertinus*. Nulla sappiamo su di lui, ma fonti esterne sullo *Studium Urbis* mostrano che nel 1319 Todi aveva fornito a Roma almeno un maestro di diritto civile per richiesta del comune. Potremmo aver a che fare con una circostanza simile, ma purtoppo nulla esclude che il florilegio fosse stato compilato fuori Roma e poi semplicemente trascritto nel codice tempo dopo.[14] Abbiamo però anche ulteriori indizi, un poco più concreti, sull'identità dei maestri. Nella raccolta di epistole (sezione 5), che comprende perlopiù lettere relative a incarichi istituzionali e raccomandazioni, l'unica lettera contenente uno scambio più informale tra amici è scritta da due notai romani, *Iohannes Gregorii* e *Andreas Veri*. È difficile pensare che una lettera del genere fosse conservata nelle istituzioni legate alla raccolta, mentre è più semplice e logico credere che il compilatore, lavorando ad essa sulla base di archivi cui era legato, avesse inserito in essa alcuni documenti di cui aveva conservato copie o minute a titolo personale. Poiché *Andreas Veri* compare anche in altre lettere della silloge, e in più figura fra i *familiares* dell'abate di S. Paolo in documenti esterni a essa (forse perché era il suo cancelliere), si può ipotizzare che costui sia stato l'autore o perlomeno *uno* degli autori della raccolta epistolare, e che il suo profilo possa aver coinciso con quello di un maestro di questo corso di *gramatica*.[15] Oltre che delle sue capacità di scrivere in un ottimo latino,

sua biblioteca, che conteneva anche libri di grammatica, vedi Internullo, *Ai margini dei giganti*, pp. 84-85.

14. Roma, Biblioteca Angelica, ms. 514, cc. 87r-90v. Mi sembra difficile pensare a un testo compilato da Jacopone da Todi prima della sua morte (1306); il compilatore sarebbe semplicemente un omonimo. Un maestro di Todi, Francesco Rinalducci, è chiamato dal comune romano (tramite richiesta al comune di Todi da parte del vicario regio Giovanni Boboni, che forse è lo stesso vicario *I.* che compare nel manoscritto alla c. 97v: *Appendice* I, nr. 26) a insegnare diritto civile nel 1319 nello *Studium*: si veda il documento pubblicato in [s.a.] *Uno dei più antichi documenti relativi allo Studio romano*, in «Archivio della Società Romana di Storia Patria», 2 (1879), pp. 234-235.

15. *Appendice* I, lettere nr. 6 (supplica di Andrea Veri a un *magnificus vir* per procurare un notaio a un monastero soggetto a S. Paolo), 19 (lettera dei due notai, Andrea e Giovanni, al loro amico), 37 (scomunica che il rettore della *Romana fraternitas* emana nei confronti di ladri che hanno sottratto una tunica e altri oggetti ad *Andreas*). Per i documenti

di Andrea sappiamo che nel 1330 era stato notaio della *Camera Urbis* al servizio di due Orsini a capo del comune cittadino. Aveva cioè lo stesso incarico che pochi anni dopo avrebbe ricoperto Cola di Rienzo. Forse Andrea sarà stato meno ambizioso di Cola, ma doveva essere anche lui uno di quei notai del popolo capaci e molto in vista nella società urbana, come se ne trovano nella Roma comunale.[16]

E gli studenti? Le fonti sulle scuole di grammatica e sui corsi di Arti a Roma sono concordi nell'indicare la nobiltà cittadina e gli strati superiori del popolo come i principali gruppi sociali cui tali insegnamenti si rivolgono. Anche il manoscritto sembra offrire una conferma di ciò. Se dalla silloge epistolare si isolano infatti tutti i casi di lettere di raccomandazione, si noterà che la maggior parte dei raccomandati appartiene a questo gruppo: cognomi come Cenci e Vaiani sono ben noti agli storici di Roma fra le fila dei *nobiles* romani, in cui rientrano anche i *mercatores* menzionati in un'altra lettera, e similmente i Caffarelli e i Filippi sono oggi riconducibili

esterni alla raccolta vedi Leone Mattei-Cerasoli, *Le chiese di S. Giacomo e di S. Magno in Amelia*, in «Bollettino della deputazione di storia patria per l'Umbria», 30 (1933), pp. 1-92, spec. p. 71. Si pensi, inoltre, che in una delle preghiere contenute nel manoscritto, la *O intemerata* (cfr. *infra*), la frase *esto michi peccatori pia auxiliatrix*, diffusa in altri manoscritti che tramandano la preghiera, ha accanto a *peccatori* il dativo *Andree*. Questo nome è troppo diffuso per avere certezza, ma viene certo da pensare che possa riferirsi a uno dei responsabili dell'assemblamento dei testi, *Andreas Veri* per l'appunto. D'altra parte la stessa paleografia del codice rimanda agli ambienti notarili: è scritto in minuscole cancelleresche, le tipiche scritture dei notai e dei cancellieri del Trecento. Andrea è *notarius Camere Urbis* in Giuseppe Gatti, *Statuti dei mercanti di Roma*, Roma, Tipografia della Pace, 1885, pp. 67-68 (vedi Maria Teresa Caciorgna, *L'influenza angioina in Italia: gli ufficiali nominati a Roma e nel Lazio*, in «Mélanges de l'École Française de Rome. Moyen Âge», 107/1 [1995], pp. 173-206, spec. p. 206 per i due Orsini vicari regi presso cui lavora). Un documento che menziona la casa degli eredi di Andrea nel rione Pigna è in Roma, ASC, Notai, Sezione I, vol. 649/1, cc. 27v-29r (1348). Altri Veri del rione Pigna, tra cui un calzolaio e i suoi figli, sono menzionati ivi, vol. 649/5, c. 23r, 37v; 649/6, c. 37v; vol. 649/7, c. 33v, 46r; 649/11, c. 16v; vol. 763 I/1, c. 4v; vol. 763 I/2, cc. 2r-3r, 19v, 39r; vol. 763 I/4, c. 10r; Renzo Mosti, *Un notaio romano del Trecento. I protocolli di Francesco di Stefano de Caputgallis (1374-1386)*, Roma, École Française de Rome, 1994, pp. 192, 341-342. La questione della genesi complessiva della silloge rimane in ogni caso aperta, soprattutto perché è ancora da spiegare la presenza di lettere apparentemente 'esterne' al circuito di Andrea Veri, di S. Paolo e del comune romano. Potrebbe tuttavia trattarsi di lettere circolari o di 'precedenti' sedimentatisi nelle istituzioni romane nel corso del tempo.

16. Su Cola di Rienzo vedi Tommaso di Carpegna Falconieri, *Cola di Rienzo*, Roma, Salerno Editrice, 2003. Il suo profilo è posto in parallelo ad altri notai romani meno noti in Internullo, *Ai margini dei giganti*, pp. 199-213.

ai «mercanti-banchieri» della nobiltà cittadina grazie a uno studio di sintesi di Marco Vendittelli.[17] Sono convinto che, per dare maggior appetibilità ed efficacia al corso, chi allestì la silloge ebbe premura di selezionare quei documenti che rappresentassero al meglio gli interessi e le dinamiche dei consueti destinatari di questa scuola romana, o perlomeno di una parte di essi. Dobbiamo immaginarci questi ultimi come persone che si stanno formando per divenire chierici (e/o monaci), giudici, notai, funzionari e medici.[18] Persone che, inoltre, stando alla stessa annotazione («noi scolarii»), condividono un sentimento di identità di gruppo.

Per riassumere, abbiamo dunque a che fare con una scuola urbana legata probabilmente a un'istituzione ecclesiastica, inserita in un circuito più ampio e collegata all'università, controllata in parte dalle istituzioni comunali, forse gestita da maestri che avevano svolto professioni notarili e rivolta principalmente alla nobiltà cittadina e agli strati superiori del popolo di Roma.

17. *Appendice* I, nr. 11-13, 41, 45-46 (Nicola del fu Francesco Cenci), 7 (Pietro Vaiani), 17 (*mercatores*), 5 (Nicola Caffarelli), 1 (Onofrio del fu Filippo [Filippi]). Per i Cenci vedi Andreas Rehberg, *Familien aus Rom und die Colonna auf dem Kurialen Pfründenmarkt (1278-1348/78)*, I, in «Quellen und Forschungen aus Italienischen Archiven und Bibliotheken», 78 (1998), pp. 1-122 (spec. pp. 64-68), II, ivi 79 (1999), pp. 99-214 (spec. pp. 169-171). Non mi è ancora chiara una possibile collocazione genealogica del nostro, ma il fatto che sia figlio di un *nobilis vir* e *miles* e che eserciti una podesteria fuori Roma lascia ben pensare alla nobiltà cittadina. Per i Vaiani vedi Internullo, *Ai margini dei giganti*, pp. 172-175; alcuni documenti sui Caffarelli sono raccolti nel sito relativo alla storia della famiglia, curato da Roberto Vergara Caffarelli (http://www.vergaracaffarelli.it/styled-2/ (ultimo accesso 22.07-2017): la famiglia conta senatori nel primo periodo comunale, *mercatores* nel Duecento, e nel Trecento possiede, come gli altri *nobiles*, casali nella Campagna romana: su quest'ultimo aspetto vedi Roma, ASC, *Notai*, Sezione I, vol. 649/1, c. 5r (del 1348). Per i Filippi, molto probabilmente la famiglia di Onofrio, vedi Rehberg, *Familien aus Rom*, II, pp. 173-175. Sul gruppo dei mercanti-banchieri si veda ora Marco Vendittelli, *Mercanti-banchieri romani tra XII e XIII secolo. Una storia negata*, Roma, Viella, 2018, pp. 118, 186, ma *passim* (e soprattutto *ad indicem*).

18. Forse c'era anche qualche individuo interessato a proseguire nella teologia, se una delle lettere vede due genitori incitare il proprio figlio, frate domenicano, a studiare bene le Arti e la grammatica, se vorrà proseguire nella *sacra pagina* (*Appendice* I, nr. 44). Non direi però su questa base che la scuola fosse annessa a un convento o rivolta a soli frati per due motivi in particolare: 1) gli sforzi che uno scolaro tradisce per esercitarsi nella minuscola cancelleresca, la scrittura dei notai (cfr. *infra*), fanno pensare che costui fosse proiettato in una carriera da notaio o da funzionario di cancelleria; 2) sono perlopiù le epistole emanate dal comune ad esser state rielaborate per creare una sorta di guida agli esercizi di composizione: questo fa pensare che si guardava agli studenti come probabili futuri funzionari di quella istituzione.

3. *Trasmissione religiosa*

Alcune sezioni del manoscritto si pongono piuttosto bene in relazione con gli aspetti religiosi dell'insegnamento. I florilegi riguardanti i vizi e le virtù (sezione 1) più alcune massime e preghiere (sezione 2), che come gli altri testi dovevano quasi certamente esser appresi a memoria, non sembrano avere una mera funzione linguistica. Non sono cioè semplici raccolte di autori utili ad acquisire una perfetta padronanza del latino, quanto piuttosto un vero e proprio strumento di educazione cristiana. I brani biblici o di autori antichi come Cicerone, Ovidio, Lucano, Orazio, Virgilio, Giovenale e Seneca, tardoantichi come Cesario di Arles, Agostino, Prudenzio, Boezio e Gregorio Magno, medievali come Goffredo di Vinsauf, Matteo di Vendôme, Arrigo da Settimello e Gualtiero di Châtillon sono tutti raggruppati intorno a una serie di virtù da seguire e vizi da evitare. Le virtù discusse (da intendersi *lato sensu*) sono le seguenti: *amicitia*, *modus et mensura*, *consilium*, *amor*, *humilitas*, *patientia*, *labor* più il settenario delle virtù cardinali (*iustitia*, *fortitudo*, *prudentia*, *temperantia*) e teologali (*fides*, *spes*, *caritas*). I vizi coincidono invece con *divisio dominii*, *gula*, *superbia*, *otium*, *vanagloria mundi huius*, *ira* e *avaritia*. A essi si aggiungono ulteriori concetti come quello di *patria* e di *fortuna*.[19] Anche se l'ordine originario dei fascicoli del codice è stato stravolto, non sembra che i florilegi avessero una struttura particolarmente rigida e organica; piuttosto, chi li assemblò doveva aver avuto premura di essere il più esaustivo possibile nei confronti dei discenti, accostando concetti più propriamente cristiani con altri di natura politica, come ad esempio il *consilium*, la *divisio dominii*, e anche la definizione di *tyrampnus* aggiunta a un brano ciceroniano.[20] Anche all'interno delle rubriche non si riscontra una struttura rigida, ma la tendenza generale è di introdurre il vizio e la virtù con una breve definizione, spesso estrapolata dalla Bibbia o da letteratura filosofica, dopodiché illustrarla mettendo in sequenza i brani dei poeti che ne trattano. Valgano i seguenti esempi, relativi alla *patientia* e alla *gula*:[21]

19. Roma, Biblioteca Angelica, ms. 514, cc. 71r-80v, 87r-90v.

20. Ivi, c. 79bisv: «Tyrampnus autem est ille qui violentia populos opprimit et predator alieni iuris et possessionis existit», che fa seguito a Cic., *Lael.* 15, 52. Nel brano di Cicerone la parola *tyrannorum* non presenta l'epentesi tipica del tardo medioevo (*nn*/*mn* > *mpn*). È dunque chiaro che il brano proviene da una fonte diversa. Sui concetti di tiranno e tirannide si veda *Tiranni e tirannide nel Trecento italiano*, a cura di Andrea Zorzi, Roma, Viella, 2013.

21. Roma, Biblioteca Angelica, ms. 514, cc. 77r, 79v-79bisr.

1. «Sequitur *de patientia*, et sic describi potest. Patientia quidem est virtus contumeliarum omnis adversitatis impetus equanimiter substinens tam in adversis, quam in prosperis. Ille autem vere est patiens, qui nemini nocet, et etiam est iniuria lacessitus.

Si patiens fueris cetera victor eris
Et virtus vidua, quam non patientia firmat Prudentius
Perfer et obdura dolor hic tibi perderit olim
Sepe tulit lapsis, sucus amarus opem Ovidius in sine titulo [...]»

2. «Sequitur *de gula*. Circa primum notandum est quod initium vite hominis extitit panis et aqua et vestimentum protegens turpitudinem, nunc autem gulosis non sufficiunt fluctus (*sic*) arborum non genera leguminum, non radices herbarum, non pisces maris, non bestie terre, non aves celi; sed queruntur (*sic*) nutriuntur altila (*sic*), capiuntur obesa, que studiose cocuntur arte cocorum, que laude (*sic*) parantur officio ministrorum, alius contendit et colat, alius confundit et conficit substantiam, vertit in accidens [...].

Quid servire gule preest (*sic*) ut predo macelli
Venter precipi pondere membra premat
Ut vivat comodant prudentes hisco vivit
Ut comedat vendit predia vendit agros
Ventribus esca datur venter escis et Deus escas Tobias [...]»

Senza pretendere di discutere nel dettaglio le fonti del florilegio, quello che qui interessa è la duplice valenza di questi brani scolastici. Da una parte essi associano determinati testi a determinati autori (qui Prudenzio; Ovidio, della cui opera il compilatore aveva dimenticato il titolo!; Matteo di Vendôme): appresi a memoria, avrebbero certamente fornito agli scolari una ricca messe di nomi importanti del canone letterario latino dell'epoca. Dall'altra parte questi stessi brani infondono a chi li studia un prontuario di modelli generali da seguire o evitare: per rimanere sugli esempi, la rubrica *de patientia* insegna a mostrarsi saldi in ogni situazione, anche la peggiore, mentre il *de gula* aiuta a capire, sulla base del libro del Sirac (29, 21) e del *De miseria condicionis humane* di Innocenzo III, che bastano pane e acqua a soddisfare l'essere umano.[22] Così, l'*amicitia* induce a costruire relazioni solide e vitali, il *modus et mensura* ad apparire *minor* pur essendo *maior*, l'*humilitas* ad «abbassarsi per elevarsi», il *labor* a considerare la fatica come presupposto imprescindibile di ogni virtù. Le rubriche sui vizi, da parte loro,

22. Per Innocenzo III si veda Lotarius de Comitibus Signae (Innocentius III papa), *De miseria humanae condicionis*, a cura di Michele Maccarrone, Lugano, Thesaurus Mundi, 1955, lib. II, cap. 17, par. 1, p. 51.

stigmatizzano molto bene i comportamenti da evitare, come l'appetito di denaro dell'*avaritia*, il disprezzo per i più deboli della *superbia*, l'accecamento dovuto all'*ira*, e via dicendo. Alla fine, memorizzando tutti questi brani e certamente con l'aiuto del maestro, i discenti avranno assimilato non solo una serie di comportamenti utili, ma anche un vero e proprio sistema di filtri con cui leggere le cose che accadono nel loro mondo.

Se i florilegi hanno a che fare con la costruzione di un sistema di pensiero generale, concettuale se vogliamo, altri testi del codice sembrano esser stati lì trascritti con il fine di infondere un vero e proprio *habitus* religioso. Nella sezione nr. 2 è infatti presente una piccola raccolta di sei preghiere, alcune delle quali introdotte da rubriche e intervallate da brani biblici. I rispettivi *incipit* sono: *O intemerata* (*Oratio ad beatam Mariam virginem*); *Benedictus sis Ihesu* (*Oratio ad dominum cunctorum*); *Ave verbum incarnatum* (*Oratio cum sacrificatur corpus Christi*); *Omnipotens pater altissime*; *Deus propitio esto michi* (*Oratio beati Augustini revelata sibi a Spiritu sancto*); *Mictere digneris Domine*.[23] Si tratta di preghiere "di intercessione" molto diffuse nell'Italia tardomedievale, che hanno di solito a che fare con la devozione personale tanto degli ecclesiastici quanto dei laici.[24] Una rubrica che fa seguito alla seconda (*Benedictus sis Ihesu*) è peraltro abbastanza esplicita in tal senso: essa indica che tale preghiera «deve essere pronunciata sette volte al giorno da ogni fedele cristiano, in ginocchio, con le mani giunte ed erette al cielo, e premuniti del segno della santa croce».[25] Probabilmente questa piccola silloge doveva costituire un prontuario devozionale, una sorta di libro d'Ore in grado di guidare i discenti nel corretto modo di pregare, per ottenere ausilio o semplicemente per il perdono dei propri peccati. Se la osserviamo insieme alle rubriche sui vizi cominciamo a capire meglio la logica di questo manuale romano che, dietro la veste superficiale della grammatica latina, proponeva un'istruzione che disciplinasse l'agire umano a trecentosessanta gradi.

23. Roma, Biblioteca Angelica, ms. 514, cc. 116v-119v.

24. Cfr. Augustine Thompson, *Cities of God. The Religion of the Italian Communes (1125-1325)*, University Park PA, Pennsylvania State University Press, 2005, *passim*; *A History of Prayer. The First to the Fifteenth Century*, by Roy Hammerling, Leiden-Boston, Brill, 2008, pp. 389-416.

25. Roma, Biblioteca Angelica, ms. 514, c. 117v: «Dicatur premissa oratio septem vicibus in die per quemlibet fidelem Christianum, genibus flexis, manibus iunctis et ad celum erectis beato crucis signaculo premunitum».

Viene certo spontaneo interrogarsi sull'effettiva pervasività di queste prescrizioni e più in generale di queste pratiche di trasmissione religiosa. Se ne potrebbe considerare l'efficacia anche soltanto guardando generalmente alla produzione scritta dei *nobiles* romani del Trecento, ridondante di discorsi su vizi, virtù e di *auctoritates* cristiane, ma è lo stesso manoscritto a contenere indizi utili in tal senso. In almeno 19 pagine del codice, infatti, uno scolaro che ancora non padroneggiava perfettamente la minuscola cancelleresca (la scrittura professionale dei notai e dei funzionari di cancelleria, su cui forse egli avrebbe dovuto esercitarsi) ha tentato di riprodurre alcune delle forme grafiche di essa. Ora, le parole che ricorrono con più insistenza sono: *Dominus Deus meus est* o singole parti della stessa frase; *Fortuna ... a Deo creata*; *In principio erat*, cioè Gv 1, 1; *Ave verbum incarnatum in altari consecratum*, cioè proprio l'inizio di una delle preghiere or ora menzionate.[26] Molto probabilmente queste parole erano rimaste impresse nella mente del fanciullo molto più di altre. In più, sembra che le autorità tenessero particolarmente al disciplinamento religioso degli scolari romani: nel testamento di un cardinale laziale, Annibaldo da Ceccano (1348), un progetto di fondazione di un collegio studentesco per lo *Studium Urbis* prevedeva che il sabato gli studenti andassero regolarmente a messa nella chiesa di S. Maria in Trastevere recitando preghiere ben precise, alcune delle quali in onore della Vergine.[27]

4. *Rappresentazioni politico-sociali*

Se i florilegi, le preghiere e le prove di penna aiutano a comprendere meglio la formazione della religiosità degli studenti, la raccolta 46 di mo-

26. Ivi, cc. 72r, 72v, 73r, 76r, 79r, 79bisr, 83v, 86r, 90r, 94r, 94v, 101v, 103r, 103v, 104r, 117r, 118v. È da notare che alla c. 83v questa mano tenta di tradurre in latino la nota in volgare sugli scolari (vedi *supra*), e lo stesso con la nota a 92v con una nota volgare che invoca il ritorno dei papi a Roma.

27. Marc Dykmans, *Le cardinal Annibal de Ceccano (vers. 1282-1350). Étude biographique et testament du 17 juin 1348*, in «Bulletin de l'Institut historique belge de Rome», 43 (1973), pp. 145-341; il progetto è descritto alle pp. 292-298, 306-308, le prescrizioni religiose a p. 296. La storiografia è concorde nel ritenere che il progetto non sia mai stato realizzato concretamente, ma si veda ora la nuova testimonianza individuata da Rehberg, *Spigolature*, pp. 183-184 (una lettera pontificia del 1354 in cui si chiede ad Egidio Albornoz di indagare sulla dotazione di questo lascito).

delli epistolari (sezione 5) può rivelare allo storico i legami che la scuola romana intrattiene con i gruppi preminenti della città e le istituzioni da essi controllate.[28]

Nel disegno del manuale questi *dictamina* costituiscono una *mise en pratique* del trattato di ortografia (sezione 3) e dell'*Ars dictandi* di Tommaso da Capua (sezione 4).[29] Tutte le lettere rientrano perfettamente nei canoni del *dictamen*: esempi di stile epistolare, esse rispettano le prescrizioni teoriche nella struttura, nell'ortografia, nello stile latino e nel forte uso di clausole ritmiche. Ma come nel caso dei florilegi non si tratta solo di questo. Estrapolati da un *corpus* più ampio di documenti originali, probabilmente dagli archivi con cui il compilatore aveva avuto a che fare, questi documenti sono frutto di una precisa logica di selezione che non sembra avere la sola retoricità come criterio di base. Rappresentano infatti una realtà politica e sociale ben determinata.

Dal punto di vista tipologico le lettere, scritte perlopiù per conto di istituzioni o da privati verso le stesse istituzioni, consistono in raccomandazioni, concessioni e conferme di benefici e incarichi, petizioni ad autorità (con relative risposte), editti pubblici, orazioni e informazioni private riguardanti incarichi professionali o situazioni scolastiche. Gli scriventi, che non sempre si rappresentano in funzione pubblica, sono l'abate di S. Paolo, i vicari pontifici, alcuni notai, i senatori del comune o i vicari regi in Roma, Rodolfo d'Asburgo re dei Romani, Carlo I d'Angiò re di Napoli e senatore di Roma, papa Martino IV, i rettori della *Romana fraternitas* (la congregazione del clero romano) e un canonico di S. Pietro. I destinatari sono il papa, i cardinali romani, alcune istituzioni ecclesiastiche soggette a S. Paolo, il re e la regina di Napoli o i loro funzionari, senatori del comune o vicari regi, vescovi e comuni dello Stato della Chiesa, *nobiles* o *milites* romani e laziali, il popolo romano. Il documento più antico è del 1268, il più recente del 1331, la maggior parte degli anni 1319-1322. Per ragioni di spazio è impossibile far parlare ciascun testo, ma già soltanto una breve rassegna di tutti i protagonisti della raccolta può render chiara l'idea di quale realtà fosse rappresentata: i *dictamina* mettono in scena alcuni squarci di vita scritta della Roma dominata dalla nobiltà baronale, dai re angioini e a livello più circoscritto anche dagli abati di grandi mo-

28. Roma, Biblioteca Angelica, cc. 81r-86v, 92v-100v, 120r-124v, 131r-131v. Per un quadro sinottico vedi l'*Appendice* I.

29. Le due sezioni sono ivi, cc. 108r-115r, 125r-130v, 132r-134v.

nasteri. In questa Roma gli imperatori Enrico VII e Ludovico di Baviera sono totalmente condannati all'oblio.[30]

Anche se non tutte le lettere vi appartengono, la maggior parte di esse si inserisce all'interno in due grandi *networks*, quello dell'abate di S. Paolo e quello del comune di Roma. L'abate Adenolfo, di cui purtroppo non conosciamo né le origini né il profilo, interagisce sia con poteri superiori, sia con autorità e individui di grado pari o inferiore. Alle autorità superiori o di pari grado normalmente chiede aiuto, protezione o favori per qualcuno: al re di Napoli chiede supporto per recuperare un castello (*castrum*) della propria signoria monastica, occupato dal barone Stefano Colonna; al papa di considerare falsi alcuni documenti dello stesso Colonna che tentavano di diffamarlo; supplica poi lo stesso papa e due cardinali del baronato romano (Giacomo Stefaneschi e Pietro Colonna) di restituire alla basilica di S. Paolo due travi sottratte tempo prima durante l'incendio di San Giovanni in Laterano; al *magister rationalis* di Napoli chiede favori per il proprio nipote *Carolus Balsanus*; con il vicario regio si congratula per la sua nomina. Il vescovo sutrino riceve la raccomandazione di monaci romani e il vicario del vescovo di Porto quella per un *nobilis* romano, Nicola Caffarelli. I destinatari di grado inferiore invece ottengono direttamente dall'abate nomine o conferme per incarichi, oppure sono informati di nomine che riguardano i loro parenti: è il caso del *nobilis* romano Onofrio del fu Filippo, domicello del cardinale Napoleone Orsini, che proprio grazie all'intercessione dell'Orsini riesce a ottenere dall'abate un beneficio ecclesiastico per suo fratello Andrea. Così, il monaco di S. Paolo *G.* da Civita Castellana e il lo *scriptor* pontificio *P.* sono confermati come rettori di due chiese, mentre un altro monaco, *F.*, viene supportato durante un trasferimento. Il monastero di S. Giorgio di Todi, soggetto a S. Paolo, riceve infine la notizia che due monaci verranno a prelevare alcune "offerte".[31]

Sugli ufficiali del comune il discorso è un poco più complesso, perché le lettere che li riguardano sono state in alcuni casi rielaborate per costituire a quanto pare guide agli esercizi di scrittura. In queste, i nomi degli attori hanno lasciato il posto a più antichizzanti *Titius*, *Seius*, *Me-*

30. Le complesse vicende della Roma due-trecentesca sono tracciate nel dettaglio da Eugenio Duprè Theseider, *Roma dal comune di popolo alla signoria pontificia*, Bologna, Cappelli, 1952.

31. Per tutto ciò vedi qui l'*Appendice* I, nr. 1-5, 8-9, 14-15, 20-23, 26, 33-34, 38.

nius e *Godius*. Partendo dalle lettere non (o meno) rielaborate, esse mostrano che gli ufficiali sono baroni romani delle famiglie Annibaldi, Colonna, Orsini e Savelli. La lettera scritta a nome del Colonna, Stefano, è stata depennata: ciò probabilmente avvenne perché costui, forse lo stesso che occupò il castello dell'abate, in un certo momento fu percepito come nemico negli ambienti di questa scuola o perlomeno da uno dei fruitori di questi testi. Il fatto che gli ufficiali ricoprano in parte l'incarico di senatori, in parte quello di vicari regi degli Angioini la dice lunga sui loro legami politici, ma le lettere sono anche più esplicite in tal senso. Anzitutto, il documento più antico della raccolta è emanato direttamente da Carlo I d'Angiò, che informa il comune di Lucca della disfatta di Corradino di Svevia e della propria nomina a senatore a vita. Probabilmente ha la funzione di giustificare storicamente l'impronta angioina che in questo periodo (gli anni Venti-Trenta del Trecento) caratterizza le istituzioni comunali. A re Roberto e alla regina Sancia si rivolgono rispettivamente Stefano Colonna e Romano Orsini, per favorire alcuni *mercatores* romani il primo, il *nobilis* Pietro Vaiani il secondo. Ufficiali anonimi chiedono invece al papa di agire contro i delitti di alcuni chierici dell'Urbe, e similmente due senatori Annibaldi e Orsini bandiscono un parlamento contro gli assalti notturni in città. Come l'abate, così anche i senatori favoriscono *nobiles* loro protetti: è il caso dei due Savelli che intimano al comune di Amelia, soggetto a Roma, di eleggere il romano Nicola Cenci come loro podestà, e parallelamente lo raccomandano a due personaggi (*C.* e *O.*), di cui uno esperto di diritto. Le lettere rielaborate ricalcano in un caso le raccomandazioni del Cenci, ma in un altro vedono un mittente romano ignoto (*A.*) interagire con i romani *Titius* e *Seius* per migliorare la situazione scolastica di Roma: i giovani sono troppo presi dai divertimenti che la città offre, scrive, per poter migliorare nelle Arti.[32]

Proviamo ora a leggere queste lettere con gli occhi del giovane scolaro che ha annotato il manoscritto parlando di *utilità*. Romano della nobiltà cittadina o degli strati superiori del popolo, intento a progredire nella carriera, egli acquisisce familiarità con una determinata realtà politica e con i rapporti sociali che le fanno da sfondo. Capisce che il comune ha un legame molto forte con il re di Napoli. I suoi ufficiali, senatori o vicari del re, appartengono tutti alla nobiltà baronale. Lui non può certo aspirare a far parte della loro cerchia, ma può chieder loro sia protezione, sia supporto per progredire nella

32. *Appendice* I, nr. 7, 10-12, 16-17, 25, 26, 39-43.

propria carriera. Le lettere che riguardano Nicola Cenci offrono un *dossier* esemplare in tal senso. Due senatori, Pietro e Giovanni Savelli, intimano al sindaco e al consiglio di Amelia di eleggere il Cenci come podestà. Parallelamente e per vie private, Pietro Savelli scrive ad alcuni amici, di cui uno *iurisperitus*, chiedendo supporto per questo suo protetto. Poco tempo dopo, quando un vicario pontificio scrive al comune di Amelia pretendendo obbedienza allo Stato della Chiesa, ecco che a rispondere è direttamente Nicola Cenci, podestà del luogo.[33] Un discorso analogo vale per il monastero, cui probabilmente lo scolaro è legato. L'abate Adenolfo, in buoni rapporti con il Regno di Napoli, con il papa e con i cardinali romani, è in grado di favorire con più mezzi tanto i suoi monaci quanto altri ecclesiastici suoi protetti, come Onofrio del fu Filippo e Nicola Caffarelli. Si tratta insomma di una realtà tutt'affatto favorevole: se lo scolaro è bravo, potrà infatti progredire tanto in una carriera laica quanto in una ecclesiastica, ed ecco che per lui, come per gli altri, il corso diventa qualcosa di particolarmente *utile*.

Si può allora affermare che i responsabili di questo corso di grammatica, schierati dalla parte dei gruppi preminenti, hanno reso la scuola romana un campo dove poter perpetuare, riprodurre e creare consenso intorno ai rapporti di potere esistenti in città.

5. *Istruzione, religione e propaganda nel tardo medioevo romano*

Possiamo ora tornare sulle questioni poste in principio, e cioè quale sia stato il ruolo delle istituzioni scolastiche nelle pratiche di trasmissione religiosa, quale il rapporto tra tali istituzioni e il loro contesto politico-sociale, infine se la scuola possa esser stata, nel tardo medioevo, uno strumento di propaganda.

Per quanto riguarda il primo aspetto, l'illustrazione dei testi relativi ai vizi e alle virtù ha ben mostrato come gli studenti del corso, memorizzando brani del genere e le loro *auctoritates*, assimilavano una serie di concetti che avrebbero costituito per loro modelli di comportamento e filtri di interpretazione della realtà. La memorizzazione di preghiere e delle loro corrette modalità di svolgimento (supportata ovviamente da spiegazioni effettuate dal maestro in una dimensione orale che ci sfugge)

33. *Appendice* I, nr. 11-13, 40 (rielaborata), 41 (rielaborata), 45-46. I testi sono editi nell'*Appendice* II.

permette di osservare molto da vicino la costruzione di un *habitus* religioso che non riguarda i soli chierici, ma anche le élites colte laiche come i giudici e i notai, quasi certamente fra i destinatari di questi insegnamenti di tipo intermedio. È un'educazione che, ben in linea con le dinamiche generali della scuola medievale, induce a evitare gli eccessi, a mostrarsi umili, a non desiderare più di quanto si abbia, a mantenere un rapporto costante con la sfera celeste, insomma ad aderire pienamente ai valori della società cristiana. In questo senso, la scuola romana si riconferma senz'altro come un canale di trasmissione religiosa.

Per quanto riguarda il rapporto tra le scuole e il contesto politico-sociale di riferimento, l'illustrazione della silloge epistolare mostra molto bene come i discenti venissero introdotti nella loro realtà attraverso lo studio di una selezione precisa di documenti. Mentre acquisivano familiarità con la struttura delle epistole latine e con il loro stile, a poco a poco venivano proiettati all'interno dei rapporti di forza che tenevano in vigore il loro contesto. Capivano quali fossero le istituzioni di governo, chi le gestisse, in che modo e, soprattutto, capivano cosa avrebbero potuto chiedere a questi rapporti di forza. Gli scolari, o perlomeno i più diligenti come quello che appose la nota in volgare, non avrebbero mai sperato di raggiungere i vertici del comune, né di diventare cardinali. Erano, queste, posizioni detenute dal gruppo preminente, quello baronale. Piuttosto, la presenza in quelle epistole di individui delle loro stesse famiglie o comunque loro affini li avrebbe indotti a cercare la protezione da questi grandi nobili o a entrare nella clientela di un grande abate, perché così avrebbero potuto ottenere benefici ecclesiastici, avanzamenti di carriera, protezione contro angherie (da un barone prepotente come Stefano Colonna, per esempio) e via dicendo. La pratica del *dictamen* diventa così una sorta di educazione civica, utile alla comprensione del sistema politico del proprio ambiente urbano, come anche delle relazioni e dei meccanismi che tengono salde alcune delle sue reti sociali. Per i gruppi e le istituzioni che controllano la scuola, forme di educazione del genere risultano molto utili per far apparire questi sistemi, agli occhi degli scolari, come gli unici possibili e certamente come vantaggiosi anche per questi ultimi, che pure si trovano in una situazione subalterna.

Cercando di cogliere il rapporto che intercorre tra i testi religiosi e quelli per così dire politici, credo si possa ipotizzare che la loro compresenza faccia parte di un disegno preciso di chi controlla il corso di grammatica. I testi religiosi, che beninteso non hanno in questo contesto nulla di singolare e anzi rientrano in pratiche standardizzate, inducono alla formazione di un comportamento ideale che spinga l'individuo ad accettare la sua condizione; le epistole, queste invece decisamente adattate a un contesto specifico, traspongono quest'accettazione nella realtà politica e sociale propria degli scolari. Oltre ai contenuti stessi delle epistole, è eloquente il fatto che l'unica lettera scritta a nome di un Colonna ostile all'abate di S. Paolo e agli Orsini, e certo parte dello schieramento avverso a quello che fa da sfondo alle lettere, sia stata depennata: sembra quasi una manifestazione di dissenso, espressa da qualcuno che frequentava questi ambienti, nei confronti del personaggio o forse anche della sua intera fazione. In termini sociologici, si potrebbe affermare che questi testi permettono di cogliere in atto un processo di "disciplinamento sociale", cioè di trasmissione di un'autoregolamentazione del proprio comportamento che adegui l'individuo alla società, con la conseguente acquisizione di un pieno consenso nei confronti dei rapporti di potere con cui egli ha a che fare.[34] Alla luce di ciò, e per giungere alla terza questione posta, questa scuola di latino è effettivamente divenuta per chi la controlla un vero e proprio strumento di propaganda politica, beninteso se diamo al termine l'accezione lasca di processo di persuasione, organizzato e perpetuato nel tempo, che induca i destinatari a pensare e comportarsi in una maniera desiderata.[35] Questa maniera è, lo ripeto, l'accettazione di una situazione di preminenza politica e sociale e l'adattamento alle reti clientelari che in parte la sostengono.[36] Chi gestiva questa scuola è dunque riuscito a sfruttare i meccanismi consueti delle pratiche formative dell'epoca – meccanismi in cui la trasmissione religiosa ha un ruolo molto importante – per legare a essi un'immagine chiara e decisa della propria preminenza.

Processi del genere possono rendere più chiare, agli occhi di chi studia la storia di città italiane come Roma, le ragioni per cui o le modalità

34. Su questo concetto vedi Antonio Ceredi, *Il concetto di disciplinamento sociale. Dai trattati etico-religiosi alla teoria sociologica*, in «Studi di Sociologia», 32/2 (1994), pp. 299-311. Per il rapporto tra disciplinamento ed educazione si veda anche Anna Ascenzi e Roberto Sani, *Tra disciplinamento sociale ed educazione alla cittadinanza. L'insegnamento dei Diritti e Doveri nelle scuole dell'Italia unita (1861-1900)*, Macerata, Eum, 2016. Una funzione del genere sottesa alla produzione testuale e iconografica sui sette vizi capitali è evidenziata da Carla Casagrande e Silvana Vecchio, *I sette vizi capitali. Storia dei peccati nel Medioevo*, Torino, Einaudi, 2000.

35. Thaylor, *Munition of the Mind*, pp. 6-9, ma *passim*.

36. Sulle clientele romane si veda, fra suoi diversi lavori, Andreas Rehberg, *Clientele e fazioni nell'azione politica di Cola di Rienzo*, Roma, Roma nel Rinascimento, 2004.

con cui una situazione di preminenza come quella baronale abbia potuto mantenersi stabile per un secolo intero (e anche oltre, se guardiamo al di là della sola sfera politica). La scuola diviene pertanto un ottimo osservatorio per capire come questo gruppo, nel quale si contano individui dotati di risorse culturali senza pari, abbia potuto creare canali di consenso differenti da mere dimostrazioni di potere e di superiorità. Ovviamente i destinatari di questa scuola, i *litterati* della nobiltà cittadina e di parte del popolo, erano soltanto una porzione ristretta della società e senz'altro ci furono mezzi ben più efficaci per condurre allo stesso risultato sezioni più ampie della popolazione cittadina. Basti pensare ai noti affreschi duecenteschi, di committenza baronale, dell'Aula Gotica dei SS. Quattro Coronati: con le loro rappresentazioni dei vizi, delle virtù, delle Arti sembrano quasi un parallelo "visuale" per il manoscritto or ora analizzato.[37] Ma dobbiamo anche pensare che questi uomini di cultura, perfettamente integrati nella loro società, erano in continuo contatto con altre persone e su di esse avranno avuto un certo potere di persuasione, forse proprio grazie alla piena padronanza delle arti retoriche.[38] Credo, quindi, che l'efficacia di questo tipo di educazione sia andata oltre le ristrette cerchie di studenti romani, e abbia avuto un certo grado di pervasività. Così, se nel Trecento romano ci furono intellettuali dissidenti che contribuirono alle trasformazioni politiche e culturali della città,[39] il manoscritto scolastico rivela le pratiche culturali dell'altro versante degli uomini di cultura: quelli che erano perfettamente integrati al sistema e che, ponendo le loro competenze al servizio di una propaganda circoscritta, poco visibile se vogliamo ma di certo leggibile e incisiva, supportaono la perpetuazione di esso per un secolo intero.

37. Andreina Draghi e Francesca Gandolfo, *Gli affreschi dell'Aula gotica del monastero dei Santi Quattro Coronati: una storia ritrovata*, Milano, Skira, 2006; Valentina Rapino, *I mesi, i vizi, le virtù. L'aula gotica dei Santi Quattro Coronati*, Cinisello Balsamo, S. Paolo, 2014; Marius B. Hauknes, *The Painting of Knowledge in Thirteenth-Century Rome*, in «Gesta», 55 (2016), pp. 19-47. Più in generale vedi Casagrande e Vecchio, *I sette vizi capitali*, specialmente il saggio finale di Jérôme Baschet alle pp. 225-260.

38. Su questo vedi Internullo, *Ai margini dei giganti*, pp. 424-425.

39. Ivi, pp. 190-192 (ma *passim*). E certamente dopo la parabola di Cola di Rienzo dovettero cambiare anche i contenuti dei corsi di queste scuole: si potrebbe spiegare così la considerazione, all'interno di un documento emanato dal comune romano gestito dal popolo (1362: Firenze, AS, Capitoli del Comune, *Registri*, 16, c. 99v), del motto virgiliano *parcere subiectis et debellare superbos* (Verg., *Aen.* 6, 853) come innato al popolo romano, quando invece l'*Ars dictandi* di Tommaso da Capua, che è presente anche nel manoscritto dell'Angelica, prescriveva (a c. 127v) di usare la sentenza soltanto per rivolgersi agli imperatori.

Appendice I

Quadro sinottico della silloge epistolare

NR	FF	MITTENTE	DESTINATARIO	OGGETTO	RACCOMANDATO/ BENEFICIATO	DATA
1	81r	Adenolfo, abate di S. Paolo	Onofrio del fu Filippo [Filippi]	Informazione di conferimento di beneficio ecclesiastico (al fratello di Onofrio, Andrea)	Andrea del fu Filippo	1317-1322
2	81v-82r	Andrea, vescovo di Terracina, vicario pontificio	P. Rettore di S. Lorenzo in Piscinula	Conferma di arcipresbiterato		1322-1325
3	82r-v	Adenolfo, abate di S. Paolo e i monaci	Alto prelato (cardinale)	Richiesta di aiuto per recupero di un *castrum*		1317-1322
4	82v-82-bisv	Adenolfo, abate di S. Paolo	Badessa del monastero di S. Giorgio di Todi	Richiesta di preparare le offerte per i monaci in visita		1317-1322
5	82bisr-v	Adenolfo, abate di S. Paolo	Iohannes Provincialis, vicario di *Ro*. v.o di Porto	Conferma di rettorato di chiesa	Nicola Caffarelli da Roma	1317-1322
6	82v	Andrea Veri	A., *magnificus vir*	Richiesta di notaio per monastero		1321
7	82v	Romano	Regina Sancia	Raccomandazione	Pietro Vaiani	1325-1326
8	83r	Adenolfo, abate di S. Paolo	Re Roberto d'Angiò	Richiesta di aiuto per recupero di un *castrum*		1317-1322

NR	FF	MITTENTE	DESTINATARIO	OGGETTO	RACCOMANDATO/ BENEFICIATO	DATA
9	84v	Monaci di S. Paolo	Giovanni XXII	Richiesta di riconsiderazione di documenti falsi contro Adenolfo		1317-1322
10	84r-84v	Senatori di Roma (?)	Giovanni XXII	Contro *facinora* di chierici a Roma		1317-1322
11	84v-85r	Pietro e Giovanni Savelli, senatori	Comune di Amelia	Ordine di elezione di Nicola Cenci come podestà		1319
12	85r	Pietro Savelli	C. e O *iurisperitus*	Raccomandazione	Nicola del fu Francesco Cenci	1319-1321
13	85v	Comune di Amelia	- - -	Sollevamento dall'incarico di notai di Nicola Cenci	Nicola di Francesco Cenci	1319
14	85r-85v	Adenolfo, abate di S. Paolo	Tommaso di S. Giorgio, *m.r.* del Regno di Sicilia	Richiesta di sostituire il proprio nipote in un *servitium*	Carlo Balsamo, nipote di Adenolfo	1317-1322
15	86r	Adenolfo, abate di S. Paolo	E., *nobilis vir* e *miles*	Richiesta di assistenza al proprio nipote, a Napoli	Carlo Balsamo, nipote di Adenolfo	1317-1322
16	86v	Annibaldo Annibaldi e Riccardo Orsini, senatori	- - -	Parlamento contro gli *assalimenta*		1321
17	92v	Stefano Colonna	Re Roberto d'Angiò	Raccomandazione	mercanti romani	1323
18	93r-94r	- - -	Roma/popolo romano	Orazione per mitigare la superbia		1317-1322?

NR	FF	MITTENTE	DESTINATARIO	OGGETTO	RACCOMANDATO/ BENEFICIATO	DATA
19	94r	Giovanni di Gregorio e Andrea Veri	Giovanni	Congratulazioni per la nomina di Giovanni		1321
20	94v	Adenolfo, abate di S. Paolo	*magister* P., scrittore pontificio	Nomina di P. a rettore di chiesa rurale		1317-1322
21	94v-95r	Adenolfo, abate di S. Paolo e i monaci	Giovanni XXII	Supplica per travi per S. Paolo		1317-1322
22	95r-v	Adenolfo, abate di S. Paolo e i monaci	Giacomo Stefaneschi, cardinale	Supplica per travi per S. Paolo		1317-1322
23	95v	Adenolfo, abate di S. Paolo	Pietro Colonna, cardinale	Supplica per travi per S. Paolo		1317-1322
24	96r	Rodolfo, vicario di Rodolfo re dei romani (Tusc.)	Guglielmino degli Ubertini, vescovo di Arezzo	Conferma di beni e di funzione		1281
25	97r	Re Carlo d'Angiò, senatore	Comune di Lucca	Informazione di vittoria e di nomina a senatore a vita		1268
26	97v	[Adenolfo, abate di S. Paolo?]	I[*ohannes* Boboni?], vicario regio a Roma	Congratulazioni per nomina di I.		1319
27	97v-98r	R.	Giacomo Stefaneschi, cardinale	Supplica per beneficio	[. .,] consanguineo di R.	1317-1322
28	98r-98v	- - -	- - -	Costituzione per il *rector* di Tuscia	[Tuscia]	- - -
29	98v	- - -	- - -	Ordine per custodia di prigionieri pisani	[Pisa]	- - -
30	99r-v	Martino IV, papa	Comune di Lucca	Ammonimento per assedio di *castrum*		1281

NR	FF	MITTENTE	DESTINATARIO	OGGETTO	RACCOMANDATO/ BENEFICIATO	DATA
31	100r	Rodolfo, vicario di Rodolfo re dei romani (Tusc.)	Vicario di Fucecchio	Ingiunzione di pagamento a Massa Piscatoria	*magister* Pietro da Roma	1281
32	100r	Bertoldo Orsini	N., giustiziere di Terra di Lavoro	Intercessione per liberazione e grazia	R., vassallo di Adenolfo abate	1322-1325
33	100v	Adenolfo, abate di S. Paolo	G. da Civita Castellana	Nomina a rettore di una chiesa		1317-1322
34	100v	Adenolfo, abate di S. Paolo	Giacomo, vescovo di Sutri	Raccomandazione di due monaci	I. *de Colle* e N. da Roma monaci	1317-1322
35	120r-121v	Giovanni, rettore della *Romana Fraternitas*, *iudex*	- - -	Ordine di redigere copia autentica di un privilegio (di Onorio III)	Monastero di S. Paolo	1317-322
36	122r	Giovanni Frangipane, canonico di S. Pietro	Biagio de Nerula, canonico di Viterbo	Delega per risoluzione di un affare		1327-1331
37	122v	Simone, rettore della *Romana Fraternitas*	- - -	Scomunica di alcuni ladri	*Andreas Veri*	1319
38	122v	Adenolfo, abate di S. Paolo	- - -	Sul trasferimento di frate F.	Frate F., monaco di S. Paolo	1317-1322
39	123r	*Godius*	*Titius*	Sulla propria condizione di salute		- - -
40	123r	*Menius*	*Titius*, *magnificus vir* e podestà	Raccomandazione	*Sempronius*, *nobilis vir*	- - -
41	123r-v	*Seius* e *Menius*, senatori	Comune di [Amelia]	Raccomandazione	Nicola di Francesco Cenci	- - -
42	124r	*Titius*	*Godius*	Lettera con giochi di parole (esercizio?)		- - -

NR	FF	MITTENTE	DESTINATARIO	OGGETTO	RACCOMANDATO/ BENEFICIATO	DATA
43	124r-v	A.	*Titius* e *Seius*, amici carissimi	Lettera sulla scuola e sugli *iuvenes*		- - -
44	91r-92v	M. e T., genitori	frate I.	Raccomandazione di dedicarsi alle virtù e alle lettere		- - -
45	131r	Michele de Foce, vicario pontificio in Patrimonio	Comune di Amelia (Nicola Cenci)	Raccomandazione di obbedire alla Chiesa romana		1319
46	131r-v	Comune di Amelia (Nicola Cenci)	Michele de Foce, vicario pontificio in Patrimonio	Risposta (sulla legittimità del proprio comportamento)		1319

Appendice II

Dossier relativo a Nicola del fu Francesco Cenci

11.

[Roma, 1319 primavera/estate]

Pietro e Giovanni Savelli, fratelli, senatori di Roma e Romani populi capitanei, *chiedono al comune di Amelia di eleggere come loro podestà (*capitaneus*) Nicola del fu* nobilis vir *e* miles *Francesco Cenci.*

Nobilibus et providis viris suis amicis karissimis, scyndico, consilio, communi et hominibus civitatis Amelie, Petrus et Johannes germani fratres de Sabello, Dei gratia alme Urbis senatores illustres et Romani populi capitanei, salutem et sincere dilectionis affectum.

Licet curis excitemur innumeris, et cogitationibus plurimis distrahamur, in hiis que erga Senatus officium et eius alveum concurrunt undique quasi torrens, eo tanto vehementius erga vos excitamur quanto ut natum tenerrimum aggregamus vos aliis nostris natis. Et licet de regimine terre vestre, quam ut unam regionem Urbis reputamus, pro potestate providerimus, et de tali et tanto homine de cuius probitate suis et suorum meritis confidamus veridice, tamen quia capitaneatus officium quod vobis ordinandum immineret, propter personarum diversitatem formidamus, ne vestrum regimen turbaretur; cogitavimus huius sinistri casum remediis quibus possumus declinare. Quocirca vestram probitatem et amicitiam deprecamur actente, et ex officii nostri debito in quantum possumus requirimus, volumus et ortamur, quatenus Nicholaum natum olim nobilis viri domini Francisci de Cinthio militis, nostrum sotium et dilectum qu[em] in vestra terra potestatem eligimus velitis cum salario condecenti in vestrum capitaneum ordinare. Cum speremus pro certo per ipsum utr[aque] officia bene geri.

Valete. Data etc.

12.

[Roma, 1319 primavera/estate-1321]

Pietro Savelli raccomanda ai suoi amici, C. e O. iurisperitus, *Nicola del fu Francesco Cenci.*

Nobilibus viris amicis suis karissimis, C. et O. iurisperito, Pe[trus] de Sabello, salutem et sincere dilectionis affectum.

De vestra probitate confidentes plenarie pro Nicolao nato quondam nobilis viri domini Franci[sci] de Cinchio (*sic*) militis nostro consotio, cui sui et suorum mentis ab experto tenemur, precibus quibus possumus deprecamur, quatenus vestre et vestrorum fi . . . die initum in hiis que occurrerint pro eo, et prò parte eius vobis e[xpo] nentur, nostri amoris intuytu velitis, si complacet, prebere operam effica[cem].

Valete. Data Rome etc.

13.

Amelia, [1319] 12 agosto.

Il Consiglio e il Comune di Amelia rendono noto il proprio compiacimento per il lavoro svolto da A., iudex *di Nicola di Francesco da Roma, podestà della detta città di A(melia), e di B., una volta notaio del detto podestà nella stessa città, e assolvono entrambi dal loro incarico.*

Universis presentes licteras inspecturis anziani populi, consilium et Comune civitatis Amelie, salutem cunctis prosperitatibus copiosam.

Cum providi viri dominus. A. judex olim nobilis viri Nicolai domini Francisci de Urbe honorabilis potestatis per sanctum Romanum populum, dicte civitatis. A. et B., olim notarius dicti domini potestatis, in dicta civitate eorum officia bene, sollicite et prudenter gesserint et administraverint, secundum nostrorum continentiam statutorum. Et propter ea eis assurgimus ad gratiarum uberes actiones, ac ipsos ab administratione eorum officii per presentes duximus absolvendos, rogantes vos in quantum possumus, quod ipsos et eorum quemlibet in eorum negotiis habeatis si complacet comendatos.

Data Amelie die .XII. mensis augusti, secunde Indictionis.

41.

Roma, [?]

Seius *e* Menius*, senatori di Roma, in seguito alla rinuncia dell'incarico di podestà da parte di* Sempronius*, raccomandano ai* nobiles et discreti viri*, al consiglio e agli uomini della* talis *terra Nicola di Francesco Cenci, pregando di accogliere lui e il suo vicario.*

Seius et Menius, Dei gratia senatores illustres et Romani populi capitanei nobilibus et discretis viris, consilio, communi et hominibus talis terre, Romani populi fidelibus, salutem et amorem sincerum.

Licet ex hiis que in senatorie officium conficere noscuntur nostra mens infinitis cogitationibus ad plurima distrahatur, tamen circa terre vestre regimen et vos et bona vestra nostram intenctionem precordius intendere nos noscatis. Sane cum Sempronius, dudum potestas vester, renuntiaverit potestarie vestre terre, nobis acceptantibus [. . . . .]um providere ipsi regimini de tanto et tali viro, qui circa hec se gerat sollicitum et actenctum, confisi itaque de probitate et discretione nobilis viri Nicolai domini Francisci de Cinthio, ab antiquo nostri et nostrorum dilecto precipuo, ipsam potestariam eidem duximus conmictendam pro sex mensibus futuris, eamdemque per se et alium pro dicto tempore exercendam, computandis ab eo tempore quo ipsius potestarie officium inceperit exercere, cum mero et misto imperio, salario, iuribus et honoribus consuetis. Quare fidelitatem vestram requirimus et ortamur, vobisque ad penam nostro arbitrio auferendo, districte precipiendo, mandamus, quatenus ipsum N. et eius vicarium honorifice recipientes et benigne tractantes eisdem obediatis et pareatis in omnibus, que ad dicte potestarie officium spectant et spectare noscuntur efficaciter tamquam nobis ac eisdem satisfaciatis et satisfieri faciatis cum effectu de salariis, beneficiis et iuribus consuetis, mandataque nostra in hac parte taliter adimplentes, quod exinde possimus devotionem et fidelitatem vestram merito comendare, nobisque tollatur contra vos materia procedendi.

Data Rome etc.

45.

[?, 1319 ca.]
Michael de Foce*, vicario* super spiritualibus in Patrimonio generali*, scrive al podestà di Amelia (Nicola Cenci) ricordandogli di obbedire alla santa romana Chiesa.*

[Nobilibu]s et potentibus viris dominis potestati, anzianis et consilio A. Michael de Foce vicarius super spiritualibus in Patrimonio generali salutem in Domino et se ad grata paratum.

Statum vestrum prosperum tamquam proprium reputans, desidero vos et commune nostrum a noxiis possetenus[a] precavere. Et propterea ad memoriam vestre nobilitatis deduco, quod ad hobedientiam domini capituli et ecclesie Romane, cuius debetis et esse consuevistis filii et alumpni, reddire celeriter procuretis. Dubito enim per ea, que sentio, ne ex inobedientia et tarditate vestra spiritualiter et temporaliter in brevi sentiatis dampnum non modicum et iacturam.

Valete et siquid me in predictis et aliis multis facturum cum fiducia rescribatis.

[a] Sopra *possetenus* è scritto: *.i. quatenus possum.*

46.

[Amelia, 1319 ca.]
Nicola di Francesco Cenci risponde a Michael de Foce*, chiedendogli di informarlo sulle sue colpe e menzionando la legittimità del suo comportamento in merito al processo di I.*

Venerabili in Christo patri et domino domino Michaeli de Foce vicario super spiritualibus in Patrimonio generali Nicolaus domini Francisci de Urbe potestas, anziani et consilium civitatis A. salutem et promptam ad eius beneplacita voluntatem.

Vestre probitatis licteras affectuose recepimus, quanta affectione tanta amplexi sumus, quanta ex radice sincere dilectionis congnovimus eas missas, quibus duximus declarandum presentibus, quod, o utinam clareret in oculis, quanta sancte matri ecclesie reverentiam gessimus et gerimus inconcusse. Nam non crederemus filii inobedientie[a] reputari, de qua diligens nos vestra lictera increpavit. Quocirca dignemini, si complacet, de nostris culpis et earum qualitatibus nos vestris licteris reddere certiores, ut vestra doctrina scire possimus quid agere debeamus [. . . . .], que vobis ex[..]a parte fuerant, per latorem presentium presentate eas, quas [. . . .] recepimus illico[b], proponentes earum significatum effectui mancipare. Noscat equi[...] tue discretionis industria nos super causa ipsa taliter processisse, videlicet quod fecimus per iudicem nostrum virum providum et discretum dilecti convincini (*sic*) tui I. ante ipsius presentiam presentari, qui iudex, prout postulat ordo iuris atque decet, ipsum iudicare fecit et super ea prestare calumpnie iuramentum et ipsum positionibus in vestris licteris interclusis fecit evidentissime respondere, cuius responsiones per manus tabellionis publici et annotatas et nostri sigilli munimine roboratas per eundem latore ad vestram presentiam destinamus.

[a] Sopra *illico* è scritto: *.i. statim*.

Maria Lupi

La riforma dell'istruzione religiosa a Roma a inizio Settecento. Il progetto di Giovanni Andrea Corderi*

Nel 1725 veniva pubblicato a Roma presso la stamperia della Reverenda Camera Apostolica un volumetto dal titolo: *Istruzioni per ben guidare le Congregazioni e Scuole della Dottrina di Gesù Cristo, per insegnarla con metodo non solo di farla imparare a mente, ma anche intendere, ed osservare da ogni sorte di persone, stampate e publicate d'ordine della Santità di Nostro Signore papa Benedetto XIII.*[1] L'opera era senza indicazione dell'autore, il che faceva risaltare l'iniziativa papale dandogli un valore prescrittivo quasi obbligante per coloro che si occupavano di istruzione religiosa, mentre il momento scelto per l'edizione – l'approvazione è datata 30 gennaio 1725 – lo poneva nel contesto della preparazione del concilio romano, che si aprì, come è noto, il 12 aprile dello stesso anno in pieno giubileo.[2]

* Nel corso del lavoro verranno usate le seguenti sigle: ASV = Archivio Segreto Vaticano; ASVR = Archivio storico del Vicariato di Roma; ADC = fondo *Arciconfraternita della Dottrina Cristiana.*

1. *Istruzioni per ben guidare le Congregazioni e Scuole della Dottrina di Gesù Cristo, per insegnarla con metodo non solo di farla imparare a mente, ma anche intendere, ed osservare da ogni sorte di persone, stampate e publicate d'ordine della Santità di Nostro Signore papa Benedetto XIII*, Roma, nella Stamperia della Reverenda Camera Apostolica, 1725.

2. Sul concilio o sinodo romano, che riuniva i vescovi delle diocesi direttamente soggette alla Santa Sede, cfr. Luigi Fiorani, *Il Concilio romano del 1725*, Roma, Edizioni di Storia e Letteratura, 1978 e Maria Teresa Fattori, *Il concilio provinciale del 1725: liturgie e concezioni del potere del papa a confronto*, in «Cristianesimo nella storia», 29 (2008), pp. 53-112.

L'autore, come riconosciuto senza esitazioni già in opere didascaliche dell'Ottocento[3] e in contributi sull'istruzione catechistica a Roma,[4] è indubbiamente il sacerdote piemontese Giovanni Andrea Corderi o Cordero – sul cognome esatto le fonti sono discordi – attivo a Roma, pur se non continuativamente, dal 1688 fino alla morte, avvenuta il 21 ottobre 1732. Su di lui l'interesse fu molto vivo nel corso del Settecento, sulla scia della fama della sua intensa attività, e forse si pensò anche ad introdurne la causa di beatificazione, tanto che nel 1759 uscì, pure anonima, una sua biografia che lo indica come servo di Dio.[5] Successivamente però, a parte la menzione nelle opere ottocentesche citate,[6] su di lui scese il silenzio fino alla metà del Novecento, quando il salesiano Eugenio Valentini dedicò alla sua figura e alla sua opera un dettagliato articolo, basato esclusivamente sulla biografia settecentesca.[7] Più recentemente

3. Henri Marie Boudon, *L'obbligazione che hanno i pastori d'anime d'insegnare ed i popoli d'imparare la dottrina di Gesù Cristo proposta nei catechismi*, vol. II, Carmagnola, dalla stamperia di Pietro Barbiè, 1821, pp. 138-156, in particolare p. 149.

4. Oltre a Fiorani, *Il Concilio romano del 1725*, pp. 128-129 nota, cfr. Francesco Pascucci, *L'insegnamento religioso in Roma dal Concilio di Trento a oggi*, Roma, Scuola tipografica Pio X, 1938, p. 14 e Michela Catto, *Un "panopticon" catechistico. L'arciconfraternita della dottrina cristiana a Roma in età moderna*, Roma, Edizioni di Storia e Letteratura, 2003, p. 230, che però considera le *Istruzioni* un catechismo, mentre Gerardo Franza, *Il catechismo a Roma e l'Arciconfraternita della Dottrina Cristiana*, Alba, Edizioni Paoline, 1958, pp. 167-169, le attribuisce direttamente a Benedetto XIII, considerandole un ampliamento delle istruzioni contenute negli atti del concilio romano.

5. *Storia della vita del servo di Dio Giovanni Andrea Corderi sacerdote secolare piemontese prete della Congregazione che fu di S. Giuseppe in Roma deputato della Dottrina Cristiana canonico della Collegiata di S. Anastasia e fratello professo del Terz'Ordine de' secolari di San Francesco scritta da un sacerdote secolare romano dedicata alla Divina Maestà di Nostro Signore Gesù Cristo*, in Roma, nella Stamperia del Komarek, MDCCLIX. La stessa indicazione si trova nella lapide sepolcrale, trascritta in Casimiro da Roma, *Memorie istoriche della chiesa e convento di S. Maria in Aracoeli in Roma*, Roma, nella stamperia di Rocco Bernabò, 1736, p. 57, dove è riportata anche la notizia che il sacerdote romano Andrea Serafini stava raccogliendo documenti per scriverne la vita, dando quindi indizi per l'attribuzione della stessa biografia anonima.

6. Oltre all'opera di Boudon, cfr. le lettere dell'avv. Lupacchioli, Roma, 9 gennaio 1802, e del nunzio Caleppi, 16 gennaio 1802, ad Antonio del Prato, ideatore dell'Istituto cristiano-filosofico, pubblicate in «Correspondance philosophique et religieuse entre plusieurs individus de différens cultes», 3 (1882), pp. 80-82, dove si parla del progetto di Corderi, ma non si dà il titolo dell'opera.

7. Eugenio Valentini, *Il metodo catechistico del servo di Dio G. A. Corderi*, in «Salesianum», 16 (1954), pp. 339-364.

l'hanno riscoperto studiosi di storia locale, infatti nel 2004 in una rivista piemontese è uscito su di lui un corposo articolo, che utilizza anche numerosi documenti inediti.[8]

Ora sulla base del ricco fondo archivistico dell'arciconfraternita della Dottrina Cristiana, custodito presso l'Archivio storico del Vicariato di Roma,[9] e del fondo *Albani* dell'Archivio Segreto Vaticano,[10] mi propongo di riprendere l'argomento per approfondire la fisionomia del sacerdote piemontese, il suo apporto alle iniziative per l'istruzione religiosa a Roma, l'accoglienza e l'incisività delle sue numerose proposte e la sua azione concreta sul campo. In attesa di un lavoro più ampio mi limito qui a presentarne la figura e a tentare di ricostruire l'iter di elaborazione e stesura del suo progetto di rinnovamento della pastorale catechistica che culminerà nella pubblicazione delle *Istruzioni* per coglierne gli scopi, il metodo e i destinatari, nel quadro della folta produzione di sussidi catechistici e di regolamenti per la vita cristiana, che caratterizzavano i metodi educativi della società confessionale di antico regime.

Nato a Carrù, vicino a Mondovì, il 9 luglio 1649 e forse appartenente alla nota famiglia nobile monregalese, formato nel collegio dei gesuiti di Mondovì[11] e poi nell'Università di Torino, dove ottenne il dottorato in Teologia, il Corderi fu sicuramente un esponente esemplare della seconda stagione dello slancio riformatore post-tridentino, il cui inizio viene in genere fatto coincidere con il pontificato di Innocenzo XI (1676-1689).[12] Sebbene

8. Emilia Borghese, *Giovanni Andrea Corderi un prete tra due secoli (1649-1732)*, in «Studi monregalesi», 2 (2004), pp. 5-93.

9. Sull'archivio dell'arciconfraternita, cfr. Antonio Fiori, *L'archivio dell'Arciconfraternita della Dottrina Cristiana presso l'Archivio Storico del Vicariato*, in «Ricerche per la storia religiosa di Roma», 2 (1978), pp. 363-423.

10. Devo la segnalazione dell'importanza del fondo *Albani* per la storia dell'istruzione religiosa a Roma al compianto Luigi Fiorani, che vorrei qui ricordare con gratitudine.

11. Sul collegio di Mondovì cfr. Maria Franca Mellano, *Per una storia del Collegio dei Gesuiti di Mondovì: documentazione dall'archivio romano della Compagnia*, in *La Compagnia di Gesù nel Piemonte meridionale (secoli XVI-XVIII)*, a cura di Giuseppe Griseri, Cuneo 1995, pp. 35-45.

12. Cfr. ad esempio Claudio Donati, *La Chiesa di Roma tra antico regime e riforme settecentesche (1675-1760)*, in *La Chiesa e il potere politico dal medioevo all'età contemporanea*, a cura di Giorgio Chittolini, Giovanni Miccoli, Torino, Einaudi, 1986 (Storia d'Italia. Annali, 9), pp. 721-742; Id., *Vescovi e diocesi in Italia dall'età posttridentina alla caduta dell'antico regime*, in *Clero e società nell'Italia moderna*, a cura di Mario Rosa, Roma-Bari, Laterza, 1992, pp. 321-389, soprattutto pp. 361-377.

non abbia mai operato all'interno di una parrocchia, incarnò sicuramente il nuovo ideale di buon prete che si andava delineando nel periodo tra fine Seicento e prima metà Settecento, grazie anche allo sforzo dei vescovi che operarono per la sacerdotalizzazione e la professionalizzazione del clero secolare,[13] spingendolo ad impegnarsi in ambiti pastorali che fino ad allora erano stati per lo più appannaggio degli ordini religiosi.[14]

Nel periodo in cui Corderi operò in Piemonte si dedicò, non a caso, alle missioni rurali, in particolare nelle zone di montagna, e alla predicazione urbana, attirando, secondo il suo biografo che riporta testimonianze dell'epoca, folle di fedeli.[15] Nel 1686 poi, quando il duca di Savoia, seguendo l'esempio di Luigi XIV di Francia, lanciò una campagna contro i Valdesi, Corderi ed altri ecclesiastici si adoperarono per cercare di convertire al cattolicesimo quelli che in gran numero erano stati internati nella fortezza di Mondovì. Secondo una relazione, riportata sempre dal biografo, il suo impegno ebbe un grande successo, ma purtroppo risulta difficile verificare questa affermazione.[16]

In ogni caso lo zelo del Corderi non passò inosservato e la sua capacità di mobilitare le masse diede luogo anche a forti diffidenze, tanto che fu denunciato all'Inquisizione per motivi che non sono ben spiegati dal biografo e che la Borghese riconduce a contrasti tra ecclesiastici locali.[17] Proprio per potersi discolpare si recò a Roma nel 1688 e non tornò più in Piemonte.

13. Cfr. Gaetano Greco, *Fra disciplina e sacerdozio: il clero secolare nella società italiana dal Cinquecento al Settecento*, in *Clero e società nell'Italia moderna*, a cura di Rosa, pp. 86-98; Paola Vismara, *Il "buon prete" nell'Italia del Sei-Settecento*, in «Rivista di storia della Chiesa in Italia», 60 (2006), pp. 47-67, Mario Rosa, *Clero cattolico e società europea nell'età moderna*, Roma-Bari, Laterza, 2006, pp. 54-61; 75-77; Paolo Cozzo, *Andate in pace. Parroci e parrocchie dal Concilio di Trento a papa Francesco*, Roma, Carocci, 2014, pp. 89-94.

14. Roberto Rusconi, *Gli Ordini religiosi maschili dalla Controriforma alle soppressioni settecentesche. Cultura, predicazione, missioni*, in *Clero e società nell'Italia moderna* a cura di Rosa, pp. 258, 272-274.

15. *Storia della vita del servo di Dio Giovanni Andrea Corderi*, pp. 28-30. Sulle missioni nel Piemonte sabaudo, cfr. Chiara Povero, *Missioni in terra di frontiera. La Controriforma nelle Valli del Pinerolese. Secoli XVI-XVIII*, Roma, Istituto storico dei Cappuccini, 2006.

16. *Storia della vita del servo di Dio Giovanni Andrea Corderi*, pp. 36-40; e sua relazione pp. 258-268; sul periodo a Mondovì e la questione dei Valdesi, cfr. anche Borghese, *Giovanni Andrea Corderi un prete tra due secoli*, pp. 24-32, a cui si rimanda per una bibliografia sull'argomento.

17. Cfr. Esposto dei canonici della cattedrale al vescovo di Mondovì, 5 aprile 1688, pubblicato in Borghese, *Giovanni Andrea Corderi un prete tra due secoli*, pp. 72-73.

Nella città eterna, dopo il proscioglimento da ogni accusa, divenne un protagonista della vita religiosa cittadina e qui, più che per le sue doti di predicatore, si mise in luce per le sue capacità organizzative. Fu rettore di chiese e di congregazioni di sacerdoti secolari che vivevano in comune, prima a S. Giovanni dei Fiorentini, poi alla Trinità dei Pellegrini, per cui ottenne da Innocenzo XII la conferma delle regole per la vita comune del clero addetto all'ospizio,[18] infine a S. Pantaleo ai Monti dove aveva sede la congregazione di S. Giuseppe, di cui egli fu uno degli ultimi rappresentanti e dove rimase fino alla morte.[19] Fu responsabile anche di istituti assistenziali; oltre a quello della Trinità dei Pellegrini, si occupò del nuovo ospizio apostolico, creato da Innocenzo XII nello stesso palazzo del Laterano e destinato a raccogliere i mendicanti, per il quale, secondo il biografo, elaborò un Regolamento.[20]

Si fece conoscere in modo particolare come propagatore dell'istruzione religiosa, operando all'interno dell'arciconfraternita della Dottrina Cristiana, di cui fu deputato, a partire dal 1701,[21] e visitatore delle scuole.[22] Fu in quest'ambito che si svolse la sua più intensa attività,[23] e non solo a Roma ma anche in diverse diocesi dello Stato della Chiesa e del Regno di

18. Il breve di Innocenzo XII e le *Costituzioni della Congregazione de' Sacerdoti dell'Archiconfraternita della Santissima Trinità de' Pellegrini, e Convalescenti in Roma*, datati 3 giugno 1692, sono pubblicati nella *Storia della vita del servo di Dio Giovanni Andrea Corderi*, pp. 308-329.

19. Sulla congregazione di S. Giuseppe, cfr. Carlo Bartolomeo Piazza, *Eusevologio romano, ovvero delle opere di Roma*, Roma, per Domenico Antonio Ercole alla strada di Parione, 1698, pp. 303-305 e Sergio M. Pagano, voce *Preti di S. Giuseppe*, in *Dizionario degli istituti di perfezione*, VII, Roma 1983, coll. 804-806.

20. *Storia della vita del servo di Dio Giovanni Andrea Corderi*, pp. 65-66. Sull'ospizio dei mendicanti nel palazzo apostolico lateranense, cfr. Piazza, *Eusevologio*, pp. 68-74 e Michele Fatica, *La reclusione dei poveri a Roma durante il pontificato di Innocenzo XII (1692-1700)*, in «Ricerche per la storia religiosa di Roma», 3 (1979), pp. 133-179.

21. Verbale della Congregazione del 17 gennaio 1701, in ASVR, ADC, *Congregazioni*, b. 426, ff. 87v e sgg. Una data diversa (24 aprile 1711) per il suo ingresso nell'arciconfraternita è invece data dal biografo (*Storia della vita del servo di Dio Giovanni Andrea Corderi*, p. 118).

22. Ivi, p. 120.

23. Anche se nella storiografia sull'attività catechistica a Roma e sull'opera dell'arciconfraternita della Dottrina Cristiana il ruolo che vi ebbe Corderi viene appena sfiorato (Pascucci, *L'insegnamento religioso in Roma*, pp. 14-19, 113-118; Franza, *Il catechismo a Roma*, pp. 106-115; Catto, *Un "panopticon" catechistico*, pp. 200, 222-223, 230; Ead., *Il modello borromaico nelle scuole di dottrina cristiana del XVI-XVII secolo*, in «Annali di storia moderna e contemporanea», 9, 2003, p. 504).

Napoli, a partire dal pontificato di Innocenzo XII (1691-1700) e soprattutto sotto Clemente XI (1700-1721), che aveva conosciuto cardinale e che diede spazio alla realizzazione delle sue proposte, e sotto Benedetto XIII, che fece stampare le sue *Istruzioni*.

Anche a Roma in quel periodo tra fine Seicento e inizio Settecento si andava delineando un rilancio dell'impegno pastorale e spirituale del clero secolare sulla scia di nuove istanze di riforma, indotte dalle numerose denunce di abusi e negligenze che arrivavano in Curia e che avevano spinto Innocenzo XII a indire una visita al clero romano, affidata al cardinale Colloredo.[24] L'opera di Corderi quindi si svolse in un vivace clima di zelo pastorale, testimoniato dalle numerose iniziative apostoliche, assistenziali ed educative riconducibili in gran parte a gruppi di sacerdoti e alle numerose congregazioni di preti secolari viventi in comune – come quelle già citate di S. Giovanni dei Fiorentini, della Trinità dei Pellegrini e di S. Pantaleo ai Monti, in cui fu implicato il sacerdote piemontese[25] – ma soprattutto alla Pia Unione dei sacerdoti secolari di Santa Galla, fondata nel 1702 da Girolamo Vaselli, poi parroco di S. Lorenzo in Damaso, all'opera per il clero del gesuita Francesco Maria Galluzzi e del canonico Giovanni Battista De Rossi[26] e a congregazioni, come i Pii Operai e i Lazzaristi, insediatesi a Roma da poco tempo e impegnate nella pastorale missionaria, rivolta in particolare agli abitanti della campagna romana.[27]

24. Sulle istanze di riforma del clero durante il pontificato di Innocenzo XII e la visita del cardinale Colloredo, cfr. Miriam Turrini, *La riforma del clero secolare durante il pontificato di Innocenzo XII*, in *Riforme, religione e politica durante il pontificato di Innocenzo XII (1691-1700)*, a cura di Bruno Pellegrino, Galatina, Congedo, 1994, pp. 249-274.

25. Sulle comunità di ecclesiastici secolari in età moderna e sulla loro opera riformatrice cfr. Gaetano Greco, *La Chiesa in Italia nell'età moderna*, Roma-Bari, Laterza, 1999, p. 62; Rosa, *Clero cattolico*, pp. 67-68; Giancarlo Rocca, *Le associazioni sacerdotali. Per una tipologia delle associazioni italiane dal Medioevo a oggi*, in «Revue d'histoire de l'Église de France», 93 (2007), pp. 7-24; Id., *Per un primo censimento delle associazioni sacerdotali in Italia dal Medioevo a oggi*, in «Rivista di storia della Chiesa in Italia», 64 (2010), pp. 397-517.

26. Cfr. soprattutto Luigi Fiorani, *Identità e crisi del prete romano tra Sei e Settecento*, in «Ricerche per la storia religiosa di Roma», 7 (1988), pp. 135-212 e Domenico Rocciolo, *La costruzione della città religiosa: strutture ecclesiastiche a Roma tra la metà del Cinquecento e l'Ottocento*, in *Roma, la città del papa. Vita civile e religiosa dal giubileo di Bonifacio VIII al giubileo di papa Wojtyla*, a cura di Luigi Fiorani, Adriano Prosperi, Torino, Einaudi, 2000 (Storia d'Italia, Annali, 16), pp. 365-393, in particolare pp. 378-382.

27. Cfr. Jean Coste, *Missioni nell'Agro romano nella primavera del 1703*, in «Ricerche per la storia religiosa di Roma», 2 (1978), pp. 165-223; *Devozioni e pietà popolare fra*

Anche l'attività catechistica aveva ripreso slancio dopo la riorganizzazione a livello parrocchiale delle scuole della Dottrina Cristiana, voluta da Innocenzo XI e attuata nel 1677,[28] e grazie all'attenzione prestata all'istruzione religiosa da parte del cardinale vicario Gaspare Carpegna.[29]

In questo ambiente ricco di fervore pastorale Corderi propose il suo progetto di riforma dell'istruzione religiosa e della vita cristiana, pensato sia per i fanciulli sia per gli adulti, che egli iniziò a preparare già a fine Seicento, che sperimentò nei suoi itinerari pastorali fuori di Roma, e soprattutto a Benevento dove era arcivescovo il futuro Benedetto XIII,[30] che poi presentò a papa Albani, come testimoniato dalle carte del fondo *Albani*, e che solo alla vigilia del concilio romano, come ho anticipato all'inizio, fu fatto stampare da papa Orsini.

Gli scopi e le tappe di realizzazione del progetto furono illustrati a Clemente XI a diverse riprese in documenti – per lo più non datati, e quindi di difficile collocazione cronologica precisa, e senza firma, ma che

Seicento e Settecento: il ruolo della congregazioni e degli ordini religiosi, a cura di Stefania Nanni, n. mon. di «Dimensioni e problemi della ricerca storica», 2 (1994), in particolare Domenico Rocciolo, *Al servizio della diocesi. Congregazioni religiose maschili a Roma nel Settecento*, pp. 188-201; Luigi Mezzadri, *"Istruire i semplici e cambiare il loro cuore". La predicazione lazzarista*, pp. 172-187 e, sui Pii Operai, Domenico Vizzari, *Le missioni popolari dei "Pii Operari"*, pp. 270-290; Massimo Cattaneo, *Per una religione convertita. Devozioni, missioni e catechismi nella Roma del Settecento*, in «Ricerche per la storia religiosa di Roma», 10 (1998), pp. 273-310; Stefania Nanni, *Roma religiosa nel Settecento*, Roma, Carocci, 2000; Ead., *Le origini di una riforma a Roma tra Seicento e Settecento*, in *La comunità cristiana di Roma*, vol. III. *La sua vita e la sua cultura*, pp. 53-73.

28. Sul rilancio voluto da Innocenzo XI, cfr. Franza, *Il catechismo a Roma tra età moderna ed età contemporanea*, Atti del 3° convegno di studio (Roma, 25-27 novembre 1999), a cura di Mario Belardinelli, Pietro Stella, Città del Vaticano, Libreria Editrice Vaticana, 2002, pp. 106-109; Catto, *Un "panopticon" catechistico*, pp. 219-239, mentre il saggio di Silvio Rivabene, *L'insegnamento catechistico dell'arciconfraternita della Dottrina Cristiana a Roma nei secc. XVI-XVIII*, in «Archivio della Società Romana di storia patria», 105 (1982), pp. 295-313, non dà rilievo all'evoluzione cronologica dell'arciconfraternita e della sua attività.

29. Sul cardinale Carpegna, vicario di Roma dal 1671 al 1714, non esiste uno studio esaustivo, come lamentava già Fiorani nel 1988 (*Identità e crisi del prete romano*, p. 138). Per una sintesi si può vedere Giovanni Romeo, voce *Carpegna Gaspare*, in *Dizionario biografico degli italiani*, XX, Roma 1977, pp. 589-591.

30. Secondo il biografo, Vincenzo Orsini aveva fatto stampare a Benevento nel 1702 un'*Istruzione delle congregazioni di carità per regolare, ed insegnare, per fare apprendere, e praticare la Dottrina Cristiana*, basata sugli scritti del Corderi (*Storia della vita del servo di Dio Giovanni Andrea Corderi*, pp. 97-98). Di essa però non si è trovata traccia.

dall'analisi dei contenuti si possono sicuramente collegare alle *Istruzioni* e attribuire al Corderi – in cui il sacerdote piemontese perorava la sua causa, cioè illustrava la bontà e i frutti del suo sistema di formazione cristiana.

Probabilmente in un primo momento mandò un'ampia esposizione delle motivazioni e del metodo della sua proposta, un vero e proprio trattato, in cui partiva dall'analisi della situazione della pratica religiosa e dell'istruzione catechistica per arrivare a chiedere al papa un cambio di rotta nella pastorale[31] e a proporgli alcuni provvedimenti pratici.[32] Presumibilmente in un secondo momento inviò un'ampia bozza di progetto, illustrando i mezzi che secondo lui era necessario mettere in campo per migliorare la situazione e accludendo anche esempi specifici di regolamenti per categorie diverse di persone.[33]

Successivamente affinò la sua proposta, elaborandone un'altra versione strutturata come un proemio a una pubblicazione, a cui unì un indice di 34 capitoli, in gran parte dedicati a spiegare le modalità di attuazione e funzionamento del suo sistema. Questa bozza, redatta sicuramente ancora sotto Clemente XI, come si evince dal titolo, e conservata nell'archivio dell'arciconfraternita della Dottrina Cristiana,[34] ricalcava i temi e i motivi del documento precedente, ma mostrava già l'impianto e le caratteristiche delle *Istruzioni* stampate nel 1725, le quali comprenderanno un ampio proemio, simile a quello della prima bozza, e un numero molto più cospicuo

31. *Trattato nel quale si propongono li mezzi opportuni per promuovere la riforma e santità de costumi nella città di Roma e nello Stato della Sede Apostolica*, in ASV, *Fondo Albani*, vol. 1, ff. 182r-196v.

32. *Idea dello stesso soggetto per metter in poco tempo una riforma universale in tutta Roma, la quale potrà poi facilmente propagarsi in tutti i stati ecclesiastici ed in ogni altra parte umilmente si suggeriscono a V. S. gl'infrascritte cose*, in ASV, *Fondo Albani*, vol. 1, f. 197r-v.

33. *Breve notizia del modo facile ed efficace di promuovere in breve tempo la vera vita cristiana nel cristianesimo, di convertire gli infedeli, e di sovvenir a bisognosi*, in ASV, *Fondo Albani*, vol. 1, ff. 198r-232v; *Industrie e modi di promuovere la Dottrina Cristiana e l'uso del catechismo nella Chiesa universale*, in ASV, *Fondo Albani*, vol. 3, ff. 51r-57r.

34. *Istruzzioni per insegnare e far in breve tempo apprendere ed osservare ad ogni sorte di persone, fedeli ed infedeli la Dottrina di Gesù Cristo, data in luce per ordine della Santità di N.S. Papa Clemente XI, Proemio*, in ASVR, ADC, b. 441, fasc. 6, cc. 1-25 e *Indice dei capi dell'Istruzione del Padre Cordero per insegnare e far apprendere ed osservare la dottrina cristiana fatta di ordine di nostro Signore Papa Clemente XI*, in ASVR, ADC, b. 441, fasc. 4/17.

di capitoli, ben 55, corrispondenti in parte a quelli dell'Indice della bozza conservata nell'archivio dell'arciconfraternita, ma corredati da una corposa appendice di formule, tabelle e sussidi.[35] Le proposte erano accompagnate da suppliche allo stesso papa, in cui il Corderi chiedeva insistentemente che le *Istruzioni* fossero stampate.[36]

Nelle sue appassionate presentazioni del progetto, Corderi concentrava in primo luogo la sua attenzione sul problema dell'ignoranza religiosa, vista come la causa principale della decadenza dei costumi e dei comportamenti immorali e violenti della popolazione.

Il problema era particolarmente sentito a Roma,[37] luogo in cui Corderi voleva sperimentare il suo progetto, nella ottimistica convinzione che «Riuscirà più facile in Roma che altrove perché sono più civili e docili non vi manca altro che indirizzo e cura per condurre le anime per la via stretta del Cielo … Roma diverrà come deve, non solo maestra, come già è, ma un'esemplare della vera vita e perfezione cristiana a tutto il mondo».[38] Da Roma il progetto si sarebbe poi potuto «diffendere [sic] e propagare negl'altri luoghi, e diocesi del Christianesimo e specialmente in Italia, come più prossima, e la più facile a ricevere queste benefiche impressioni»,[39] attraverso un esplicito ordine di

35. *Istruzioni per ben guidare*, Proemio (19 pagine n.n.); Parte prima: *Per ben guidare le Congregazioni e Scuole della Dottrina Cristiana, e per far questa imparare ed osservare* (pp. 1-258), divisa in capitoli; Parte seconda: *Varie formule necessarie per ben guidare tutta quest'opera* (pp. 259-384).

36. Supplica di Corderi al papa, in ASV, *Fondo Albani*, vol. 3, ff. 64r-66v (questo documento è uno dei pochi che porta il nome di Corderi); *Istanza al maestro di S. Palazzo perché autorizzi la pubblicazione*, in ASVR, ADC, b. 441, fasc. 4/11.

37. Sulla religiosità dei romani, cfr. Vittorio Emanuele Giuntella, *Roma nel Settecento*, Bologna, Cappelli, 1971, pp. 139-161; Hanss Gross, *Roma nel Settecento*, Roma-Bari, Laterza, 1990 (ed. orig. Cambridge 1990); Alberto Monticone, *La religiosità popolare a Roma dall'età barocca alla Rivoluzione*, in *La comunità cristiana a Roma: la sua vita e la sua cultura*, pp. 13-31; Maria Lupi, *L'istruzione religiosa a Roma tra Settecento e Ottocento*, in *Il mestiere dello storico tra ricerca e impegno civile. Studi in memoria di Maria Cristina Giuntella*, a cura di Luisa Proietti, Roma, Aracne editrice, 2009, pp. 35-56. Sulla Roma papale cfr. anche Marina Caffiero, *Istituzioni, forme e usi del sacro*, in *Roma moderna*, a cura di Giorgio Ciucci, Roma-Bari, Laterza, 2002, pp. 143-180; Marina Formica, *Roma Romae. Una capitale in Età moderna*, Roma-Bari, Laterza, 2019, in particolare le pp. 143-191 dedicate al Settecento.

38. *Scritto concernente lo stesso particolare della dottrina cristiana da insegnarsi*, 1719, in ASV, *Fondo Albani*, vol. 3, f. 69r.

39. *Industrie e modi di promuovere la Dottrina Cristiana e l'uso del catechismo nella Chiesa universale*, in ASV, *Fondo Albani*, vol. 3, f. 52r-v.

adottarlo, rivolto ai vescovi delle altre diocesi italiane, che Corderi chiedeva insistentemente al papa.[40]

Di quanto fosse grave il problema dell'ignoranza religiosa e della conseguente mancata partecipazione alla pratica sacramentale, lo stesso Corderi diceva di essere stato testimone nella sua lunga attività di predicatore, come ricordava nel presentare il progetto al papa. Gli era accaduto di trovare «circa 40 [giovani] dai 15 in 20 anni, che non s'erano ancor communicati, e molti di più grandi, che non si erano mai confessati in vita loro»[41] e «vecchi di 70 più anni, che non sanno le persone della S.ma Trinità».[42]

Nel corso della sua attività di deputato e di visitatore delle scuole della Dottrina Cristiana, aveva anche constatato che:

> Ne meno quei che frequentano la dottrina, imparano ad osservarla, perché ... se gl'insegna quante sono le virtù teologali, o cardinali, i commandamenti, i sacramenti, ma pochi gli spiegano, e fanno conoscere cosa sono, e come s'hanno da esercitare, osservare e frequentare, e meno di curano di farglielo fare. Perciò molti figliuoli, benché imparino bene a mente la dottrina, poco se n'approfittano, come pur troppo s'isperimenta, perché da quella notizia generale difficilmente possono intenderla e saper come, e dove, e quando l'hanno da pratticare. Da questo deve ancor procedere, che così pochi cavano frutto dalle prediche, e missioni, e s'inducono a vivere cristianamente, ancorché all'ora molti si commovino e concepiscano buoni desideri, e faccino atti buoni: trovandosi pochi predicatori, parochi, e padri spirituali, che diano un indirizzo prattico di regolar la vita in Dio.[43]

Con queste osservazioni egli andava al cuore del problema, denunciando come molti sfuggissero alle iniziative catechistiche e al controllo dei responsabili della cura pastorale, ma anche come il metodo mnemonico dell'insegnamento della Dottrina cristiana fosse totalmente inutile, se non accompagnato da spiegazioni approfondite dei contenuti, adattate alla mente e alla cultura dei discenti, e dall'indicazione di come tradurre in pratica nella vita quotidiana le nozioni e precetti imparati.

40. *Minuta di lettera circolare ai Vescovi e ordinari delle diocesi d'Italia e isole adiacenti, per eccitarli al pio esercizio della Dottrina Cristiana e Catechismo*, 1711, in ASVR, ADC, b. 440, fasc. 10; *Industrie e modi di promuovere la Dottrina Cristiana*, ff. 51r-57r; *Scritto concernente lo stesso particolare della dottrina cristiana da insegnarsi*, ff. 67r-69v.

41. *Trattato nel quale si propongono li mezzi opportuni*, f. 185r.

42. Ivi, f. 185v.

43. *Breve notizia del modo facile ed efficace*, ff. 199v-200r.

Questo valeva in primo luogo per i bambini e i ragazzi e quindi Corderi suggeriva di rendere più rigorosi gli obblighi di partecipazione alle scuole di Dottrina Cristiana, sia da parte dei fanciulli – prescrivendo l'adozione di «liste delle mancanze et assenti e [di] farli fedelmente notare»[44] e vietando ai parroci di dare certificati di idoneità per le doti o per i sussidi di povertà a chi non frequentava o non faceva frequentare ai figli le scuole[45] – sia da parte dei maestri di scuola e dei chierici, che dovevano essere obbligati a dare il loro apporto all'insegnamento del catechismo.[46] Tutte queste norme, già in parte contenute negli editti precedenti,[47] furono recepite in delibere dell'arciconfraternita,[48] nell'*Editto per la Dottrina Christiana e Catechismo* emanato dal cardinale vicario Carpegna nel 1713, dove si diceva esplicitamente che «dovranno guidarsi le dette Scole dall'Istruzzione, o sia Regolamento, che d'ordine di Sua Santità si pubblicarà»,[49] e reiterate in editti dei cardinali vicari successivi.[50]

La partecipazione assidua di catechizzandi e di maestri era considerata il primo passo per un miglioramento della situazione dell'ignoranza religiosa, ma far funzionare bene le scuole della dottrina cristiana per i ragazzi non bastava, secondo Corderi era necessaria una regolamentazione più ampia, una «riforma universale», che egli, con toni apocalittici, considerava il preludio a «la grande universale Renovazione della Chiesa e conversione degl'infedeli», profetizzata, secondo il sacerdote piemontese, da Caterina da Siena.[51] Doveva essere una tale rivoluzionaria riorganizzazione generale della pastorale e dei metodi di istruzione religiosa, che avrebbe consentito a Clemente XI di riuscire a fare quello che i papi precedenti non erano mai riusciti a fare:

44. *Idea dello stesso soggetto*, f. 197r.

45. *Informazione de bisogni delle scuole della Dottrina Cristiana*, in ASV, *Fondo Albani*, vol. 3, f. 63v.

46. Supplica di Corderi, in ASV, *Fondo Albani*, vol. 3, f. 65r.

47. Gaspare Carpegna, *Editto* del 4 settembre 1699; Nicola Antonio Cuggiò, *Notificatione* del 21 febbraio 1701, entrambi in ASVR, ADC, b. 448.

48. *Risoluzioni emanate nella Congregazione sopra la Dottrina Cristiana tenuta avanti l'Illustrissimo Signor Cardinale Albani*, 6 aprile 1713, in ASVR, ADC, b. 440, fasc. 14.

49. Gaspare Carpegna, *Editto per la Dottrina Christiana e Catechismo*, 13 settembre 1713, in ASVR. ADC, b. 440, fasc. 17.

50. Giovanni Domenico Parracciani, *Editto* del 5 ottobre 1719, in ASVR, ADC, b. 441, fasc. 8; Fabrizio Paulucci, *Editto per la Dottrina Cristiana, Catechismi e Congregazioni*, Roma, nella stamperia della Reverenda Camera Apostolica, 1721, in ASVR, ADC, b. 441, fasc. 11.

51. *Trattato nel quale si propongono li mezzi opportuni*, f. 183r.

> S.D.M. ha riservata a V. S. la cura di tanti mali invecchiati da tanti secoli a quali tutti insieme i suoi predecessori e tanti gran santi non hanno potuto rimediare e che con questo gli dà campo d'acquistarsi così gran meriti del bene immenso che apporterà alla Chiesa e al mondo tutto per dargliene tanto più copiosa retribuzione nel Cielo con collocarla nelle più alte sedie di gloria tra Ss. Apostoli.[52]

In primo luogo, «per curar tutti i mali dei membri e parti del Corpo mistico della Chiesa santa sua sposa»[53] era necessario partire dagli ecclesiastici, sacerdoti e chierici, che a Roma erano numerosissimi, ma in gran parte estranei alla cura pastorale e non esenti da comportamenti poco esemplari.[54]

Anche i parroci però non si dimostravano particolarmente zelanti, quanto piuttosto attaccati al proprio tornaconto, se:

> per tirare le anime alla Chiesa, e ad osservare la legge di Dio, si contentano di far suonar le campane, e di predicar a chi vi si trova, senza cercar altro più, ma per farsi pagar le decime, e mortori, non solo gli predicano l'obligo, ma li sollecitano. Li vanno a trovar a casa più volte, li minacciano, e bisognando gli fanno fare l'esecuzione.[55]

Era necessario quindi regolamentare con precisione i compiti e le responsabilità di ciascuno. Corderi non si rivolgeva solo al clero e ai religiosi, come primi responsabili della situazione negativa della pratica e istruzione religiosa, intendeva coinvolgere anche i laici e tutte le categorie di persone e di ambienti nel suo programma di riorganizzazione generale della vita cristiana.

Egli sosteneva infatti che, come c'erano regole per le corti, le scuole, i tribunali, le carceri, sarebbe stato necessario un regolamento «per insegnar a conoscere, ed amar Dio e a regolare santamente la vita, conforme si dà

52. Ivi, f. 184v.

53. *Ibidem.*

54. Come riportato da Fiorani (*Identità del prete romano*, p. 139), nel 1699 i sacerdoti erano ben 2.729 su una popolazione di 135.089 abitanti, divisa in 81 parrocchie prima dell'erezione delle cinque parrocchie rurali istituite tra il 1708 e il 1714 (Giorgio Rossi, *Erezione di parrocchie rurali e modalità pastorali di "avvicinamento" dei lavoratori della campagna di Roma nel Sei-Settecento*, in *L'uomo e la storia. Studi storici in onore di Massimo Petrocchi*, II, Roma, Edizioni di Storia e Letteratura, 1983, pp. 183-221). Sul comportamento del clero romano, cfr. Giuntella, *Roma nel Settecento*, pp. 20-23 e lo stesso Fiorani, *Identità del prete romano*, pp. 177-193.

55. *Breve notizia del modo facile ed efficace*, f. 200r.

per insegnare a leggere, a scrivere corretto»[56] e, come aveva già dato prova in altri suoi ruoli, anche in questo caso il sacerdote piemontese dimostrò una forte inclinazione per la regolamentazione minuziosa delle istituzioni, nella convinzione che fosse il modo migliore per far avanzare le persone anche nel cammino spirituale.

L'intuizione più significativa del Corderi derivava dalla convinzione che l'istruzione religiosa avrebbe potuto essere efficace solo se avesse investito tutti, bambini e genitori, il ceto benestante e il ceto popolare, chierici e laici, uomini e donne, e se avesse regolamentato tutti i momenti della vita, nella convinzione che ciò avrebbe portato facilmente a una maggiore osservanza, non tanto per il maggior controllo quanto perché:

> riesce molto più facile l'indursi a pratticarle universalmente un Popolo, che pochi, perché pochi devono far troppo sforzi per vincere li rispetti umani, e resistere alla corrente degli altri: onde difficilmente vi s'inducono, o con grande difficoltà perseverano [...] per il diverso commun vivere degl'altri.[57]

Proponeva quindi, come aveva sperimentato già a Mondovì,[58] di istituire un sistema di congregazioni destinate a radunare ciascuna una categoria diversa di persone o i frequentanti uno stesso luogo. Si trattava sostanzialmente di allargare a tutti, ecclesiastici e laici, il sistema delle scuole della Dottrina Cristiana, rivolte allora solo ai bambini e ai *rudiores*.

Proprio per spiegare il metodo con cui dovevano essere organizzate le congregazioni Corderi aveva preparato le sue *Istruzioni*, rigidamente normative e corredate da esempi di cataloghi per segnare presenze e assenze, liste di mancanze e di adempimenti, spettanti a ciascun membro.[59]

Le prime dovevano, secondo Corderi, riunire ovviamente gli ecclesiastici, sacerdoti e chierici in seminario o meno, non solo per coinvolgerli tutti nello zelo catechistico, ma per proporre loro una vita di più elevata tensione spirituale che si proponesse come esemplare anche per i laici.[60] Per questi ultimi poi le congregazioni non dovevano essere erette soltanto

56. *Ibidem.*

57. *Istruzzioni per insegnare e far in breve tempo apprendere*, c. 22.

58. *Storia della vita del servo di Dio Giovanni Andrea Corderi*, pp. 20-36 e Borghese, *Giovanni Andrea Corderi un prete tra due secoli*, pp. 33-45.

59. *Breve notizia del modo facile ed efficace*, f. 202r-v.

60. «[...] per mezzo delle congregazioni s'uniscono e si trovano insieme, massime i pastori ed ecclesiastici, che sono le colonne di S. Chiesa» (*Trattato nel quale si propongono li mezzi opportuni*, f. 184r).

nelle chiese, «nei conservatori, ospedali e luoghi pii», ma negli ambienti di vita delle persone, in tutti i "luoghi della sociabilità",[61] a cominciare dalle «scuole, case, botteghe», o anche nei «tribunali, carceri»,[62] coinvolgendo padri di famiglia, maestri, negozianti, artigiani, servitori, contadini, vetturini, «avvocati, medici, soldati»,[63] e proponendo a tutti adunanze catechistiche e un metodo di vita rigoroso che regolasse i comportamenti quotidiani secondo ritmi e motivazioni spirituali.

Non si trattava solo di insegnare i principi della dottrina cristiana e le norme del comportamento morale, ma il sacerdote piemontese insisteva moltissimo sulla necessità di spiegare e controllare la messa in pratica di quanto appreso, dando «alcune Regole delle cose principali del cristiano acciò ogn'uno le possa meglio veder, ed osservare»[64] e suggerendo regolamenti particolari per ogni categoria: «si ha da formar un'istruzione per ogni luogo, stato e professione di persone, per farvi vivere tutti cristianamente in pace, et unione senza frodi, ed inganni».[65]

Lo scopo era quello di far vivere ad ognuno una vita cristiana secondo il proprio stato e professione. Così le regole dovevano spingere, ad esempio, «i soldati a vivere e militare da veri soldati di Cristo, gli artisti a professare rettamente e santamente le loro arti, [...] altre [regole] di proveder a bisogni spirituali e corporali de' poveri, cioè del modo di trovar limosine, e dispensarle a veri poveri, secondo i bisogni d'ogn'uno».[66] Dovevano avere lo scopo di «ben tenere, officiare, servire, e far frequentare con riverenza le Chiese; [...] ben amministrare i luoghi pii, e governare le case, educare le famiglie e santificare le Botteghe, Campagne, et ogni luogo sino a quelli che sono seminari de' peccati, come le veglie delle donne, le fontane delle lavandare de' panni, le priggioni».[67]

L'ottimismo, non privo di una certa ingenuità, del Corderi si spingeva fino a pronosticare che tutti questi ambienti sarebbero diventati «quasi come chori di religiosi e religiose»,[68] e a vaticinare con accenti profetici

61. Cfr. Angelo Turchini, *Sotto l'occhio del padre. Società confessionale e istruzione primaria nello Stato di Milano*, Bologna, il Mulino, 1996,.

62. *Breve notizia del modo facile ed efficace*, f. 201v.

63. Ivi, f. 201r.

64. *Ibidem.*

65. *Breve notizia del modo facile ed efficace*, f. 201v.

66. *Ibidem.*

67. *Istruzzioni per insegnare e far in breve tempo apprendere*, c. 9.

68. Ivi, c. 10.

che «La terra stessa apporterà anche molto più frutto coltivata da veri servi di Dio, e benedetta colle loro opere fatte in servizio divino», invece che in mezzo a imprecazioni e bestemmie.[69] In questo modo il sacerdote piemontese riteneva di poter creare un circuito virtuoso tra catechismi, devozioni, moralità, carità, vita sociale e prosperità.

Un'attenzione particolare era rivolta alle classi più umili, ai poveri, ai mendicanti che aveva avuto modo di avvicinare alla Trinità dei Pellegrini e al Laterano, ai contadini e ai pastori della campagna romana.[70] Su tutti questi fronti Corderi si impegnò nella pianificazione dell'organizzazione di un insegnamento catechistico, che approfittava di tutti i momenti di aggregazione, in occasione della venuta dei contadini in città, della richiesta di elemosina da parte dei mendicanti alle porte dei conventi, delle riunioni di diverse categorie di lavoratori, ma anche della celebrazione della Messa nelle cappelle rurali nei giorni festivi, come testimoniato dai documenti conservati nell'archivio dell'arciconfraternita.[71]

La struttura del progetto si basava sull'osservanza precisa e ordinata di una serie di atti, regolati da una organizzazione ferrea, in cui nulla era lasciato al caso, ma ogni momento della giornata era normato e scandito da pratiche religiose, come la partecipazione alla Messa, la visita al SS. Sacramento, l'orazione mentale, la lettura spirituale, che dovevano riempire ogni momento libero dalle incombenze lavorative e familiari, ma anche contraddistinto da azioni caritatevoli e dall'osservanza delle virtù. Il controllo poi era affidato ad una serie numerosissima di "Officiali", che dove-

69. Ivi, c. 14.

70. Sulla situazione della campagna romana sia dal punto di vista sociale che religioso, cfr. Fabriciano Ferrero, *La conciencia moral en la campiña romana durante los siglos XVII y XVIII*, in «Spicilegium historicum Congregationis SS. Redemptoris», 20 (1972), pp. 71-157 e Coste, *Missioni nell'Agro romano*, pp. 165-178.

71. Cfr. *Istruzione per il Catechismo delle persone di campagna poveri e altre persone meno istruite da farsi in varie chiese di Roma*, in ASVR, ADC, b. 440, fasc. 3/4 e *Istruzione per il catechismo a' i poveri mendicanti in occasione della distribuzione delle minestre, o avanzi di tavola o altre solite elemosine che si fanno alle porte dei monasteri, convitti ecclesiastici*, in ASVR, ADC, b. 440, fasc. 3/6. Tra i documenti troviamo un censimento delle cappelle rurali e la richiesta che il cappellano vi insegnasse la dottrina cristiana e usasse gli stessi sussidi catechistici che si adoperavano nelle scuole della Dottrina Cristiana nelle parrocchie (*Nota e registro delle chiese e cappelle fuori di ciascuna porta rispettivamente di Roma ove pare potersi introdurre il catechismo nei rudimenti della fede per gli abitanti o lavoranti nelle campagne convicine in occasione che vi concorrono le feste a sentire Messa*, in ASVR, ADC, b. 440, fasc. 3/10, ff. 367r-379v).

vano presiedere alle congregazioni, controllare le presenze e verificare gli adempimenti.

Nella prima *Breve notizia* inviata a Clemente XI Corderi presentava come esempio i regolamenti destinati ai soldati di Castel S. Angelo e agli eremiti di S. Maria delle Grazie a Porta Angelica,[72] senza spiegare le motivazioni della scelta di questi modelli, che forse si possono ricondurre al proposito di presentare situazioni particolarmente difficili da disciplinare, ma aggiungeva anche un regolamento destinato ai genitori per l'educazione dei bambini in ambito familiare,[73] indice dell'importanza data alla famiglia nell'istruzione religiosa e in fondo della fiducia riposta nei laici, e diversi schemi di cataloghi per segnare presenze, incombenze e calendario delle riunioni delle congregazioni erette presso chiese, botteghe e carceri.[74]

Nel testo a stampa poi, oltre ad un lungo elenco di regolamenti per categorie e per situazioni diverse, aggiunse anche una serie di tabelle che riportavano minutamente ciò che si doveva fare e se si era fatto, le cose necessarie e cosa mancava, il ruolo di ogni persona e i metodi da usare,[75] tra cui un dettagliatissimo *Regolamento della vita christiana* in 114 punti, dove tra le altre prescrizioni è significativa quella che si raccomandava ai negozianti di tarare bene le bilance in modo da non frodare i clienti.[76]

Particolarmente significative sul ruolo riservato ai laici sono le norme per le Congregazioni domestiche, contenute sempre nel testo a stampa:

> Per ben governare la casa e per farvi vivere tutti cristianamente il padre di famiglia o il più capace di casa particolarmente se vi sarà alcun sacerdote faccia la congregazione a tutti li domestici, che averanno l'uso di ragione sopra il buon'ordine e regolamento della casa nel luogo destinato agli esercizi spirituali, ogni sabato o altro giorno.[77]

72. *Instruzzione della milizia per militare sotto lo stendardo di Cristo*, in ASV, *Fondo Albani*, vol. 1, ff. 233-237; *Breve Instruzzione o Avertimenti salutari degli eremiti della Madonna delle Grazie a Porta Angelica*, ivi, ff. 238-242.

73. *Primo indrizzo da darsi a figliuoli nella Dottrina o modo d'allevarli nella vita cristiana*, in ASV, *Fondo Albani*, vol. 1, ff. 209v-212r.

74. *Regolamento degli essercizi da farsi in ogni ora, giorno, settimana, mese et anno nella Chiesa di S.N.*, in ASV, *Fondo Albani*, vol. 1, ff. 243r-244r; *Regolamenti degli essercizi d'opere da farsi nella bottega di S. Giuseppe o di S.N.*, ivi, f. 244r-245r; *Regolamento degli essercizi da farsi nelle carceri di S. Pietro o di S.N.*, ivi, f. 245r-246r.

75. *Istruzioni per ben guidare*, pp. 259-384.

76. *Regolamento della vita christiana*, ivi, pp. 295-321.

77. *Modo di fare la Congregazione domestica*, in *Istruzioni per ben guidare*, cap. 42, pp. 172-173.

La casa era trasformata praticamente in una comunità monastica, dove

> all'ora determinata dato il segno o l'avviso per la congregazione, subito vi si incaminino tutti ogn'uno al suo luogo, stando gli uomini separati dalle donne e tutti con gran modestia ed attenzione, rivolti verso la sagra imagine e non in faccia l'uno all'altro [...]. Radunati preghino e il capofamiglia veda se qualcuno manca senza suo permesso, lo faccia chiamare, se si è in molti si faccia una lista. Si legga dal libro delle determinazioni quelle fatte e gli ordini dati nella precedente congregazione per vedere se si sono eseguiti. [...] S'informi specialmente delle cose più importanti, come se si fa l'Esercizio del Cristiano la mattina e l'esame di coscienza la sera, se si sente la messa ogni giorno, se si frequentano i sagramenti, le congregazioni, le chiese e se si osservano le prattiche cristiane, incaricandone efficacemente l'osservanza ed ordinando tutto ciò, che li detterà la carità.
> S'informi anche de' costumi e prattiche di ciascheduno, importando molto il saperlo e corregga chi lo merita. [...] Proponga poi qualche punto in particolare, massimamente de' più importanti e convenienti in quel tempo, come della confessione e comunione, quando e come l'averano da fare e si serva della propria istruzione e leggendo e proponendo qualche punto interroghi se l'intendono e praticano e prema molto a farlo praticare: se non sa leggere faccia leggerlo da altro capace, come meglio potrà e insegni ciò che averà imparato nella DC, congregazioni, prediche e faccia anche ripetere quello che gl'altri si ricordaranno. Faccia proporre da ciascheduno, massimamente da i più capaci ciò che giudicherà doversi provedere o promovere di servizio di Dio e bene della famiglia e del prossimo ed i modi e mezzi efficaci ed opportuni a farlo.[78]

Il passo è molto significativo della mentalità di Corderi e illustra perfettamente il metodo da lui proposto. In sostanza si trattava di indirizzare totalmente la vita di ciascuno in modo da avviarlo quasi naturalmente verso una pratica religiosa e un'osservanza della morale cristiana vissute intensamente e convintamente. Non si poteva sottrarre neppure chi viveva da solo, invitato a rivolgersi al suo direttore spirituale e praticamente a fare una congregazione con lui.[79]

78. *Istruzioni per ben guidare*, pp. 173-175.

79. Sulla direzione spirituale, cfr. Michela Catto, *Direzione spirituale nell'insegnamento catechistico fra Cinque e Seicento: catechismi e confraternite di dottrina cristiana*, in *La direzione spirituale tra medioevo ed età moderna. Percorsi di ricerca e contesti specifici*, a cura di Michela Catto, Bologna, il Mulino, 2004 (Annali dell'Istituto storico italo-germanico in Trento. Quaderni, 63), pp. 173-203. *Storia della direzione spirituale*, dir. Giovanni Filoramo. 3. *L'età moderna*, a cura di Gabriella Zarri, Brescia, Morcelliana, 2008.

Un certo ruolo era riconosciuto anche alle donne, le quali «per evitare ogni pericolo» erano deputate «alla direzzione, e vigilanza delle donne, e fanciulle con l'indrizzo che si dà nelle Congregazioni e Dottrine»,[80] ma ciò non vuole dire che ai fedeli laici fosse lasciata molta libertà di iniziativa, perché tutte le congregazioni di stato o luogo dipendevano sostanzialmente dal parroco, che convocava periodicamente la congregazione generale riunendo i responsabili di tutte le congregazioni operanti nel territorio parrocchiale, comprese quelle degli ecclesiastici e chierici ampiamente coinvolti sia come membri dell'apposita congregazione, sia come catechisti per le riunioni in cui si insegnava la Dottrina Cristiana.[81]

La regolamentazione della vita spirituale e dei comportamenti morali e sociali non era certo una novità, anzi aveva una lunga storia. Il progetto di Corderi s'inseriva infatti nel più ampio contesto dell'esigenza di disciplinamento dei costumi, che dall'epoca umanistica aveva favorito la predisposizione di regole sia per insegnare le buone maniere[82] sia per indirizzare la vita spirituale, che sottintendevano un ottimismo di fondo riguardo alle capacità e alla volontà delle persone a sottoporsi a norme rigorose e che avevano trovato nei gesuiti da metà Cinquecento dei convinti sostenitori e divulgatori, a partire dal contesto elitario dei loro collegi.[83] La normativa dettagliata e il coinvolgimento di tutta la vita personale dei singoli infatti non può non far pensare al funzionamento delle congregazioni mariane, erette negli istituti educativi della Compagnia. Le somiglianze di metodo sono evidenti,[84] benché resti da approfondire se nel concepire le sue congregazioni Corderi avesse presenti quelle del

80. *Istruzzioni per insegnare e far in breve tempo apprendere*, c. 11.

81. *Indice dei capi dell'Istruzione*, n. 25.

82. Cfr. ad esempio Dilwyn Knox, *Disciplina. Le origini monastiche e clericali del buon comportamento nell'Europa cattolica del Cinquecento e del primo Seicento*, in *Disciplina dell'anima, disciplina del corpo, e disciplina della società tra medioevo ed età moderna*, a cura di Paolo Prodi, Bologna, il Mulino, 1994, pp. 63-99; Turchini, *Sotto l'occhio del padre*, pp. 66-75.

83. Louis Chatellier, *L'Europa dei devoti*, Milano, Garzanti, 1988 (ed. orig. 1987) e Id., *I gesuiti alla ricerca di una regola di vita per i laici: le congregazioni mariane*, in *Disciplina dell'anima, disciplina del corpo*, pp. 383-393.

84. Cfr. Chatellier, *L'Europa dei devoti*, pp. 30-35, in cui singolarmente compaiono espressioni simili a quelle che usa Corderi: «in poco tempo hanno trasformato le camere in celle, e il tempo dei pasti consumati insieme in incontri pii … in queste famiglie borghesi tutto finisce per essere regolato come se il capo famiglia fosse un prefetto di collegio» (pp. 30-31).

collegio dei gesuiti di Mondovì, dove non a caso aveva studiato, o quelle operanti al Collegio Romano che non dovevano essergli estranee.[85]

Non manca neppure una eco delle *Regole del vivere cristiano* di Carlo Borromeo, di cui non a caso nell'archivio dell'arciconfraternita si trova una copia datata 1683,[86] o più semplicemente dell'*Esercizio del cristiano*, il sussidio citato spesso negli scritti del Corderi, che in genere era stampato in forma di manifesto e si appendeva in chiesa o nelle aule di catechismo o anche in casa, per essere letto dal celebrante o dai catechisti o dal capofamiglia e imparato a memoria dai fedeli. Oltre ai principi dottrinali fondamentali della fede cristiana, presentati in forma di catechismo con domande e risposte, esso comprendeva infatti una breve regola di vita, che normava i momenti della giornata dalla mattina alla sera.[87]

Non è da escludere neppure una qualche influenza dell'esperienza oratoriana, in particolare della spiritualità di Sebastiano Valfrè, di cui, secondo il suo biografo, il Corderi fu devoto e condivise l'opera di evangelizzazione dei Valdesi nel 1686.[88] Le indicazioni di Corderi sulla vita familiare e l'educazione filiale poi si possono inserire bene nella precettistica per l'educazione domestica, che proliferava dal tempo dell'Umanesimo e aveva visto pedagogisti illustri impegnati nella stesura di trattati appositi, come quello di Silvio Antoniano.[89]

85. Nel Collegio Romano erano presenti la congregazione prima primaria, la congregazione della Scaletta, il ristretto degli apostoli. Cfr. Pietro Fragnelli, *«Carità operativa» e cura d'anime nelle lettere di Giovanni Battista De Rossi, 1730-1744*, in «Ricerche per la storia religiosa di Roma», 7 (1988), pp. 292-293.

86. *Ricordi per il vivere christiano appartenenti ad ogni stato di persone, et altri particolari, a' Padri, e Madri di famiglia, Padroni, Mercanti, Capi di Bottega et altri a loro soggetti della gloriosa memoria di S. Carlo Borromeo*, manifesto a stampa, Roma, per il Moneta, 1683, in ASV, ADC, b. 448, f. 13.

87. *Esercizio del cristiano*, in ASVR, *Segreteria*, t. 52, c. 158. Qui se ne conservano 2 copie stampate a Roma da Tinassi nel 1696 e un'altra stampata a Genova, Casamara, s.d. Un'altra copia dell'*Esercizio del cristiano*, in Roma, per i fratelli Conti, 1703, si trova in ASV, ADC, b. 449, fasc. 44.

88. Cfr. *Storia della vita del servo di Dio Giovanni Andrea Corderi*, p. 348. Su Sebastiano Valfrè (1629-1710), cfr. Annarosa Dordoni, *Un maestro di spirito nel Piemonte tra Sei e Settecento. Il padre Sebastiano Valfrè dell'Oratorio di Torino*, Milano, Vita e Pensiero, 1992.

89. Cfr. Turchini, *Sotto l'occhio del padre*, pp. 53-55; Roberto Sani, *Per una storia dell'educazione familiare nell'età moderna e contemporanea*, in *Ricerca pedagogica ed educazione familiare. Studi in onore di Norberto Galli*, a cura di Luigi Pati, Milano, Vita

Nonostante queste somiglianze, il sacerdote piemontese, in uno dei documenti presentati a Clemente XI, affermava esplicitamente di non essersi ispirato a nessuno e che il progetto era interamente frutto del suo ingegno:

> l'oratore non gli ha cavati da libri, né imparati da altri, né meno egli gli ha studiati o meditati, ma gli sono venuti alla mente ordinariamente nella messa o nel sonno prima di svegliarsi senza che prima non avesse minima imaginazione con tal chiarezza, che in un punto si faccia veder le cose così ben ordinate che troppo belle comparirebbero se le sapesse descrivere.[90]

A parte la convinzione dell'autore di averlo concepito tramite un'illuminazione dall'alto e le diverse fonti di ispirazione, in effetti non si può negare che il progetto di Corderi abbia una sua originalità sia nel metodo che nella proposta rivolta indifferentemente a tutte le categorie. Si può pensare che l'avere una lunga esperienza di vita in diverse comunità di sacerdoti secolari lo portasse ad apprezzare la vita in comune e i suoi vantaggi spirituali[91] e a volerne dilatare gli effetti positivi a tutti gli ambienti.

Il coinvolgimento attivo dei fedeli inoltre fa pensare che non fosse estraneo al Corderi il proposito di tentare di mettere in atto un'opera comune tra clero secolare e fedeli con il fine principale di arrivare a un rigido disciplinamento di tutte le categorie di cristiani, ma suggerisce che avesse l'idea di proporre ai fedeli laici un approfondimento spirituale più sistematico. In questo c'è senz'altro un richiamo all'*Introduzione alla vita devota* di François de Sales, rivolta, come si sa, a tutte le categorie di persone e citata da Corderi in alcuni suoi scritti,[92] ma egli non elaborò una specifica spiritualità per i laici, quanto propose loro un progetto spirituale prettamente monastico, espresso molto chiaramente nell'affermazione che «case, botteghe, campagne, veglie delle donne, fontane delle lavandare, prigioni» erano diventate «quasi come chori di Religiosi e Religiose».[93]

e Pensiero, 2004, pp. 3-19; Elisabetta Patrizi, *Silvio Antoniano: un umanista ed educatore nell'età del Rinnovamento cattolico (1540-1603)*, Macerata, EUM, 2010; Silvia Evangelisti, *Learning from home. Discourses on education and domestic visual culture in early modern history*, in «History», 98/333 (2013), pp. 663-679.

90. *Trattato nel quale si propongono li mezzi opportuni*, f. 184r-v.

91. Vedi Fragnelli, *«Carità operativa» e cura d'anime nelle lettere di Giovanni Battista De Rossi*, pp. 292-293.

92. La citazione di François de Sales, tratta dall'*Introduzione alla vita devota* (parte I, cap. IV, § ultimo), si trova nella *Breve notizia del modo facile ed efficace*, f. 203r e nelle *Istruzzioni per insegnare e far in breve tempo apprendere*, c. 5.

93. *Istruzzioni per insegnare e far in breve tempo apprendere*, c. 10.

Infine non si può dimenticare il clima antiquietista dell'epoca che può aver ispirato la proposta di una regolamentazione, la quale non lasciasse spazio alle iniziative spirituali personali, proponesse sì l'orazione mentale, ma probabilmente nel senso di meditazione e di riflessione sulla propria vita spirituale, come era interpretata dai gesuiti, piuttosto che nel senso di orazione contemplativa, come era intesa dalla scuola spirituale carmelitano-teresiana, concezione che più facilmente si poteva prestare a interpretazioni personali di sapore quietista.[94]

Comunque il progetto del sacerdote piemontese di inquadrare, razionalizzare, organizzare quasi matematicamente la vita religiosa personale e sociale, pur appoggiato prima da Clemente XI poi da Innocenzo XIII e infine da Benedetto XIII, non sembra essere stato accolto con molto favore dai responsabili dell'arciconfraternita della Dottrina Cristiana.

Le sue *Istruzioni* infatti ebbero lunghe vicissitudini, passando da un revisore all'altro e dando luogo a dibattiti e pareri discordi all'interno del mondo ecclesiastico romano, come testimonia la documentazione sia dell'Archivio Vaticano che dell'archivio dell'arciconfraternita della Dottrina Cristiana, relativa alle circostanze della composizione delle *Istruzioni*, alla personalità dell'autore e alla natura delle discussioni che sollevarono, che può aiutare a capire perché le *Istruzioni* furono pubblicate definitivamente solo nel 1725.[95]

Secondo quanto riferito anche dallo stesso Corderi, gli si contestava la difficoltà di far eseguire, soprattutto dai ragazzi, tutte le minuziose norme previste per ciascuno, la pletora di "officiali", la confusione che poteva derivare dal gestire la quantità di congregazioni che si dovevano erigere nel territorio di ogni parrocchia, in una parola la difficoltà, se non l'impossibilità di mettere in pratica tutto il sistema.[96] Ma egli sembrava non accorgersi delle difficoltà. Riconosceva sì che «per chi leggerà questa Istruzzione [...] nel principio li parerà un cahos [*sic*], perché non così facilmente arriverà ogn'uno ad intenderla bene, come chi non è prattico delle Rubriche della

94. Fiorani, *Identità e crisi del prete romano tra Sei e Settecento*, pp. 156-160. Sul clima spirituale a Roma alla fine del Seicento e a inizio Settecento, cfr. anche Pietro Stella, *Tra Roma barocca e Roma capitale: la pietà romana*, in *Roma, la città del papa*, pp. 755-785 e Maria Lupi, *Riforma teresiana e laicato nella Roma barocca*, in *Attraverso il tempo. Teresa di Gesù la parola, il modello, l'eredità*, a cura di Elisabetta Marchetti, Ravenna, Longo editore, 2017, pp. 13-34.

95. I pareri, tutti anonimi, si trovano in ASVR, ADC, b. 441, fasc. 4.

96. *Istruzzioni per insegnare e far in breve tempo apprendere*, c. 15.

Messa», ma sosteneva che «così nel caso nostro, con l'indrizzo d'alcuno, e con la prattica, o con una seria applicazione non troverà queste Istruzioni confuse, oscure o difficili, ma tutto il contrario, chiare e facili».[97]

Il sacerdote piemontese infatti insisteva sulla facilità con cui il suo sistema era già stato applicato, sul fatto che costava pochissimo e richiedeva poco lavoro da parte di chi dirigeva le congregazioni, perché i compiti erano equamente ripartiti,[98] sui frutti che dichiarava di aver già conseguito sia nella frequenza alle chiese che nella moralizzazione pubblica.[99] In definitiva egli dimostrava una fiducia incrollabile e discutibile nella precettistica sostenendo che bastasse osservare alla lettera determinate regole per ottenere frutti,[100] ma indicava anche indirettamente quali fossero le perplessità e i rilievi che gli venivano fatti.

Quello che non appare è se ci si preoccupasse anche di spiegare le motivazioni spirituali e umane delle regole. Sembra dai documenti che ciò fosse dato per scontato e che non ci si chiedesse quanto il sistema, fondato sulla ripetitività – tanto da diventare abitudine – di gesti, di parole e di devozioni, fosse atto a rendere i fedeli consapevoli ed interiormente convinti della propria fede e dei propri comportamenti o quanto piuttosto, in una società basata sulla coercizione, non fosse che un altro metodo per disciplinare l'indisciplinato popolo cristiano, convinti di poter trasformare quasi automaticamente l'osservanza perfetta delle regole in una vita spirituale più profonda.

La tardiva stampa del progetto corderiano conferma che molti non erano convinti della sua efficacia e il fatto che se ne conservino pochissime copie fa pensare che non abbia avuto molta circolazione e di conseguenza che non abbia avuto molto successo.[101] L'analisi completa della documentazione sia dell'Archivio storico del Vicariato di Roma e dell'Ar-

97. *Istruzzioni per insegnare e far in breve tempo apprendere*, c. 20.

98. Ivi, c. 16.

99. *Breve notizia del modo facile ed efficace*, f. 207r.

100. «Dichiarandosi la Dottrina Cristiana secondo la detta Istruzzione, et usandosi le diligenze prescrittevi, per farla intendere, et osservare, illumina le menti, et infiamma i cuori del divino amore; e questo si va appicciando da uno all'altro, onde istruendosi, et accendendosi i chierici si vanno infiammando i preti ei i curati, et educandosi bene i fanciulli, si vanno anco approfittando i loro parenti, e tutti gli altri di qualunque sorte» (Supplica di Corderi, in ASV, *Fondo Albani*, vol. 3, f. 65v).

101. A Roma, oltre che nell'Archivio storico del Vicariato (ASVR, ADC, b. 448, fasc. 9), sembra ne sia conservata una sola copia presso la Biblioteca Nazionale, mentre se ne trovano altre nelle biblioteche di Veroli, Morlupo, Biella, Campobasso e Perugia.

chivio Segreto Vaticano potrà forse aiutare ad approfondire le motivazioni dell'insuccesso, ma si possono intanto avanzare delle ipotesi. Non doveva essere facile in primo luogo convincere il clero a dedicarsi intensamente a quest'opera, o perché già impegnato nell'attività parrocchiale o perché al contrario estraneo alla pastorale, o perché già impegnato in qualcuna delle altre numerose iniziative a cui si è accennato, indirizzate a promuovere opere assistenziali e pastorali. Senza il suo apporto era molto improbabile che si riuscisse a smuovere il popolo. Inoltre effettivamente la complessità dell'organizzazione poteva creare problemi di funzionamento e richiedeva capacità "manageriali" non comuni, oltre al fatto che forse non tutti avevano le capacità intellettuali e morali per seguire sia gli insegnamenti che i minuziosi regolamenti.

Ma forse non è da escludere anche il fatto che un progetto così razionale, analitico e schematico di un prete settentrionale non fosse adatto alla fantasiosa e creativa, anche in fatto di vita religiosa, sensibilità della popolazione romana, resistente al disciplinamento e all'irregimentazione e molto più incline a una religiosità espressa attraverso devozioni spontanee.[102]

In ogni caso sia per la sua fisionomia sia per la sua proposta il Corderi si rivela un personaggio interessante, che merita sicuramente uno studio più approfondito, che possa dare risposte ai numerosi interrogativi che rimangono aperti.

102. Cfr. ad esempio Stella, *Tra Roma barocca e Roma capitale: la pietà romana* e Ottavia Niccoli, *"Le donne biastemavano orazzione". Forme del consumo del sacro nella lunga Controriforma romana*, in *Roma, la città del papa*, pp. 623-647.

Circolazione di pratiche e dottrine

Luigi Guarnieri Calò Carducci

La controversia sobre el chocolate en el siglo XVII. Entre la medicina y la moral

El chocolate, derivado del cacao, planta americana, es una de las especialidades más populares en el mundo. El consumo de chocolate se afirmó entre los siglos XVII y XVIII, especialmente en los países del sur de Europa, España e Italia. En el siglo XVII los jesuitas, admitiendo el uso como bebida "pobre", concedida en periodos de ayuno como un sustituto de la comida, contribuyeron a difundir el consumo en el ámbito eclesiástico y, más en general, en los círculos aristocráticos. Por esta razón, también con el tiempo, el chocolate se convirtió en un símbolo de la relajación y del ocio aristocrático, produciendo un imagen opuesta a la de productividad y laboriosidad inherente al té, y, aún más, al café, otros productos exóticos que como bebidas invadieron, si bien más tarde, las mesas europeas.

A diferencia de estós dos productos – café y té – que tuvieron una difusión bastante rápida después de su 'descubrimiento', gracias a su relativa difusión en los lugares de origen y su afirmada comercialización, el chocolate no se convirtió en un fenómeno de masas antes del siglo XIX, cuando la producción mundial aumentó considerablemente, después que en los Países Bajos, se creó una máquina capaz de producir varios cientos de libras de chocolate por día. Sin embargo, fue por mucho tiempo el principal producto alimenticio no esencial – no esencial para la supervivencia –, importado por los españoles en el Viejo Mundo.[1]

1. Para enmarcar el cacao en la historia de la cultura y del gusto: Michael Coe, Sophie Coe, *The True History of Chocolate*, London, Thames and Hudson, 1996; Massimo Montanari, *Il cibo come cultura*, Roma, Laterza, 2007; Jean-Louis Flandin, Massimo Montanari, *Storia dell'alimentazione*, Roma. Laterza, 1993: Sobre su características nutricionales: Andrew McShea, Emma Ramiro-Puig, Sandra B. Munro, Gemma Casadeus, Margarida

En este estudio se analizan algunas de las consecuencias, desde el punto de vista médico y doctrinal, de la propagación del chocolate en Europa, a la luz de la lectura de algunos escritos de la época y de la bibliografía más reciente.

Cuando comencé a ocuparme de la cuestión de la difusión del chocolate hace unos dos años, para una conferencia celebrada en la Universidad de Roma Tre, sobre las identidades y prácticas culinarias y las representaciones de los alimentos en América del Sur, dos cosas me llamaron la atención: la primera es que se encuentra una descripción, si bien sucinta, del cacao y de los modos de preparación del chocolate, en todas las primeras crónicas de Indias; la segunda es que continuó recibiendo atención especial en los escritos posteriores, por lo menos hasta finales del siglo XVI.[2] Avanzando en los estudios que realicé sobre el tema, pude identificar la formación, en la Europa del siglo XVII, de dos miradas sobre el chocolate: una de tipo médico-alimenticio, atenta a las propiedades y a los métodos de su preparación, ya sea comida o bebida; la otra ético-moral, atenta a las consecuencias en el ámbito religioso y en particular, en el católico.

1. *El chocolate y su primera difusión: alimento y remedio*

La planta del cacao y su cultivo se encuentra en el área mesomaericana, azteca y maya, en zonas con clima subtropical, húmedo y constante por todo el año, pero que no recibe demasiado sol directo. El lugar de origen de esta especie mesoamericana es probablemente la región amazónica, ya que en esta zona se presenta la mayor variación de la especie. No se sabe si su dispersión ocurrió naturalmente o con la ayuda del hombre, hipótesis ésta más probable.

El consumo de cacao se encuentra en todas las sociedades mesoamericanas, al igual que el uso del grano de cacao como moneda. Desde el norte de México hasta las tierras de la actual Nicaragua, hubo usos similares

Castell, Mark A. Smith, *Clinical Benefit and Preservation of Flavonols in Dark Chocolate Manifacturing*, in «Nutrition Reviews», 66/11 (2008), pp. 630-641.

2. Luigi Guarnieri Calò Carducci, *Il cacao, frutto proibito del Nuovo Mondo e la disputa sulla cioccolata*, en *Identità culinarie in Sudamerica*, ed. Camilla Cattarulla, Roma, Nova Delphi, 2017, pp. 133-161.

en el consumo de este producto en contextos rituales, lo que nos indica un valor simbólico del chocolate. Desde el punto de vista alimentario, la preparación más común era en forma de bebida, fría, o caliente, mezclada con maíz, endulzada con miel, condimentada con vainilla, chile u otras plantas aromáticas. El punto de partida para la preparación era siempre el mismo: los granos de cacao se secaban, luego se los hacía fermentar para mejorar las cualidades asociadas con la presencia de aceites y grasas. Después se tostaban, se pelaban y se molían en una piedra, calentada en la base, generalmente en forma cóncava, el *metate*. A la pasta resultante se le daba forma de tableta, para mantenerla el mayor tiempo posible, incluso dos años. La bebida se preparaba disolviendo la pasta de cacao en agua y agregando algunos de los productos antes mencionados.

Las primeras descripciones de esta bebida en las crónicas de Indias la asocian no sólo a su cualidad refrescante, sino también vigorizante. Paradigmáticas son las líneas del cronista de la conquista de México, Bernal Díaz del Castillo, al describir en la corte de Moctezuma un líquido de aspecto oscuro y espumoso: «traían unas copas de oro fino, con cierta bebida hecha del mismo cacao, que decían que era para tener acceso con mujeres; y entonces no mirábamos en ello; mas lo que yo vi, que traían sobre cincuenta jarros grandes hechos de buen cacao con su espuma, y de lo que bebía».[3] Otros autores, como Gonzalo Fernández de Oviedo, Girolamo Benzoni, contribuyeron al conocimiento del producto en España, con descripciones de la planta y del uso del grano del cacao en diferentes ambientes autóctonos.

El conocimiento de las plantas americanas y de las propiedades a ellas atribuídas, en España como en Europa, hizo un notable progreso con la publicación de *Historia Medicinal de las cosas que se traen de nuestras Indias Occidentales*, de Nicolás Monardes, que apareció en tres partes entre 1565 y 1574. Monardes lo escribió sin moverse de Sevilla, en base a informaciones que llegaban directamente a su ciudad, punto final de los tráficos atlánticos.

En los años siguientes, después de la publicación de *Historia natural y moral de las Indias* del padre José de Acosta, que también constituye una notable síntesis de las principales características de la flora americana, en México se publicaron dos importantes obras, *Primera parte de los problemas y secretos maravillosos de las Indias* (1591), del médico Juan de Cárdenas, y *Verdadera medicina* (1607), de Juan de Barrios.

3. Bernal Díaz del Castillo, *Historia verdadera de la conquista de Nueva España*, Madrid, Historia 16, 1984, vol. I, p. 324.

La obra de Cárdenas dedica tres capítulos al cacao y al chocolate y cinco a ilustrar las características de otros productos americanos; sin embargo, se difundió solamente durante el siglo XVII. Un mismo destino tuvo la obra de Barrios.

La ciencia europea de la época, en base a la antigua teoría de los fluidos, consideró el chocolate – aquí haré referencia exclusivamente al chocolate entendido como bebida – como un remedio para una variedad de trastornos, por lo general en el sistema digestivo y los intestinos.

Por su naturaleza, el chocolate se consideró esencialmente "frío", pero podría, por supuesto, ser modificado por la adición de otros productos. Según Francisco Hernández, el médico enviado a México entre 1572 y 1577 por la corte española, con el cargo de recoger noticias sobre la cantidad y variedad de plantas medicinales de la Nueva España y hacer una clasificación detallada, la semilla de cacao era templada por su naturaleza, pero tendiendo al frío y húmedo. Por eso, se consideraron las bebidas a base de cacao eficaces cuando hacía calor y para tratar la fiebre. Hasta el siglo XVIII, cuando comenzó su competencia con el té y el café, el chocolate fue la primera bebida exótica estimulante consumida por los europeos de manera significativa.

En la perspectiva de los estudios antropológicos culturales, el cultural-funcionalismo vio en el proceso de difusión del chocolate, una confirmación de la exactitud de la hipótesis, típica de ese entorno, de que la comida - en este caso bebida - exótica, para ser aceptada, debe pasar por una forma de asimilación cultural. Es decir, debía romperse el prejuicio que existía frente a un producto exótico. La hipótesis sobre citada, sin embargo, está basada en las más recientes modificaciones de la maneras de asunción de chocolate, es decir, la adición de edulcorantes, y subestima que por largo tiempo se mantuvo como una bebida no dulce, sino más bien picante y que, en lugar de las especias de América - que era difícil encontrar en Europa -, se ponían otras especias ya conocidas, precisamente con el fin de preservar el particular sabor original.

Una explicación parcial del éxito de una bebida amarga y desagradable al paladar, se obtiene teniendo en cuenta que se consideró inicialmente un medicamento, por lo que el sabor de la poción tendría poca importancia. Tenemos que recordar que casi todas las bebidas se tomaban no por ser simplemente bebidas, sino porque estaban consideradas pociones medicinales, o sea con alguna cualidad curativa.[4]

4. El cacao contiene metilxantina, un estimulante, una pequeña cantidad de cafeína y teobromina, feniletilamina, similar a la anfetamina, cannabinoides, generadores de pla-

También es difícil dejar a un lado la hipótesis de que el cacao en su forma más común -disuelto en agua bajo el nombre de chocolate -, tenía una especial fuerza "psico-atractiva" y que este factor haya contribuido a su propagación. Sin embargo, esto no explicaría su considerable difusión, a pesar del alto precio que tenía en Europa; en especial, no evidencia un hecho: el chocolate conquistó primero el gusto de los europeos en el Nuevo Mundo, y a continuación, a través de ellos, el de los europeos residentes en el viejo continente.[5] De hecho, en las crónicas de Indias las descripciones del cacao y de la bebida que de él se obtenía, así como los testimonios de las primeras experiencias de asunción, transmiten una idea de disgusto, si no asco.

Al mismo tiempo, nos dejan imágenes de su aceptación, casi inevitable de parte de quién frecuentaba el ambiente autóctono: era la bebida más ofrecida por los nativos a los españoles en el ambiente mesoamericano, fuesen misioneros, comerciantes o funcionarios.

También por la atracción irresistible que producía en particular en el género femenino, como por ejemplo nos relata el padre Acosta. Literalmente: «es la bebida preciada y con que convidan a los señores que vienen y que pasan por su tierra, los indios y los españoles, y más las españolas hechas a la tierra, se mueren por el negro chocolate».[6]

Las oportunidades de contacto eran muchas, casi a diario. Especialmente al comienzo de la presencia europea, la escasez de mujeres llevó a los españoles a convivir, de maneras diferentes, formales o informales, con mujeres indígenas. Su papel en las prácticas alimentarias locales y la conformación de familias y hogares donde se instauró y perpetuó una cultura mestiza, es fundamental. Las mujeres, que tradicionalmente se encargaban de preparar el chocolate en la época prehispánica, siguieron haciéndolo. También en la fase posterior a la conquista, cuando la llegada de españolas aumentó, el papel de las mujeres indígenas en los hogares y en las actividades domésticas estaba consolidado. Ellas no sólo siguieron desempeñando funciones en beneficio de los criollos, en las que se vertían los conocimientos y las habilidades tradicionales, sino también en

cer, flavonoides, que ayudan a controlar las grasas en las arterias. La grasa contenida en el cacao y el azúcar que se agrega al chocolate pueden estimular la actividad cerebral.

5. Marcy Norton, *Chocolate para el imperio: la interiorización europea de la estética mesoamericana*, en «Revista de estudios sociales», 29 (2008), pp. 42-69.

6. José de Acosta, *Historia natural y moral de las Indias*, Madrid, Historia 16, 1987, pp. 266-267.

la intimidad de la familias: como nodrizas y niñeras, acompañando a los hijos de criollos hasta la adolescencia.[7]

El análisis de los flujos y los tipos de migrantes que regresaban de América a Europa muestran que la experiencia del chocolate, preparado de acuerdo con las tradiciones indígenas, fue decisiva para la difusión del producto. La mayoría de ellos eran comerciantes y misioneros: dos categorías sociales que, por las características de su actividad, fácilmente se ponían en contacto con los pueblos indígenas; era fácil y conveniente para ellos, aceptar los alimentos o bebidas que les ofrecían. De esta manera, por razones comerciales o culturales, el chocolate entró en su dieta a través de la asimilación de los gustos locales.[8] La aceptación de la bebida también se revela por la hispanización de los términos en lengua nahuátl, presente en los ingredientes y en los instrumentos de preparación. Juan de Cárdenas, ya en 1591, informaba que los europeos también habían adoptado las diferentes maneras de preparación según la hora del día, dependiendo de si se deseaba una bebida más refrescante, o tónica.

Aquellos que regresaban a España y habían probado el chocolate, extendieron su consumo en la península. Las órdenes religiosas desempeñaron un papel fundamental en este proceso de difusión tanto en América como en Europa. El chocolate se encuentra entre los objetos, presumiblemente indicadores de la riqueza y bondad del Nuevo Mundo, que se mostraban en diversas ocasiones de reunión en colegios, consejos, y en las cortes europeas. En 1632, un jesuita de Sevilla presentó una denuncia contra un capitán de barco que había "perdido" dos contenedores de chocolate de su carga, enviados desde la casa de Veracruz. Parte de la carga estaba destinada al procurador de la Compañía en Sevilla, parte a los hermanos de la orden que vivían en Roma. Los navíos que cargaban cacao, también llevaban las herramientas tradicionales para la preparación y el consumo de chocolate.[9]

Los cambios en la aceptación del chocolate en Europa fueron muy lentos. La primera transformación se refiere a la temperatura para beberlo, ya que deviene de frío en caliente, si bien ingerirlo de esta manera ya era común entre los mayas. La segunda se refiere a la adición de especias como la canela, semillas de anís, pimienta negra o clavo de olor, todas

7. Norton, *Chocolate para el imperio*, pp. 53-54.

8. *Ibidem*, pp. 47-49.

9. Juan de Cárdenas, *De los problemas secretos i maravillosos de las Indias*, México, Pedro Ocharte, 1591, f. 123r-v.

más familiares y sobre todo más disponibles en Europa que el chili, o el achiote, muy utilizados en el mundo azteca. La tercera es el agregado de azúcar de caña. Los granos de cacao siguieron siendo molidos por siglos en morteros que reproducían, en diferentes estilos, el antiguo *metate* azteca, que era un mortero de piedra curvo. Estos recipientes se fabricaban en una amplia variedad de materiales, pero siempre manteniendo su forma típica, así como las herramientas que se utilizan para mezclar la bebida. Por lo tanto, se puede decir que ya en la segunda mitad del siglo XVI, el cacao ingresó de diferentes maneras en el uso material y la cultura alimentaria de los europeos.[10]

Un aspecto importante de la percepción europea del cacao, además de la apariencia y del sabor muy particular de la bebida derivada, fue su supuesto poder y afrodisíaco y vigorizante. Esto hizo que se lo asociara con una idea de lo salvaje, en un sentido positivo, y del poder de la naturaleza americana; por lo tanto, al valor nutricional, que ya estaba afirmado se sumó el poder exótico, atractivo, basado en sus capacidades tonificantes.

2. *La disputa moral sobre el chocolate*

El consumo de chocolate se afirmó en España mediante la mezcla del cacao en polvo con agua. En Italia, en cambio, se impuso el uso de leche en la preparación de la bebida. Luego, a través de las posesiones españolas en el norte de Europa, el consumo se extiendó a todo el continente europeo occidental. El chocolate se bebía en diversas ocasiones; si ofrecerlo era signo de distinción y de riqueza – teniendo en cuanta su alto costo –, también beberlo era un signo que indicaba que se era capaz de seguir el ritmo de los tiempos.

Curioso Tratado de la naturaleza y Calidad del chocolate de Antonio Colmenero de Ledesma es el primer trabajo dedicado exclusivamente al chocolate. El autor, un médico natural de Ecija, Andalucía, pasó a partir de 1622 varios años en México. Su obra, publicada en Madrid en 1631, tuvo mucho éxito, dado que tuvo treinta ediciones y fue traducida a las principales lenguas europeas, incluso inglés, francés e italiano (1667). Así, se convirtió en el punto de referencia para todas las discusiones posteriores

10. Cristina Barros, Marco Buenrostro, *Pozol, Popo, champurrado*, en «Revista Digital Universitaria», 12/4 (2011).

de la materia en la mayor parte de Europa. La edición original se divide en cuatro temas, como informa en detalle la primera página del título:

> En la primera trata qué sea el chocolate; y que calidad tenga el Cacao, y los demás ingredientes. En el segundo, se trata de la calidad que resulta de todos ellos. En el tercero se trata del modo de hazerlo, y de quantas maneras se toma en las Indias, y qual de ellas es mas saludable. El ultimo punto trata de la quantidad, y como se ha de tomar, y en quanto tiempo, y que personas.[11]

Por lo tanto: naturaleza, esencia, propiedad, manera de preparación en las Indias, cuánto y cómo se puede tomar y, sobre todo, según las características físicas de cada persona.

Según Colmenero de Ledesma, el cacao es frío y seco, pero también cálido y húmedo, ya que contiene todas estas diferentes cualidades que se pueden exaltar o atenuar, dependiendo de la preparación. Las mismas prácticas indígenas de molienda, trituración, mezcla, favorecían estos procesos. Ya que la temática está limitada absolutamente al campo de medicina, ninguna referencia se encuentra a la controversia moral. La influencia de la experiencia mexicana, así como la tendencia a mantener la preparación tanto como sea posible de acuerdo a la receta original, es clara: la mejor receta para la preparación de chocolate es con chili; si eso falta, se puede sustituir con pimienta.[12]

En el siglo XVII, debido a su difusión, así como al peso de la vida religiosa y la influencia de los círculos eclesiásticos sobre las costumbres, se comenzó a hablar de su posible consumo durante los períodos de ayuno y penitencia. Inicialmente, en España, el chocolate se consideraba un tónico, no un alimento, por lo que se podía tomar libremente.[13]

Si el chocolate fuera un alimento y no simplemente una bebida, los fieles no podrían tomarlo, sea en los períodos de ayuno del día, en las horas previas a la comunión, sea durante el período de Cuaresma. Con los jesuitas – influyentes en las cortes europeas y productores de cacao en sus haciendas de América –, se había afirmado la convicción de que el uso de la bebida no interrumpía el ayuno. Esta actitud contribuyó a difun-

11. Antonio Colmenero de Ledesma, *Curioso tratado de la naturalez y calidad del chocolate*, Madrid, por Francisco Martínez, 1631.

12. *Ibidem*, f. 8r.

13. María Ruiz Ortiz, *Pecados femeninos y vida privada: discursos sobre la conciencia y la vida privada en la España moderna (ss. XVI-XVIII)*, in «Cuadernos de historia moderna», 39 (2014), pp. 59-76.

dir su uso entre las clases altas y se opuso a la de otras órdenes religiosas, como los dominicos. La controversia sobre las características de los alimentos y la capacidad de romper o no el ayuno penitencial se reavivó, ya que el chocolate, que tenía la característica de aliviar el cansancio, con la adición de otras sustancias podía nutrir por un período relativamente largo. Era lo que pasaba muy a menudo: al líquido oscuro se le podían añadir muchas cosas, sin que mudara color y ni aspecto. Esto hacía que no fuese una simple bebida. En favor de esta interpretación se declaró el jurista español Antonio de León Pinelo. Hijo de un converso, emigrado a Buenos Aires a finales del siglo XVI, Antonio de León Pinelo, vivió entre 1595 y 1660, estudió primero en el colegio de los jesuitas en Tucumán y luego en Lima, donde después de la graduación, fue profesor de derecho; más tarde tuvo diversos cargos en la administración de la Villa Real de Potosí. De vuelta en España, jugó un papel importante como recopilador de la legislación de Indias, tema sobre el cual publicó en los años siguientes diversos escritos.[14] Su competencia doctrinal, y también la experiencia directa, le fueron útiles para escribir *Questión moral si el chocolate quebranta el Ayuno eclesiástico*, publicado en Madrid en 1636.

En la primera parte de su obra, el autor cita veinticinco autores que hablan del chocolate, incluyendo a Colmenero de Ledesma; luego, explica que lo que pasa por *modum potus* no rompe el ayuno, pero sí lo que pasa por *modum cibi*.[15] Ilustra luego la primera opinión, la que lo considera como bebida, de acuerdo con el uso original indígena. La segunda opinión, que él parece aprobar, lo supone un alimento, ya que los indios le añaden tales y tantos ingredientes que se convierte en un sustituto de la comida. El hecho de que se permitía el uso de chocolate para los indios, incluso durante los períodos que, según la doctrina cristiana, eran de abstinencia, dependía de la concesión hecha a los mismos para preservar sus instituciones, lo cual valía también para otras sustancias, incluso, por ejemplo, para la coca.[16]

Según Pinelo, en razón del esquema galénico de las cualidades de los cuatro humores – caliente-húmedo, caliente-seco, frío-seco, frío-húmedo

14. David Brading, *Orbe indiano. De la monarquía católica a la República criolla, 1492-1867*, México, FCE, 1991, pp. 225-228.

15. Antonio de León Pinelo, *Cuestión moral si el chocolate quebranta el Ayuno eclesiástico*, Madrid, por la viuda de Iuan Gonçalez, 1636, f. 11*v*.

16. *Ibidem*, f. 35v.

–, el calor es producido por los alimentos y la función de la bebida de naturaleza fría es la de ayudar para la digestión. Si es modificada, la bebida pierde naturaleza y función.

El texto de León Pinelo examina las propiedades del cacao tanto como alimento cuanto como medicina, después de describir la planta, los modos de producción, el uso de sus frutos en las Indias, así como la función de moneda que tuvo sea entre los aztecas, sea en el primer periodo colonial. También lo compara en detalle con muchas otras bebidas entonces en uso, para saber cuáles de ellas podían romper un ayuno: vino, limonada, cerveza, chicha peruana.[17] León Pinelo basa sus afirmaciones sobre los escritos de José de Acosta, Juan de Torquemada, Bernal Díaz del Castillo y Francisco Hernández. Cuando trata de las recetas para la preparación del chocolate, además de los ingredientes americanos – achiote, vainilla, semillas de calabaza – el autor enumera los utilizados en Europa: huevos, almendras, nueces, azúcar, semillas de melón, leche de almendras. También se podrían tener buenos efectos sin muchos ingredientes; simplemente, con azúcar, frutas, o semillas diversas, sin excederse en el consumo: en México, declara, también se toma seis veces al día, en España mucho menos, ya que el cacao era más caro.[18]

León Pinelo, de hecho, no llega a una conclusión inequívoca; sin embargo, leyendo el texto, es evidente su opinión negativa sobre su ingesta durante el ayuno penitencial, ya que considera al chocolate, en su forma más común de preparación, ni un medicamento ni un simple tónico, sino un verdadero alimento, capaz de mantener en buena salud, como él afirma, «cuerpo y alma».

En el apéndice, el autor agregó dos escritos. El primero extraído de la obra *Problemas secretos i maravillosos de las Indias* de Juan de Cárdenas – ya citada –, en la cual se afirmaba que el chocolate quebrantaba el ayuno. El segundo texto es *Libro en el qual se trata del chocolate*, de la obra de Juan de Barrios, que describía las diferentes maneras de preparar el chocolate, considerándolo saludable. Afirmaba que cada persona, en función de sus características, necesitaba de una receta apropiada.[19]

17. *Ibidem*, ff. 27v-68r.

18. *Ibidem*.

19. Cárdenas, *De los problemas secretos i maravillosos de las Indias*, f. 123*r*. Sobre la importancia de la obra de Cárdenas, y de Barrios: Marcy Norton, *Sacred Gifts. A History of tobacco and chocolate in the Atlantic World*, Ithaca-London, Cornell University Press, 2008, pp. 132-138. La obra de Barrios, *Libro en el qual se trata del chocolate,* salió en México, por Gerónimo Balli, 1609.

Además de difundir estos dos importantes textos hasta entonces casi desconocidos en España, Pinelo nos dice mucho sobre la mentalidad de la época, por un lado advirtiendo sobre las posibles prohibiciones en el consumo de una sustancia, por el otro admitiéndolo en algunos casos. Lo importante era que el interesado conociera en todos sus detalles el alcance del eventual pecado que cometía, y supiera luego – o pudiera –, elegir. La extensa discusión que Pinelo desarrolla entre los elementos a favor y en contra del consumo de chocolate durante la penitencia católica es un elemento que confirma la propagación de la bebida en España y Europa.

Muy poco después, Tomás Hurtado, un religioso de los clérigos regulares menores, profesor de teología, publicaba en Madrid en 1642 la obra *Chocolate y tabaco. Ayuno eclesiástico y natural.* En ella defendió la ingesta de chocolate durante el ayuno. A partir de las referencias contenidas, con citas expresas o implícitas, es evidente que el principal destinatario de sus afirmaciones es precisamente León Pinelo. El chocolate no rompe el ayuno porque es una bebida. Como evidencia, Hurtado transmite la opinión de varios eclesiásticos, incluyendo la de un monje que relató que el padre general de su orden había presentado en 1619 la cuestión a Pablo V y que el Papa había opinado en favor de su uso durante el ayuno. También afirma que otros habían expuesto la cuestión al Pontífice con el mismo resultado. En el tratado de Hurtado, la primera parte del capítulo sobre el chocolate está dedicado al pensamiento de Santo Tomás y otros doctores de la iglesia, según los cuales las sustancias que no sean estrictamente de uso alimentario, como lo sería el chocolate, no rompen el ayuno. A continuación, Hurtado quiere probar lo mismo, citando los testimonios de los españoles que habían escrito sobre el tema.

Además, «el chocolate de su naturaleza es bebida esencialmente, y así no quebranta el auyno: porque en su primera institución, segun la cual respondio el Papa, que era bebida y no quebrantaba el ayuno, los materiales de que se hazia el chocolate eran cacao, azucar, chile, que es lo mismo que pimienta. Luego tampoco oy con los ingredientes que tiene quebranta el ayuno, la consecuencia es evidente: porque oy los ingredientes del chocolate legitimo, y no adulterado, son canela, anis, alegria, pimienta, azucar, los cuales ingredientes se ponen para templar la frieldad del cacao, que de otra suerte seria bebida muy destemplada».[20] Por lo tanto, estos condimentos no alteraban la naturaleza "ligera" de la bebida.

20. Tomás Hurtado, *Chocolate y tabaco*, Madrid, por Francisco García, 1642, f. 15r.

El autor sigue tratando el argumento, apoyándose en el mismo León Pinelo: «como el mismo Pinelo dice de nuestra aloxa, bebida propia de los espanoles, que fueron los primeros inventores, la cual fuera bebida destemplada, si al agua no se mezclaban miel y otras especias aromáticas, y con todo esto no se quebranta el ayuno, aunque los ingredientes, si se comieran de por si, le quebrantaran; ni importa que la aloxa sustente algo, porque esto es accidental, siendo como es de su naturaleza bebida».[21]

También en apoyo de su posición, destaca el elemento del hábito: ya habían pasado más de cuarenta años desde que se tomara por vez primera, en la creencia de que era bebida y no comida. En defensa de su postura Hurtado cita un buen número de religiosos jesuitas, y por último, una vez más, al mismo León Pinelo, trasmitiendo que éste argumentó que el chocolate en pequeñas cantidades se puede beber. En la edición en latín de 1651, hay un aditamento: a la acusación de que era una bebida para los ricos y por lo tanto su ingestión no podía ser considerada una práctica común, Hurtado respondió que el hecho que no estuviera difundida en la multitud no cancelaba la importancia del hábito adquirida hasta el momento.[22]

3. *La disputa en Italia*

En la Italia del siglo XVII se difundió una rica literatura sobre el cacao y sus usos en la sociedad de la época. El cardenal Francesco Maria Brancaccio, en 1664, publicó *De Chocolati potu diatribe*, obra en que, sobre la base de consideraciones médicas proponía, una vez más, la distinción entre bebida y comida y ilustraba entre las primeras, las que se consideraba tenían un poder energético. En este esquema, el chocolate, como el vino, se permitía, ya que el agua prevalecía sobre la naturaleza, aunque potente, del polvo que se le hubiera disuelto. Si se bebía una vez al día, no se rompía el ayuno. Brancaccio no reconoce la autenticidad de las supuestas definiciones papales sobre el chocolate, citadas por Hurtado.[23]

21. *Ibidem*, f. 15v. La *aloxa*, o *aloja*, es una bebida compuesta por agua, miel y especias. En América es una bebida fermentada hecha de algarroba, o maíz, y agua.

22. *Ibidem*, f. 18 e 22.

23. Sobre la disputa en Italia: Claudio Balzaretti, *Il Papa Nietzsche e la cioccolata. Saggio di morale gastronomica*, Bologna, EDB, 2009, pp. 89-103.

En 1676, el médico genovés Francesco Felini publicó *Risposta dimostrativa che la cioccolata rompe il digiuno*, basada en la evidencia de varios testigos sobre el uso del chocolate y sus propiedades nutricionales, citando su uso para sustentar a los presos en las cárceles, a los viajeros, los domésticos insaciables, los pobres; todas evidencias éstas de las propiedades alimentarias del producto. Felini no atacó directamente a los jesuitas, considerados los más grandes defensores del chocolate en la corte papal y en los círculos eclesiásticos y aristocráticos, así como interesados a su producción en América. Sin embargo se declaró en contra de un informal, pero bien establecido partido de "chocolateros".[24]

Felini, que también apreciaba las propiedades del chocolate como alimento, aconsejaba evitarlo en los periodos de penitencia, porque podía despertar instintos pecaminosos. Además de un alimento, entonces, el chocolate se presentaba una vez más como un afrodisíaco.[25]

En 1680 se publicó *Differenza tra il cibo e il cioccolato*, obra que aparece como una verdadera réplica a Felini. Probable es que detrás del nombre en la portada, Giovan Battista Gudenfridi, haya una jesuita, Niccolò Buonapace.[26] En el documento se argumenta que: la bebida en sí, amarga y nauseabunda, de temperamento frío, tomada sola tiene efectos nocivos, por lo que no puede, en ningún caso, ser bebida sin otros ingredientes; que el chocolate "en pasta" – para cuya preparación se utilizaban cuatro ingredientes, pimienta, canela, azúcar y cacao –, no es un nutriente. Conclusión: el chocolate, no rompe el ayuno, incluso si se toma varias veces al día. En esta defensa extrema, Gudenfridi atribuyó a Santa Rosa de Lima – religiosa peruana beatificada en 1668 y canonizada en 1671 –, el consumo de chocolate durante la penitencia, lo cual podía ser verdad ya que la religiosa observaba largos períodos de ayuno, durante

24. Francesco Felini, *Risposta dimostrativa che la cioccolata rompe il digiuno del cavaliere Francesco Felini Operetta non meno utile che necessaria al christiano cioccolatiero*, Genova, per Giovanni Ciarlo, 1676.

25. Balzaretti, *Il Papa Nietzsche e la cioccolata*, pp. 97-104.

26. Giovan Battista Gudenfridi, *Differenza tra il cibo e il cioccolate*, Firenze, Condotta,1680. El ejemplar de la obra conservada en el Fondo Palatino de la Biblioteca Nacional Central de Florencia tiene en la portada una nota escrita a mano bajo el nombre de Gudenfridi, "R. P. Nicola Buonapace", lo que atribuiría la paternidad del trabajo a un miembro de la Compañía de Jesús: Walter Bernardi, *La cioccolata del Granduca: il dibattito sul "nettare messicano" nella Toscana del Seicento*, in *Cioccolata squisita gentilezza*, edición de Learco Nencetti y Piero Scapecchi, Firenze, Vallecchi, 2005, pp. 17-44.

los cuales se mantenía con bebidas a base de frutas, verduras y según él, chocolate:

> La vergine del Perù, dopo molte ore d'una ardentissima elevazione di spirito, sentendosi la fanciulla mancar la lena, e venir meno il corpo, ebbe alla sua volta un Angelo, che presentandole a tempo una coppetta di cioccolate, con essa le fè ripigliare vigore, e la fè rimettere in forze. Io qui domando al signor cavalier Felini, che creda egli di cotesto Angelo? Cred'egli che fosse Angelo di tenebre, ovver di luce? Cattivo, o buono? Cattivo non può credersi senza offesa, a dir pochissimo, della fede dovuta all'Istorico; ma, se fu buono, cred'egli, quando il cioccolate fosse un veleno della castità, che l'Angelo buono l'avrebbe portato per ristoro a una verginella di Cristo? Cred'egli, quando il cioccolate infondesse nelle ven di chi'l beve lo spirito della lussuria, che l'Angelo buono n'avrebbe dato, pure un sorso, a una fanciulla, ch'era tempio dello spirito santo? Cred'egli, quando il cioccolate meritasse il nome di liquor diabolico, che Dio manderebbe, permetterebbe che, per mano degli Angioli suoi, si portasse una bevanda alle sue spose?[27]

4. *Conclusión*

En la polémica italiana encontramos, una vez más, los estereotipos que acompañaban al producto americano desde su descubrimiento por los europeos, y que preceden, muy a menudo a las descripciones de la planta y los productos que podían mezclarse a la bebida. El cacao, así como la bebida derivada del mismo, era un producto americano, y podía caer en la sospecha y en el menosprecio que sufrían los productos alimenticios que llegaban del Nuevo Mundo, como de calidad inferior. El mismo Juan de Solórzano Pereira en *Política Indiana*, de 1647, compendio jurídico de las instituciones españolas en América, confirmó la opinión expresada por León Pinelo, que el chocolate no se ajustaba al ayuno; para confirmarlo re-

27. Gudenfridi, *Differenza tra il cibo e il cioccolate*, pp.73-74. Sobre Rosa de Lima: Francesca Cantù, *Rosa da Lima e il "mistico giardino" del Nuovo Mondo: identità e trasfigurazione di una santa nell'immaginario sociale peruviano*, en *Ordini religiosi, santità e culti: prospettive di ricerca tra Europa e America latina*, ed. Gabriella Zarri, Galatina, Congedo, 2003, pp. 89-108; Ead., *La conquista spirituale. Studi sull'evangelizzazione del Nuovo Mondo*, Roma, Viella, 2007, pp. 365-406; Teodoro Hampe Martínez, *Santa Rosa de Lima y la identidad criolla en el Perú colonial (ensayo de interpretación)*, en *Agencias Criollas, Las agencias criollas y la ambigüedad colonial en las letras hispanoamericanas*, edición de José Antonio Mazzotti, Pittsburgh, University of Pittspurgh, 2000, pp. 215-232.

lató el episodio de Moctezuma, que demostraba la capacidad del producto para atentar contra la castidad.[28] Las descripciones que preceden a la discusión sobre el ayuno, y que podían conducir a una condena, como en el caso de León Pinelo, y de Felini, o a una absolución, como para Tomás Hurtado y Gudenfridi, estaban siempre científicamente argumentadas.

La mayoría de los estudios sobre el consumo de alimentos exóticos y en particular las bebidas energéticas, supone que el sabor refleja las jerarquías sociales, y la tensión hacia el ascenso público. Es decir, el sabor es una función de otros fenómenos sociales. El caso del chocolate, sin embargo, demuestra lo contrario, o, por lo menos, la existencia de otra posibilidad: el gusto puede no seguir un proceso predeterminado por las expectativas sociales; así, en lugar de seguir un discurso cultural predecible, influye sobre él, alterándolo, descomponiéndolo, poniendo de relieve las contradicciones. Prueba de ello es la larga diatriba sobre el consumo de chocolate durante el ayuno, cuya duración – casi un siglo –, nos dice mucho respecto de la capacidad disruptiva, de penetración de este grano, a pesar de todas las dudas y todos los prejuicios que llevaba consigo un producto del Nuevo Mundo.

28. Juan de Solórzano y Pereira, *Política Indiana*, Madrid, Atlas, 1972, vol. I, pp. 219-220.

René Millar Carvacho

Fr. Francisco Camacho O.H. (Jerez de la Frontera 1629-Lima 1698). Retórica de una conversión y santificación barroca

Introducción

En la Lima del siglo XVII hubo numerosas personas que gozaron de fama de santidad en vida y después de muertos. Para muchos, tanto hombres como mujeres, el llevar una vida virtuosa fue un objetivo que buscaron con entusiasmo. La santidad era un ideal al que aspiraban individuos de cualquier condición y quienes en vida alcanzaban esa reputación gozaban de un espacio privilegiado en la sociedad. El éxito alcanzado con la causa de Rosa de Santa María contribuyó a fortalecer todavía más aquel ideal. Varios de aquellos sujetos fueron postulados a su canonización, buscando así promoverlos a los altares. Se presentaban ante las autoridades eclesiásticas personajes que respondían a los criterios que sus propias comunidades tenían respecto a lo que era ser santo. Y no necesariamente la imagen del candidato coincidía a su realidad histórica. En el transcurso de la tramitación de la causa terminaba por perfilarse la figura del postulante merced a la confluencia de diversos factores. Estos, si bien casi siempre eran los mismos que estaban presente en la configuración de casi todos los santos, influían de manera distinta al destacar la individualidad de cada cual.

Determinante era en ese proceso la opinión que acerca del candidato se había formado el entorno social en el que desarrolló su vida. Y, en la conformación de ella, lo que se decía sobre la práctica de las virtudes cristianas y los fenómenos extraordinarios y milagros asociados a su intercesión constituían un componente fundamental. Otro elemento importante tenía que ver con el modelo de santidad al que el sujeto era asociado, pues, en la medida que más se le identificaba con él, mayor crédito alcanzaba su trayectoria. Pero, en definitiva, lo que terminaba por perfilar y definir la imagen era la o las hagiografías que relataban su vida y que en parte se nutrían de los demás antecedentes.

En este trabajo analizaremos a través de un caso específico, el de Fray Francisco Camacho, la manera cómo, en la época virreinal, se configura la imagen de un candidato a la santidad promovido desde la diócesis de Lima, por una orden religiosa en particular y por los típicos agentes que intervenían en estos casos. Nos interesa presentar y analizar los principales factores que influyeron en la "construcción" del personaje; asimismo, buscaremos determinar la circulación y la receptividad que ella tuvo; también examinaremos la relación que se dio entre la imagen que se configuró y el proceso de beatificación que se desarrolló, en el marco del o de los modelos de santidad que promovía la Santa Sede durante la Contrarreforma. Todo lo anterior, en el entendido de que este caso, más allá de los componentes comunes a este tipo de fenómenos, presenta algunas peculiaridades que lo hacen interesante.

Las fuentes principales que utilizamos para este trabajo corresponden a la documentación generada por el proceso de beatificación y a las diferentes hagiografías que se escribieron sobre él, lo que ya de por sí es bastante especial. De hecho, en el siglo XVIII, se publicaron seis obras sobre Fr. Francisco Camacho, todas en Europa, salvo la *Oración fúnebre*[1] que pronunció en sus exequias el padre jesuita Joseph Buendía, que fue impresa en Lima al año siguiente de la muerte del Siervo de Dios y que terminó siendo clave en la configuración de su imagen.

1. *La muerte, consagración de la fama de santidad*

En la madrugada del 23 de diciembre de 1698 fallecía en el convento hospital de San Diego de Lima, de la orden Hospitalaria, Fray Francisco Camacho, religioso lego profeso de ese instituto, reproduciéndose en su caso las circunstancias habituales que rodeaban el fallecimiento de sujetos con fama de santidad. De acuerdo con esos patrones, el moribundo sufrió la agonía rodeado de los miembros de su comunidad, ante la que

1. Joseph de Buendía, *Oración fúnebre que a las honras del venerable padre Fray Francisco Camacho. Religioso de Nuestro Padre San Juan de Dios, difunto en el Convento de Lima a 23 de Diciembre de 1698 años*, Lima, Impreso por Joseph de Contreras, 1701.

solicitó perdón por las ofensas y pecados cometidos, para caer luego, en sus últimas horas, en un estado de éxtasis, aferrado a una imagen de Cristo. A esto siguieron unas exequias multitudinarias, en la que los fieles intentaron acercarse al cuerpo del difunto para obtener algún trozo de su hábito como reliquia, lo que obligó a colocar «tropa y centinelas en el féretro».[2] Poco después se realizaban unas solemnes honras a las que asistieron numerosos fieles y autoridades eclesiásticas, encabezadas por el deán y cabildo de la catedral. Predicó la oración fúnebre el padre Joseph Buendía, de la Compañía de Jesús, uno de los oradores sagrados de mayor fama de la ciudad de Lima.[3]

Acontecimientos como los descritos formaban parte de la cotidianeidad de la época y eran expresión de la relevancia que la religión tenía para las personas. Éstas, necesitadas de certezas, seguridades y amparo, buscaban y valoraban a quienes podían ofrecerlas, que no eran otros que los seres divinos y los santos, como intercesores. Lo natural y lo sobrenatural aparecían muy imbricados, por lo que tener algún vínculo con quienes se relacionaban con ambos mundos era de la mayor importancia. Se recurría a los santos del calendario oficial, pero también a aquellas personas que en vida se comportaron virtuosamente, poseyeron dones especiales y gozaron de fama de santidad. Las circunstancias que rodeaban la muerte y las respectivas exequias podían implicar la proclamación popular como santo del fallecido, lo que muchas veces servía de base para tramitar la oficialización de esa condición. El caso de Fr. Francisco Camacho respondía a ese estado de cosas, enmarcándose en consecuencia en las fórmulas tradicionales que se estilaban al respecto. Ya fuese simplemente para exaltar la figura del fallecido o para tratar de formalizar su santidad se requerirá transmitir una determinada imagen de él, que es la que se promoverá en el respectivo proceso de beatificación.

2. Domingo de Soria, *Portento de la gracia. Vida admirable y heroicas virtudes del serafín en el amor divino, esclarecido con el don de profecías. El Venerable Siervo de Dios Fr. Francisco Camacho, del sagrado hospitalario Orden de nuestro padre San Juan de Dios, natural de la ciudad de Jerez de la Frontera en el Reino de Andalucía*, Escrita en Lima en 1778, Madrid, Imprenta de D. Tomás Jordán, 1833, pp. 255-256.

3. René Millar, *Configuración y reconfiguración de una imagen de santidad. Hagiografías sobre el jesuita limeño Francisco del Castillo (s. XVII-XX)*, en «Hispania Sacra», 142 (2018), pp. 570-589. La fama como orador sagrado del padre Joseph Buendía queda en evidencia en los encargos que le hace el virrey de Lima para predicar en algunas ceremonias solemnes.

2. *Creación de una imagen*

Como acontece con frecuencia en el caso de sujetos originarios de la península, la información que se posee de la primera etapa de la vida de Francisco Camacho es muy limitada. Nació en Jerez de la Frontera en 1629 en una familia de modestos campesinos. Muy joven salió de su tierra y se alistó como soldado, pasando diversas vicisitudes, que lo traen finalmente a América. Tuvo una estadía en el Nuevo Reino de Granada y de allí pasó a Lima, trabajando en diversas ocupaciones y provincias, hasta que sintió el llamado del Señor e ingresó en Lima a la orden de San Juan Dios en 1663, desempeñándose como limosnero hasta su muerte, momento en que quedó en evidencia, como se ha indicado, la fama de hombre santo de que gozaba.

La imagen que finalmente nos llegó de él fue fundamentalmente obra, como ocurre con frecuencia, de los hagiógrafos. Sobre Camacho escribieron en la época varios autores, lo que no deja de llamar la atención. Conocemos los textos de cinco de ellos, naturales de territorios muy diversos: Joseph Buendía, de Perú; Domenico María Betri y Domenico Monti, de Italia; Patricio Wasserburger, de Alemania y Domingo de Soria, de España.

Los hombres virtuosos, en la búsqueda de la perfección espiritual, siempre tenían en mente, como ejemplo, la figura de Cristo. Pero además, seguían modelos relativamente cercanos con los que buscaban identificarse. Por ejemplo, Rosa de Santa María seguía a Catalina de Siena, y Fr. Pedro de Urraca hacía lo propio con San Pedro Nolasco. Los hagiógrafos enfatizaban la relación de su personaje con los modelos, que siempre correspondían a santos oficiales, como una manera de reafirmar la santidad de aquél, al extremo que muchas veces la individualidad terminaba bastante diluida.[4] Con todo, a medida que se avanza en la época Moderna el sujeto, es decir la individualidad, está cada vez más presente en las hagiografías.[5]

Respecto de Francisco Camacho se da una situación especial, aquí el modelo, que en algún momento pudo asumir, fue redefinido por el

4. Michel de Certeau, *La escritura de la historia*, trad. cast. de Jorge López, México, Universidad Iberoamericana, 1993, p. 263 (edic. orig. *L'écriture de l'histoire*, Paris, Gallimard, 1978). Norma Durán, *Retórica de la santidad. Renuncia culpa y subjetividad en un caso novohispano*, México, Universidad Iberoamericana, 2008, p. 354.

5. Antonio Rubial, *La santidad controvertida. Hagiografía y conciencia criolla alrededor de los venerables no canonizados de Nueva España*, México, Universidad Nacional Autónoma de México y Fondo de Cultura Económica, 1999, pp. 38-39. Durán, *Retórica de la santidad*, pp. 356 y ss.

hagiógrafo, por el primero que refiere su vida, el padre Joseph Buendía.[6] Este autor construyó una imagen del personaje a partir del modelo, la que tuvo la particularidad de identificarlo con él hasta el punto de constituirlo en una especie de reproducción del mismo. El arquetipo fue San Juan de Dios, canonizado hacía poco, en 1690.[7] Buendía armó la representación de Francisco de Camacho utilizando situaciones y acontecimientos significativos de la vida del modelo, según su relato hagiográfico.[8] Es muy probable que el Siervo de Dios no tuviera mayores noticias de quien se presentará como su arquetipo hasta poco antes de su ingreso en religión, cuando bordeaba los 35 años. En todo caso pareciera que efectivamente Francisco Camacho se identificó con el ejemplo de santidad que representaba San Juan de Dios, cuya vida estaba pintada en los muros del hospital, que el propio Siervo de Dios contribuyó a reconstruir.[9] Pero, eso dista bastante de la manera como lo presenta su primer hagiógrafo. Así, Buendía señala que, al igual que San Juan de Dios, se crio en el campo y que en su niñez y primera juventud trabajó la tierra como labrador. Y siendo aún mozo, dejó a sus padres, alistándose como soldado para combatir contra los franceses en Cataluña y en otros territorios. Tal como le ocurrió al modelo, por circunstancias confusas, habría sido condenado a muerte, de la que se salvó al pie de la horca. Después de esas incidencias pasó a América, en donde, continuó con una vida errante, yendo de una a

6. Buendía, *Oración fúnebre*.

7. *Ibidem*, cap. I, «No se pudieran hallar colores más vivos para retocar la imagen del V.P.Fr. Francisco Camacho como copia de la santidad de su Padre San Juan de Dios, pues le bebió todos los semblantes: de Hombre en el ejercicio de la milicia y compasión por los pobres; de León, en la vigilancia y batallas con el demonio; de Buey, en la humildad, mortificación y penitencia; de Águila en la oración y perspicacia en percibir los rayos del sol y registrar los secretos más retirados en el cielo y tierra. Que así debía ser, y si no me engaña la piedad, así juzgo que fue el V.P. Camacho para ser hijo en todo semejante a su caritativo P.S. Juan de Dios, como lo dirá el discurso de su vida».

8. Sobre San Juan de Dios circulaban varias hagiografías. La primera fue escrita por Fr. Francisco Castro, *Historia de la vida y santas obras de Juan de Dios y de la institución de su obra y principios de su hospital*, Granada, Casa de Antonio de Libraxa, 1585. Otra que en su época tuvo mucha aceptación fue la de Fr. Antonio de Govea, *Vida y muerte del bendito P. Juan de Dios. Fundador de la orden de la hospitalidad de los pobres enfermos*, Madrid, Thomás Iunti, 1624. Lo más probable es que fuese la obra de Govea la que sirvió de base a Joseph Buendía dado que en 1649 se había reeditado en Lima por el impresor Jorge López de Herrera, ver José Toribio Medina, *La Imprenta en Lima (1584-1824)*, Santiago, Fondo Histórico y Bibliográfico José Toribio Medina, 1966, t. I, p. 413.

9. Buendía, *Oración fúnebre*, cap. I.

otra provincia, ocupándose en diversas actividades, hasta que llegó a Lima en donde experimentó una conversión milagrosa.[10] Un papel fundamental habría tenido en ese aspecto, la figura del padre jesuita Francisco del Castillo con sus prédicas en el mercado popular del Baratillo, donde lo escuchó nuestro personaje.[11] Joseph Buendía asimila la ciudad de Lima y la figura del padre Castillo, al papel que tuvo la ciudad de Granada y el maestro Juan de Ávila en el proceso de conversión de Juan de Dios. En ambas ciudades nacen para la santidad y la gloria estas dos figuras, señaladas por la gracia divina, que se expresa en hechos sobrenaturales y en la guía y protección que gozaron de esos dos portentos de virtud que fueron Juan de Ávila y Francisco del Castillo.[12] Las similitudes, al decir del hagiógrafo, no se quedan ahí, Camacho, conmovido por el descubrimiento de la luz divina tiene comportamientos públicos extravagantes y propios de un desequilibrado, que hace que los jóvenes le apedreen y arrojen tierra, mientras lo persiguen gritando «al loco, al loco», en una reedición del capítulo correspondiente de la vida de Juan de Dios. Y, como éste, termina Camacho en el hospital donde encerraban a los locos, en los que también recibe la violencia y mal trato de los enfermeros. Así como Juan de Ávila saca a Juan de Dios de ese encierro devolviéndole la cordura, lo propio realiza Castillo con Camacho. Éste, a partir de ahí, se volcará en la vida espiritual y en la ayuda a los desamparados, hasta que ingresa a la orden Hospitalaria, inducido por Francisco Castillo.

10. Las hagiografías sobre San Juan de Dios también destacan lo admirable de su conversión, ver Govea, *Vida y muerte del bendito P. Juan de Dios*, lib. I, cap. 10. Castro, *Historia de la vida y santas obras*, cap. VII.

11. El padre Francisco del Castillo en sus apuntamientos, o autobiografía, no hace mención de Francisco Camacho, a pesar de que se refiere a las prédicas en el Baratillo y a los efectos de ellas en los corazones de muchos oyentes, aunque agrega que no apunta todos aquellos que, merced a ese ministerio, ingresaron en religión, *Un místico del siglo XVII. Autobiografía del Venerable padre Francisco del Castillo de la Compañía de Jesús*. Introducción y notas Rubén Vargas, Lima 1960, pp. 36-37. Por su parte Joseph Buendía, *Vida admirable y prodigiosas virtudes del venerable y apostólico padre Francisco del Castillo*, Madrid, Antonio Román, 1693, tampoco refiere la relación entre ambos personajes, lo que permitiría suponer que solo la habría conocido en la etapa final de la vida de Camacho. A su vez, el historiador Armando Nieto, SJ, en su libro *Francisco del Castillo. El apóstol de Lima*, Lima, Pontificia Universidad Católica del Perú Fondo Editorial, 1992, p. 191, tienes sus dudas respecto de lo dicho por Buendía sobre la intervención del padre Castillo en la conversión y posterior ingreso de Camacho en la orden Hospitalaria.

12. Buendía, *Oración fúnebre*, cap. II.

La creación de esa imagen pasó por diversas fases. En primer lugar debe consignarse la posibilidad de que no haya sido definida del todo en las exequias, pues el texto de la oración fue impreso en 1701, más de un año después de la muerte de Francisco Camacho. Según recoge un testigo del proceso de beatificación y también Fr. Domingo de Soria en su *Vida*, siguiendo al parecer esa fuente, Buendía habría esperado que concluyera la información que se efectuaba por autoridad del ordinario para ver si había más noticias que incluir.[13] Lo cierto es que en dicho proceso hay pocas evidencias de esa asociación entre las figuras de Camacho y San Juan de Dios. Solo tenemos referencia de un testigo que señalaba que el Siervo de Dios recibía la visita o tenía visiones de San Juan de Dios,[14] mientras la gran mayoría de las testificaciones se centraba en destacar las virtudes que practicó y, sobre todo, los dones sobrenaturales de que gozó, relatándose numerosos casos maravillosos.[15] Por otra parte es evidente que la imagen delineada por Buendía tuvo bastante acogida y logró una extensa difusión, influyendo también en la causa de beatificación.

La representación que concibe Buendía tiene otra característica, que corresponde a la de un sujeto maravilloso, extraordinario, muy lejano de una persona corriente. Así, gran parte de su vida estaría marcada por sucesos y comportamientos asombrosos. Desde ya, está esa similitud que presenta con San Juan de Dios, que le hace seguir la misma trayectoria sin tener noticia de su vida por lo menos hasta su conversión.[16] Dentro de esa misma perspectiva

13. *Sacra Rituum Congregatione. Emo & Rmo. Domino Card. de Somalia. Relatore Limana Beatificactionis & Canonizationis Ven. Servi Dei Francisci Camacho religiosi professi Ordinis S. Joannis de Deo. Positio Super Virtutibus*, Romae, Ex typographia Reverendae Camerae apostolicae, MDCCXCVI, p. 16. Soria, *Portento de la gracia. Vida admirable y heroicas virtudes*, Prólogo, p. xxv.

14. *Positio,* p. 23. Declaración de Sor Antonia Lucía del Espíritu Santo, en que relata que estando detenido por loco en el hospital de San Andrés, deseaba sufrir lo mismo que San Juan de Dios, lo que se lo habría contado el propio Francisco Camacho.

15. Archivo Secreto Vaticano (ASV), *Congregación de los Ritos*, vol. 1502. En el proceso ordinario lo que más se destaca son las virtudes que practicó y, sobre todo, los dones sobrenaturales de que gozó.

16. San Juan de Dios se le habría aparecido a Camacho cuando, encerrado en el hospital, era maltratado por los enfermeros. Esa visión la relata en el proceso ordinario la monja Antonia Lucía del Espíritu Santo, ibid., nota 14. Esa es la primera relación directa entre ambos personajes que se menciona y también la refiere Buendía, que la enriquece agregando más detalles. Las otras referencias dadas por este autor son asociaciones de ambas vidas por los hechos similares que habrían experimentado. Buendía, *Oración fúnebre*, cap. II.

se puede considerar el que lo muestre como un sujeto con una sabiduría excepcional, que hacía que los grandes teólogos lo requirieran con consultas sobre dudas y temas complejos, siendo que era un ignorante, medio o del todo analfabeto, pues trató de aprender a leer en el convento, siendo mayor.[17] Por otra parte, hacía notar que sometía su cuerpo a extremas penitencias, que lo llevaban a bañar de sangre los ladrillos de los muros y pilares de la iglesia; y a realizar durante 22 años exagerados ayunos y largas vigilias, todo ello por agradar a Dios. En una retórica expresión, Buendía comparaba su cuerpo con un instrumento musical al que había que templar las cuerdas, «porque si afloja no hace armonía en la música del cielo».[18] Tampoco podían faltar los lances con el demonio, que se le abalanzaba en forma de fiero mastín, al que vencía con la fuerza de la oración.[19] Amén de lo anterior, el autor dedicaba numerosas páginas a hacer mención de las gracias sobrenaturales de que gozaba el Siervo de Dios, destacando sobre todo la que le permitía conocer el pensamiento íntimo de las personas, también el tener visiones y el don de profecía, que más allá de la enumeración de casos que presenta, lo sintetiza en esta frase: «Con que tenía luz para conocer las cosas antes que tuviesen ser y conocer el tiempo antes del tiempo».[20]

Ahora bien, previo a seguir con la circulación de la imagen de Camacho, es conveniente tratar de comprender por qué un religioso de la Compañía de Jesús desempeñó un papel tan significativo en relación con este sujeto. Ya hemos indicado que Buendía gozaba de gran fama como orador sagrado y es posible que los padres de la orden hospitalaria le pidieran participar en las exequias. Sin embargo, es bastante más probable que su presencia respondiera a un interés personal por destacar la relación de Francisco Camacho con el padre Francisco del Castillo. Debemos recordar que, al decir de Buendía, la conversión del Siervo de Dios habría sido obra del religioso jesuita, que, como su director espiritual, lo habría guiado en la oración contemplativa y que, ante la duda sobre la religión a la cual adscribirse, lo habría impulsado a ingresar a la orden de San Juan de Dios diciéndole que era voluntad divina que en ella sirviera a los pobres.[21] Por otra parte,

17. Buendía, *Oración fúnebre*, cap. VI y X.

18. *Ibidem*, cap. IV.

19. *Ibidem*, cap. IX.

20. *Ibidem*, cap. XII.

21. Buendía, *Oración fúnebre*, cap. III. Según el autor, el padre Castillo le habría indicado que ingresara en dicha religión y «enseñándole después un librito manual de sus apuntamientos le dijo: Mire, aquí estaba ya escrito: Francisco Camacho religioso de San

Buendía estaba empeñado en el progreso de la causa de beatificación del padre Castillo y, con el objeto de promover la introducción de su proceso apostólico, había publicado en Madrid, en 1693, una extensa hagiografía.[22] Ahora, al presentar a su candidato como maestro de espíritu e instrumento de Dios en la conversión y santificación de un hombre perdido, fortalecía la postulación de aquél. Pero además, consideraba que la transformación de Camacho en un hombre santo era obra en último término de los jesuitas, contribuyendo así al engrandecimiento de la orden. Textualmente les dice a los hospitalarios: «Padres míos, esta corona deben a la Compañía de Jesús, reconozcan nuestro amor por la joya preciosa que les dimos».[23]

3. *La circulación y sus recursos*

La imagen creada por Buendía se proyectó y tuvo gran aceptación en la medida que fue producto de instrumentos retóricos, de una eficaz utilización de las emociones del barroco y de la verdad dogmática, tan propia de la hagiografía clásica y de una época pre cartesiana. La oración fúnebre publicada en 1701 fue secuela del sermón pronunciado en las exequias, lo que significó que en su configuración estuvieron presentes las formas propias de la oralidad. Fue pensado para impresionar a un auditorio y darle fuerza al contenido del discurso con la utilización de las herramientas de la retórica. Buendía, como miembro de la Compañía de Jesús, tenía una especial formación en esa disciplina, lo que unido a sus cualidades oratorias, lo transformaron en un eximio predicador, no exento de culteranismo, muy propio del gusto de la época. Todos sus escritos están marcados por las formas de la expresión oral, que buscan con las reiteraciones, las metáforas, las hipérboles, alegorías, analogías, comparaciones y demás recursos retóricos, llegar al lector, impresionarlo, hacer creíble su discurso. Para asociar el origen de Camacho con la preocupación por los pobres, dice: «Fueron sus padres cristianos viejos, pobres y humildes, para que después mirase a los pobres con el amor que a

Juan de Dios». La testigo del proceso ordinario, Sor Antonia del Espíritu Santo, señala que fue San Juan de Dios, en esa visión que experimentó Camacho en el hospital, quien le dijo que fuera al convento de su religión y pidiera el hábito. *Positio*, p. 23.

22. Ver nota 11.

23. Buendía, *Oración fúnebre*, cap. III.

sus padres».[24] Con el objeto de resaltar el significado del ingreso del Siervo de Dios en el convento hospitalario, señalaba: «Y pues, ya le tenemos en el puerto de la Religión, seguro de las tempestades del siglo, echad conmigo las anclas al discurso y ponderad, recogiendo, como en una guirnalda, tan repetidos favores y misericordias de Dios para convertir a este hombre».[25] Y para mostrar su compromiso con la vida conventual utiliza las siguientes imágenes: «Entró en la Religión y como buey fuerte y robusto aplicó la cerviz al yugo, al trabajo, a la reja, a romper y surcar la tierra de su cuerpo con el arado de la penitencia».[26] Basten estos casos, como ejemplo del estilo de que Buendía hizo gala en su obra.

Junto a los recursos retóricos, el autor también hará ostentación de los instrumentos propios de la cultura de la época para garantizar la veracidad de sus afirmaciones. En ese aspecto lo que importaba era la verdad dogmática, resultado de la revelación y fundada en los textos sagrados, en el magisterio de la Iglesia y en los argumentos de autoridad. Así recurrirá a escenas de los evangelios como muestra de que algún acontecimiento maravilloso experimentado por Camacho tenía su antecedente en sucesos equivalentes que se encontraban en esos textos. Por ejemplo, compara una visión de Cristo crucificado que tiene Camacho con el relato evangélico del publicano Zaqueo que se sube a la higuera para verlo y que «fue como ponerse entre sus ramas en cruz». Además, asocia a ambos personajes con la labor de limosneros que desempeñarán. Este personaje evangélico está muy presente en la *Oración fúnebre* porque le permite al autor mostrar como el Señor elige a sus servidores, que pueden ser personas despreciadas por la sociedad, pero en las que Él ha visto grandes virtudes. Ambos, al igual que San Juan de Dios, serían hijos de Abraham, porque retrataban su imagen en las piedades y limosnas con los pobres.[27] El recurso a fundamentos de autoridad es posible de apreciar cuando, al autor, le interesó dar una justificación aceptable de las mercedes que Camacho recibía de Dios poco después de su conversión. Y lo hizo recurriendo a un planteamiento de Santo Tomás, quien señala que Moisés mereció ver a Dios después de muchos años de méritos y servicios; pero que Pablo lo logró al principio de su conversión; «esto fue comenzar por donde los

24. *Ibidem*, cap. II.
25. *Ibidem*, cap. III.
26. *Ibidem*, cap. IV.
27. *Ibidem*, cap. I y II.

mayores santos acaban... Aplicad (con el respecto y proporción debida) pues esta doctrina de Santo Tomás a los favores y misericordias de Dios hechas al V. P. Camacho tan en los principios de su conversión». También a Buendía le interesaba destacar la virtud de la humildad del Siervo de Dios, sobre todo el que se esforzara por «no dar a entender que era humilde», por ocultarlo, para lo cual lo asimila a un disfraz que esconde el verdadero ser, como dice San Pablo respecto del Verbo Divino, que quiso a los ojos del mundo parecer humano;[28] de ese modo, al mismo tiempo, justificaba la destrucción que hizo de sus apuntamientos que contenían las mercedes recibidas del Señor. En el don de profecía de que gozó Camacho, en cuyo ejercicio era puesto a prueba por uno de sus padres espirituales, lo campara con el profeta Daniel.[29] En el ejercicio de la caridad lo compara con Zaqueo, con Abraham y con San Juan de Dios, ponderando su labor como limosnero, que pedía para dar, lo que sería todavía más valioso que lo hecho por el publicano, que sólo daba.[30]

4. *El éxito de una representación*

Esa imagen que el autor construyó correspondía a la del típico santo del barroco europeo y que encontró un terreno fértil en América, donde se exacerbaron aún más las exageraciones, el recurso a las emociones y sentimientos, a los milagros y a lo extraordinario en general. Con todo, ese tipo de santidad no estaba en sintonía con las políticas que sobre el particular promovía la Santa Sede por esa época. Las penitencias extremas, con efusión de sangre, fueron cuestionadas y consideradas contrarias a unas prácticas ascéticas bien entendidas.[31] Y con la exigencia impuesta a

28. *Ibidem*, cap. V.
29. *Ibidem*, cap. VI.
30. *Ibidem*, cap. VIII.
31. André Vauchez, *La sainteté en Occident aux derniers siècles du Moyen Âge*, Roma, École Française de Rome, 1988, p. 618. Ya desde fines de la Edad Media la Congregación de los Ritos tenía una postura crítica hacia la efusión de sangre en las penitencias de los hombres virtuosos. Benedetto XIV (Prospero Lambertini), *La Beatificazione dei Servi di Dio e la Canonizzazione dei Beati* (1735), Città del Vaticano, Librería Editrice Vaticana, 2015, vol. III/1, cap. XXVIII y XXIX, sostiene que la mortificación de la carne y del cuerpo, en las causas de beatificación y canonización, debía considerarse no como una virtud, sino como un instrumento de la virtud y que debía aplicarse con moderación.

las postulaciones por la Sagrada Congregación de los Ritos de tener que demostrar el ejercicio heroico de las virtudes, al parecer, a partir de la causa de Teresa de Ávila,[32] las manifestaciones milagrosas fueron pasando a un segundo plano. Cada vez fue más importante probar el ejercicio heroico de las virtudes que la realización de milagros. Pero, mientras esas políticas se trataban de imponer en el mundo católico, la imagen de Francisco Camacho, creada por Buendía y que se identificaba con el modelo típico del santo peruano del siglo XVII, se difundía rápidamente y era asumida no sólo por la sociedad limeña sino que se irradiaba por diversos países de Europa. Además, su causa de beatificación, en la que el candidato respondía a ese perfil, fue pasando las diferentes etapas de tramitación, tanto en Lima como en Roma, hasta su paralización a comienzos del siglo XIX, debido a las guerras napoleónicas y no a problemas asociadas a la orientación de la candidatura. ¿Cómo se explica esa situación?

Lo que ocurre con la creación y difusión de la imagen de Francisco Camacho es bastante peculiar. Como hemos visto, fue el padre Joseph Buendía quien la estructuró, utilizando posiblemente, como hemos indicado, la hagiografía de Antonio Govea sobre Juan de Dios, que enfatizaba los aspectos maravillosas de su vida,[33] a diferencia de la primera "Vida", escrita por Francisco de Castro y publicada en 1585, que fue muy moderada en ese punto. A ello pudo añadir cierto conocimiento personal del sujeto o directo e indirecto del contenido de sus apuntamientos o informarse de él a través de compañeros de la orden Hospitalaria. Además, debemos recordar que tuvo acceso a las declaraciones de los testigos del proceso realizado por autoridad del arzobispo, en las que pudo encontrar algunas referencias al nexo con San Juan de Dios. En todo caso, los testimonios en dicha causa, en general, se caracterizaron por insistir en las facetas milagrosas del personaje, de lo que se infiere que el carácter extraordinario del Siervo de Dios estaba en el ambiente y resultaba concordante con el ideal de santidad que manejaba la sociedad peruana. En ese proceso aparece, en consecuencia, un hombre excepcional, pero no el nuevo San Juan de Dios.

32. Romeo De Maio, *L'ideale eroico nei processi di canonizzazione della Controriforma*, en Id., *Riforme e miti nella Chiesa del Cinquecento*, Napoli, Guida Editore, 1973, pp. 257-258. Sin embargo, Vauchez, *La sainteté en Occident*, pp. 606-607, sostiene que ya desde la Baja Edad Media se consideraba el ejercicio de las virtudes heroicas en los procesos de canonización.

33. Govea, *Vida y muerte del bendito P. Juan de Dios*. Presenta un sujeto que gozó de numerosos favores extraordinarios de la Virgen y del Señor.

Este es obra de Joseph Buendía y lo más probable es que lo haya precisado en la publicación y no en la prédica en las exequias, pues, de proclamarlo en esa instancia, los testigos de la causa deberían haberlo tenido mucho más presente en sus declaraciones.

La representación definida por el religioso jesuita encontró gran acogida y se difundió con mucho éxito. Por cierto, la orden Hospitalaria desempeñó un papel determinante en hacer de Camacho un "santo" conocido en buena parte del mundo católico. A mediados del siglo XVIII se escribieron varias hagiografías y además se reeditó en Lima, en 1756, la obra de Buendía. En Italia se editaron dos vidas, una en Nápoles, en 1748, obra del fraile hospitalario Domenico María Betri,[34] y otra en Milán, en 1755, de Domenico Monti, de la congregación de la Madre de Dios.[35] A ellas deben agregarse dos libros publicados en Königgrätz (arquidiócesis de Praga) por Fr. Patricio Wasserburger, prior de la orden de San Juan de Dios, en alemán uno, en 1753, y en latín el otro, sin fecha.[36] Finalmente, en 1833 se imprimió en Madrid la obra que en 1778 había escrito en Lima Fr. Domingo de Soria, de la orden de San Juan de Dios, prior de varios conventos y procurador de la beatificación y canonización del Siervo de Dios.[37] Dicha hagiografía fue publicada en ese momento para promover la reanudación de la causa detenida debido a los trastornos generados por la

34. Fr. Domenico Maria Betri, *Vita del venerabile P.Fr. Francesco Camacho. Religioso dell'Ordine di S. Giovanni di Dio*, Napoli, Stamperia di Felipe Carlo Mosca, 1748. En la portada se indica que la obra fue compilada por un sacerdote de la Compañía de Jesús, cuyo nombre no se indica y por Fr. Domenico Betri. Este último era el provincial de la provincia de San Nicolás de Bari del Reino de Nápoles y la dedica al general de dicha orden.

35. Domenico Monti, *Vita del venerabile P. Francesco Camacho dell'ordine della ospitalita de PP. Fate-Bene-Fratelli*, Milano, Stamperia di Pietro Francesco Malatesta, 1755. El autor era religioso de la congregación de la Madre de Dios y dedicó la obra al ex procurador general de la orden de San Juan de Dios.

36. Patritius Wasserburger, *Ein Lobs-Nach-Schall Francisci Camacho: Oder Kurtzer, in Reim verfaster. Lebens-Begrieff, von dem in Jahr 1698. Dem 23. December in America, zu Lima ... Diener Gottes Francisco Camacho, religiosen des Ordens heil Johann von Gott*, Könin-Gratz, Presse Johann Clemens Tibelli, 1753. La obra en latín se titula, *Accrescens gloria Francisci Camacho seu Compendium Vitae*, impresa por Clementis Tibelli, s/fecha. Se trata de dos obras diferentes, aunque tienen una parte en común que corresponde a la relación de la vida en verso de 200 estrofas, se distinguen en varios aspectos; la versión latina tiene una partitura de una composición musical dedicada al Siervo de Dios y además contiene una relación de los milagros realizados después de muerto, sacados del proceso ordinario. El libro en alemán, en cambio, incluye una extensa relación de la vida, en prosa.

37. Soria, *Portento de la gracia. Vida admirable y heroicas virtudes.*

invasión napoleónica. Ese mismo año se hizo una nueva edición en Roma de la *Positio*, impresa también esa ciudad en 1796. Todas estas obras tienen un denominador común, contribuir a la concreción del proceso apostólico y, además, utilizan como fuente los expedientes de la causa ordinaria, pero también hacen referencia a la oración fúnebre de Joseph Buendía. En lo sustancial, ninguno de esos escritos agrega algo significativamente diferente a lo señalado por este último, ni cambia en algún aspecto la imagen de sujeto extraordinario, "santo" milagrero y réplica americana de San Juan de Dios.

5. *Su relación con el proceso de beatificación*

Como se ha indicado, la relación con San Juan de Dios aparece escasamente en el proceso ordinario,[38] por lo menos en la etapa que se cierra en 1701; pero, las declaraciones de los testigos abundan en relatos de hechos extraordinarios y maravillosos que mostraban a Francisco Camacho como un sujeto elegido por el Señor. Se detallan los casos que probarían el goce de dones sobrenaturales, como el tener visiones, el conocer el pensamiento íntimo de las personas, el gozar del don de profecía y el hacer milagros de sanación en vida y sobre todo después de muerto. También varios testigos se refieren a las duras mortificaciones a las que sometía su cuerpo, con dolorosas disciplinas y largos ayunos. A ello agregaban la práctica de la oración y el ejercicio de las virtudes de la humildad y caridad.

Sin embargo, la creación de Joseph Buendía, de manera directa e indirecta, sí se la encuentra en el proceso apostólico que se inició en 1764 y culminó en 1784.[39] Muchos testigos, en sus respuestas al interrogatorio,

38. ASV, *Congregación de los Ritos*, vol. 1502, fs. 37-55. Las autoridades provinciales de la orden de San de Dios el 19 de febrero de 1699 acordaron la postulación de Francisco Camacho y la apertura de proceso fue solicitada al arzobispo el 18 marzo por Fr. Juan Antonio Cabeza de Vaca, comisario general de la orden en los reinos del Perú, Tierra Firme y Chile. El arzobispo Melchor Liñán y Cisneros, en abril de ese año, publicó un edito convocando a las personas que tuvieran noticia sobre la santidad de Francisco Camacho que lo expresaran ante él o su provisor y vicario general.

39. ASV, *Congregación de los Ritos*, vol. 1506. Las copias del proceso sobre las virtudes y milagros en *specie* del Siervo de Dios se sellaron el 9 de febrero de 1784 en presencia del arzobispo de Lima Juan Domingo González y varios miembros del cabildo eclesiástico. En el libro de Domingo de Soria, *Portento de la gracia*, p. 314, el editor agrega al final un anexo con alguna información sobre el proceso, entre la cual transcribe un decreto de la

dicen saber lo que se pregunta por la lectura de la obra de Buendía.[40] Cabe recordar que ésta había sido reeditada en Lima en 1756. Pero todavía más, en la *Positio*, publicada en 1796, al sintetizarse el proceso apostólico de acuerdo a los períodos de la vida del Siervo de Dios se transcribe textualmente el capítulo de la obra de Buendía que refiere toda su etapa peninsular, desde el nacimiento, incluyendo por cierto las similitudes que señala con San Juan de Dios.[41] Lo mismo sucede en la parte que trata de su conversión, en la que todos los testigos dicen más o menos lo mismo que está en la obra de Buendía, la que también se transcribe textual en lo referente a ese aspecto.[42] Incluso, al inicio de la *Positio*, en la parte introductoria a la *Informatio Super Dubio*, se hace un parangón entre San Juan de Dios y Francisco Camacho, destacándose cómo ambos, en su juventud, se habían dedicado a la milicia y, luego de experimentar una conversión singular, limpiaron sus almas de las culpas pasadas en el sacramento de la Penitencia; también se menciona el ingreso de los dos en el hospital para locos, y, finalmente, el que uno se dedicara a curar a los pobres enfermos y que el otro ingresara en la orden de San Juan para hacer lo propio.[43] El testigo Fr. Francisco de Mendizábal, de la orden de San Agustín, declara en el proceso apostólico «que le interesa decir entonces, que la vida de este siervo de Dios era tal cual que la de su Patriarca San Juan de Dios».[44]

El proceso apostólico presenta otras diferencias con respecto al ordinario. El número de testigos fue significativamente menor, participaron solo 40 y la mayoría de oídas, cuando en el primero lo hicieron 120,

Congregación de 10 de marzo de 1787 validando el proceso apostólico y en el que se agrega que, para la continuidad del proceso en *specie* y no perezca, debe sanearse.

40. ASV, *Congregación de los Ritos*, vol. 1506, fs. 336 y 768, declaraciones de Fr. Sebastián de Arbide y de Juan José de Lima Zamorano. Además, vol. 1504, f. 225, Fr. Valeriano Zapata, quien también hace referencia a la visión que tiene de San Juan de Dios. El primero de estos testigos dice además que sabe de determinadas preguntas por la lectura «de una crónica de su religión impresa», la cual es considerada como obra posiblemente apócrifa por la *Positio* de 1796, p. 18, al no encontrarse su licencia de impresión. De acuerdo con esta fuente numerosos testigos mencionan a Buendía, entre ellos Antonio Sancho Dávila, p. 19.

41. *Sacra Rituum Congregatione. Beatificationis & Canonizationis. Ven. Servi Dei Francisci Camacho. Religiosi professi ordine S. Joannis de Deo. Positio Super Virtutibus. Informatio Super Dubio*, Romae, Ex Tipographia Reverendae Camerae Apostolicae, MDCCXCVI, pp. 21-22.

42. *Ibidem*, pp. 29-31.

43. *Ibidem*, pp. 1-3.

44. *Ibidem*, p. 48.

muchos de los cuales lo conocieron personalmente. Como en toda causa apostólica de la Época Moderna, los testigos debían ser interrogados con dos series de preguntas, las denominadas interrogaciones, en este caso 35, elaboradas por el Promotor de la Fe, y los artículos, que preparaba el procurador de la causa y que en la de Camacho fueron 189.[45] En ellos se resumían situaciones y hechos que al procurador le interesaba destacar y que consideraba importante que los testigos contestaran,[46] aunque no necesariamente a todos. Algunos daban respuestas sobre determinados temas mientras otros se centraban a cuestiones diferentes, pero del conjunto se obtenía lo buscado por el procurador. En el proceso de Camacho hubo varias preguntas o "interrogaciones" sobre las virtudes y sobre su fama de santidad, pero fue en los artículos en donde el ejercicio heroico de las virtudes ocupó el centro de la indagación, ejemplificando sobre cada una con acontecimientos de la vida del Siervo de Dios sacados de la obra de Buendía o de alguna de las otras hagiografías o de las declaraciones de los testigos del proceso ordinario. En la medida que todas esas fuentes tenían un denominador común, la imagen que resulta es similar a la que fluye del proceso ordinario y en último término de la *Oración* de Buendía. Por lo mismo, si bien en el proceso apostólico el ejercicio heroico de las virtudes condiciona su orientación, esto no resulta en contradicción con los aspectos maravillosos y milagreros de la imagen existente sobre el Siervo de Dios. Los testigos, al dar respuesta al cuestionario y a los artículos, referían sucesos extraordinarios o mencionaban el goce de dones sobrenaturales y de milagros realizados en vida y después de muerto por el Siervo de Dios para demostrar la práctica de aquellas.[47]

El proceso, después de su parálisis por la invasión napoleónica, fue reanudado en 1833 y logró superar las diferentes etapas, lográndose finalmente la aprobación del ejercicio heroico de sus virtudes, siendo declarado venerable por el Papa León XIII en 1881. ¿Cómo fue posible esa situación dado que el modelo que representaba Francisco Camacho no era coincidente con las orientaciones que sobre la santidad promovía la Santa Sede desde la segunda mitad del siglo XVII? No tenemos una

45. ASV, *Congregación de los Ritos*, vol. 1506.

46. Giulio Sodano, *Modelli e selezione del Santo moderno. Periferia napolitana e centro romano*, Napoli, Liguori Editore, 2002, p. 45.

47. ASV, *Congregación de los Ritos*, vol. 1506, fs. 337-379, declaración del testigo Fr. Sebastián de Arbide. *Positio*, pp. 44-63 y 65-76. Declaraciones de diversos testigos sobre el ejercicio de las virtudes de Fe y de la Esperanza.

respuesta definitiva sobre el particular. Sin embargo, a partir de los antecedentes analizados, pensamos que pudieron incidir dos o tres variables significativas. En el proceso, el tema de las mortificaciones aunque está presente, ocupando un espacio en las declaraciones de los testigos, sobre todo de la fase informativa, en la *Positio* se le relaciona con el ejercicio heroico de la virtud de la Fe, enfatizando su compromiso con la castidad, con el cambio de vida y con su identificación con el Señor.[48] Gran énfasis se le dio en aquella, a la conversión de Camacho, se destacará su carácter milagroso, se le comparará con la de San Juan de Dios y se insistirá en su transformación interior que implicó, la cual le hizo renacer. Todo ello, muy en consonancia con las representaciones de la santidad popias del catolicismo post tridentino, que valoraba más las transformaciones espirituales que las mortificaciones físicas.[49] Además, un papel significativo habría desempeñado la manera cómo se presentó la causa, que buscaba la asociación entre lo milagroso y las virtudes. También debemos considerar la posible influencia de Fr. Domingo de Soria, autor de una de las hagiografías citadas. Él fue procurador de la causa de beatificación en la última fase del proceso apostólico iniciada en 1768.[50] En esa calidad pudo llegar a tener un papel significativo en la orientación de él, sobre todo en las etapas finales merced a su obra impresa en Madrid en 1833.[51] De la lectura de ella queda en evidencia el conocimiento que tenía de las políticas sobre santidad que impulsaba la Santa Sede. Buena parte de su obra está centrada en la demostración del ejercicio heroico de las virtudes que había practicado Francisco Camacho, respondiendo de ese modo al factor que, sobre todo desde la década de 1620, se había transformado en el determinante de la santidad para las autoridades romanas. La imagen milagrosa del sujeto no la modificó, pero la presentó de una manera diferente. Se destacaron las virtudes, ejemplificándolas con los hechos maravillosos que demostrarían su ejercicio. De esa manera, la obra de Soria reafirmaría la orientación que ya presentaba el proceso. Lo realizado con la presentación de la causa de Francisco Camacho, no fue algo novedoso en el campo de las canonizaciones. De hecho, fue una fórmula de uso frecuente en los procesos

48. *Ibidem*, fs. 35-40.

49. Massimo Leone, *Saints and signs. A Semiotic Reading of Conversión in Early Modern Catholicism*, Berlin, De Gruyter, 2010, pp. 531-532.

50. Soria, *Portento de la gracia. Vida admirable y heroicas virtudes*, p. xxiv.

51. Sodano, *Modelli e selezione del Santo moderno*, pp. 14-15. Señala que uno de los objetivos de las hagiografías era lograr una predisposición favorable de los jueces en Roma.

de beatificación napolitanas de la Época Moderna, que buscaban conciliar el ejercicio heroico de las virtudes, en cuanto requerimiento oficial, con el elemento milagroso tan caro al barroco.[52] De ese modo, en varios casos, lograron imponer en Roma un modelo de santidad local que mantenía las creencias tradicionales al respecto.

A todo lo anterior debemos agregar la influencia ejercida por la orden de San Juan de Dios, que dada la evolución de la coyuntura europea, coincidió con las ideas del papa León XIII de promover a sujetos que pudiesen ser identificados con las virtudes de la humildad y la caridad,[53] a lo que en este caso se agregaba la asistencialidad, muy en el centro de las preocupaciones de la Iglesia en ese momento.[54] Así, a través de esa estrategia, desde la lejanía americana, se logró llevar a buen término una propuesta identificada con el modelo de santidad propio del barroco peruano.

En suma, la imagen que Joseph Buendía configuró de Francisco Camacho se estructuró en torno a dos ejes. El primero, Francisco del Castillo, que rescata al pecador y luego lo guía en su nueva y virtuosa vida, lo que le permite equipararlo con San Juan de Ávila en cuanto maestro de San Juan de Dios. Este último corresponde al segundo y central eje del montaje, pues no sólo es el modelo que habría inspirado al Siervo de Dios, sino que a dicho lego se le presenta como su doble, como la versión americana del santo portugués. El autor hace jugar un papel significativo a Francisco del Castillo, para mostrar a través de ese caso el goce de dones extraordinarios por parte del padre jesuita, que probarían su santidad, en un momento en que se buscaba activar el proceso de beatificación. La identificación de Camacho con San Juan de Dios, tiene como punto de partida la pertenencia de aquél a la orden Hospitalaria y el objetivo es presentarlo como un sujeto que "nace" en América y desarrolla una vida virtuosa tan extraordinaria que su santidad es tan indiscutida en la medida que no se diferencia de su prototipo, quien ha sido recientemente oficializado como santo.

Esta imagen de Camacho tuvo un éxito notable, pues se difundió por el mundo católico europeo e influyó en su proceso de beatificación, que llegó a buen puerto al probarse en 1881 las virtudes heroicas del

52. *Ibidem*, pp. 13-29 y 43 ss.

53. Esas fueron las virtudes que más paginas le dedica la *Positio*, ver *Sacra Rituum Congregatione. Beatificationis & Canonizationis... Informatio Super Dubio*, pp. 25 ss.

54. Roberto Rusconi, *Un Chiesa a confronto con la società*, en *Storia della santità nel cristianesimo occidentale*, Roma, Viella, 2005, pp. 338-339.

candidato. La orden Hospitalaria fue fundamental en la difusión de la figura de Camacho, que correspondía en lo fundamental a la imagen creada por Buendía. Las hagiografías que en diferentes idiomas se escribieron sobre él en Europa fueron realizadas, salvo una, por miembros de esa orden religiosa. También resulta admirable que la postulación hubiese ido superando las diferentes etapas, hasta cerrarse de manera positiva una de sus últimas instancias fundamentales. No se puede obviar que el modelo que representaba Camacho era el del típico santo del barroco americano, donde lo extraordinario y maravilloso eran lo determinante. Pero, por otra parte, y de manera paralela, la Santa Sede preconizaba un tipo de santidad que tendía a alejarse de esos criterios, al enfatizar el ejercicio heroico de las virtudes por sobre lo milagroso. ¿Cómo logró imponerse una propuesta que respondía a los ideales de sectores periféricos del catolicismo en contra de las tendencias del centro romano? La estrategia consistió en enfatizar el ejercicio de aquellas virtudes que estaban en sintonía con los tiempos , a la vez que las ejemplificaban con acciones y comportamientos asociados a lo extraordinario, generados por voluntad propia o por el uso de los dones sobrenaturales. Esa forma de presentar la postulación permitió que en el siglo XIX se diera reconocimiento a un santo del barroco peruano que en sus rasgos esenciales era obra del jesuita Joseph Buendía.

Claudio Rolle

Cristo entre las ruinas. El cristianismo de los orígenes como «utopía pretérita» en la Italia del siglo XVIII

«Presidiendo su causa dirigen su mirada hacia atrás, a los orígenes cristianos, y lo intentan, no solo en su teología sino en todos los aspectos de la vida de la Iglesia, para patrocinar un retorno a los orígenes». Así escribía en 1928 Arturo Carlo Jemolo añadiendo «los jansenistas, en torno al originario núcleo teológico constituyen, conectada con esta, una doctrina moral, una práctica eclesiástica, una concepción propia de la forma de la Iglesia, de las relaciones entre obispos y el Papa, entre párrocos y obispos, entre files y ministros. Para cuidarse del peligro de condena a sus principios proponen límites a la autoridad de la Iglesia y a la del Papa.[1]

En estas líneas, referidas a un grupo particular, el de los jansenistas o jansenistizantes italianos, se encuentra una referencia precisa a una tendencia que deseo destacar en este texto como es la existencia de una «utopía» cristiana originaria. Se trata de un tipo de utopía que se podría calificar

1. Arturo Carlo Jemolo, *Il giansenismo in Italia prima della revoluzione*, Bari, Laterza, 1928, pp. 136-137. Pese a los 90 años trascurridos desde la publicación de la obra de Jemolo su lugar en la historiografía sobre el jansenismo italiano sigue siendo fundamental. Las obras de Ernesto Codignola, Francesco Margiotta Broglio y Ettore Passerin d'Entrèves renovaron en su momento los estudios sobre el jansenismo en Italia. Es sin embargo Pietro Stella quien ha hecho el mayor y más reciente aporte a este campo de investigación. Activo en este ámbito desde los sesenta culmino su obra poco antes de su muerte con los tres volúmenes publicados en el 2006: *Il giansenismo in Italia*, vol. I. *I preludi tra Seicento e primo Settecento*, Roma, Edizioni di Storia e Letteratura, 2006 (Raccolta di studi e testi, 227); *Il giansenismo in Italia*, vol. II. *Il movimento giansenista e la produzione libraria*, Roma, Edizioni di Storia e Letteratura, 2006 (Raccolta di studi e testi, 228); *Il giansenismo in Italia*, vol. III. *Crisi finale e transizioni*, Roma, Edizioni di Storia e Letteratura, 2006 (Raccolta di studi e testi, 229). Muy significativo es también Mario Rosa, *Il giansenismo nell'Italia del Settecento. Dalla riforma della Chiesa alla democrazia rivoluzionaria*, Roma, Carocci, 2014.

como «pretérita», esto en cuanto presenta a una imagen ideal de la Iglesia de la edad apostólica que se ve como un modelo y medida perfecta de comunidad cristiana, que no se encuentra en el futuro sino por el contrario en el pasado, cerca de los orígenes, en el momento de su fundación en la antigüedad. La comunidad cristiana de Jerusalén es su ideal, la Iglesia de los primeros cinco siglos su ejemplo, la fraternidad del tiempo de los Santos Padres su norma.

La noción de utopía, a partir de Tomás Moro y su célebre libro de 1516 en donde propone una distinción entre ou-topos y eu-topos - esto es entre «el lugar que no es» y «el lugar dela felicidad y la perfección» –, está presente en una larga tradición de interpretación de la historia que, a mediados del siglo XVIII europeo, hizo posible que entre grupos de católicos se desarrollara una imagen del cristianismo ideal, concebido como una eutopía que quedó en tiempos lejanos pero cuya imagen está siempre viva, que se convierte en una invitación y se pude percibir como un motivo para caminar en una dirección precisa en la vida de la Iglesia: no hacia el futuro puro y simple, como ocurre en tantas utopías, sino hacia un futuro que se forjara según **el** modelo ideal, cuajado en un momento mágico y de plenitud, que encontrándose en el pasado puede servir de guía para llevar a un futuro de perfección. Hay en esta imagen una implícita aceptación de una noción de cumplimiento, de una plenitud circular que da seguridad y que se encuentra estrechamente vinculada a los símbolos sacros de muchos pueblos y países. Por otra parte puede resultar en cierto modo natural que sea así ya que en la tradición cristiana no hay más que dos momentos de plenitud de los tiempos: uno, ya sucedido, es la encarnación de Jesús el Cristo; el otro, que debe llegar, y que es en algún modo la repetición del primero – no en los aspectos formales sino en los sustanciales –, esto es el retorno de Cristo a la tierra.[2] Cuando un acontecimiento de tal importancia se ha verificado en un momento preciso de la historia, aquel tiempo privilegiado se transforma en una especie de faro y guía para los seguidores del cristianismo; ¿qué otra cosa es en verdad toda la liturgia de la Iglesia si no un recordar y rememorar este momento sagrado? Por ello se puede indicar en ese momento particular – el de Jesús en la tierra y la edad de los apóstoles y del fin de la revelación – como un tiempo de la eutopía para quienes veían la experiencia cristiana con una sensibilidad lejana a la de

2. En algún modo se puede sostener que en sentido estricto la utopía cristiana por excelencia es la Parusía.

los moldes contra reformistas, esto es, entre los exponentes de lo que se ha llamado catolicismo ilustrado.[3]

En efecto, en la Italia del *Settecento* encontramos grupos de católicos ilustrados que tienen una visión de los primeros siglos del cristianismo marcada por el signo de la eutopía, del tiempo de la perfección y de la pureza, en el cual era posible ser un verdadero cristiano y en el cual no había ni confusión ni error en la Iglesia, en el cual el espíritu del evangelio soplaba sobre los todos fieles. Sin embargo no se trata de utopistas típicos que crean mundos nuevos. No se trata de una utopía espacial sino de una utopía temporal que, con todo, dejará huellas y rastros en el espacio. De hecho ninguno de estos católicos iluminados o de los jansenistizantes italianos escribió una obra sobre una sociedad o comunidad ideal sino más bien tenían en la mente una idea tiempo pleno, con una orientación hacia el pasado que les hacía desear un momento ideal del cristianismo, que los llevaba a soñar un catolicismo reestablecido y en consonancia con los textos sagrados del Evangelio y de los primeros autores cristianos, los venerados Padres de la Iglesia.

En efecto los iluministas católicos aspiraron en buena medida a alcanzar una idea de utopía semejante a la que ha propuesto Luigi Firpo cuando escribe «la utopía es por lo tanto una propuesta seria de instauración de una sociedad mejor», si consideramos reemplazar la palabra sociedad por Iglesia. Sin embargo se debe tener presente que en este ejercicio intelectual «acompañado del sentido de irrealizabilidad inmediata o en tiempos breves del programa anhelado, el proyecto utópico se plantea de siglo en siglo como un testimonio de coraje civil y de irrenunciable esperanza de un mañana mejor».[4] Con todo ese sentido de lo irrealizable no es tan grande entre los católicos ilustrados pues piensan con convicción en la posibilidad de recuperar aquella imagen ideal de la Iglesia de los primeros siglos. Incluso algunos

3. Sobre el tema existe una amplia bibliografía que ha cuenta en la obra de Mario Rosa un lugar central, comprendiendo desde su clásico *Riformatori e ribelli nel '700 religioso italiano*, Bari, Dedalo, 1969 al *Settecento religioso*, Venezia, Marsilio, 1999, pasando por sus significativas contribuciones en obras generales sobre historia del cristianismo como el volumen *Cattolicesimo e lumi nel Settecento italiano*, a cura di Mario Rosa, Roma, Herder, 1981, o *L'età di papa Clemente XIV. Religione, politica, cultura*, a cura di Mario Rosa e Marina Colonna, Roma, Bulzoni, 2010. En particular es importante *Introduzione all'Aufklärung cattolica in Italia* publicada inicialmente en *Cattolicesimo e lumi nel Settecento italiano* en 1981 y ahora en *Settecento religioso*, 1999.

4. Luigi Firpo, *L'utopismo*, en *Storia delle idee politiche, economiche e sociali*, dir. por Luigi Firpo, Torino, UTET, 1987, p. 820.

están convencidos de que ésta recuperación se estaba consiguiendo algunos lugares y mostraban como ejemplo a la Iglesia de Utrecht, en Holanda.[5]

Conviene en este escenario tener presente la observación de B. Bazcko que indica que «el utopista es a menudo un visionario en el sentido etimológico del termino – él ve su Ciudad Nueva».[6] En la mayoría de los casos las utopías nacen de la inconformidad con el presente en el que surgen y por ello apuntan al futuro, es decir a la superación de la realidad del presente.[7] Muchas veces se llega «a suponer que la influencia y la acción efectiva de una utopía puedan depender de su 'realismo', de la medida en que ella se ha mostrado realizable» pero esto cuenta, en ocasiones mucho menos que su «fuerza profética» en el sentido más estricto del término, es decir por la capacidad de denuncia decidida y fuerte de una realidad que es percibida como equivocada y por el anuncio de un tiempo mejor, de plenitud que debe llegar.

Entre los jansenistizantes y católicos ilustrados italianos existe una verdadera pasión por el conocimiento del mundo en el cual se realizó el acontecimiento central de la historia como es la encarnación del Cristo en Jesús. Es la idea de un momento mejor, que está radicado en un pasado que debe ser reconquistado y, por eso, se debe reconquistar el tiempo y también, en alguna medida el espacio volviendo a los escenarios donde se verifico la vida de Cristo, reconstruyendo una realidad ida que es, considerando la paradoja, idolatrada. De hecho la utopía vuelta al pasado tiene ventajas: tiene más fuerza como promesa porque ha sido real en otro momento, y también ha dejado signos y recuerdos, textos y objetos que serán venerados con devoción. Con los valores de esa época añorada estos hombres "leen" el presente en el que viven, el siglo XVIII, que por tanos versos

5. El caso de la Iglesia cismática de Utrecht era un argumento de interés para los católicos ilustrados pues representaba un ejemplo de anticurialismo decidido y una defensa del modelo de comunidad cristiana más autónoma de Roma, ligada a la imagen de la comunidad de Jerusalén. Sobre este punto véase Marina Caffiero, *Lettere da Roma alla Chiesa di Utrecht*, Roma, Edizioni dell'Ateneo, 1972; Pietro Stella, *Il dissidio con la Chiesa di Utrecht e la vertenza giansenista: due questioni irrisolte negli anni di Clemente XIV*, in *L'età di papa Clemente XIV. Religione, politica, cultura*, pp. 119-160. También en Mario Rosa, *Politica e religione nel'700 europeo*, Firenze, Sansoni, 1974, pp. 10-13 y 71-74.

6. Bronislaw Bazcko, *L'utopia. Immaginazione sociale e rappresentazioni utopiche nell'età dell'illuminismo*, Torino, Einaudi, 1978, p. 6.

7. En *Utopía* Moro presenta dos diálogos que responden a este esquema: el primero centrado en la visión crítica de la Inglaterra y la Europa del siglo XVI y el segundo dedicado a la descripción de Utopía.

les parece similar al tiempo del nacimiento del cristianismo a raíz de las disputas que se viven al interior de la Iglesia entre jesuitas y jansenistas y en parte por el resurgimiento contemporáneo de un nuevo paganismo, para utilizar la expresión de P. Gay. Se pueden encontrar ideas que reconocen un cierto heroísmo en romper con la religión oficial como hizo Jesús y sobre todo en la persecución por causa de la justicia, que estos hombres perciben como una actividad llevada adelante por los jesuitas y otros de sus agentes, que se verifica contra los cristianos que han escogido una vía personal y rigurosa en el seguimiento de Cristo.

Un dato que es esencial en esta lectura que hacen jansenistizantes y católicos ilustrados del pasado en relación con el presente es el hecho de que lo que se quiere es *reconquistar* o *reestablecer* la *eutopía*. Para alcanzar ese objetivo en el plano religioso no solo son necesarias la piedad y la devoción purificadas de cualquier expresión de falsedad o exceso, sino también es esencial el conocimiento del cristianismo de los primeros días, la vida de la Iglesia primitiva y las enseñanzas de los Santos Padres además de la Sagrada Escritura cuya lectura en lengua vernácula será entusiastamente promovida por los católicos ilustrados así como también el estudio de la historia eclesiástica.

Esta reconquista de la *eutopía* puede ser vista como un peregrinaje hacia las fuentes, hacia el momento de la fundación y, en alguna medida, también como un acto de despojarse de todos los elementos accesorios para quedar desnudos ante Dios, lo que está en relación con la piedad personal promovida por los autores de Port Royal y de los jansenistas en general. De hecho estos son vistos como «compañeros de viaje» hacia la recuperación de la edad de oro de la Iglesia que encuentran en los primeros siglo de ella.

No se trata ciertamente de una vía fácil y tranquila porque la fidelidad al Evangelio comporta sufrimientos e injusticias cuando la institución creada por Cristo cae en manos indignas, como sostienen algunos de estos jansenistizantes italianos. Estos ven que, como en los primeros siglos de la era cristiana, existen condiciones para el martirio, un martirio distinto formalmente pero siempre exigente, riguroso y doloroso. Por otra parte las condenas y persecuciones a los jansenistas evidenciaban la paciencia y el amor a la verdadera Iglesia demostrada por ellos y, al mismo tiempo, la percepción que estos tenían del alto grado de influencia y acción de quienes consideraban agentes de la confusión al interior de la Iglesia, que llega hasta ocupar el trono del apóstol Pedro. Hay admiración y respeto por los jansenistas franceses y holandeses por parte de estos católicos ilustrados que sin embargo les censuran su contumacia disciplinar, sin llegar a comprender que la distancia física de Roma constituía un incentivo para esta actitud rebelde que se distinguía, como en casi todos los movimientos de este tipo, por el sentimiento de lo intolerable que empuja hacia la ruptura con una Sede Apostólica que parece lejana y corrupta, inamisible por sus incorreciones y vicios. Probablemente se puede sostener, aunque sea arriesgado, que el afianzarse en los Estados Italianos de gobiernos ligados a potencias extranjeras, como la Lombardía y la Toscana austriacas, decididas a emprender reformas con mayor independencia de la Santa Sede, contribuyó de modo decisivo al nacimiento de la generación de los rebeldes, de la que ha hablado Jemolo, siendo fundamental para el desarrollo de esta orientación el alejarse de la política italiana y asumir que los vicios que denunciaban parecían aún más desproporcionados y por tanto intolerables.

Encontramos en Italia un grupo de jansenistizantes que, considerados por algunos como semi herejes y rebeldes, se distinguen por tratar de seguir un «camino propio» de fidelidad al Evangelio. Frente a ellos aparecen los católicos ilustrados que hicieron todo lo posible para buscar un acercamiento de estos cristianos a la comunión con la Iglesia romana. No es que estén tan convencidos de los errores de los apelantes o los de la Iglesia de Utrecht – en ambos casos se trata de faltas disciplinarias más que dogmáticas – pero se diferencian de ellos por el hecho que apuntan fundamentalmente a la reforma de la Iglesia católica desde el interior, creen en una restauración de la institución según el modelo de los primeros siglos, trabajando por la conversión de la Sede Apostólica, porque aún no han renunciado al sentido de la catolicidad que, por otra parte, se encuentra muy bien con el cosmopolitismo heredado de las tendencias ilustradas.

Llegamos así a un tema que ha estado presente por casi toda la historia de la Iglesia como es el llamado a su reforma. La reforma «se propone una purificación interior de lo singular y lo colectivo buscando el retomar una forma ideal primitiva ('reformatio', 'restauratio', 'ecclesiae primitivae forma') liberándola de las incrustaciones del espacio y del tiempo».[8] Este deseo de «remontar el rio» para llegar a las fuentes ha sido una constante multisecular en el catolicismo que busca cada tanto los «pasos perdidos» sea con figuras extraordinarias o bien, en ocasiones, con movimientos co-

8. Raffaello Farina, *La Chiesa antica modello di riforma*, in «Salesianum» 38/3 (1976), pp. 593-612, en part. p. 594.

lectivos menos espectaculares pero no por ello menos importantes como es el caso del catolicismo ilustrado del siglo XVIII.

Hubert Jedin ha sintetizado este argumento en unas pocas líneas que vale la pena citar.

> Reforma, 'reformatio' significa restauración de la forma primitiva. Los propugnadores de la reforma de la Iglesia se proponen como meta el reestablecer por entero o al menos en unos determinados sectores las condiciones iniciales, esto es ideales, de la Iglesia. Las condiciones de la Iglesia primitiva a raíz de un defectuoso conocimiento de los hechos históricos, eran consideradas las más de las veces ideales y concebidas como un fenómeno homogéneo inconfundible. Nunca sucede, de todas formas, que una situación pasada sea pura y simplemente reconstruida: cada reforma no es solamente restauración, sino también cambio; construcción que aunque sobre viejas bases, procede a la adaptación a nuevas necesidades concretas.[9]

Jedin piensa que:

> la reforma católica del siglo XVI fue una cosa nueva, surgida de las necesidades y requerimientos del tiempo, cierto influenciadas también por el ejemplo, naturalmente idealizado de la Iglesia primitiva y de la antigüedad, pero más aún del ejemplo concreto de los santos hombres, que le daban vida a las imágenes del pasado. Ya los creadores de la idea conciliar habían mirado atrás, a la antigüedad y trataban de aprender cual debiese ser lo mejor para la Iglesia: En el 'Decreto' de Graciano ellos, y todo el medioevo, encontraban un importante material de los cánones sinodiales y los dichos de los Padres. Muy luego también el buen arte de la imprenta hizo su parte para ensanchar el conocimiento de los Padres latinos. Cuanto más desde el fin del siglo en adelante, nos dedicamos al estudio de las antigüedades y especialmente de los griegos, tanto más inevitable se hizo la confrontación con el pasado y el presente, y tanto más nos dimos cuenta de la distancia entre la Iglesia presente y la situación de la edad patrística.[10]

Esta última observación de Jedin es importante para esta propuesta a raíz del desarrollo de aquella imagen de la cristiandad de los orígenes como utopía del pasado, de utopía pretérita o arqueo utopía. En efecto en el siglo XVIII se da la posibilidad de abordar desde el estudio, desde el confrontar pasado y presente por medio de los estudios y de las ciencias,

9. Hubert Jedin, *Il tipo ideale di vescovo secondo la riforma cattolica*, Brescia, Morcelliana, 1950, pp. 13-14.
10. *Ibidem*, pp. 14-15.

un impulso que permitía justamente darse cuenta de la «distancia entre la Iglesia presente y la situación de la edad patrística».

Es importante recordar y subrayar que en el tiempo trascurrido entre el siglo XVI y el siglo XVIII se había producido una verdadera revolución en el terreno de la ciencia de la exegesis bíblica y en el trabajo tanto de la patrística como de la hagiografía. Las figuras de un Richard Simon, de un Tillemont, de un Fleury, de un Mabillon y de los maurinos, etc, habían marcado toda una estación de la cultura europea, pero sobre todo católica, sacudida por aquella «crisis de la conciencia europea» como nos la ha presentado Paul Hazard. En el siglo XVIII todo era distinto en este campo lo que no se debe olvidar, no sólo porque dio datos nuevos a los estudiosos sino también porque empujó a continuar la vía abierta por los autores franceses recién mencionados a los que se unen en Italia figuras como Ludovico Antonio Muratori o Benedetto Bacchini como representantes de una sólida expresión de innovación como grandes defensores de la erudición y de la exegesis no solo religiosa sino documental en general. Con estos instrumentos críticos nuevos, más desarrollados y agudos, los estudiosos cristianos se lanzaron a descubrir cómo era la Iglesia primitiva, aquella de los primeros cinco siglos para, de este modo, volver sobre su rastro lo que, en prercepción era volver al Evangelio. Como ha escrito Farina promueven «en particular un retorno a la frescura, a la juventud, a la simplicidad de la fe cristiana (en contraposición a la estratificación estructural, política, social, etc., que pudo haber esclerotizado a la Iglesia)» pero también «a la pureza de la fe» y «al espíritu de hermandad expresado en la Comunidad de Jerusalén, por la comunidad de bienes y la comunión de las almas».[11]

En los años centrales del siglo XVIII, durante el largo pontificado de Benedicto XIV, varios jansenistizantes italianos se interesaron vivamente por cuestiones de historia eclesiástica e incluso uno de ellos, G.G. Bottari, enseñó esta materia en la Universidad de la Sapienza donde escribió una *Oración sobre la importancia y conveniencia del estudio de la historia eclesiástica sin temor de los adversarios de la religión o afrontar los episodios oscuros o poco edificantes con los cuales se podría atacar a la Iglesia*. En ella defiende la idea que la búsqueda de la verdad es siempre la mejor defensa para la Iglesia, y por lo tanto la historia eclesiástica debe ser cultivada seria y responsablemente por los estudiosos católicos que deben

11. Farina, *La Chiesa antica*, p. 600.

poner fin a tantas leyendas e historias que no sirven a la fe y son simplemente refugio de la ignorancia y la mediocridad.

Es también el caso de Pier Francesco Foggini, que con Bottari trabajó como Bibliotecario en la Corsiniana y luego en la Vaticana, y de Giovanni Lami, figura fundamental de la historia cultural de la Italia del siglo XVIII.

Este último gozó de una buena formación en Paris trabajando con los maurinos y conoció de cerca la obra de Noël Alexandre, Louis Sébastien Tillemont, de Jean de Launoy y Claude Fleury y por ello pudo poner en contacto a Italia con la tradición erudita y crítica francesa. Multiplico esta influencia desde 1740 en adelante con la publicación semanal de las «Novelle Letterarie». Nombrado profesor de historia eclesiástica en Florencia, desde esta ciudad no dejó nunca de animar la vida cultural y los avatares de la vida erudita italiana convirtiéndose en uno de los destacados exponentes del catolicismo ilustrado. Sobre todo es de subrayar que con su docencia e investigación contribuyó de modo importante al conocimiento de la Iglesia de los primeros siglos e hizo una sustancial contribución a la patrística cuando en 1738 publicó *De eruditione Apostolorum*. Con Lami, como había sucedido un poco antes con Muratori, la historia comenzó a dejar la anticuaria y «fue asumiendo una función bien distinta: la de guía y estímulo a la acción en el presente»[12] según indica Eric Cochrane que añade «Lami había sido inducido a reflexionar sobre la utilidad de la investigación histórica en este sentido ya desde sus primeras obras, en las que situaciones polémicas lo habían obligado a responder a los socinianos con argumentos históricos más que con demostraciones teológicas o metafísicas, sabiendo determinar a través de un atento examen de sus escritos en el contexto de la época en que habían vivido, es decir aquello que los primeros Padres de la Iglesia habían efectivamente dicho y creído».[13] No obstante sus límites Lami «consiguió con mucha claridad distinguir la anticuaria (en el sentido que le ha dado Momigliano) de la historia, al ver la diferencia genérica entre la investigación pura libre de cualquier preocupación conectada con los problemas del mundo actual y la investigación comprometida, aquella de los que se ayudan de las antiguas inscripciones y monumentos para ilustrar algún argumento tratado por ellos o (para) probar cualquier proposición sostenida por ellos».[14]

12. Eric Cochrane, *Giovanni Lami e la storia ecclesiastica ai tempi di Benedetto XIV*, Firenze, Olschki, 1965, p. 53.
13. *Ibidem*, pp. 60-61.
14. *Ibidem*, pp. 63-64.

Precisamente este era el tipo de compromiso que hombres como Bottari, Foggini, Gasparo Cerati o Ferdinando Galiani tenían con la investigación, interesados en conocer el cristianismo de los orígenes para dar forma al del presente y del futuro a su medida. «El único fin admisible para la investigación histórica en suma era la utilidad práctica y el campo en el cual Lami veía su utilidad más inmediata era el religioso. Casi todas sus obras históricas de hecho se referían a la historia eclesiástica y la hagiografía; y, más allá de las furiosas batallas que provocaron, todas se dirigían a promover una amplia renovación del espíritu religioso de cada grupo social», indica Cochrane al referirse a Lami.[15] Por esto mismo podía ser despiadado en su crítica a ciertas prácticas de piedad que veía como supersticiones y leyendas, reclamando en cambio el poner la atención en la sustancia de la Religión, es decir en la figura de Cristo. De esta desviación Lami consideraba culpables a los jesuitas principalmente y a sus doctrinas probabilista, molinista y todas las otras que «acentuaban la acción exterior al costo de la intención interior y que magnificaban lo arbitrario humano a costo de la gracia divina» criticando también en ellos la adhesión a «un sistema metafísico no solo decadente sino incluso pernicioso y por haber corrompido la piedad popular a través dela predicación de una moral fácil y exterior».[16]

La crítica a la piedad barroca, que es muy evidente en Lami, es un motivo que se repite en muchos otros autores y contemporáneos, encontrando en Muratori quizás el más autorizado portavoz de esta corriente ya que con su *Della regolata devozione de' cristiani*, de 1743, había enfrentado el problema de la presencia de numerosas supersticiones que, en una simbiosis de varios siglos, se habían adaptado al cristianismo, y proponía por esto un retorno a la pureza de los primeros siglos. Junto a esto se encuentra la discusión sobre el número de fiestas de precepto y las opiniones contrastadas que surgieron de allí.[17]

Para terminar con las creencias absurdas que aprisionaban la verdadera religión Lami y muchos otros católicos ilustrados, como G.P. Foggini,

15. *Ibidem.*

16. *Ibidem.*

17. Vease Franco Venturi, *Settecento Riformatore*, Torino 1969, pp. 136-161. También Claudio Donati, *Dalla "regolata devozione" al "giuseppinismo" nell'Italia del Settecento*, en *Cattolicesimo e lumi nel Settecento italiano*, pp. 77-80. Sobre Lami y este argumento Mario Rosa, *Atteggiamenti culturali e religiosi di Giovanni Lami nelle "Novelle Letterarie"*, in «Annali della Scuola Normale Superiore di Pisa», s. II, 25 (1956), pp. 260-333. Recientemente destaca *Ludovico Antonio Muratori Religione e politica nel Settecento*, ed. Mario Rosa, Matteo Al Kalak, Firenze, Olschki, 2018.

proponían la vía de la erudición y el desarrollo de la historia eclesiástica para «destruir la superstición que cerraba los oídos de la plebe al Evangelio» teniendo también como propósito «el anular la incredulidad filosófica que corrompía a los iletrados y aquel de poner en claro los fundamentos verídicos de aquella religión que es, no era necesario insistir en ello, la verdadera» es decir hacer progresar al pueblo cristiano a través de la propuesta de temas más altos para su devoción y su práctica eclesiástica.[18] Lami asignaba gran responsabilidad en la puesta en acción de este programa "liberatorio" de la religión, programa que se inspiraba en una más atenta lectura de los Padres de la Iglesia, sobretodo de san Agustín, y en una meditación más profunda de los textos bíblicos, sin por ello excluir ciertos temas de Trento y de la piedad de hombres como san Filippo Neri.

Sobre estos temas había acuerdo entre los católicos ilustrados. Sea por el interés estrictamente religioso, en el sentido de que buscaban el modo que permitiese a los fieles tener una relación más directa con la Sagrada Escritura y la enseñanza evangélica, sea por el interés erudito por la correcta y fiel traducción de los textos y las fuentes antiguas que, con los rigurosos métodos desarrollados en el siglo XVII e inicios del XVIII, garantizaban una mayor fidelidad a los originales o a las enseñanzas originales.

En esta línea destacará Giovanni Bottari en su trabajo como traductor de obras de algunos Padres de la Iglesia y sobre todo de las Sagradas Escrituras, explicando la conveniencia para la religión de la traducción de textos bíblicos utilizando argumentos eruditos, históricos y de sentido común. Así proponía que las Sagradas Escrituras «han sido dictadas por el Espíritu Santo para ser comprendida por los hombres en la lengua entonces común al pueblo» para añadir luego «hasta al siglo XVI no había existido prohibición alguna general ni en Oriente ni en Occidente de tener o de leer las divinas Escrituras en lengua vulgar: es más los Padres de la Iglesia exhortaron e inculcaron en general a todos a leerla, meditarla, pastarla y nutrirse de las palabras de vida y de salud en ella contenidos». Explicaba que fueron las vicisitudes surgidas de la reforma protestante y las medidas tomadas en el tiempo de Clemente VIII y el cómo se reguló la traducción de estos textos las que crearon un nuevo escenario de relación entre files y Sagradas Escrituras. De hecho subrayaba la importancia asignada a las notas que debían se extraídas de los textos de «los Santos Padres y de otros católicos interpretes para alejar el temor de una parva inteligencia en

18. Cochrane, *Giovanni Lami e la storia ecclesiastica*, pp. 60-61.

los lectores o desatentos o ignorantes» comentando «así aun los simples encontraran su seguridad en los lugares difíciles para una traducción fiel y para una explicación católica llegada a tiempo»,[19] apelando con esto al reforzamiento de los estudios patrísticos y de las antigüedades cristianas lo que parecía un buen camino para el retorno a la Iglesia de los inicios.

Bottari fue un decidido sostenedor de la conveniencia y urgencia de la realización de traducciones italianas rechazando los supuestos males y peligros que ese ejercicio podría conllevar. Escribe «por el contrario el mal que reina universalmente en Italia es la ignorancia de la doctrina de Jesucristo y el no tener otra idea de nuestra Religión que aquellas que se aprenden de algunos libritos de devociones que no enseñan sino practicas materiales, superficiales y exteriores, y que no enseñan a adorar a Dios *in spiritu veritate* como manda Jesucristo y de libros similares está inundada Italia».[20] Defenderá la idea que la correcta traducción acerca las fuentes y plantea una barrera para la casuística, objeto de frecuentes críticas entre los católicos ilustrados. Cree necesario traducir textos fundamentales pero no todos, excluyendo por ejemplo el *Cantar de los Cantares* y el *Apocalipsis*. «Sostengo que en el presente es muy necesaria el traducir al italiano todos aquellos libros del viejo y el nuevo Testamento que son los más influyentes en las costumbres, después de que se ha abierto una vorágine sin termino de casuistas que han inundado el mundo con una doctrina totalmente distinta dela que se lee en el texto Sagrado» añadiendo que la casuística ha traído «al mundo cien mostros espantosos y que horrorizan a quien tiene en la memoria un poco de la ley de Jesucristo».[21] La traducción de la Biblia juega pues un papel en la lucha contra los jesuitas que, en su visión, han alejado tan gravemente la imagen de la Iglesia de aquella que esta tenía en los inicios.

Bottari apelando a su interés por la arqueología y las artes argumenta que, así como desde los inicios de la Iglesia hubo una preocupación por escapar a la herejía antropomorficista y al mismo tiempo instruir al pueblo por medio de la pintura pero regulada, así es necesario traducir la Escritura, llegando incluso a sostener que es peor privar a los fieles de la palabra divina que de la misma Misa,[22] pidiendo que se consideren sus argumentos

19. Giovanni Bottari, *Riflessioni sopra la versione della S. Scrittura in lingua volgare*, Biblioteca Corsiniana Mns 44D36.

20. *Ibidem*.

21. *Ibidem*.

22. *Ibidem*. Bottari dice, hablando de la Misa, «que muchos usan en ella, escuchándola o celebrándola muchas supersticiones; que diariamente en todas las iglesias se ve

en el debate sobre la traducción de la Sagrada Escritura. Un último y elocuente texto de Bottari se titula *Si la S. Escritura está hecha para ser leída también por los cristianos que no entienden el latín.* En este escrito se hace evidente la devoción del autor por las "sagradas antigüedades" y critica a algunos autores modernos que sostienen que la lectura de las Sagradas Escrituras debe reservarse a los doctos. Dice «para ver la falsedad [de esas posturas] basta haber leído la Escritura y los Santos Padres, conocer la práctica del pueblo de Dios antes dela venida de Jesucristo y de los cristianos después de su venida, que todos gritan fuerte que la palabra de Dios ha sido hecha para todos». Toda esta preocupación por la polémica sobre la traducción de las Escrituras podría parecer desmesurada pero se puede entender si se considera la centralidad que para los católicos ilustrados tiene la fidelidad a las fuentes, y que es la vía más segura para reencontrar aquel tiempo perdido de la edad apostólica.

En una línea muy similar encontramos al oratoriano Gasparo Cerati, correspondiente habitual de Bottari desde Pisa, donde es pro rector de la universidad. En algunos de sus escritos propone la lectura de los Padres de la Iglesia y en especial san Agustín, desechando los temores y acusaciones que en esa época circulaban. Cerati invita a «una caridad ardiente, una paciencia invencible, un celo indefenso para instruir el verdadero carácter del hombre apostólico» es decir forjado a la medida del Evangelio. Para completar esa formación se debe tener modelos y se debe conocer el modo de actuar de aquellos hombres y de aquí la importancia de la Historia de la Iglesia y en particular de la Iglesia de los primeros siglos. No es casual que Cerati, en uno de sus escritos, concluya invitando a la lectura no solo de las fuentes sino también de obras de historia aconsejando vivamente los textos del cardenal Enrico Noris.[23] Se trata de una figura importante e influyente en la Iglesia que no estaba sola. Arturo Carlo Jemolo escribió que «el siglo XVII había visto a un par de Cardenales más próximos a aquella concepción, a aquel deseo de moverse algunos pasos hacia atrás en el camino de la evolución de la Iglesia, de ponerse un poco junto a los orígenes cristianos, de permanecer fieles a la doctrina de san Agustín: Giovanni Bona y Enrico Noris» sin olvidar al cardenal Tommaso Maria Ferrari, amigo de Mabillon

celebrar con tal irreverencia y con tal descuido que horroriza a los mismos seculares más relajados y menos devotos».

23. Vease, *Minuta, o idea d'una lettera circolare che potrebbe farsi del Rev.mo Padre Generale degli Agostiniani a tutto l'ordine*, Biblioteca Corsiniana, mns 2543.

y gran estudioso de los Padres de la Iglesia, hombre contrario a los jesuitas y estimado por muchos rigoristas y católicos ilustrados.

El caso de Noris es significativo pues su *Historia pelagiana* es más una obra de teología que de historia, si bien el autor utilizó con provecho los instrumentos críticos que la historia había desarrollado en el siglo XVII. Giuseppe Agostino Orsi en vez escribe ya como historiador alimentado en el método critico buscando presentar las formas de vida de los primeros cristianos. Su *De irrefutabili Romani Pontificis in definiendis Fidei controversiis iudicio* de 1739-1740 es el inicio de un gran proyecto de historia eclesiástica como respuesta y alternativa a la obra de Fleury, buscando por una parte el mejor conocimiento de la historia de la Iglesia y por otra el tomar distancia del jansenismo más duro.[24] Junto a Orsi encontramos a su gran amigo Tommaso Maria Mamachi autor de varios volúmenes de *Originum et antiquatum Christianarum*, una obra que es un buen ejemplo de la vía intermedia entre una obra apologética frente a las obras de los no católicos y una sólida obra de historia haciendo uso de fuentes antiguas y restos arqueológicos, con atención a las dimensiones litúrgicas y con el uso de numerosos repertorios de fuentes. Mamachi no solo se interesaba por la reconstrucción del pasado según las normas de la crítica erudita y el rigor científico sino también para hacer ver un modelo, un cuadro ideal del deber ser de la cristiandad fiel a su fundador. El llamado a la historia de la Iglesia de los primeros siglos y a la patrística está al centro del camino

24. Es distinto el caso del cardenal Neri Corsini que, sin ser él mismo un gran estudioso o un erudito ni de la historia de la Iglesia ni de la patrística, tuvo un papel importante como protector de tantos autores alineados contra los jesuitas y favorables a la renovación de la Iglesia. Dio trabajo y protección a Bottari, a Foggini y a Orsi recibiéndolos en su palacio. Además es destinatario de varias dedicatorias de obras como la *Theologia cristiana* de Concina, del *De eruditione apostolorum* de Lami, de uno de los volúmenes de la obra de Mamachi *Dei costumi de'primitivi cristiani*, de la *Patrum Ecclesia de paucitate adultorum* de Foggini. Además de esto se debe recordar que abrió al público la biblioteca Corsiniana con su rica colección de textos de Padres de la Iglesia y libros de historia. El mismo escribió un *Resumen de la Historia Eclesiástica escrita en francés por Monseñor Fleury hecho por el Cardenal Neri Corsini el joven* y un *Resumen de las memorias para servir a la historia eclesiástica de los primeros seis siglos escrita por Tillemont en lengua francesa hecho por el cardenal Neri Corsini, el joven* lo que confirma la simpatía de Corsini por estos temas. Por último vale la pena recordar que el Cardenal Domenico Passionei fue también un importante difusor de los textos de historia de la iglesia de los primeros siglos y estuvo decididamente interesado en la antiquaria, ejercitando una función similar en alguna medida la de Corsini en favor del conocimiento delos orígenes de la Iglesia.

para alcanzar la utopía cristiana de los origines, pues es en estos terrenos donde pensaban estos autores, se podían encontrar respuestas a los grandes problemas del tiempo presente en lugar de la casuística y escolástica decadente. Tenía este grupo la convicción que todos los problemas relacionados con la vida del cristiano podían encontrar luz en este territorio y no por casualidad los más ásperos conflictos surgidos al interior de la Iglesia encontraban en los textos de los Padres o bien en el estudio del devenir de las primeras comunidades cristianas una respuesta y una dilucidación. Había un claro interés por el mundo de las antigüedades y en particular por las antigüedades cristianas que se puede percibir por las referencias en las cartas a libros y publicaciones sobre el tema o bien por los encargos recibidos por algunos de ellos, resultando especialmente significativo el caso de Bottari que era conocido como arqueólogo, teórico del arte y secretario de las Academias de Antigüedades y de Historia y encargado del Museo Capitolino con todo lo que eso implicaba.

En los epistolarios encontramos todos los temas que se vinculan con la idea de la recuperación de un mundo perdido: desde la crítica a la decadencia y corrupción de la Iglesia a la veneración por las obras de patrística, de la preocupación por las persecuciones y críticas de los jesuitas a los cuestionamientos a la piedad desordenada y supersticiosa, del anhelo de un tiempo ido a los comentarios precisos sobre situaciones del presente.

Es el caso de Antonio Niccolini,[25] sacerdote florentino, en estrecho contacto con Bottari, Cerati y otros católicos ilustrados. Es explícito en manifestar su deseo de volver a la pureza de los primeros tiempos del cristianismo y abandonar las prácticas barrocas de piedad y los abusos en el culto de los santos o los pseudo santos, celebrando a Benedicto XIV por su nueva política de canonizaciones.

Confiesa que encuentra consuelo en la lectura de los textos de historia de la Iglesia y en los Santos Padres así como en el cultivo de la anticuaria. En sus cartas se pueden leer expresiones como esta «Por ahora procuro estar en el campo para gozar la amenidad cuanto más pueda y leo hermosos

25. Antonio Niccolini nació en Florencia en 1701 y murió en la misma ciudad en 1769, estudió leyes en la Universidad de Pisa y tuvo influencia en el mundo de la cultura del Settecento toscano. Con múltiples intereses y participación en la vida política de Toscana tuvo una intensa vida académica en Italia y Europa. En 1748 viajó a Utrecht con la misión de encontrar vías de acercamiento con la Iglesia cismática y Roma, de la que queda un informe enviado al Secretario de Estado pontificio Silvio Valenti Gonzaga. Parte importante de sus cartas se conservan en poder de la familia.

libros, entre los cuales el que estoy leyendo ahora maravilloso: esto es la historia de los maniqueos y el maniqueísmo de Beausobre. Este y otro libro que leí hace meses sobre el cristianismo de Etiopía de La Couze hacen ver cuánto se debe estimar a vuestro dignísimo colega monseñor Asseman y que gran reputación tenga en el mundo».

El interés por la patrística y el cristianismo de los orígenes está estrechamente ligado a la pasión por la anticuaria y la naciente arqueología. Ve además en la superación de la ignorancia una forma de servir a la religión como se puede apreciar en otra de sus cartas a Bottari: «escucho con gusto de la reedición que has hecho de la rara disertación de Dufange sobre las medallas del Bajo Imperio y la edición comenzada del tercer tomo del Museo captolino, ediciones que harán ciertamente honor a este país, que debería, y podría ser el centro del saber si el espíritu loyolico y una falsea beatería que hacen ocupar -in nihil agendo - en infinitas bagatelas muchísimas personas no lo dominase» coincidiendo en esto con Bottari que también lucha contra la ignorancia que, según su visión es alimentada por el jesuitismo impide el conocimiento de la "sana doctrina" de modo que le parece que la beatería es una consecuencia y no la causa de la ignorancia.

Para Niccolini, y también para sus amigos, será una experiencia fundamental el viaje que este realiza a Holanda donde entra en contacto con la Iglesia de Utrecht, encontrando en ella la imagen utópica de un cristianismo feliz. Descubr allí que es posible restaurar la Iglesia de los orígenes y ve en la práctica de los holandeses una prueba evidente de aquello. Los temas que caracterizan la imagen de los primeros siglos están presentes entre los fieles de la Iglesia de Utrecht (persecución por causa de la justicia, fidelidad al Evangelio en la adversidad sentido del martirio, comunión de los fieles, piedad personal profunda, etc.) y Niccolini lo destaca proponiendo como ejemplo esa experiencia a pesar y con pesar de su condición cismática.

El interés por volver a experimentar el modo de vida del cristianismo primitivo es fundamental para Gasparo Cerati que tiene una nostalgia de los primeros tiempos como modelo de perfección que no es con todo la de un *laudator temporis acti* sino la de un hombre de acción comprometido con la reforma, con el deseo de cambiar el orden de las cosas. Por esto coloca sus referencias a aquella "imagen guía" de la antigüedad cristiana en el contexto de los acontecimientos del día y, en primer lugar, en los referidos a la lucha con los jesuitas. En el buscar el modelo de la antigüedad cristiana Cerati llega al punto de hacer casi un adjetivo los términos «primeros siglos» o expresiones de este tipo. En una carta de febrero de

1752 escribe, elogiando un escrito del arzobispo apelante de Tours «que en mi opinión es digno de los primeros siglos»; poco antes, en la misma carta afirmaba que la cuestión de los apelantes y la lucha a los jesuitas había dado origen a "persecuciones dioclecianas" lamentando también que «los padres Orsi, Concina y Mamachi son molestados sin discreción». Así tres motivos – la antigüedad como modelo, la analogía histórica, la persecución resurgida contra los defensores de la "buena doctrina" – que permiten ver como Cerati tenía como punto de referencia de la deseada reforma de la Iglesia aquel viejo y probado modelo de los primeros tiempos, de la edad apostólica y de los Padres de la Iglesia. Gasparo Cerati confía en que Benedicto XIV pueda nombrar cardenales a los padres Orsi y Berti «los cuales siendo de los más profundos teólogos hoy vivientes estarán en condición de dar mucho peso en las Congregaciones a las sentencias teológicas más fundadas y más conformes a la Sacra Antigüedad».[26] Confirmando la necesidad de volver a la Iglesia Primitiva se preocupa por el cuidado de la Tradición, tanto en lo referente a las obras de los Santos Padres como la contenida en las plegarias más antiguas y más solemnes de la Iglesia, pensando con esto en la reforma litúrgica, uno de los temas que inquietan a los católicos ilustrados. También esta debe llevarse a las fuentes paleo cristianas, a esta "arqueo utopía", libre de todas las devociones superfluas y en tantos casos distractoras, para recuperar aquella estricta espiritualidad personal y al mismo tiempo comunitaria de los orígenes.

Para terminar con el tema de la actitud reformista de orientación utópica de Cerati, quiero subrayar su ligazón estrecha con las fuentes de la doctrina católica, comenzando desde los Evangelios para continuar hasta los Santos Padres, que lo empujan a insistir en la urgencia de volver al momento inicial porque de otro modo se deja expuesta a la Iglesia a los riesgos del molinismo y la casuística. Por eso le escribe al Abate Niccolini diciendo: «Me han mandado de Holanda cuatro grandes volúmenes que contienen todas las actas públicas que non son favorables a la Bula *Unigenitus*. Siento mucho que la corte de Roma se viera tan complicada por esta controversia. Pero sin las oposiciones contenidas en estos grandes tomos la doctrina especulativa y moral de la sociedad[27] habría sido equiparada al Evangelio, y todo el que no hubiese discípulo de Molina o del Busenbaun, habría sido considerado hereje». Por lo tanto para Cerati no es solo el soñar

26. Carta de Cerati a Bottari del 17 abril de 1758.
27. Se refiere a la Compañía de Jesús.

con una Iglesia forjada sobre el modelo apostólico y de los Santos Padres sino también luchar por el restablecimiento de aquella de los orígenes, enfrentando a los responsables de la distorsión de la imagen de la Iglesia que identifica con los jesuitas y parte de la Curia romana.

Porque la adhesión a una utopía supone no solo una reflexión crítica y una imaginación fértil sino también, y de modo muy central, una disposición a la acción, al actuar para llevar adelante lo que se ve con claridad como opción válida para llegar al "buen lugar".

Como Cerati y Niccolini, Bottari, lo hemos visto, se comprometió, en esta lucha, con una actitud extremadamente rigurosa, que tiene mucho de filólogo, en la reconstrucción de los textos sagrados y de historia de la Iglesia, trabajo esencial en su visión para llegar la utopía cristiana. Curiosamente siendo Bottari el más ligado de estos tres hombres a la antiquaria y la arqueología, es quizás el que menos referencias hace a los primeros siglos del cristianismo, probablemente por dar por descontadas o como evidentes muchas cosas que se relacionaban con su actividad como erudito y arqueólogo, como traductor y encargado de museos. En efecto Bottari desarrolló parte de esta lucha por la utopía pretérita desde una perspectiva y condición nueva, como consultor de la Congregación del Índice.[28]

Desde esa posición tratará de combatir los prejuicios y de disipar las persecuciones que, en su opinión, sufrían cristianos sinceros y rigurosos, que eran víctimas de acusaciones infundadas de herejía y de jansenismo intransigente. Parte de su compromiso con la transformación de la Iglesia en un sentido primigenio pasa por rechazar calumnias y difamaciones a quienes buscaban un catolicismo más puro y genuino. Escribía diciendo «son por el contrario ciertas, seguras y probadas, las calumnias, las imposturas, las violencias y los fraudes» ejercidos contra ellos por los jesuitas de modo que se da vida a la idea de una persecución infame, retomando de este modo un rasgo asociado al cristianismo de los orígenes.

El tema de la injusticia de la persecución y la puesta al bando se hace evidente cuando Bottari escribe en un informe, luego de hacer una larga lista de actos contra los supuestos jansenistas: «Pero no terminaría nunca. Ahora que ésta y mil otras cosas ciertas y patentes no salten a los ojos y no creen difidencia, sino la difidencia esté en otra parte también para cosas inocentes me maravilla, y fue la causa de que hablase de tal modo a V. E.,

28. Después de 1741 Bottari se convirtió en consultor del Índice y el 8 de junio de1751 en consultor del Santo Oficio.

a quien pido excusas, y quedo enteramente dispuesto para su corrección, y con profundísimo obsequio me entrego». Esta actitud entre el miedo y el compromiso por aclarar las verdades importantes de la fe, en defensa de una práctica cristiana más personal e independiente de las órdenes, son características de estos católicos ilustrados, siempre con el temor de estar en la mira de acusaciones que podían generan problemas.

Sin embargo no se rinden. En un escrito, dirigido a un cardenal no identificado, Bottari presenta su visión del jansenismo y sus desarrollos haciendo un resumen de los orígenes de la Bulla *Unigenitus*, acusando a los jesuitas de diversas maquinaciones e indicando la inocencia de los jansenistas frente a las acusaciones dogmáticas. «Este es el verdadero estado de Jansenismo. La mayor parte es caricatura de los jesuitas, en esta caricatura suya han empujado a las potencias y le han hecho actuar según sus lineamientos mostrando celo por la fe», explicando la trampa jesuita para los fieles rigoristas. «Y así se han vengado y librado frente a todos aquellos que no entraban plenamente en sus sentimientos», confirmando la idea de la persecución que es, como hemos visto, uno de los temas principales de la imagen del cristianismo primitivo y una justificación de la vía a seguir para alcanzar la utopía católica.

Bottari no se ilusiona demasiado, sin embargo, siendo él un hombre que conoce de cerca la Curia romana y trata de lanzar precisas críticas contra los jesuitas, vistos por él como verdaderos responsables de tantos males de la Iglesia. Es más pragmático y concreto que otros de sus amigos en su modo de ver las cosas sin por ello renunciar a la imagen guía de una comunidad perfecta cuyo modelo se debe buscar en la historia, aquella historia que el mismo estudió y enseñó en La Sapienza.

La reflexión de Bottari es más compleja y en cierto modo más ambiciosa, pues justamente porque era consciente de la existencia de un momento de plenitud en la historia – el tiempo de Jesús y del nacimiento de la Iglesia – se interesa por el estudio de las condiciones que permitirán el retorno a la utopía de los orígenes.

No solo es un entusiasta estudioso de las obras de historia de los primeros siglos entre las que se cuentan las de Fleury, de Orsi, de Mamachi, sino que piensa en escribir sobre el tema (cosa que no hará) y sobretodo se interesa en el momento de la utopía cristiana por excelencia: la parusía. De hecho dedica un escrito al tema, *La venuta del Messia dimostrata per mezzo delle Sante Scritture*, en la cual explica cómo hay continuidad entre los dos Testamentos y como la parusía es un evento central la historia, anunciado por diversas señales entre las cuales se cuenta el aparente triunfo de la iniquidad y la mentira. Tanto Bottari como Cerati comentaron en algún momento que el Anticristo estaba al interior de la Iglesia y reconocieron en las dificultades que vivían los supuestos jansenistas como eventos que volvían la realidad cotidiana en un tiempo de prueba y rigor. De este modo es más "apocalíptico" Bottari, que no obstante, se esforzó por llevar adelante reformas concretas en la estación favorable a los católicos ilustrados en tiempos de Benedicto XIV. En él encontramos sin embargo también al reformista, que lucha por alcanzar fines precisos y limitados que, dentro de un programa de cambios y reformas, desempeñan un papel de importancia, si bien aceptando tácitamente el marco institucional. Así los grandes sueños de un cambio radical quedan para Bottari en el territorio de las esperas milenarista que conoció y estudió.

De este modo, en la Italia de mediados del siglo XVIII, nos encontramos con una inquietud compartida por varios sacerdotes interesados en un cambio profundo en las formas de vida de la Iglesia católica y que encuentran un modelo y una guía en un mundo ya ido pero que desean volver a recorrer, nutriéndose de los instrumentos de mediación que comprenden desde los textos sagrados, las fuentes patrísticas, los libros de historia y los restos arqueológicos. Se trata de una búsqueda y de un anhelo común que da posibilidades a varias vías de recuperación de la eutopía cristiana. Si Niccolini veía las posibilidades de una utopía del cristianismo primitivo presente entre los fieles de Utrecht, si Cerati la creía alcanzable por medio de un esfuerzo por el cambio, por el compromiso de inversión de la dirección tomada a lo largo de siglos por la Iglesia para volver a los orígenes de la Iglesia, Bottari parece esforzase por obtener cambios limitados pero importantes, dejando a la intervención divina el gran cambio, la conquista de la comunidad feliz, la eutopía cristiana. Los tres veían tareas que eran necesarias de realizar para acercarse al clima, al ambiente, los textos y los restos del cristianismo de la era apostólica, este momento de reencuentro con la utopía cristiana. A Cristo se le debía buscar y se le podía encontrar entre las ruinas del mundo romano de los primeros siglos de la era cristiana en los que no solo reconocían inspiración y enseñanzas sino también consuelo y sentido para las pruebas y persecuciones vividas en el siglo XVIII. Los tres coinciden en indicar que entre estas tareas se encuentra la lucha contra la Compañía de Jesús, el estudio de la historia de la Iglesia y el conocimiento y difusión ya de las Sagradas Escrituras ya de los Padres de la Iglesia, fuesen griegos o latinos, y el primero entre ellos san Agustín.

En cierto modo ven en estos tres pasos un programa que parecía en alguna medida auspicioso en el clima que se desarrolló durante el largo pontificado de Benedicto XIV. Reforma y utopía están entre los motivos que más fuertemente interesaron a estos hombres, divididos entre las desilusiones frente a un mundo en el que no eran felices y el entusiasmo y las esperanzas puestas en la lucha por la transformación de la Iglesia alcanzable con el estudio del cristianismo primitivo, la recuperación de su espíritu y las formas de su vida religiosa, sencilla, genuina, esencialmente evangélica, lejana de toda casuística y probabilismo. La travesía en pos de esa utopía ofrecía riesgos y persecuciones pero católicos ilustrados y jansenistizantes estaban dispuestos a correr ese riesgo para encontrar a Cristo entre las ruinas de la antigüedad y desde allí proponerlo a su presente y a una Iglesia renacida en el retorno a sus raíces.

Olaya Sanfuentes

Apropiación, circulación y pervivencia de figuras del Apóstol Santiago en el Mundo Andino. El caso de pequeños retablos y piedras pintadas

1. *Introducción*

En muchos lugares del llamado Mundo Andino[1] – entendido como un espacio geográfico conformado no solo por territorio, personas y objetos, sino por las mismas circulaciones que se daban en su seno –,[2] existe una enorme cantidad de pinturas, esculturas, retablos y otros pequeños objetos con la imagen de Santiago Apóstol. Estas figuras pueden ser de tamaños diferentes, en soportes variados y se pueden encontrar en lugares diversos. Hay figuras tridimensionales de Santiago en las pequeñas iglesias de pueblos altiplánicos, retablos de Santiago en los hogares de

1. No es el objetivo de este artículo definir lo andino, pero sí explicitar que sigo las ideas de John Murra y sus discípulos, en el sentido que pienso que hay un espacio en el continente sudamericano que formó parte del *Tawantinsuyo* y que se comportó de una manera específica en el período colonial. Un espacio que merece una aproximación interdisciplinaria; una búsqueda de terminologías específicas y diferentes a las europeas, que den cuenta de la realidad cultural, social y política de la región. Daniel Gade complementa lo hasta aquí dicho con su acepción de los Andes como una región de Sudamérica que tiene un significado más simbólico que va más allá de lo territorial propiamente tal. «The most profound meaning of The Andes thus comes not from a physical description, but from the cultural outcome of 10 millennia of knowing, using, and transforming the varied environments of western South America», en Daniel Gade, *Nature and Culture in the Andes*, Madison, The University of Wisconsin Press, 1999, p. 34. Algunos de los elementos más importantes de esta forma andina serían: el estar centrado en un sistema cultural ecológico, verticalidad como base de la diversidad, organizaciones sociales comunitarias, patrones sostenidos de movilidad, reciprocidad como una obligación, organización espacial basada en una idea dual, panteísmo y el tejido como forma de expresión artística. *Ibidem*, pp. 36-37.

2. Tim Cresswell y Peter Merriman, *Introduction*, en *Geographies of Mobilities. Practices, Spaces and Subjects*, Farnham-Burlington, Ashgate, 2011, pp. 1-15.

pobladores de la pre cordillera, en museos de ciudades más grandes como Salta, La Paz, Sucre o Potosí o bien en anticuarios de Arequipa, Cuzco, La Paz y Potosí. Hay esculturas grandes que se usan en procesiones, como la figura de Santiago del Cuzco, o esculturas más pequeñas que salen de la iglesia el día de su festividad, tales como las tallas de Macaya, Toconce, Río Grande, Machuca y Belén, todos pueblos en lo que es hoy en día territorio chileno. En los alrededores de La Paz, no hay pueblo que no tenga su pintura y escultura de Santiago Apóstol. En muchas de ellas encontramos también a Santiago en la pintura mural. En algunos museos bolivianos hay pequeños retablos, piedras pintadas y medallas con la efigie del santo. Entonces uno se pregunta por qué es que una figura tan europea como Santiago, patrono de España que va en su caballo blanco destruyendo moros, está tan presente en un mundo esencialmente indígena como el andino. Este artículo intentará dar respuesta a esa incógnita desde una perspectiva general, para luego enfocarse en un *corpus* más específico de objetos que se caracterizan por su tamaño más reducido – en relación a pinturas y esculturas de las iglesias - y por su portabilidad. Desde ya podemos decir que el de Santiago, puede describirse como un caso exitoso de introducción, circulación y pervivencia de una imagen cristiana en el mundo indígena americano. Este éxito se debe a los procesos mediante los cuales fue apropiada por las comunidades indígenas en un principio y mestizas después, en el caso del virreinato del Perú. También se debe a la circulación inherente al Mundo Andino, que permitió que la representación del santo español llegara a los confines del virreinato del Perú. Muchas de estas imágenes corresponden a un *corpus* específico de objetos dedicados a San Santiago que además de compartir las condiciones anteriores que explican su pervivencia, por su tamaño y movilidad pueden transportarse fácilmente. En tercer y último lugar, algunos soportes en que el Apóstol fue representado pueden considerarse objetos que encarnan una cierta continuidad[3] con el concepto de huaca andina. Estos tres factores son los que queremos examinar para poder, en parte, explicar tantas y tan variadas imágenes tridimensionales portátiles del Apóstol Santiago en el norte grande de Chile, en Perú, Bolivia, Noroeste de Argentina y Ecuador.

3. La idea de continuidad transformacional está citada por Astvaldur Astvaldsson, *Waka. An Andean Religious Concept in the Context of Aymara Social and Political Life*, London, University of London, 1994, p. 29.

2. *Aproximaciones metodológicas*

Los objetos que vamos a analizar constituyen un conjunto de retablos pequeños que albergan a Santiago y algunas piedras pintadas con la figura del santo. Están datadas a finales del siglo XIX y comienzos del XX. Este *corpus* forma parte de la colección permanente del museo MUSEF de La Paz. He decidido trabajar sobre este corpus porque me parece que, el conjunto de retablos y de piedras pintadas albergando la figura de Santiago, llama a primera vista la atención por su carácter híbrido. Son cajones o retablos que se adivinan herederos de tradiciones europeas, pero que contienen elementos y estéticas nuevas. Se han transformado en relación a sus inspiradores, probablemente para entregar un mensaje de identidad andina, como argumenta Mary Strong.[4] Las piedras, por su parte – algo sumamente cotidiano para nuestros parámetros contemporáneos – se transforman a través de su intervención pictórica. Estos materiales están en un museo acompañados de un discurso que sugiere una continuidad entre prácticas contemporáneas y pasadas, una continuidad anhelada por comunidades en el fortalecimiento de su identidad.[5]

El punto de vista desde el cual nos acercamos a este *corpus* de objetos con imágenes de Santiago es aquel en que se cruzan la Historia y la Antropología para dar sentido a objetos materiales de una cultura específica. Las fuentes documentales escasean, por lo que debemos recurrir a estrategias que ayuden a paliar estas brechas. Una de estas estrategias nos lleva a utilizar a ciertos artefactos como fuentes y sujetos principales de una historia y de un espacio territorial donde algunos elementos materiales están impregnados de agencia y significado. Estos objetos nos proporcionan valiosa información de las formas de representación, mediación y materia-

4. Mary Strong, *Art, Nature and Religion in the Central Andes: Themes and Variations from Prehistory to the Present*, Austin, University of Texas Press, 2012, p. 195.

5. Ejemplo de texto introductorio de la sala de piedras y retablos: «El Museo Nacional de Etnografía y Folclore (MUSEF) presenta esta exposición con el fin de analizar los complejos procesos históricos de la religiosidad andina. Para ello, repasamos contextos arqueológicos, coloniales y contemporáneos relacionados con la materialidad de los objetos religiosos portátiles, en este caso: retablos, piedras santo y cruces…» o cuando más adelante dice: «La exposición nos acerca a los complejos procesos de la religiosidad andina que pasan desde los procesos de apropiación y reinterpretación de elementos ajenos, hasta la continuidad de la adoración de las *wakas* en sus distintas materialidades ya sean estos retablos, piedras santo o cruces».

lidades de una cultura. Otra estrategia es recurrir a los resultados que desde la antropología han nutrido el universo de conocimientos sobre el Mundo Andino. Esta antropología ha dado espacio a un "sub conjunto disciplinario" tal como la etnohistoria – una disciplina más nueva que echa mano de la etnografía, la historia y la arqueología – la cual aporta con la premisa implícita de una continuidad cultural.[6] Franklin Pease ya lo decía respecto a la utilidad de la etnohistoria para estudiar al llamado Mundo Andino: es una de las mejores aproximaciones para comprender la continuidad espacial y temporal que rebasa las fronteras coloniales y nacionales, que se refiere a un mundo que tiene una experiencia de milenios manifestada, por ejemplo, en los criterios de acceso a la tierra y la utilización simultánea de diversos pisos ecológicos; que mantienen y elabora de nuevo cada vez su experiencia creadora para intentar un acercamiento a aquellas categorías que presidieron la vida material y la ideología de las sociedades andinas antes y después de la invasión del siglo XVI y que son vigentes todavía en nuestros días, aún en las ciudades».[7]

Desde la historia, echaremos mano de la conjetura como una forma de, a través del ejercicio empático con otros, intentar descubrir sus intenciones y acciones en el pasado. Desde la historia del arte es que intentaremos ver cómo el análisis iconográfico es importante aunque insuficiente para comprender la persistencia y fuerza del fenómeno de la continuidad de una iconografía.

La figura de Santiago Apóstol y las imágenes que lo representan constituyen un ejemplo de un prototipo que es capaz de ir resignificándose a lo largo del tiempo y del espacio, en períodos y geografías amplias. El mito sigue una trayectoria de muchos siglos y logra atravesar no sólo el océano Atlántico, sino también las fronteras del tiempo, instalándose en América y en el Mundo Andino en particular hasta el día de hoy, mostrándose como una figura que habita la larga duración y una extensa geografía. Efectivamente, la devoción a este personaje del panteón cristiano es muy fuerte en muchos pueblos del Mundo Andino, logrando articular con su fiesta y devoción pública la identidad de comunidades que viven dentro de las fronteras de los estados nacionales, al tiempo que se consideran parte de

6. Marco Curatola Petrocchi, *Los cinco sentidos de la etnohistoria*, en «Memoria Americana», 20 (2012). http://www.scielo.org.ar/scielo.php?pid=S1851-37512012000100005-&script=sci_arttext&tlng=pt.

7. Curatola Petrocchi, *Los cinco sentidos de la etnohistoria.*

un conglomerado mayor: lo andino. Desde el punto de vista de la devoción privada, las figuras de Santiago han acompañado a estas comunidades en sus rutinas agro ganaderas y desplazamientos por el espacio precordillerano y altiplánico.

Para poder comprender el éxito de esta devoción y de la enorme cantidad de imágenes de devoción pública y privada a Santiago, hay que hacer movimientos en el tiempo y en el espacio y adentrarse en las particularidades del Mundo Andino que permitieron que esta devoción haya perdurado y esté vigente hasta el día de hoy, mostrando la forma andina de insertarse en un esquema de larga duración y amplio espectro temporal de la devoción a Santiago Apóstol. Esto nos permite afirmar que esos objetos – con la figura de Santiago –, no solo nos hablan de una identidad andina, sino también de herramientas que ayudaron a consolidar, mantener y transmitir esa identidad.

3. *Trayectoria de un mito o el éxito de la introducción de la figura apostólica*

La figura de Santiago surge en la península ibérica tras el triunfo de Compostela y la orden de Cluny en el establecimiento de este discípulo de Cristo como patrono de Castilla. La iconografía que acompaña esta elección es la del peregrino y el modelo de santidad es el de aquel que camina hacia el lugar donde está enterrado el cuerpo del santo. Esta iconografía y las prácticas a ella asociadas fueron especialmente operativas y útiles a los intereses de los reyes y de la iglesia compostelana durante una buena cantidad de años en la llamada Edad Media. Hacia el siglo XIII, no obstante, frente a la inminencia de la presencia musulmana en la península ibérica, surgen nuevas necesidades que ameritan la creación de un mito complementario: la de un apóstol de Cristo que se aparezca en las batallas y asista a las huestes castellanas en la lucha contra el infiel. No era difícil crear esta figura, ya que el cristianismo tiene una arista bélica en su concepción más íntima: la resurrección de Cristo es nada menos que la victoria sobre la muerte. Y personajes como san Pablo y san Agustín defienden la idea de la guerra contra las herejías. La guerra justa nace de ese concepto. Surge también el caballero, como un modelo de hombre ideal que lucha con las armas para defender su fe. En este contexto cultural, es que nace una iconografía de Santiago Apóstol montado sobre un brioso caballo blanco vestido de caballero y que aparece en el cielo durante la batalla, ayudando a los cristianos a vencer al infiel. La primera versión de esta nueva iconografía se encuentra en la catedral de Santiago de Compostela y es un sobre relieve que celebra el triunfo de las huestes hispanas sobre los moros en la batalla de Clavijo. La iconografía había nacido para dar mayor articulación y visibilidad a una nueva necesidad e ideología que aglutinaría las acciones y devociones.

Esta imagen de Santiago es la que viajará hacia América para, una vez expulsados los moros de la península ibérica, asistir a los españoles en la lucha contra el indígena idólatra, el nuevo enemigo de la fe que había que vencer para acatar el mandato evangélico y colaborar en la formación de una monarquía católica universal. La importancia de este santo en América se adivina en la cantidad de pueblos y ciudades que llevan su nombre, así como en la devoción a él ofrecida por todas las ciudades americanas en épocas virreinales. Cada 25 de julio, las ciudades del imperio español debían rendir homenaje a la figura del rey – encarnada en el pendón real – y a la figura de Santiago, materializada en una estatua ecuestre. Esta iconografía era la que resultaba útil a los fines de la corona y de la iglesia, unidas en el objetivo de mantener un imperio católico. Con el tiempo, el advenimiento de las repúblicas americanas marcaría la lenta extinción de esta devoción en las ciudades criollas, que buscarían santos americanos y luego nacionales para instalar en sus respectivos panteones.

En el Mundo Andino, en cambio, el personaje compostelano fue aceptado y adoptado hasta el día de hoy. Si Santiago era un santo español que venía a destruir a los indígenas y si además iconográficamente mostraba su belicosidad y las armas de la lucha arriba de ese caballo brioso, uno se pregunta por qué es que los indígenas del área andina lo habrían adoptado y lo quieren hasta nuestros días. Hay varias teorías que intentan explicar este fenómeno. No obstante la importancia particular de Santiago dentro del panteón cristiano en el Mundo Andino, hay que decir, junto con Marzal, que los santos en general fueron muy exitosos en su introducción al universo sagrado de la zona, conservando un lugar especial en la religiosidad andina hasta el día de hoy.[8]

8. Manuel Marzal, *Los santos y la transformación religiosa del Perú colonial*, en *Incas e Indios Cristianos. Elites indígenas e identidades cristianas en los Andes Coloniales*, ed. Jean-Jacques Decoster, Cuzco, Centro de Estudios regionales Andinos Bartolomé de Las Casas, Instituto Francés de Estudios Andinos y Asociación Kuraka, 2002, p. 359.

4. *¿Por qué los indígenas adoptaron a Santiago?*

Se ha dicho que, probablemente, una de las razones que explicaría la aceptación de Santiago por parte de los indígenas, tanto en el área andina como en la mesoamericana, es el miedo que causaba este personaje celestial que parecía tener más poderes que sus propios dioses. Ante la vulnerabilidad inminente, los indígenas habrían preferido unirse a las filas del catolicismo, aceptando su panteón, como una forma de sobrevivencia a la violencia de conquista. La llegada de estos hombres barbudos en armaduras metálicas montando una fiera nunca antes vista y disparando armas de fuego, tiene que haber aterrorizado al indígena.[9]

Esta teoría, además, explicaría la aceptación inicial de Santiago, un dios más fuerte y poderoso que el de los propios indígenas y frente al que valía la pena alinearse para no seguir sufriendo los estragos de la conquista. Sin embargo, las comunidades andinas, sin renunciar a la lógica de vencedores y vencidos en su devoción a Santiago, logran resignificar a los enemigos y hacer del santo un protector frente a las inclemencias del clima, la posibilidad de malas cosechas y las vueltas del destino; pero también, un personaje al que se le respeta y se le teme porque es guerrero y justiciero. En este contexto, el mantener ciertas formas que refieran al santo como guerrero, podría interpretarse, asimismo, como una forma de mantener viva en la memoria la violencia de la conquista.[10]

Según esta hipótesis, el temor original al apóstol, que lleva a adoptarlo y luego a apropiarse de él, tiene que ver con ciertas interpretaciones que la religiosidad popular auspicia en los fieles a través del tiempo. En un juego de cambios y continuidades, las tradiciones se van adaptando a

9. Estas dos posibilidades de entender el triunfo de Santiago y sus representaciones, tienen que ver con dos posturas respecto a las imágenes. La primera ve en la imagen una encarnación simbólica del poder y de las relaciones de poder en una sociedad; la segunda se refiere más bien al poder que tiene la imagen en un contexto determinado. Sin descartar la importancia que juega la figura de Santiago en el canon sincronizado de otras figuras como emblemas, banderas, sobrerrelieves como símbolos del poder de la Iglesia y la Corona en el período virreinal americano, considero que el efecto que estas imágenes tenían entre las comunidades indígenas debe ser atendido, en este caso, a la luz del miedo a la conquista, de las consecuencias nefastas para el estilo de vida andino y las coincidencias con algunos elementos de su cosmogonía que fueron utilizados por los mismos conquistadores y evangelizadores para sus propios objetivos.

10. William Taylor, *Magistrates of the Sacred. Priests and Parishioners in Eighteenth-Century Mexico*, Standford, Stanford University Press, 1996, p. 273.

las circunstancias específicas. En el caso de los indígenas conquistados, estos adoptaron el cristianismo según sus propias estructuras mentales y conceptuales.[11]

Entre los especialistas en religiosidad andina, están también aquellos que consideran que fue la naturaleza flexible de la religiosidad de los pueblos andinos la que permitió que personajes y formas de devoción ajenas a la tradición, fueran incorporadas sin mayores conflictos. Esto explicaría el que pudieran venerar a los santos y a las huacas al mismo tiempo porque estas religiones, «a diferencia del cristianismo, no se fundaban en un principio de exclusión monoteísta».[12]

Está también la hipótesis de corte meteorológico. Las apariciones milagrosas de Santiago coincidían con tormentas de truenos y relámpagos en las batallas cruciales y colaboraron en la asimilación del santo con los dioses de los panteones locales. A esto se agrega la coincidencia que en el Evangelio, Jesús de Nazaret llama a Santiago y su hermano Juan Boanerges, es decir hijos del trueno (Marcos 3, 17).

Se argumenta también que este guerrero se habría asimilado a dioses indígenas de estirpe guerrera. Esta teoría se basa en el dato de que en Perú se le identifica con Illapa. En Nicaragua, Santiago guerrero sustituye a Huitzilopochtli, dios de la guerra y la victoria; En Puerto Rico, con Ogún, dios de la guerra y el hierro.[13] En el caso de Illapa, deidad de la zona de los Andes del Sur que nos interesa, Teresa Gisbert nos comenta que era el dios del fuego, un dios universal que solía sufrir metamorfosis para acomodarse a las diversas regiones y adquirir nombres como Libiac, Yaro, Catequil, Curi y Cancha. En este contexto, su última metamorfosis es la que experimenta al relacionarse con el Apóstol Santiago.[14]

11. Maria Astaíza, *Transculturación de Santiago Apóstol en Los Andes Colonial*, en *El Apóstol Santiago en el arte del Museo de Arte colonial y religioso de La Merced*, Santiago de Cali, Fondo de Promoción de la Cultura, 2012, p. 30.

12. Ricardo González, *El cristianismo y la religión andina*, en *Derroteros en la construcción de religiosidades. Sujeto, instituciones y poder en Sudamérica, siglos XVII al XX*, ed. Gabriela Caretta, Isabel Zucca, Salta, UNSTA-CEPIHA, 2012, p. 433.

13. Anna Sulai Capponi, *El culto a Santiago apóstol entre las comunidades indígenas de Hispanoamérica: símbolo de comprensión, reinterpretación y compenetración de una nueva realidad espiritual*, en «Imaginario», 12, 13 (2006), pp. 1-266.

14. Teresa Gisbert, *Santiago: le pierres de foudre et les hallucinogens*, en *Au Miroir de l'Anthropologie Historique. Mélanges offerts à Nathan Wachtel*, ed. Juan Carlos Garavaglia, Jacques Poloni-Simard, Gilles Rivière, Rennes, Presses universitaires de Rennes, 2014, pp. 431-444.

A estas interpretaciones quiero agregar otra más personal. Tanto en el área mesoamericana como en la andina a la llegada de los españoles, habían sendos imperios desarrollados que se basaban, en parte, en la subyugación de ciertos pueblos al poder de los mexicas y de los Inka respectivamente. Eran pueblos que habrían perdido su autonomía y, no contentos con sus dominadores, esperaban alguna señal divina que les avisara que podían recobrar su libertad.[15] Es el caso de los pueblos tlaxcaltecas en Mesoamérica y de los cañari y varios otros en los Andes, que al llegar los españoles, se aliaron a ellos con la esperanza de que estos nuevos hombres o bien sus dioses pudieran liberarlos. Para estos pueblos, Santiago apóstol se transformó también en su salvación. Emilio Choy postula esta teoría para explicar algunos discursos de las crónicas de conquista, argumentando que el sentido mesiánico y divinal que había prevalecido en la historia de España, se prolongaría en el Nuevo Mundo, creando una leyenda del santo como salvador de los indios del dominio inca.[16] Postulo que esto se puede apreciar, en forma complementaria, en la iconografía de Santiago destruyendo incas, teniendo en cuenta que el soporte visual es también una crónica y documento gráfico de los sucesos políticos en los que el indígena toma parte.[17] Sabemos que son incas – y no cualquier otro indio andino – porque están vestidos con *unkus*[18] con *tocapus*,[19] porque llevan gorros militares con la figura del arco iris y un tipo de escudo que utilizaban los guerreros incas.

Las explicaciones hasta ahora otorgadas deben pensarse como conjeturas, desde la historiografía, para comprender la mentalidad indígena a la hora de la conquista. No obstante, debemos asimismo pensar que las noticias que tenemos de la época, tras su discursividad, esconden las luchas de

15. Según María Rostorowski, en su *Historia del Tawantinsuyu*, Lima, Instituto de Estudios Peruanos, 1988, una de las explicaciones de la caída del incario radica en el hecho de que los incas no lograron nunca la idea y sensación de imperio en los lugares que conquistaron.

16. Emilio Choy, *De Santiago Matamoros a Santiago Mata-Indios. Las ideas políticas de España desde la Reconquista a la Conquistas de América*, en «Revista del Museo Nacional», 28 (1958), p. 268.

17. Teresa Gisbert, *Iconografía y mitos indígenas en el arte*, La Paz, Editorial Gisbert, 2004, p. 193.

18. El *unku* es la túnica de tejido fino que llevaban los soberanos, personas importantes o miembros del ejército incaico.

19. Los *tocapus* eran los cuadrados, con diferentes diseños, que decoraban los unkus del inca.

poder entre los diversos actores involucrados, que querían protagonizar los eventos y establecer su poderío en la sociedad que se estaba conformando. Al utilizar el recurso del milagro para explicar los acontecimientos, los intereses clericales ubicaban a Santiago como la explicación predilecta del triunfo de los españoles sobre los indígenas, en desmedro de una explicación de la victoria militar basada en el esfuerzo, la valentía, el coraje (y la codicia, obviamente) del conquistador. «Se minaba el esfuerzo del conquistador para asentar el poder religioso».[20] A esta actitud del conquistador para explicar los hechos, habría que, según Emilio Choy, agregar la incondicional cooperación de una parte de la nobleza incaica, los Chachapoyas, los cañaris y otros indios de la región.[21]

Luego surgen otras preguntas: ¿por qué es que las representaciones visuales de Santiago están en tantos lugares del Mundo Andino? Para entender el éxito y circulación de las imágenes de Santiago en el Mundo Andino, hay que adentrase en ciertas características inherentes a este espacio cultural.

5. *Movilidad en el Mundo Andino o el éxito de la llegada apostólica a cada rincón del virreinato*

Una de esas características que explican la presencia de tantas representaciones visuales de Santiago en diversos soportes y a lo largo y ancho de un amplio espacio geográfico, es la movilidad y circulación por el territorio como una característica estructural e identitaria de esta zona. Este fenómeno hunde sus raíces en épocas muy antiguas logrando configurar un sistema que ha sido denominado por John Murra como de *control vertical de pisos ecológicos*. Argumenta Murra que el hombre andino tuvo una percepción y conocimiento de múltiples ambientes naturales a través de milenios, mediante «el control simultáneo de archipiélagos verticales».[22] A través de islas de colonos establecidos lejos de su territorio original, pero que no perdían nunca relación con el núcleo, la movilidad era inminente y la relación con otros pisos ecológicos una realidad. Este escenario es el que en parte explica el que nos encontremos

20. Choy, *De Santiago Matamoros a Santiago Mata-Indios*, p. 264.

21. *Ibidem*.

22. John Murra, *El Mundo Andino. Población, medio ambiente y economía*, Lima, Instituto de Estudios Peruanos y Pontificia Universidad Católica del Perú, 2004, p. 86.

con objetos de la costa en la pre cordillera o con iconografías de la selva en el altiplano.

La llegada del Inka habría transformado esta característica y habría complementado la movilidad con un sistema vial que conectaba a todo el *Tawantinsuyu*: el famoso camino del Inka. A esto hay que agregarle la trashumancia propia de varios pueblos que no veían la cordillera como límite (como fue establecido por los estados nacionales en el siglo XIX), sino como un corredor, por donde circulaban personas, animales, objetos e ideas. A este movimiento intrínseco de la zona que nos interesa, Lautaro Núñez y Tom Dillehay lo denominan "movilidad giratoria" y la describen como de intercambios mercantiles y demográficos, trasladando gentes, mercancías y ganados de un lado a otro de la cordillera y también avanzando hacia la costa.[23]

Entre los objetos que se trasladaban desde tiempos antiguos en los Andes estaban las *illas*, pequeñas piedras delicadamente esculpidas en forma de auquénidos y que tenían un carácter sagrado. La llegada de los españoles con su nuevo panteón implicaría la apropiación de personajes e imágenes que fueran útiles a las nuevas situaciones, transformando estas *illas* en pequeñas representaciones de Santiago montando su caballo. También se transportaban figuritas de metal representando personas o animales y vestidas con elaborados textiles, así como keros, hojas de coca, incienso y conchas marinas.[24] Eran todos objetos sagrados de especial portabilidad.

Lo de la movilidad andina es tan determinante en la proliferación y circulación de todo tipo de objetos – y de nuestras figuras tridimensionales en particular – por el Mundo Andino, que José María Arguedas ha incluso argumentado que la decadencia de ciertas artesanías (los retablos o cajones san marcos, en nuestro caso concreto) se relaciona con la crisis del arrieraje como consecuencia de la introducción y éxito del transporte motorizado.[25] El arriero era una especie de intermediario entre el artesano y el campesino de zonas rurales. El artesano recibía del arriero un pago en dinero y muchas veces completaba su pago con un regalo que le traía el arriero. Don Ignacio López Quispe recuerda que un arriero que llevó retablos a Cora

23. Lautaro Núñez y Tom Dillehay, *Movilidad giratoria, armonía social y desarrollo de los Andes meridionales. Patrones de tráfico e interacción económica*, Antofagasta, Universidad del Norte de Chile, 1979.

24. Strong, *Art, Nature and Religion in the Central Andes*, p. 196.

25. Pablo Macera, *Los retablos andinos y Joaquín López Antay*, en *Trincheras y Fronteras del Arte Popular Peruano*, ed. Pablo Macera, Miguel Pinto, Lima, Fondo Editorial del Congreso del Perú, 2009, p. 181.

Cora trajo de vuelta como regalo a su padre aceitunas y cochayuyo que habían llevado desde la costa de Arequipa. El arriero, a su vez, negociaba el retablo con los campesinos a cambio de especies que por su cuenta vendía luego en las minas y pueblos.[26] Como se puede apreciar, esta dinámica de intercambio de productos resignificaba el sistema de complementariedad entre diferentes zonas dentro del llamado Mundo Andino, esta vez a través de objetos votivos que circulaban por diversos lugares a cambio de dinero y de especímenes de las diversas regiones.

La llegada de los españoles instauró caminos que ocupaban las rutas y conocimientos ya existentes, al tiempo que inauguraba nuevas rutas que se hacían cargo de los objetivos de evangelización y extracción de minerales. Así es como en la zona de nuestro interés se establecieron misiones, doctrinas de indios y la famosa Ruta de la Plata, que movía todo tipo de recursos para explotar las minas de plata de Potosí.

Estas características intrínsecas del ser andino habrían facilitado la movilidad de imaginarios, entre los que incluimos el de Santiago Apóstol. La circulación de personas e impresos, llevaba noticias e ideas respecto a las imágenes del mundo cotidiano de las ciudades de esta red andina. Habría colaborado también en la circulación de las imágenes votivas propiamente tal, aprovechando la infraestructura del comercio virreinal, las costumbres antiguas del arrieraje en la cordillera, así como la posibilidad de portabilidad de algunos objetos como piedras y retablos. En el caso de los retablos, a partir del siglo XVIII se genera una extensa red de producción artesanal, así como circuitos de comercialización. Hablemos entonces de objetos votivos que por su tamaño y portabilidad, tuvieron capacidad de moverse en este espacio andino.

6. *El caso de los pequeños retablos y de las piedras pintadas*

6.1. *Los retablos*

El retablo andino es el nombre culto que se aplica entre 1940 y 1950 primero a los cajones o san marcos de Ayacucho y luego a productos similares hechos en otras provincias altas del Perú.[27] Hoy en día se utiliza

26. *Ibidem*, p. 196.
27. *Ibidem*, p.177.

este nombre para referirse a los retablos de Ayacucho, los viejos cajones san marcos destinados a las fiestas de herranzas y a las capillas portátiles o altares que contienen, encierran muestran, guardan y pasean a un protector religioso. No se incluye, paradójicamente, el verdadero retablo de la iglesia.[28]

El retablo andino hunde sus raíces en el mundo medieval español. Este era una pequeña cajita de madera que se abría y cerraba y adentro contenía una imagen en miniatura de María, Jesús o algún santo. Estaba adornado según la estética y gusto de la época. En aquellos tiempos medievales, los sacerdotes lo utilizaban para cristianizar a los campesinos analfabetos. Este objeto transportable permitía salir a buscar fieles y adoctrinarlos afuera del recinto de la iglesia. Los peregrinos también los llevaban consigo para que los acompañaran cada vez que se detenían a rezar en el camino, solos o en grupo. Los que saldrán con los conquistadores en el siglo XVI, recibían en España el nombre de capillas de santero.

A América llegan con la finalidad de acompañar la vida devota de algunos conquistadores o para catequizar al indígena, ahí donde el retablo monumental no era reproducible. Como instrumento en las campañas de extirpación de idolatrías, suponemos inspiraba la labor del extirpador e infundía temor a los indígenas idólatras. En el ambiente rural andino, el retablo volvería a cumplir el rol de instrumento adoctrinador de masas analfabetas en el idioma español y con la batería de nuevos santos y conceptos que el cristianismo traería consigo.[29] Por su lado, los indígenas, impresionados con los nuevos dioses cristianos, reconocerían el poder y la energía de estos objetos sagrados, así como sentirían la necesidad de negociar con estas nuevas deidades que podían afectar su producción agrícola y ganadera, ahí donde las sociedades dependían de la tierra y las buenas condiciones meteorológicas para subsistir. Para Pablo Macera, el retablo andino fue el mejor instrumento para catequizar a la masa campesina, logrando incluso debilitar el poder central de la Iglesia. Y es que cada retablo era, en el fondo, una ocasión religiosa fuera del control eclesiástico.[30]

28. *Ibidem*.

29. Las imágenes religiosas cristianas, en sus diversos soportes, debían ser utilizadas para instruir, explicando las creencias cristianas con sus respectivas narrativas; debían ayudar a la memoria fijando las creencias; debían excitar las emociones de los feligreses, E. Frances King, *Material Religion and Popular Culture*, New York-Abingdon, Routledge, 2010, p. 9.

30. Macera, *Los retablos andinos y Joaquín López Antay*, p. 179.

Los personajes más representados dentro de los retablos andinos son Santiago, la virgen y Cristo, en ese mismo orden. También los hay de san Antonio y san Isidro. En todos suelen haber otros santos acompañando al santo protagonista, así como animales tales como ovejas, vacas, perros y llamas. La iconografía de los santos sigue los cánones europeos que permiten el reconocimiento eficiente de sus personajes. Santiago monta un caballo brioso, pero puede ir vestido de caballero o de peregrino. Empuña siempre una espada en señal de su lucha contra los enemigos. En cada uno de estos cajones o retablos, Santiago va acompañado de diferentes santos con sus respectivos atributos.

Los materiales de los retablos populares son piedra o madera, pasta y cola para los santitos y madera de maguey, clavos y papel para el retablo. Muchas veces las imágenes protagonistas son de vestir, lo que implica que también hay trajecitos de diversas telas como sedas, rasos, encajes, brocado y pasamanería. Para el caso del caballo de Santiago, algunas veces se utilizan crines. Los colores con que se pintan los personajes son muy vivos, agregando todo tipo de patrones y texturas para adornar y sobre adornar los volúmenes más grandes. En las puertas de los retablos es donde el artista puede desarrollar su arte con más libertad, abocándose a la creación de diseños florares la mayoría de las veces,[31] o de escenas costumbristas, como se puede apreciar en algunos especímenes encontrados. Además de estos retablos populares, también los hubo hechos en ricos materiales como plata y oro, intentando emular el estilo peninsular.[32] Los tamaños son de igual manera diversos. Los que son para uso personal son los más pequeños, cumpliendo con su vocación de intimidad o haciendo las veces de amuleto. Hay otros que miden entre 10-80 centímetros y que están hechos, por tanto, para ser más visibles para un número mayor de gente.

Podemos apreciar en estos retablos verdaderas continuidades materiales «pues las bases físicas del color, piedra y minerales que generan pigmentos y mezclas, fueron entendido desde una perspectiva andina como portadores de poder divino».[33] Los retablos se cierran muchas veces con

31. Mary Strong argumenta que las flores representadas en forma abstracta y convencional en las puertas de los retablos corresponden a flora andina tales como cantuta, retama y girasol. Strong, *Art, Nature and Religion in the Central Andes*, p. 207.

32. Macera, *Los retablos andinos y Joaquín López Antay*, p. 179.

33. Varinia Oros Rodríguez, *Retablos y Piedras Santos. Materialidad las Wak'as, Museo Nacional de Etnografía y Folclore*, La Paz, Fundacion Cultural del Banco Central de Bolivia, 2015.

trozos de cordel, con alambre, con goznes de hilo de algodón o con ganchos de cobre. Para Walter Sánchez, la continuidad con creencias más antiguas se relaciona asimismo, con la introducción de piedras u otros elementos simbólicos y con agencia dentro del retablo, el cual se considera – en este caso – como un envoltorio.[34]

En este contexto es que se insertan los múltiples retablos o cajones de Santiago. En el mundo aymara especialmente, Santiago es asociado a Illapa, dios de los fenómenos meteorológicos, dios del fuego, el trueno, el rayo y el granizo. Esta especialización de Santiago-Illapa es la que explica que tantos ganaderos y agricultores lo traten tanto con temor como con cariño, esperando que los favorezca con buen clima para lograr buenas cosechas. En las fiestas de julio y agosto de herranza del ganado, se pone en el centro de la mesa. Está ahí para mostrar su relación con los animales y luego con la fertilidad, la protección de la casa, defensa contra las enfermedades. Al terminar las ceremonias vuelve a entrar al hogar y se hereda de generación en generación.[35]

Los retablos de Santiago Apóstol son objetos votivos con un vocabulario visual occidental, ya que están decorados con telas europeas y representaciones de flores. No obstante, según algunas interpretaciones andinas, su conjunto es una materialización contemporánea de una huaca andina.[36] En este sentido, es en el retablo mismo donde está puesta la agencia y energía, logrando entonces una continuidad con las formas de religiosidad anteriores a la conquista. ¿estamos hablando de "huacas disfrazadas"?[37] Algunos autores, al tratar los keros coloniales, adoptan esta postura, para

34. Walter Sanchez, *El cajón ritual-religioso campesino: entre lo global y lo local* en *Textualidades. Entre cajones, textiles, cueros, papeles y barro*, ed. Fernando Garcés, Walter Sánchez, Cochabamba, Instituto de Investigaciones Antropológicas y Museo Arqueológico de la Universidad Mayor de San Simón, 2015, pp. 7-38.

35. *El Retablo Ayacuchano. Un arte en los Andes*. Exposición organizada por el Instituto de Estudios Peruanos en el Museo Nacional de Antropología y Arqueología (Lima, 10 de noviembre-10 de diciembre 1992).

36. Strong, *Art, Nature and Religion in the Central Andes*, p. 208. Ella cita, asimismo, las conclusiones de Macera, *Trabajos de Historia*, vol. 2-3, Lima, Instituto Nacional de Cultura, 1977; Emilio Mendizábal Losack, *La difusión y reinterpretación de las cajas de imaginero ayacuchanas*, en «Folclore Americano», 11-12 (1964), pp. 116-334 y Francisco Statsny, *Las Artes populares del Perú*, Lima, Ediciones Edubanco, 1981.

37. Manuel Lizárraga Ibáñez, *'Para no olvidar'. Huacas disfrazadas. La apariencia europeizante de las divinidades andinas en los queros coloniales de madera policromados (siglos XVI al XVIII)*, en «Diálogo Andino», 49 (2016), pp. 341-355.

describir la existencia de vasos ceremoniales de apariencia europeizante pero significado indígena. Otros, desde el punto de los retablos, hablan de "retablos domesticados".[38]

Lo que hemos dicho hasta ahora sobre los retablos o cajas andinas, podemos también aplicarlo a las piedras pintadas con las figuras de Santiago.

6.2. *Las piedras pintadas*

En las religiones del mundo en general, las piedras han tenido desde siempre un fuerte significado. De hecho, las tres principales religiones – el cristianismo, el islam y el judaísmo –, creen en piedras fundacionales sobre las que se habrían construido sus templos. Es la solidez, dureza y permanencia de la piedra lo que la lleva a ser considerada como base de estructuras mayores. También pueden considerarse manifestaciones terrestres y materiales de la fuerza divina, lo que explica los consiguientes peregrinajes a lugares con piedras milagrosas. Otras piedras tienen poderes curativos, así como hay piedras que marcan lugares de eventos significativos o que tienen poderes sanadores.[39]

En el Mundo Andino la piedra tiene mucha importancia simbólica y constituye una de las figuras más recurrentes dentro de la oralidad. Si pensamos en el ambiente geográfico por el que circula el hombre andino, la piedra brilla por su omnipresencia en todas las diferentes zonas. La cordillera es pétrea y en esta identidad es que acompaña la cotidianeidad y ritualidad del hombre andino. En cuanto al espacio ritual, los cronistas abundan en noticias que relatan la devoción a ciertas piedras consideradas importantes. Era una devoción que conllevaba respeto y temor como consecuencia de las fuerzas sobrenaturales que se les adjudicaba a estos objetos. En términos positivos, Alberto Díaz nos cuenta que a las piedras se les pedía protección, fertilidad y eran objeto de ritual.[40] Hasta el día de hoy, por ejemplo, una fiesta muy importante del paisaje andino es el de la

38. Fernando Garcés, Walter Sánchez, *Inscripciones y escrituras andinas: un sistema complejo y denso de visualidades, oralidades y espacialidades*, en «Boletín del Museo Chileno de Arte Precolombino», 2/1 (2016), pp. 115-128.

39. Brent Plate, *A History of Religion in 5 1/2 Objects. Bringing the spiritual to its senses*, Boston, Beacon Press, 2014.

40. Luis Galdames Rosas, Alberto Díaz Araya, *Piedra en la piedra ¿el hombre dónde estuvo? Percepción y significado de la piedra en la geografía sagrada de las religiones andinas*, en «Runa», 36/2 (2015), pp. 5-23.

virgen de las Peñas, que conmemora la presencia de una roca desde la cual mana agua. Para guiar a los peregrinos se apilan piedras en lugares clave. Son los apachetas, que forman parte de la espiritualidad andina desde tiempos prehispánicos. Sobre estos montones de piedras, los peregrinos van lanzando más y más piedras, que se acumulan. Los fieles peregrinos de la virgen de las Peñas «hacen cristianas a las piedras». Algo así es lo que hacen también aquellos creyentes que al tomar las piedras, las pintan con la figura de Santiago Apóstol, dotando entonces de una doble sacralidad a estos pequeños objetos.

No solo las piedras tienen un valor intrínseco en su materialidad. La piedra pintada se introduce, asimismo, en la profundidad de la historia andina, proporcionando ejemplos de su presencia desde el llamado período formativo (aproximadamente desde el 1500 a.C.-500 d.C.). En esta época es que encontramos ídolos líticos portátiles llamados "pachamamas" y estelas líticas pintadas. Luego en la época Tiwanaku, la escultura lítica alcanza complejidad iconográfica y técnica. En el contexto de las piedras pintadas, podemos también incluir aquellas torres funerarias pintadas de colores en la región del río Lauca y de Curahuara de Carangas. Y es que el color era un elemento importante en la cultura andina, jugando un rol crítico en la formación del mundo. La historiadora Gabriela Siracusano propone revisar la importancia del color en las visualidades coloniales andinas, pues éste era un agente activo en las prácticas y representaciones culturales ya que se le adjudicaban poderes no solo al cromatismo proyectado, sino también a los materiales que los sustentaban. En este sentido es que Siracusano parafrasea a Louis Marin, quien habla del color como una aventura ideológica en la historia cultural y material de Occidente.[41]

Las piedras contemporáneas con personajes santos pintados en su superficie podrían quizás, leerse como la versión contemporánea de la importancia simbólica del color en el Mundo Andino. A pesar de que muchas de ellas están pintadas con pigmentos químicos tan diferentes a los naturales minerales de épocas pasadas, la inminencia del color fuerte y simbólico pareciera apelar a una memoria que reconoce la sacralidad de la policromía. Un elemento que llama la atención en las piedras pintadas, es la recurrencia del azul para pintar los fondos sobre los que aparece el apóstol Santia-

41. Gabriela Siracusano, *Pigments and Power in the Andes: From the Material to the Symbolic in Andean Cultural Practices, 1500-1800*, London, Archetype Publications, 2011, p. X.

go. De aquí podemos deducir la apropiación occidental del color azul para pintar el cielo, lugar donde se supone aparece Santiago para ayudar a sus feligreses desde tiempos hispanos. Este recurso colabora asimismo en la asimilación andina del apóstol de Cristo con Illapa o con el trueno, ambos relacionados con los cielos. El blanco de caballo encabritado es también una constante desde las épocas compostelanas.

Así como ocurre con otras huacas, las piedras producían temor y respeto entre los habitantes de los Andes. En una clasificación minuciosa de las diferentes piedras y su carácter sagrado en Los Andes, Díaz dice que las *illas* eran piedras-huacas de tamaño pequeño que se usaban para proteger al ganado y los cultivos familiares. En este sentido, este tipo de piedras era el más adecuado para convertirse en el soporte de imágenes pintadas de Santiago, patrón de los ganaderos y agricultores del altiplano y otras zonas de los Andes. Como vemos en nuestro corpus, no solo las piedras illas servían para representar a Santiago a través del acto de esculpir, sino también piedras corrientes que podían transformarse a través de la acción de la pintura.

Estas piedras comparten con el retablo su naturaleza sagrada y transportable. Además, la fuerza de la imagen y del objeto que la sustenta reside en el hecho de que Santiago no está morando un mundo aparte sino que se considera parte tanto de la naturaleza como de la sociedad. No habría diferencias ni fronteras entre el mundo de lo natural y de lo sobrenatural. Esta característica se puede apreciar en varias manifestaciones rituales del Mundo Andino hasta el día de hoy. Y más concretamente, es la que explicaría, en parte, la persistencia de la sacralidad de las piedras en varias comunidades andinas hasta nuestros días.[42]

Para María Marsilli estos horizontes descritos demuestran la flexibilidad y permeabilidad de las religiones andinas,[43] lo que según ella, probablemente, deriva de otra característica de esa religión, cual es la estrecha relación entre vida cotidiana y religión en Los Andes. Esto explicaría, en parte, la sobrevivencia de la religión andina frente al catolicismo militante y

42. Lucila Bugallo, *Lo sagrado en flor: Lanas y piedras wak'a en la Puna de Jujuy*, en *Derroteros en la construcción de religiosidades. Sujeto, instituciones y poder en Sudamérica, siglos XVII al XX*, ed. Gabriela Caretta, Isabel Zucca, Salta, UNSTA-CEPIHA, 2012, p. 465.

43. María Marsilli, *Hábitos perniciosos. Religión andina colonial en la diócesis de Arequipa. Siglos XVI-XVIII*, Santiago, Editorial CSIC/Centro de Investigaciones Diego Barros Arana, 2014, p. 16.

a las campañas de extirpación de idolatrías.[44] Victoria Castro aporta también en esta búsqueda de la identidad de la religión andina en un larga duración. Argumenta que los indígenas, en el largo proceso de evangelización, respondieron con alternativas y opciones para seguir existiendo y una de las evidentes fue el acomodo y la preferencia por algunos santos cuyos íconos paulatinamente van adquiriendo los poderes de las deidades ancestrales.[45]

Dentro de los retablos andinos había a veces piedras para rezos,[46] lo que demuestra su carácter sacro, al entrar en el espacio sagrado del retablo que contiene la figura del santo. Algunas piedras con formas de animalitos se encierran en los retablos como si fueran sus corrales, como una forma de encerrar la suerte para que no se escape.[47] Muchas veces estas piedras tenían también inscrita la imagen de un santo – de Santiago en nuestro caso –, lo cual muestra el animismo que otorga vida y energía a las piedras, como la asimilación de ciertas divinidades con elementos de la naturaleza circundante.

7. *La resignificación andina de lo "sagrado". Qué es una huaca*

Sobre el concepto de huaca mucho se ha escrito y discutido, sobre todo porque es un concepto y una terminología que se utiliza desde tiempos de la conquista, sin que eso garantice su comprensión y buen uso desde entonces. En esa época el término incluía un universo tan vasto que iba desde lugares y objetos naturales y de obra humana, hasta categorías de parentesco,[48] pasando por rocas, ídolos, edificios, fuentes, cuevas, árboles, uñas, pelos y partes de los Incas, momias, niños nacidos con enfermedades, pilas de piedras en los pasos de montaña. La connotación

44. *Ibidem.*

45. Victoria Castro, *De ídolos a santos. Evangelización y religión andina en los Andes del Sur*, Santiago, Fondo de Publicaciones Americanistas Universidad de Chile, Centro Barros Arana, 2009, p. 38.

46. Para los investigadores Fernando Garcés y Walter Sánchez, en algunos lugares del campo de Bolivia estas piedras reciben el nombre de rezos. *Inscripciones y escrituras andinas: Un sistema complejo y denso de visualidades, oralidades y espacialidades*, en «Boletín del Museo Chileno de Arte Precolombino», 21/1 (2016), p. 115.

47. Bugallo, *Lo sagrado en flor*, p. 474.

48. Astvaldur Astvaldsson, *El flujo de la vida humana: El significado del término-concepto de Huaca en los Andes*, en http://www.comunidadandina.org/BDA/hh44/9EL%20FLUJO%20DE%20LA%20VIDA%20HUMANA.pdf, p. 2.

que acompañaba a a la huaca en tanto ídolo era negativa – malvado y mentiroso, sucio y abominable –,[49] haciéndose digno de destrucción por su relación con un universo religioso tan diferente al cristiano. En el proceso de extirpación de idolatrías en el Mundo Andino, las huacas de todo tipo sufrieron la destrucción del celo español. Y es que para los españoles, cualquier objeto de devoción que no fuera una imagen cristiana, pasaba inmediatamente al estatus de ídolo, un objeto falso y que conducía al demonio o bien, una pura materialidad sin mayor significancia. Una verdadera imagen, para el europeo de la época de la conquista y colonización, era una representación figurativa de un personaje del panteón cristiano y un ídolo era todo lo que no quedaba dentro de este universo de lo conocido. Pero la distinción es ficticia, como argumenta Gruzinski, porque «ídolo e imagen pertenecen al mismo molde, el de Occidente».[50] Y una vez que los españoles hicieron la asociación entre religión andina y el demonio, nada de lo que iban encontrando podía alejarse de este modelo pre establecido y el demonio, entonces, hablaba a los indios a través de sus huacas y los europeos veían al demonio y al mal en cada piedra.[51] No obstante, el mal no existe como tal en la cosmología andina. Existen los contrarios que se complementan por lo que un dios, una divinidad o una huaca puede producir miedo y cercanía al mismo tiempo. Y si existe produciendo temor, es porque así colabora en la mantención del equilibrio social, natural y sobrenatural.[52]

Muchos han interpretado el término huaca genéricamente como lo sagrado, sin reparar mayormente en las implicancias de este concepto occidental en la religiosidad y ritualidad andina. Los estudios más contemporáneos lo relacionan con lo sobre humano tanto como con la cosa material con que se asocia. También se utilizó para referirse a los antepasados y a los fenómenos extraños. Finalmente, como dice María Rostorowski, bajo estos conceptos hay una cultura que no hace mayores distinciones entre el mundo natural y el sobrenatural y que considera la religión como un hecho social. Según varias tradiciones, las huacas habrían sido algún día hombres o mujeres como dioses con grandes poderes sobrenaturales y que intervenían en el

49. Serge Gruzinski, *La guerra de las imágenes. De Cristóbal Colón a Blade Runner (1492-2019)*, México, Fondo de Cultura Económica, 1994, p. 52.

50. *Ibidem*.

51. Irene Silverblatt, *Moon, Sun and Witches. Gender Ideologies and class in Inca and Colonial Perú*, Princeton, Princeton University Press, 1987, p. 172.

52. *Ibidem*, p. 173.

entorno y en los asuntos de los humanos.[53] Eran caprichosas, por lo que había que rezarles, hacerles sacrificios y ofrendas de coca y chicha de maíz

El caso es que cuando se habla de huaca, son muchos los objetos naturales y de factura humana que quedan dentro de esta clasificación. Y es que en el Mundo Andino no existía la dicotomía binaria naturaleza-cultura que caracterizaba a la cultura occidental de la época del encuentro entre estos dos mundos y que se habría acrecentado con el Iluminismo y la práctica de la ciencia que, no sólo objetivó a la naturaleza sino que la concibió al servicio del hombre y su cultura. Tampoco existía la división binaria propia del mundo occidental cartesiano entre lo secular y sagrado porque todo el mundo material era, potencialmente, sacralizable y potencial agente de los deseos y prácticas humanas. En este sentido, la ontología andina privilegiaba una perspectiva relacional entre los objetos del mundo.[54]

Esta inclusividad, como actitud andina, puede explicarse a través de la postura que adopta Astvaldur Astvaldsson respecto a las huacas. Para él, el concepto de huaca se aleja del concepto judeo cristiano de lo sagrado, en el sentido de un universo establecido *a priori*. Para la religión y la cosmogonía andinas, según Astvaldsson, lo sagrado debe entenderse en relación a varios factores: el ambiente socio cultural del cual emerge, el proceso a través del cual las deidades son honradas y veneradas y el discurso contenido en mitos e historias usadas por las mismas personas para dar sentido a sus creencias. Esta aproximación a lo sagrado –siguiendo a su vez los postulados de Mol –, pone el énfasis no en una situación dada, sino en el proceso[55] que moldea la historia y la va modificando. Por lo tanto el concepto de huaca es dinámico y contextual.

Si intersectamos el universo inclusivo de la huaca con las figuras de los santos, nos encontramos con un caso de introducción exitosa, explicada según Marzal por las formas en que se llevó a cabo la catequización. Los santos serían, para los indios una suerte de huacas móviles, las cuales eran depositarias de ofrendas, al igual que los santos que los misioneros traían consigo. El santo, escuchaba a los indios y les hacía milagros, la misma

53. Kenneth Andrien, *Andean Worlds: Indigenous history, culture and consciousness under Spanish rule. 1532-1825*, Albuquerque, University of New Mexico Press, 2001, p. 157.

54. Tamara Bray, *Andean Wak'as and Alternative Configuration of Persons, Power and Things*, en *The Archaeology of Wakás. Explorations of the sacred in the Precolumbian Andes*, ed. Tamara Bray, Boulder, University of Colorado Press, 2015, p. 8.

55. Astvaldsson, *Waka*, p. 69.

función que cumplirían las huacas tradicionalmente. Para Ricardo González, esta flexibilidad para incorporar – y eventualmente descartar – santos a un patrón ritual más o menos invariable se relaciona con la función de las huacas, «desarrollada a lo largo de las primeras décadas de la conquista, pero persistente hasta hoy».[56]

8. *Reflexiones finales*

Con todo lo hasta aquí someramente expuesto, podemos decir que la figura de Santiago en soportes transportables y asociada a elementos que han sido tradicionalmente significados y resignificados como sagrados, es poderosa y exitosa en su circulación. Los retablos que hemos presentados pueden ser leídos como sagrados desde diferentes contextos. Para el cristiano más ortodoxo, el retablo conteniendo la figura de Santiago puede ser sagrado en sí mismo, por contener una figura que representa, en forma naturalista, a un apóstol de Cristo. Al mismo tiempo, el retablo apela a la tradición cristiano occidental, convirtiéndose, entonces, en un objeto nemotécnico asociado a esta religión histórica. Al dejar entrar a otros elementos al espacio sagrado del retablo, estos también se sacralizan y al asociar a un santo con una huaca, la figura resultante es capaz de funcionar tal como lo hacía en las dos tradiciones anteriormente: favoreciendo a sus feligreses y produciendo milagros. Esta manifestación de lo sagrado a través de estos objetos sería, según Marzal la explicación al éxito rotundo de los santos en el Mundo Andino.[57]

Desde el punto de vista de la mentalidad andina, este objeto compuesto (el retablo y las figuras de santos albergadas en la caja) está permanentemente sujeto a un proceso de sacralización. Santiago es parte del mundo natural en la medida que se relaciona con los fenómenos meteorológicos y con el ganado, pero también del sobrenatural porque tiene poderes para proteger de las inclemencias del clima y proporcionar salud y bienestar. Las huacas son, entonces, objetos de una naturaleza mediadora, objetos capaces de establecer vínculos entre el mundo de la tierra y el de los cielos. Una piedra que lleva dibujada y pintada la figura de Santiago es capaz, asimismo, de representar tanto en forma icónica como material la unión de la tierra con el cielo. Desde el animismo de personas, lugares y cosas, las huacas tenían un poder sobre-

56. González, *El cristianismo y la religión andina*, p. 445.
57. Manuel Marzal, *Religiones Andinas*, Madrid, Editorial Trotta, 2005.

natural y protector. Este último rol es el que jugaban las huacas en tanto tales y Santiago en tanto patrono del Mundo Andino. Por lo que llevar consigo piedras y más aún si representaban al apóstol, podía ser leído como garantía o protección frente a las pesadumbres.

La cajita que alberga a Santiago es también un objeto que, al acompañar al viajero o en la cotidianeidad del hogar, tiene su propia agencia. La introducción de piedras en el retablo constituye una práctica contemporánea y propia de la identidad andina en su constante producción de objetos sagrados, producción simbólica que está abierta a nuevos contextos. Las prácticas contemporáneas de los artesanos (y de los usuarios) andinos nos permiten adivinar desde esta visibilidad, prácticas que venían llevándose a cabo a través del tiempo. Las piedras y retablos de este proceso no son simbólicos, sino que en su sacralidad material son la misma divinidad. Por eso es que los artesanos y los usuarios le hacen ofrendas, les hablan y creen que al tocar la materia están relacionándose con una realidad sagrada. Esta gran proliferación de Santiagos (así como Isidros, Antonios y Bautistas) pareciera ser una de las formas andinas de sobrevivir en forma creativa a los nuevos desafíos que van surgiendo. Los objetos, entonces, se convierten en una suerte de testamento en una posta en el espacio geográfico, pero también en el tiempo, constituyéndose en punto de encuentro entre las generaciones.[58]

Como se puede apreciar, tanto la iconografía resignificada de un apóstol de Cristo que se aparecía en el cielo para ayudar a los españoles pero que fue luego asociada a Illapa, dios del trueno y del rayo; como la materialidad de estos retablos y piedras consideradas sagradas en tanto herederas de la tradición andina, colaboraron en la valoración de estos objetos votivos en el espacio geográfico de nuestro interés. La gran producción se explica por esta popularidad y su presencia en tantos lugares públicos y privados se entiende también por su fácil portabilidad en un mundo donde la movilidad se constituye en una característica intrínseca. Junto con la simbología del apóstol de Cristo que se instala en estas tierras, la materialidad en que se encarna colabora en su éxito y en el traspaso geográfico y trans generacional de esta forma andina de vivir la religión.

58. King, *Material Religion and Popular Culture*, p. 4.

Fig. 1. Retablo de Santiago Matamoros y santos. Finales del siglo XIX. MUSEF, La Paz, Bolivia. Fotografía de Olaya Sanfuentes.

Fig. 2. Piedra pintada con la figura de Santigao Matamoros. Finales siglo XIX-principios del siglo XX. MUSEF, La Paz, Bolivia. Fotografía de Olaya Sanfuentes.

María Carolina Odone Correa

Trazas de memorias desde dos cajas de madera de San Antonio de Padua en la iglesia y capilla de San Pedro Estación*

1. *Presentación*

En los altares de la iglesia y capilla de la localidad de San Pedro Estación, poblado situado en el desierto de Atacama a 3.240 m. s.n.m. y a 80 km. de la ciudad de Calama se encuentran seis cajas de madera o retablos que en su interior tienen la imagen de bulto de San Antonio de Padua (figs. 1 y 2).

Ellas están compuestas de un solo recinto y el santo está situado en el centro, sobre un pedestal, de pie, sosteniendo, en uno de sus brazos al niño y, en el otro, un ramo de flores. Las cajas tienen dos puertas que se abren y cierran, aunque siempre las puertas están abiertas. San Antonio tiene un hábito pintado de color azul oscuro que está decorado, generalmente, con puntos de color blanco. Sobre él lleva una capa de tela. Al santo lo acompañan pequeñas figuras de llamas, ovejas y corderos. El techo de las cajas no es volumétrico y es de dos tipos, unas tienen techo liso y otras tienen una pequeña estructura semicircular adosada en la parte frontal superior de ellas. Las cajas están pintadas, alternándose juegos cromáticos de colores amarillo, azul, blanco, rojo y verde, en distintas combinaciones, y aplica-

* Este trabajo forma parte de los resultados preliminares de mi proyecto FONDECYT de postdoctoral N°3160256, «Lo perdido, las memorias y sus representaciones en los Andes del Sur. Explorando caminos desde las urnas de San Antonio de San Pedro Estación (Cuenca San Pedro-Inacaliri, II Región Antofagasta)». Parte también de los resultados de este proceso de investigación se encuentran, actualmente, en Carolina Odone, *Mirar desde las urnas de San Pedro Estación: representaciones de lo sagrado, las memorias, lo perdido y sus registros (Cuenca San Pedro-Inacaliri)*, ed. MUSEF, Anales de la XXXI Reunión de Etnología, La Paz, MUSEF, 2017, pp. 171-182.

Fig. 1. Vista del altar de la iglesia. Fotografía Carolina Odone, 2015.

dos sobre los techos, marcos y puertas. A su vez, sobre la base de la pintura de techos, marcos y puertas, se alternan motivos de flores y figuras geométricas coloreadas con combinaciones de los colores ya señalados.

Las cajas de madera presentan un "sentido del adorno" que las hace resaltar y les otorga una identidad o personalidad que permite reconocerlas como objetos importantes de los altares de la iglesia y la capilla. Estos objetos no son superfluos, ellos manifiestan y expresan la devoción a San Antonio de Padua, y sus adornos les otorgan un brillo que permite pensar que allí estaría su significado social: «el ser para los demás, la dedicación a los demás».[1]

Sin embargo, las cajas de madera de la localidad de San Pedro Estación no sólo pueden ser consideradas como objetos que condensan o contienen una función, puesto que la utilidad de cualquier objeto «sustenta siempre un sentido».[2] Por ello, estas cajas de madera «no nos dan lo que son de una

1. Georg Simmel, *Sociología. Estudios sobre las formas de socialización*, Madrid, Espasa-Calpe, S.A., 1992, p. 361.

2. Roland Barthes, *La aventura semiológica*, Barcelona, Ediciones Paidos, 1990, p. 255.

Fig. 2. Vista del altar de la capilla. Fotografía Carolina Odone, 2015.

manera franca, declarada»,[3] y es que el sentido de los objetos «es siempre un hecho de cultura, un producto de la cultura».[4]

Este trabajo se propone indagar en las memorias que soportan estos objetos, poniendo atención a lo que las cajas pueden decir ya que ellas tienen una vida social inserta en la historia de la localidad de San Pedro Estación.

2. *San Pedro Estación y la fiesta de San Antonio de Padua*

Las cajas de madera viven en la iglesia y capilla del pueblo y comunidad Quechua de San Pedro Estación, la que logró el 8 de junio del año

3. *Ibidem*.
4. *Ibidem*.

Fig. 3. Ingreso a San Pedro Estación, al fondo los volcanes San Pedro y San Pablo. Fotografía de Martin Rees Odone, 2016.

2000, por medio de la Ley Indígena N° 19.253, la constitución jurídica de comunidad.[5] El poblado está conformado por

> dos Sedes Sociales, una cocina comunitaria,[6] dos iglesias, una pequeña plaza, la estación de ferrocarril.[7] Las construcciones destinadas para el hogar están hechas de piedra y techos de paja, la mayoría tienen estancias y hornos de barro y piedra. Los materiales exógenos consisten en calaminas sobre los techos, situados para proteger la vivienda de la lluvia.[8]

5. Instituto Nacional de Derechos Humanos (INDH), *Informe Misión de Observación Alto El Loa, 9 al 12 de agosto 2013*, Santiago, Instituto Nacional de Derechos Humanos, 2014, p. 7.

6. Actualmente hay otra cocina comunitaria que funciona al interior de una de las sedes sociales.

7. La estación de ferrocarril corresponde al antiguo trazado de la ruta del Ferrocarril Antofagasta-La Paz de 1888. Inicialmente fue un tren de carga y a comienzos del siglo XX fue también un tren de pasajeros. A partir de la década de 1980, dejo de ser un tren mixto para transportar sólo carga. Hoy en día el Ferrocarril de Antofagasta (FCAB) pertenece al grupo minero Antofagasta PLC, "Chilean Copper Mining Group".

8. Lilibeth Choque, José Mamani, Mario Mamani, Rodrigo Moreno (Ms), *Informe Monografía Reconstrucción histórica del pueblo de San Pedro Estación*, Calama, junio 2008, p. 5.

Fig. 4. Vista de San Pedro Estación. Fotografía de Martin Rees Odone, 2016.

Fig. 5. Desde la estación de tren. Fotografía de Martin Rees Odone, 2016.

Hoy en día

> el pueblo está deshabitado, pero los comuneros visitan constantemente el pueblo para las fiestas ceremoniales y actividades de limpieza y cuidado del sector. Sólo habitan trabajadores del ferrocarril para realizar mantenciones en las líneas férreas. Sin embargo, existe una alta movilidad en el pueblo, los comuneros se organizan para transformar las construcciones deshabitadas.[9] (figs. 3, 4 y 5)

Fig. 6. San Antonio de Padua, el santo grande. Fotografía de Martin Rees Odone, 2016.

La historia de la gente que ha habitado y habita San Pedro Estación ancla en procesos migratorios forzosos protagonizados por familias que, entre las décadas de 1960 y 1970, se vieron obligadas a dejar sus lugares de origen debido a la desecación de los cursos de agua de los parajes donde vivían causada ésta por trabajos de empresas mineras.

Esta historia de traslados y migraciones forzosas fue reuniendo a familias procedentes de pequeños poblados emplazados en espacios cercanos a Estación San Pedro,[10] todos ellos situados en la cuenca del río San Pedro, siendo un lugar relevante el poblado situado

> a 26 kilómetros al este, en el pueblo denominado Ojos de San Pedro, nombre que recibe por los ojos de agua o vertientes que alimentaban la laguna. Ahí vivieron los abuelos y los actuales comuneros de San Pedro Estación en la década de los 60', subsistían de la ganadería, pastando su ganado en los bofedales y campos de mayor altitud, además intercambiaban productos como carne, tejidos, bayetas, cortes, frazadas, sogas y trenzados con los pueblos aledaños como Cupo, Caspana, Toconce, para obtener vegetales y fruta.[11]

9. *Ibidem*, p. 7.

10. La localidad se compone por los comuneros que migraron de Ojos de San Pedro, Agua Larga, Colana, Cavana, y el Veinte (*ibidem*, p. 10 y 19).

11. *Ibidem*, p. 5. Hoy en día Ojos de San Pedro es un lugar en ruinas que está siendo recuperado por la familia Ramos Mendoza descendiente de los antiguos pobladores de Ojos.

Fig. 7. La iglesia de San Pedro Estación. Fotografía de Carolina Odone, 2015.

Fig. 8. La capilla de San Pedro Estación. Fotografía de Carolina Odone, 2015.

La localidad de San Pedro Estación tiene como patrono a San Antonio de Padua y, cada 12 y 15 de junio, sus habitantes acuden a celebrar su fiesta. Cada año, las familias eligen a sus alféreces o pasantes de la fiesta, y ellas tendrán a su cargo la realización de la misma. Dado que en San Pedro Estación existe una iglesia y una capilla, cada una de ellas tendrá sus respectivos pasantes, y como la fiesta dura varios días, más de una pareja de pasantes es elegida. Durante un año las familias de los pasantes se encargarán de reunir el dinero y preparar sus distintos compromisos para que la festividad se desarrolle (figs. 6, 7, 8).

La fiesta se celebra desde el año 1971 y tiene una temporalidad construida por actividades, celebraciones y ritos. El día 11, los fabriqueros[12] se dedican a la limpieza de la iglesia y la capilla, al aseo de las imágenes y a vestirlas. Además se adornan ambos recintos, al igual que el pueblo. Los que llegan van a saludar a San Antonio, figura escultórica tridimensional que se encuentra en la iglesia. Y a su vez, saludan, con incienso, a las cajas de madera tanto de la capilla como de la iglesia. Cerca de las 10 de la mañana, en la iglesia, se efectúa la "wilancha o challa" de uno o dos animales.[13] Ese mismo día, una de las familias de San Pedro Estación, la familia Ramos Mendoza, viaja a Ojos de San Pedro para celebrar a sus abuelos o antepasados. En la noche, en las dos sedes sociales, se efectúa el "wake".[14] El día 12, el poblado comienza a animarse con la llegada de más habitantes. Los que llegan, tienen que visitar el calvario, el cementerio y las iglesias, y saludar a las imágenes. Al atardecer, en cada una de las sedes sociales, se realiza la "entrada de

12. Son los encargados de la iglesia y la capilla y cuidan sus imágenes.

13. «Wilancha es la ofrenda mayor a las divinidades de la naturaleza» (Javier Vilca, *Al reencuentro con la pachamama*, Iquique, Oñate Impresores, 2012, p. 26. "Challar", del aymara, «Cchallatha; rociar, asperjar» (Ludovico Bertonio, *Vocabulario de la lengua aymara*, Impreso en La Casa de la Compañía de Jesús de Juli en la provincia de Chucuito por Francisco del Canto, 1612, p. 75). Uno o dos animales son sacrificados y su sangre es asperjada.

14. «Es el rito en el cual se ofrenda ("pago") y agradecer a las divinidades, a las 'almas' y a las 'antigüedades' ('abuelos', 'ante abuelos' y rey Inka) [...] el "waki" comprende necesariamente la existencia de alcohol, vino o "tinka", hojas de coca y el acto de asperjar estos ingredientes» (Victoria Castro y Varinia Varela, *Ceremonias de tierra y agua. Ritos milenarios andinos*, Santiago, Fundación Andes y Fondo de Desarrollo de la Cultura y las Artes, FONDART, 1994, p. 107). Todos los ingredientes, junto a harina de maíz, se colocan y asperjan en unos cántaros de cerámica. Cuando éstos están llenos, dos varones salen de cada una de las sedes sociales con las ofrendas, las que son entregadas a la "pachamama" y a los volcanes San Pedro y San Pablo.

Fig. 9. Los San Antonio y las urnas o cajas de madera bendecidas antes de iniciar la procesión. Fotografía de Carolina Odone, 2015.

cera".[15] En la noche, fuera de la iglesia y la capilla se enciende la luminaria y a las 00:00 se le canta el cumpleaños al santo.

El día grande de la fiesta, el 13, comienza con el alba, donde las bandas de músicos van a saludar a los santos de la iglesia y la capilla. Una vez que finalizan los homenajes, se efectúa el desayuno comunitario. Cerca de las 11 de la mañana se desarrolla la misa central en honor al patrono del pueblo. Y luego la procesión, fuera del recinto de la iglesia, para después caminar con los santos por todo el pueblo, efectuándose distintas paradas, cada una de

15. La "entrada de cera" es una ceremonia asociada con el "wake". Sobre una mesa, dispuesta con un mantel, se colocan velas, flores, hojas de coca, harina de maíz y azúcar. La mesa está presidida por los alféreces. Cada uno de los asistentes tiene que pasar una o varias veces a la mesa, y aspejar alcohol y hojas de coca sobre las velas y las flores, junto con llenar los contenedores del "wake". Posteriormente, las velas y las flores se llevarán a la iglesia.

Fig. 10. Vista de la procesión. Fotografía de Carolina Odone, 2015.

Fig. 11. Vista de las urnas durante la procesión. Fotografía de Carolina Odone, 2015.

Fig. 12. En el cementerio. Fotografía de Carolina Odone, 2016.

ellas con sus propios protocolos. El santo grande es transportado en andas, y las esculturas medianas y pequeñas de San Antonio también son trasladadas, pero en brazos, por miembros de la comunidad. Y las urnas o cajas con los San Antonio caminan, en andas, por los alrededores del pueblo, escuchando y acompañando la procesión (figs. 9, 10 y 11).

Durante el trayecto se van efectuando diversas paradas o descansos, y en cada uno de ellos, las urnas son "challadas"[16] con papel picado de colores, aprovechando también los asistentes de depositarles hojas de coca, las que se mantendrán al interior de las urnas, sin ser retiradas. Al finalizar la procesión, las cajas de madera con los San Antonio, junto a las imágenes grandes y medianas también del santo, regresan a la iglesia y la capilla, y son bendecidas por el sacerdote. Hacia las 15 horas todos los asistentes son invitados al almuerzo comunitario que ofrecen los alféreces o pasantes de la fiesta. Al anochecer las celebraciones continúan, en cada una de las sedes, con una fiesta con música orquestada, además de las luminarias que se encienden frente a cada una de las iglesias, espacio que se acompaña con alcohol.

16. Del aymara, «Cchallatha; rociar, asperjar» (Bertonio, *Vocabulario de la lengua aymara*, p. 75).

Fig. 13. Vista de la urna de San Antonio de Padua existente en la iglesia. Fotografía de Carolina Odone, 2015.

El día 14 es la romería al cementerio, momento en que las distintas familias que están en San Pedro Estación se dirigen caminando hacia el cementerio para saludar y homenajear a sus seres queridos (fig. 12).

Todos se encuentran y comparten con sus familias, parientes y amigos, bailando, comiendo, bebiendo y escuchando los sones de las bandas de músicos que van a cantarle a los difuntos. El día 15 la fiesta de San Antonio culmina con la cacharpaya o la despedida.

3. *Los san antoninos en dos cajas de San Pedro Estación*

Se mencionó que en la iglesia y capilla de la localidad de San Pedro Estación hay seis cajas o urnas de madera que contienen a San Antonio de Padua. Para efectos del presente trabajo prestaré atención a dos de ellas, las que respectivamente se ubican en la iglesia y la capilla.

La urna situada en la iglesia tiene un techo formado por un arco y dos puertas batientes (fig. 13).

Fig, 14. Cara posterior de la urna de San Antonio de Padua. Fotografía de Carolina Odone, 2015.

Tiene un solo recinto en donde San Antonio está de pie sobre un pedestal, vestido con un hábito azul adornado con flores blancas. No lleva capa. En uno de sus brazos sostiene al niño y, en otro de sus brazos, sostiene un ramo de flores. A los pies se sitúan dos animales, una oveja y un cordero. En una de las esquinas, se reconoce la figura de un moro.[17] El interior de la caja está pintada de un color rosa pálido, con flores blancas y sus tallos y hojas verdes. El arco del techo es de color verde oscuro, con círculos y flores blancas pintadas. El marco exterior de la caja está pintado de color azul oscuro y, sobre él, tiene círculos pintados de color blanco, además de pequeñas líneas, entre los círculos, de color rosado dorado. El arco interno de la caja está pintado de color amarillo y tiene flores rojas y puntos verdes. Las puertas tienen una franja superior e inferior de color rojo, con puntos blancos. La parte central de las puertas es de color amarillo, al centro tiene

17. Si bien la representación del moro podría estar aludiendo a la evangelización de San Antonio de Padua en Marruecos, en espacios del sur de Bolivia la figura del moro está asociada a contextos de suerte o buena fortuna, comunicación personal, Varinia Oros, agosto 2017.

Fig. 15. Vista de la urna de San Antonio de Padua existente en la capilla. Fotografía de Carolina Odone, 2015.

Fig. 16. Cara posterior de la urna de San Antonio de Padua. Fotografía de Carolina Odone, 2015.

una flor roja de cuatro pétalos, rellenados con color amarillo, junto a hojas y tallos verdes. Cada una de las flores tiene un capullo de flor situado en la parte superior. Las puertas tienen dos bisagras de fibra de lana o de algodón. Al cerrase la caja se reconoce que está pintada de un color celeste intenso, observándose la madera de fondo (fig. 14).

La caja situada en la capilla tiene un solo recinto, su techo es liso pintado de color rojo y sobre él, se colorearon círculos blancos (fig. 15).

El marco exterior de la caja está pintado de color verde oscuro y decorado con círculos de color blanco. El arco interno de la caja está pintado de color rojo y sobre él se dibujaron motivos de ondulaciones, flores y hojas verdes. Los marcos del arco interno son de color verde oscuro con puntos de color blanco. Las puertas tienen una franja superior e inferior de color rojo, con ondulaciones pintadas de blanco. Luego una franja intermedia, superior e inferior, de color azul, pintada con motivos de formas fitomorfas y puntos blancos. El centro de la cara interna de las puertas es de color amarillo con una flor pintada, semejante a una rosa, con hojas de color verde, y sobre ellas, una flor en capullo. Las puertas están sujetas al marco exterior de la caja por unas bisagras de metal, lo que indica que fueron reparadas, dado que en los extremos superiores o inferiores, las puertas tienen huellas de dos orificios por donde habría pasado una cuelga de fibra de lana o de algodón que permitía encajar y unir las puertas con la caja y cerrarla.

En esta urna, San Antonio está de pie sobre un pedestal y vestido con hábito de color azul, el que está adornado con flores blancas. Una capa de tela de color rosa pálido, con ribetes y flores doradas, lo cubre. Lleva al niño en uno de sus brazos. Flores blancas, celestes, rosa oscuro y rojas, elaboradas con tela, lo rodean. A los pies del santo se distinguen tres pequeñas figuras de animales: una llama, una oveja y un cordero. Se observa que "chayas"[18] y hojas de coca están depositadas a los pies de los animales. El interior de la caja está pintado de un color verde musgo claro, y sobre él, se presentan flores pintadas, como espigas, de color blanco. Las caras posteriores de la caja están pintadas de un color rosado pálido, observándose la madera de fondo (fig. 16).

Estas cajas de madera son soportes pertinentes a guardar algo, al santo, el que está en el centro y acompañado por figuras de animales en miniatura. En las cajas predominan los colores verdes, rojo, amarillo y azul, colores

18. Papel picado de colores.

luminosos e intensos. De acuerdo a los planteamientos de la antropóloga Verónica Cereceda esta cromática de los colores «en comunidades de habla aymara» refiere a "allqa" como

> una oposición tonal, es decir, a la presencia simultánea y yuxtapuesta de dos tonos que en las artes plásticas son llamados generalmente, 'colores complementarios' (rojo/verde, azul/naranja, amarillo/morado, etc., saturados y espectrales), o a combinaciones de tonos que se acercan convencionalmente a esta oposición.[19]

Los colores que visten las cajas permiten proponer que las relaciones entre éstos se afirman en la presencia tanto de tonos opuestos como de varios colores diferentes. Este lenguaje plástico "allqa" en comunidades de habla aymara es utilizado para realzar valores como la sabiduría, la inteligencia y la experiencia.[20] Lo que permite proponer que los colores que cubren las cajas se corresponden o bien realzan lo que en su interior se guarda, San Antonio, un santo que además, en el contexto de San Pedro Estación y áreas vecinas, tiene un lugar particular.

San Antonio de Padua era franciscano, de origen portugués, que se embarcó a Marruecos para evangelizar a los moros. Allí enfermó, viéndose obligado a regresar a Portugal. Sin embargo, su embarcación sufrió un revés con las tormentas, recalando en las costas italianas. Luego de una larga travesía llegó a Asti, vivió en el convento, falleciendo en Padua hacia 1231, destacándose como un caminante y un predicador.[21]

En América su devoción fue patrocinada por los franciscanos luego del Tercer Concilio Limense (1582-1583), donde se sistematiza la acción misional, el cómo hacer la evangelización, cobrando un valor central el uso de imágenes, reliquias, símbolos y objetos sagrados. Se establece que:

> su iconografía se fijó en el Concilio de Trento, a mediados del siglo XVI, y que corresponde a una espiritualidad o piedad postridentina. Uno de los elementos que da cuenta de ello es la rama de lirio, símbolo que comenzó a usarse después del siglo XVI.[22] (Figs. 17 y 18)

19. Verónica Cereceda, *A partir de los colores de un pájaro*, en *De los ojos hacia el alma*, La Paz, PLURAL editores, 2017 [1990], p. 59.

20. *Ibidem*, p. 67.

21. Héctor Schenone, *Iconografía del arte colonial*, t. I y II., Buenos Aires, Fundación Tarea, 1992.

22. Juan Manuel Martínez, *Arte y culto. El poder de la imagen religiosa*, Santiago, DIBAM, Museo Histórico Nacional, 2011, p. 38.

Fig. 17. Lienzo de San Antonio de Padua de Juan van der Hamen y León. Gentileza de Peter Mason.

Señala el historiador Jaime Valenzuela, para el ámbito de los Andes del Sur, que la catequesis franciscana dirigida a la evangelización de las gentes indias no tenía, en el siglo XVI, como devoción central a San Antonio de Padua sino que a San Francisco y la Virgen María, la que básicamente se realizaba a través del

> uso de lienzos y sermones alegóricos alusivos a la representación de san Francisco recibiendo los estigmas de Cristo, que servían para 'recordar' a los religiosos y fieles este rasgo de la espiritualidad de la Orden y su identificación con la pasión y los sufrimientos de Jesús.[23]

La producción de imágenes asociadas a la devoción a San Antonio de Padua en los Andes del Sur, particularmente en Charcas colonial, está asociada

23. Jaime Valenzuela, *«...que las ymagenes son los ydolos de los christianos». Imágenes y reliquias en la cristianización del Perú (1569-1649)*, en «Jahrbuch für Geschichte Lateinamerikas», 43 (2016), p. 46.

a las iglesias y conventos franciscanos existentes, a partir de la segunda mitad del siglo XVI, en las ciudades de La Paz, Potosí, La Plata o Sucre y Tarija, las que conformaban parte de la provincia de San Antonio de los Charcas, sobresaliendo la producción de imaginería religiosa de la Villa Imperial de Potosí, particularmente asociada a las poblaciones indígenas que trabajaban en las minas de plata del "Cerro Rico" y la ciudad de Chuquisaca o Sucre, capital de la Audiencia de Charcas.[24] A su vez, la presencia de imágenes de bulto encajonadas se reconoce a partir de 1580, observándose que las cajas con sus imágenes no sólo están insertas en contextos de evangelización temprana, como misas, sino que también se encuentran al interior de las casas de las gentes indias. Se detecta que hacia la segunda mitad del siglo XIX, la producción de cajones de madera es una producción artesanal muy difundida y popular, sobre todo en espacios rurales.[25]

Fig. 18. Lienzo de San Antonio de Padua de Francisco de Zurbarán. Gentileza de Peter Mason.

Actualmente, el Museo Nacional de Etnografía y Folklore de La Paz (MUSEF), conserva una hermosa colección de cajas de madera, las que están datadas para el periodo republicano tardío o fines del siglo XIX. Su manufactura está adscrita a una escuela de producción popular. La madera utilizada para su elaboración es maguey, «clavada y encolada, y policromada al óleo».[26] Las figuras de animales están realizadas con pas-

24. Enrique Finot, *La cultura colonial española en el Alto Perú (Apuntes para una Historia del Arte Colonial en Bolivia)*, en «Revista de Arte», 4/21 (1939), pp. 3-16.

25. Odone, *Mirar desde las urnas de San Pedro Estación.*

26. Varinia Oros, *Retablos y piedras santos. La materialidades de las wak'as*, La Paz, Museo Nacional de Etnografía y Folklore, 2015, p. 41.

ta de yeso y pintadas con pigmentos al óleo. Y la imagen de San Antonio es tallada y policromada.[27]

Por otra parte, y en la ciudad de Cochabamba, similares y hermosas cajas de madera forman parte de las colecciones del Museo Arqueológico de la Universidad Mayor de San Simón de Cochabamba (UNIAM-UMSS). Se las denomina cajón boliviano y gran parte de su decoración presenta «el ornamento floral como elemento estético tanto para [...] las puertas laterales y el fondo del cajón».[28] Igualmente contienen pequeñas imágenes de animales elaboradas con yeso.[29]

En Bolivia, los cajones de madera forman parte de un tipo de imaginería popular, hasta el día de hoy, muy importante y vigente. En sectores rurales, los cajones «reciben diferentes nombres regionales como [...] Caja de imagineros, Tata cajoncitos, Mama Cajoncitos». Las imágenes eran elaboradas por imagineros o santeros, como los maestros Filiberto Mendoza y Benigno Sandoval, quienes a mediados de la década de 1990 aún mantenían sus talleres en la ciudad de Tarabuco (departamento de Chuquisaca).[30] Diversas imágenes eran realizadas como San Santiago, la Virgen, Cristo, San Juan Bautista, San Marcos, San Isidro y San Antonio de Padua, los que se acompañaban de figuras más pequeñas, incluso, miniaturas, como aves, animales, figuras de carnaval, y figuras del moro. Los materiales utilizados eran piedra, madera y yeso. Una particular elaboración se aprecia en las figuras de yeso puesto que se trataba de una pasta preparada con un tipo de papa que se hacía hervir, luego se molía, se mezclaba con yeso y finalmente la pasta se pintaba.[31]

De este modo, se reconoce una fuerte tradición de producción de cajones de madera en la zona sudeña, en departamentos como los de Cochabamba, Chuquisaca y Potosí, que tenía una importante acogida en sectores rurales y más que objetos en serie se consideraban objetos que

27. *Ibidem*, pp. 41, 43, 49.

28. Leonardo Sánchez y Oscar Gracia, *Cajones. Arte popular y memoria religiosas*, Cochabamba, Instituto de Investigaciones Antropológicas y Museo Arqueológico, UMSS, 2013, p. 13.

29. *Ibidem*.

30. Freddy Taboada, *Arte popular religioso con tradición rupestre* en *Reunión Anual de Etnología XI*, La Paz, MUSEF, 1997, t. 1, pp. 220, 230 y 239.

31. María Elena del Solar, *Cajón San Marcos. El Retablo Ayacuchano. Un arte en los Andes*, Lima, Instituto de Estudios Peruanos, Museo Nacional de Antropología, Arqueología e Historia, 1992; Sánchez y Gracia, *Cajones*; Oros, *Retablos*.

respondían a una manufactura artesanal.[32] Los cajones más antiguos serían de maguey y ya avanzado el siglo XIX se elaboraban con las cajas que se utilizaban para trasladar medicamentos. Los colores usados eran, generalmente, los amarillos, rojos, verdes y azules fuertes e intensos. Elementos ornamentales distintivos era los motivos fitomorfos. Esta tradición de producción de cajones de madera se diferencia de la tradición de producción de los retablos ayacuchanos y cajones San Marcos, elaborados, hasta el día de hoy, en Perú.[33] Respecto de los lugares de producción, se reconoce que en la región sudeña, para la colonia temprana, en La Plata, hoy Sucre, en Potosí, Cochabamba y Tarija, ya funcionaban talleres indígenas de producción de pequeñas imágenes o imágenes de bulto elaboradas «en maguey-pasta-tela encolada».[34]

La producción de imaginería religiosa de estos espacios estaba destinada a las demandas de los mercados urbanos y rurales. No era cualquier artesano el que manufacturaba imágenes destinadas a los cajones. Para el ámbito del Perú, José María Arguedas sugiere que los escultores eran imagineros o santeros. Ellos modelaban las imágenes para indios y mestizos. Incluso reconoce que los retablos, los cajones para el ámbito de Bolivia, eran trabajados a pedido de los usuarios que habitaban espacios urbanos y rurales. Señala que las

> cruces, los "San Antonios", las figuras de yeso para "Nacimientos", las figuras de santos muy pequeñas, que sirven de amuletos y que se denominan "Santolinos" son las formas que el "escultor" modela.[35]

Las similitudes formales y ornamentales entre las urnas de San Pedro Estación y los cajones de Bolivia me permiten proponer que las urnas de San Pedro Estación encajan dentro del corpus de objetos cajas o cajones de Bolivia, y por ende se pueden asociar a una tradición de factura estética propia de algún espacio de la zona sudeña.

32. Comunicación personal Varinia Oros, agosto 2017.

33. Sánchez y Gracia, *Cajones*, pp. 10-11.

34. Pedro Querejazu, *La escultura en el Virreinato del Perú y la Audiencia de Charcas*, en *Pintura, escultura y artes útiles en Iberoamérica, 1500-1800*, coordinador Ramón Gutiérrez, Madrid, Cátedra, 1995, p. 267.

35. José María Arguedas, *Notas elementales sobre el arte popular religioso y la cultura mestiza de Huamanga*, en *Formación de una cultura nacional indoamericana*, México, Siglo Veintiuno Editores, 1998, p. 162.

4. *Trazas de recorridos de los santolines en sus urnas o cajas*

¿Cómo llegaron las cajas de San Antonio de Padua a la localidad de San Pedro Estación? Esta interrogante es aún una pregunta abierta. Pero sería posible pensar en ciertas trazas o hilos de recorridos.

San Pedro Estación, a fines del siglo XIX y las primeras décadas del siglo XX, era retratada como un "lugarejo", situado en el margen sur del río San Pedro, y que ocupaba un lugar importante en el entramado del ferrocarril o línea férrea que partía desde Antofagasta, penetrando a Bolivia, hasta Oruro y La Paz. Asociada además a otros espacios vecinos, situados al norte de la misma, como las estaciones de Polapi, Ascotán y Cebollar, relacionadas con la explotación y acopio de bórax o borato.[36] Siendo también un importante lugar de acopio de los llareteros que trabajaban en los cerros cercanos, extrayendo, transportando y vendiendo llareta destinada a las actividades mineras-industriales de la región.[37] A su vez, y desde una perspectiva de larga duración se reconocen dinámicas de interacción y vinculaciones, desde tiempos prehispánicos, entre poblaciones indígenas que habitaba en la cuenca San Pedro-Inacaliri y poblaciones indígenas del altiplano boliviano de Nor y Sud Lípez.[38]

Los comuneros y comuneras de San Pedro Estación señalan que su historia está ligada con la cuenca de Ojos de San Pedro (fig. 19).
Se reconoce que

> los recursos de esta cuenca estuvieron marcados principalmente por la yareta, cl Azufrc y cl agua, siendo considerados, en los dos primeros, en vías de extinción, y el tercero como uso exclusivo para el funcionamiento de la Minería.[39]

Se establece que «a partir de 1970 [...] comienza la gran migración de Ojos de San Pedro».[40] Más la migración tendría trazas anteriores, detectables ya en 1955 cuando

36. Enrique Espinoza, *Jeografía descriptiva de la República de Chile*, Santiago, Imprenta i Encuadernación Barcelona, 1897, pp. 105-106; Luis Risopatrón, *Diccionario geográfico de Chile*, Santiago, Imprenta Universitaria, 1924, p. 815.

37. José Bengoa, *La memoria olvidada. Historia de los pueblos indígenas de Chile*, Santiago, Publicaciones del Bicentenario, 2004, p. 207.

38. José Luis Martínez, *Asentamientos y acceso a recursos en Atacama (s. XVII)*, en «Serie Nuevo Mundo: cinco siglos», 5 (1990), pp. 13-62.

39. Choque, Mamani, Mamani, Moreno, *Informe Monografía*, p. 4.

40. *Ibidem*, p. 6.

Fig. 19. Vista de Ojos de San Pedro. Fotografía de Carolina Odone, 2016.

> una cuadrilla de "Bulldozers de la Chile Exploration Company", arrasó con la Iglesia del pueblo en busca de la vena subterránea de agua. A partir de ese año, se fue secando paulatinamente la Laguna Ojos de San Pedro, migrando masivamente la comunidad hacia la Estación San Pedro, ya que era imposible seguir con las costumbres de la economía ganadera.[41]

De este modo

> la captación de las aguas de la cuenca del San Pedro provocó un desastre ambiental en la extensa vega y laguna Ojos de San Pedro [...] La extracción de las aguas [...] obligó a las familias indígenas allí asentadas a abandonar las tierras que les habían legado sus antepasados. Los últimos habitantes se refugiaron en la estación San Pedro.[42]

En el poblado de Ojos de San Pedro, situado en una extensa vega, sus pobladores se dedicaban, mayoritariamente, a la reproducción y manten-

41. *Ibidem*.

42. Nancy Yañez y Raúl Molina, *La gran minería y los derechos indígenas en el norte de Chile*, Santiago, LOM Ediciones, 2008, pp. 186-187.

ción de ganado, como llamas, corderos y ovejas, además de burros. Para estos habitantes, San Antonio de Padua tenía un lugar especial puesto que era el patrono de las mulas, de las llamas y de los animales domésticos o criados. Es decir, era un santo asociado a la producción ganadera.[43] A San Antonio se le rezaba para que encontrase "lo perdido, lo olvidado, lo confundido", y cuando no lo encuentra, se piensa que

> es rebelde, "duro" en conceder, lo castigan poniéndolo dado vuelta contra la pared, o colocan su imagen de cabeza, o lo sumergen en el agua, lo ponen debajo de un brasero, le arrancan al Niño de sus brazos.[44]

Luego podría pensarse que se le castiga cuando deja de ser un santo taumaturgo, un santo milagrero.

Los santos estaban en Ojos de San Pedro y en espacios adyacentes, y vivían en la iglesia del poblado y en las casas de las familias. A los San Antonio de las urnas se les pedía que cuidasen las tropas de llamos que las familias tenían. Se les prendían velas cuando los llamos se perdían. Se le pedía para que los corderos y los llamos se reprodujesen.

Allí vivieron

> Epifanía Copa, que tenía su asentamiento en el sector de Calina. Aguas arriba, cerca de estación San Pedro, se encontraban las casas de estancia de la familia Huanuco, luego venían las posesiones de Javier, Tomasa y Eugenio Berna, cercanas a la actual represa San Pedro o Chilex. Siguiendo curso arriba el San Pedro estaba la estancia de doña Peta Carales casada con Bernardo Yipe y en la ribera sur un señor de apellido Pescador. Seguía más arriba la segunda estancia de Epifanía Copa Salvatierra, luego en el sector del veinte, estaban las estancias de don Lorenzo Carales, y en torno a la laguna del Ojo de San Pedro se encontraban las familias Cruz, Máximo Mirando y Raimundo Lobera, entre otros.[45]

Allí también

> Doña Delfina Mendoza Cruz (74 años) recuerda que en Ojos de San Pedro vivían también Víctor Berna, los Vilca, doña Felisa Ramos, casada con Raimundo Lobera, y la abuela Juana Cruz con sus hijas Juana, Aída y Catalina.

43. Lucila Bugallo, *La estética de la crianza. Los santos protectores del ganado en la Puna de Jujuy*, en *Arte indígena. Categorías, prácticas, objetos*, coordinadoras María Alba Bovisio y Marta Penhos, Córdova, Encuentro Grupo Editor, 2010, pp. 85-102; Schenone, *Iconografía del arte colonial.*

44. Oreste Plath, *Folklore religioso chileno*, Santiago, Ediciones Platur, 1966, p. 121.

45. Yañez y Molina, *La gran minería*, pp. 185-186.

Fig. 20. Cajas de San Antonio de Padua en la capilla de San Pedro Estación. Fotografía Carolina Odone, 2016.

Fig. 21. Caja de San Antonio de Padua en la iglesia de San Pedro Estación. Fotografía de Carolina Odone, 2016.

En Colana estaban la señora Faustina y su esposo Celedonio Bautista; era una gran familia "con yerno y nuera".[46]

Las cajas de madera de San Antonio de Padua forman parte de esas redes de circulación de historias de diásporas forzosas de los que habitaron Ojos de San Pedro y espacios vecinos, los que migraron a San Pedro Estación con sus efectos personales, como sus cajas de miniaturas poderosas, las que hoy día se encuentran en la iglesia y capilla de San Pedro Estación, las que fueron levantadas y construidas por los comuneros y comuneras al calor de sus procesos de migración. Allí descansan las historias de circulaciones de las familias Cruz, Vilca, Esquivel, Puca, de los Berna, de los Ramos, de los Mendoza, Martínez, Lobera, de los Bautista, de los Huanca, de los Miranda, entre otras familias (figs. 20 y 21).

5. *Palabras de cierre*

Al prestar atención a las urnas o cajas de madera se identifica que ellas integran flujos que ponen en relación lugares, grupos sociales, memorias, transmisiones orales e historias de poblaciones de la cuenca San Pedro-Inacaliri y del altiplano boliviano de Lípez.

Las cajas de madera que guardan a San Antonio de Padua en San Pedro Estación son objetos culturales que tienen biografías que son como almacenes donde se guardan muchas vidas sociales. Y son ellas, las memorias familiares, las que también se alojan en la iglesia y capilla de la localidad. Esas cajas de madera guardan amparos y experiencias de afectos y compromisos de familias, vidas, usos y costumbres antiguas y nuevas. Si bien los abuelos y abuelas ya no están, pero si sus descendientes y los que están por llegar, los que cada año se reúnen en el pueblo para la fiesta patronal, lo que permite que la comunidad quechua de San Pedro Estación no sólo se reúna, sino que también se recomponga y rearticule su sentido de identidad, sus saberes y su memoria histórica.

Las cajas de madera de San Antonio de Padua no están muertas o inanimadas, ni siquiera son objetos terminados/acabados, sino que aún están en movimiento, como para la fiesta patronal, lo que asegura la continuidad de su vida generativa y social.

46. *Ibidem*, p. 186.

Mis agradecimientos a la Comunidad Quechua de San Pedro Estación por permitirme conocer su historia. Gracias a Elizabeth Cruz e Irma Choque, también a las familias Carales Lobera, Cruz Martínez y Ramos Mendoza, por su hospitalidad, cariño y conversaciones sobre sus vidas y los "santolines". Igualmente les agradezco a los evaluadores de este trabajo ya que me permitieron focalizar mis apreciaciones.

Abstracts

FEDERICA CANDIDO, *Donne, insegnamento e scritture nel* Symposium *di Metodio di Olimpo* [Women, Teaching and Scriptures in the *Symposium* of Methodius]

The issue of the access to education for women and the possible forms of female teaching in the ancient world and within the Christian communities of the first centuries has been analyzed through different perspectives and several disciplines, even though the available sources are somehow erratic. Discussing the position that within the *Symposium* of Methodius (270-290 C.E.) seems to be assigned to the virgins in the field of the access to religious education and teaching, this paper aims to identify the roots of the connection between the birth and the development of specific female ascetic models with precise didactic, educational and catechetical skills that are recognized and attributed to the virgins. Despite the literary fiction, that is the true vehicle of images and cultural conceptions that need to be deciphered, we can affirm that the *Symposium*, in which the process which attests the growing prestige of virgins at the expense of widows is clear, describes and "codifies" a new model of virgin (the "virgin διδάσκαλος").

Keywords: Asceticism – Education – Methodius of Olympus – Allegorical exegesis – Virginity

PAMELA CHÁVEZ AGUILAR, *La predicación como vía de transmisión de la fe en Agustín de Hipona* [Preaching as a Way of Transmitting Faith in Augustine of Hippo]

The chapter analyzes the preaching of Augustine of Hippo. In the first place, the characteristics of the preaching as a communicative act are exposed, following the orientations of the linguistic pragmatics of John Searle. Secondly, ancient Christian preaching is described in its specific theological sense. Finally, the text shows the character of the preaching according to *Sermon 52* of Augustine. Preaching appears as a means of transmission of the faith. It is a way of putting in contact the audience of the faithful with the mystery of the divine word, promoting its free and loving reception.

Keywords: Augustine of Hippo – Preaching – Speech acts

María Eugenia Góngora, *Predicación y herejía en el epistolario de Hildegard von Bingen* [Hildegard of Bingen's Epistolary: Preaching Against Heresy]

Hildegard of Bingen (1098-1179) wrote several letters related to the main themes of her preachings pronounced in several towns and monasteries during the 1160s, advocating for the reform of the clergy; many of these letters were reinterpreted after her death. Purpose of this essay is to analyse these letters in the context of the campaign against the so-called "Cathars" promoted by religious men and women of her entourage. In these documents, Hildegard describes the seemingly devout appearance and *mores* of various contemporary dissident groups of men and women, some of whom were condemned and burned at the stake. Significantly, however, she explicitly disagrees with their execution and, moreover, she never calls them "cathars", the name given to these groups by her contemporary Egbert of Schönau. Instead, she names them "sadducei", who were the enemies of Jesus in the Gospel narratives, or simply "errantes homines". It is probably the indeterminacy of their description and naming, which allowed for the new interpretations of Hildegard's letters in the following centuries, and for her reputation as a *visionary* and a *prophet.*

Keywords: Hildegard of Bingen – Letters – Preaching – Heretical groups – Prophecy

Nícolas Cruz, *Describir lo nuevo con moldes antiguos: José de Acosta y su recurso a Plinio el Viejo* [Using Old Molds to Describe the New: José de Acosta and his Use of Pliny the Elder]

This article focuses on the four initial books of the *Natural and Moral History of the Indies* published by the Jesuit José de Acosta in the year 1590. In these books there is a constant use of the ancient authors in order to confront the nature of these Indies with that described by the Greek and Roman authors so many centuries before. In this context, several chroniclers took the *Natural History* of Pliny the Elder as a conceptual and textual model in order to describe the characteristics of these lands.

Keywords: Ancient authors – Reception – Chroniclers – West Indies – Natural history

Alberto D'Anna, Carla Noce, *Il tema della fondazione apostolica negli* Atti di Pietro e Paolo *e nella* Dottrina di Addai [The Theme of the Apostolic Foundation in the *Acts of Peter and Paul* and in the *Doctrine of Addai*]

The bipartite contribution brings into dialogue phenomena that occur more or less at the same time in different parts of the Roman Empire, in particular the construction or reworking of legends of apostolic foundation, a phenomenon directly connected with the overwhelming emergence of the political-ecclesiastical use of this concept. The two analysed works are dated by scholars between the end of the 4th and the second half of the 5th century and narrate the myths of the apostolic foundation of the churches of Rome and Edessa: these are typical expressions of the "cultural memory" of the two communities, of two "founding stories" which, regardless of their historical reliability (which is, moreover, very poor), construct the reality of the identity of the two churches, outlining a memory in which Christians are self-represented *ad intra* and *ad extra*. The authors have analyzed the text of the works according to a reading perspective that can be summarised in two fundamental questions: How are the editors/authors working? How is the theme of the apostolic foundation used? The answer to these questions allows to understand, as far as possible, the ways and the aims of the processes of formation of cultural memory of the two churches, in which there seem to be significant similarities.

Keywords: Peter and Paul – Addai – Rome – Edessa – Apostolic Foundation – Apocrypha

DARIO INTERNULLO, *Istruzione, religione e propaganda. Riflessioni su una scuola romana tardomedievale* [Education, Religion and Propaganda: Remarks on a Late Medieval School in Rome]

The article reflects on the relationship between school, religion, and propaganda in the late Middle Ages through the analysis of a textbook produced for a Roman school during the years 1330-1340 ca. An attempt to understand the functioning of the school, as well as to detect the social identity of teachers and students, is proposed first. An illustration of the religious aspects of the education follows. Then, some reflections on the political colour of the model-letters (*dictamina*) to be studied in the school are provided. A final section brings the discussion to a more general level, considering the school as a tool for social discipline. The appendix offers a synopsis of all the model-letters, and the edition of five letters concerning recommendation mechanisms.

Keywords: School – Religion – Propaganda – Rome – Fourteenth century – Dictamen

MARIA LUPI, *La riforma dell'istruzione religiosa a Roma a inizio Settecento. Il progetto di Giovanni Andrea Corderi* [The Reform of Religious Instruction in Rome at the Beginning of the Eighteenth Century: The Project of Giovanni Andrea Corderi]

The paper analyzes the contribution of the Piedmontese priest Giovanni Andrea Corderi to the renewal of the teaching of the doctrine and of the religious practice in Rome at the beginning of the Eighteenth century through the study of the long process of drafting of his main work, *Istruzioni per ben guidare*, carried out during the pontificate of Clement XI, up to its anonymous publication under Pope Benedict XIII. Corderi's proposal included the involvement of all, secular priests, friars and lay faithful, in the work of Christian education through several meticulous rules to put into practice every day. In the intention of the author they should have transformed all the citizens of Rome into fervent Catholics.

Keywords: Giovanni Andrea Corderi – Schools of Christian Doctrine – Regulations – *Istruzioni per ben guidare.*

LUIGI GUARNIERI CALÒ CARDUCCI, *La controversia sobre el chocolate en el siglo XVII. Entre la medicina y la moral* [The Controversy on Chocolate in the Seventeenth Century: Between Medicine and Moral Theology.]

Chocolate consumption increased between the Seventeenth and the Eighteenth centuries, especially in the countries of southern Europe, Spain and Italy. In the Seventeenth century the Jesuits, admitting the use of it as a "poor" drink, during periods of fasting, as a substitute for food, contributed to spreading its consumption in the ecclesiastical sphere and, more generally, in the aristocratic circles. In this study I analyze some of the consequences, from the doctrinal point of view, of the spread of chocolate's consumption in Europe, reading some documents of the time and the most recent bibliography.

Keywords: Chocolate – Food – Medicine – Public morality – Seventeenth century

RENÉ MILLAR CARVACHO, *Fr. Francisco Camacho O.H. (Jerez de la Frontera 1629-Lima 1698). Retórica de una conversión y santificación barroca* [Fr. Francisco Camacho O. H. (Jerez de la Frontera 1629-Lima 1698): Rhetoric of a Conversion and Baroque Sanctification]

Through the figure of Francisco Camacho, a lay brother of the order of San Juan de Dios, who had fame of sanctity and was proposed for canonization after his death in Lima in 1698, the essay analyzes the factors that contributed to the configuration of his public image. The different elements and circumstances that shaped that representation are presented, as well as the way it was received at his time. Furthermore, the essay analyzes the impact that Camacho's public image had upon his own process of canonization and the policies of sanctity that the Holy See promoted in the Counter Reformation.

Keywords: Saints John of God Hospital Order – Viceroyalty of Peru – Sainthood – Hagiography – Process of canonization

CLAUDIO ROLLE, *Cristo entre las ruinas. El cristianismo de los orígenes como «utopía pretérita» en la Italia del siglo XVIII* [Christ Between the Ruins: Cristianism in the Beginning as a "Preterite Utopia" in the Eighteenth-Century Italy]

The core of this contribution is the first centuries' Church as utopic model for the Jansenism in Eighteenth-century Italy. In particular it analyzes the relationship between G.G. Bottari and P.F. Foggini, at Rome, G. Cerati at Pisa and Antonio Niccolini at Florence and their debate about the reformation and renovation of the Catholic Church. The model of the apostolic times is the central matter of this group and a symptomatic manifestation of the Eighteenth-century attraction for the ancient world and the early Christian era.

Keywords: Early Christianity – Church' origins – Antiquity – Italian Jansenism

Olaya Sanfuentes, *Apropiación, circulación y pervivencia de figuras del apóstol Santiago en el Mundo Andino. El caso de pequeños retablos y piedras pintadas* [Cultural Appropriation, Circulation and Survival of Saint James Iconography in the Andean World: The Case of Portable Altarpieces and Painted Stones]

Departing from a corpus of painted stones and small altarpieces, which depict St. James, the Apostle, as Moor Slayer or Indian Killer, this article attempts to explain the success of the introduction, circulation and survival until today of this Christian saint in the Andean culture. The figure of St. James – patron saint of Spain – riding a white horse whilst decimating his enemies, is an example of a prototype whose meaning is reassigned over time and space, over diverse eras and geographies. Some keys to interpret and explain this phenomenon lie in the Andean culture itself, specifically in its constant process of sacralisation as well as in the *huaca* as a mediator between the physical and the spiritual worlds. The methodological approach to this problem uses strategies taken from the academic fields of History and Anthropology, specifically Ethno-history.

Keywords: Saint James the Apostle – *Huaca* – Stones – Altarpieces – Santiago Moor Slayer – Santiago Indian killer

María Carolina Odone Correa, *Trazas de memorias desde dos cajas de madera de San Antonio de Padua en la iglesia y capilla de San Pedro Estación* [Traces of Memories from Two Wooden Boxes of San Antonio de Padua in the Church and Chapel of San Pedro Estación]

This paper analyzes San Antonio de Padua's wooden boxes, focusing in particular on the memories and narratives they store. My proposal is to inquire these memories throughout the boxes as objects that have a narrative, since they have a "social life" within the town of San Pedro Estación. This town is located in the Atacama Desert, at 3,240 mamsl, 80 km from Calama, and it is part of the Alto Loa area. San Pedro's patron saint is San Antonio de Padua, and between June 12 and 15, its population celebrates his festivity. During this celebration, the wooden boxes have a special role. In this paper I will focus on two of the six wooden boxes, located in the town's church and chapel. They are cultural objects with biographies, storing several social lives, connected to the town's families. From this perspective, San Antonio de Padua's wooden boxes can be understood as social footprints or tracks which anchor unique historical processes, located in the San Pedro-Inacaliri Basin and the Bolivian Lípez *altiplano*.

Keywords: Andes del Sur – Santolines – Wood Boxes – Memories – Diásporas

Gli autori

Federica Candido, dottore di ricerca in Storia del Cristianesimo antico, titolo conseguito presso l'Università della Calabria in cotutela con l'Université de Genève (Svizzera), è stata assegnista di ricerca presso l'Università Roma Tre (2016-2018). I suoi principali interessi di ricerca sono: Metodio di Olimpo; le tecniche di esegesi scritturistica nei testi cristiani dei primi secoli; ascetismo, verginità e castità; eresie ed eterodossie nella letteratura cristiana dei primi secoli; storia dell'educazione nell'antichità; traduzione degli scrittori cristiani in Paleoslavo; monachesimo e cristianità siriaca.

Pamela Chávez Aguilar ha conseguito la licenza in Filosofia e il baccalaureato in Teologia presso la Pontificia Universidad Católica de Chile (Santiago de Chile) e il dottorato in Filosofia presso l'Universidad de Chile. È docente presso la Facultad de Filosofía della Pontificia Universidad Católica de Chile e autrice di *San Agustín. Apuntes para un diálogo con la ética actual* (Santiago 2010).

Nicolás Cruz, professore presso l'Instituto de Historia de la Pontificia Universidad Católica de Chile, in anni recenti ha studiato il tema della recezione delle conoscenze antiche da parte dei cronisti delle Indie, specialmente i casi di Gonzalo Fernández de Oviedo e José de Acosta. Nel 2018 è pubblicato il libro *América Latina y lo Clásico; lo Clásico y América Latina*, che include un suo articolo dal titolo: *Conocimientos y saberes antiguos en el nuevo escenario americano.*

Alberto D'Anna è professore ordinario di Letteratura Cristiana Antica presso l'Università Roma Tre (Dipartimento di Studi Umanistici). I suoi principali interessi scientifici sono la storia e la letteratura del primo cristianesimo, gli apocrifi cristiani, le tradizioni letterarie su Pietro e Paolo, l'eresiologia.

María Eugenia Góngora è professore ordinario di Letteratura presso il Departamento de Literatura dell'Universidad de Chile di Santiago de Chile. La sua ricerca e il suo insegnamento si sono focalizzati principalmente sull'area della letteratura europea medievale e sulle sue interpretazioni moderne. Ha pubblicato contributi sulla letteratura femminile medievale e sulla storia delle emozioni e pratiche religiose nel Medioevo.

Luigi Guarnieri Calò Carducci insegna Storia dell'America Latina nel Dipartimento di Studi Umanistici, Università Roma Tre. Si è occupato di storia andina in epoca moderna e contemporanea, relazioni politiche e culturali tra Italia e Perù, Ecuador e Bolivia, storia intellettuale latinoamericana. Attualmente è presidente di AHILA, Asociación de Historiadores Latinoamericanistas Europeos.

Dario Internullo, laureato in Filologia, Letterature e Storia dell'Antichità e dottore di ricerca in Storia medievale, è attualmente ricercatore di Storia medievale presso l'Università degli Studi Roma Tre. I suoi interessi di ricerca sono rivolti principalmente ai rapporti tra cultura scritta, politica e società, con particolare attenzione a Ravenna nell'alto medioevo e a Roma e al Lazio nel basso medioevo.

Maria Lupi è professore ordinario di Storia del Cristianesimo e delle Chiese presso il Dipartimento di Studi Umanistici dell'Università Roma Tre e vicedirettore della «Rivista di storia della Chiesa in Italia». I suoi interessi riguardano soprattutto l'attività pastorale dei vescovi e del clero, l'istruzione religiosa e la spiritualità di clero e di laicato (catechismo, devozioni, associazioni) e gli ordini religiosi in età moderna con un'attenzione particolare al XIX sec. Ha curato, insieme a Claudio Rolle, il volume *El orbe católico* (Santiago 2016).

René Millar Carvacho è professore ordinario dell'Instituto de Historia e membro del Centro de Estudios de la Religión, della Pontificia Universidad Católica de Chile. Specialista di storia della religiosità nel Viceregno del Perù, è autore di *Santidad, falsa santidad y posesiones demoniacas en Perú y Chile. Siglos XVI y XVII* (Santiago 2009) e ha curato, insieme a Roberto Rusconi, *Devozioni, pratiche e immaginario religioso. Espressioni del cattolicesimo tra 1400 e 1850* (Roma 2011).

Carla Noce è professore associato di Storia del Cristianesimo antico presso il Dipartimento di Studi Umanistici dell'Università di Roma Tre. I suoi principali interessi scientifici sono Origene e la tradizione alessandrina, edizioni e traduzioni di testi cristiani antichi, testi normativi e pratiche del cristianesimo delle origini, la traduzione dei Padri greci in latino e siriaco.

María Carolina Odone Correa ha conseguito la licenza (1994) e il dottorato in Storia (2013) presso la Pontificia Universidad Católica de Chile, è docente nell'Instituto de Historia della stessa Università. Attualmente è principal investigator del progetto FONDECYT de Iniciación N°11180437: "Objetos de imaginería religiosa elaborados y circulando al margen del control eclesiástico en Sucre, Potosí y Cochabamba (Siglos XIX y XX)". Recentemente ha pubblicato *Objetos poderosos en San Pedro Estación* (II Región Antofagasta, Chile) in «História Unisinos», 23/2 (2019), pp. 204-214 e *Territorios y oficios a su usanza. Qeros, aquillas y matis andinos coloniales*, in «Estudios Atacameños», 61 (2019), pp. 253-274.

CLAUDIO ROLLE ha conseguito il dottorato in Storia presso l'Università degli Studi di Pisa ed è professore ordinario di Storia moderna presso la Pontificia Universidad Católica de Chile. La sua attività di insegnamento riguarda la storia europea moderna e la storia culturale, sta portando avanti ricerche sulla storia religiosa in età moderna e contemporanea e in storia della musica. È coautore con Juan Pablo González di due volumi di storia sociale della musica popolare in Cile tra il 1890 e il 1970. Ha curato con Maria Lupi il libro, *El orbe catolico*, pubblicato dalle Università di Roma Tre, l'Universidad de Chile e la Pontificia Universidad Católica de Chile (Santiago 2016).

OLAYA SANFUENTES è docente dell'Instituto de Historia della Pontificia Universidad Católica de Chile, ha conseguito la licenza in Storia presso la Pontificia Universidad Católica de Chile, un Master of Arts presso la Georgetown University e il dottorato in Storia dell'Arte presso l'Universitat Autónoma de Barcelona. Lavora su temi relativi alla religione e cultura materiale e cultura visuale. È autrice del libro *Develando el Nuevo Mundo. Imágenes de un proceso* (Santiago 2009), di vari articoli in riviste di classe alta e di capitoli di libri.

Indice dei nomi di persona e di luogo

Finito di stampare
nel mese di giugno 2020
da The Factory srl
Roma